する和解については、その技法の研究がもっと深められてしかるべきですし、その研究成果は、草野判事のように、書籍等の形で体系化されてしかるべきではないでしょうか（その意味では、近年公刊された田中敦編『和解・調停の手法と実践』（民事法研究会、2019年）は、この停滞期に終止符を打つ画期的な書籍といってよいでしょう。本書の執筆にあたっても大いに参考にさせていただきました）。

本書は、このような問題意識の下、筆者の個人的な経験や技法を紹介するにとどまらず、多数の先行研究を踏まえ、「普通の裁判官」が実際の和解現場で使える技法を体系化しようとするものです。本書を執筆するにあたって参照した先行研究は、和解に関するものはもちろん、民事調停、家事調停、仲裁等のADR、交渉術（交渉学）、説得術、カウンセリング技法など多岐にわたる分野に及び、その点数は200点以上に上りました。これらの先行研究の中から、筆者の経験を踏まえ、また、筆者が実際に和解の現場で試みたうえで、普遍性の高い技法、つまり実際に「使える」技法を紹介したのが本書です。

本書では、まず、紛争解決手段としての和解の意義を説明し（第1章）、訴訟上の和解に関する基礎的な法的知識（第2章）や、和解条項作成上の留意点（第3章）について解説します。そのうえで、和解勧告をするにあたって踏まえておきたい基本的事項や和解の技法（話の聴き方、説得の技法等）など和解の進め方全般について、実践的な内容を体系的に解説します（第4章、第5章）。裁判官が実際に現場で直面するような問題については、Q&A方式で解説しています（第6章）。そして、こうした技法が実際の現場でどのように用いられているかを読者の皆さまにリアルに体感していただくために、ある判事補を主人公とした一つの物語（架空のストーリー）を提示します（第7章）。このように、本書だけで、訴訟上の和解に関する基本的な知識や技法を習得することができるようになっています。

本書の大きな特徴の一つは、実際の現場で用いる会話例等の「具体例」や、和解に関する「エピソード」を豊富に盛り込んでいることです。読者の皆さまは、こうした具体例やエピソードを通じて、和解の技法をより実践的に学ぶことができるでしょう（なお、これらの具体例やエピソードの中には、筆者が実際に担当した事件や他の裁判官からうかがった事件に基づくものも含まれていますが、事件の特定を避けるために、事実関係等に手を加えています）。

「和解はセンスだ」「和解は人真似ではうまくいかない」といわれます。こうした考え方には一面の真理が含まれていますが、他方において、基礎的な技法を習得することで「和解力」を向上させることができるということも、また真

理であるように思われます。私がかつてそうであったように、「和解下手」の裁判官であっても、本書に紹介された技法を知り、実践の中で会得していくことにより、「和解の達人」まではいかなくとも、和解率を高めることが期待できるでしょう。実際、私も、和解の技法に関する研究を深め、実際の事件でこれを試し、反省点を次の事件に活かしていくという「PDCAサイクル」を回してみることで、それまで以上に和解に対して自信をもって臨むことができるようになったと実感しているところです。

とはいえ、和解を成立させることのみにとらわれてテクニックに走っても、よい和解を成立させることはできません。よい和解を成立させるためには、裁判官自身が、「この当事者のためには和解がベストなのだ」という強い信念をもって、あくまで当事者のために和解に向けて尽力するという気持ち（マインド）が重要です。本書は、「よい和解」を成立させるための「引き出し」（スキル）を提供するにすぎません。このスキルをどう使うかは、裁判官のマインドにかかっています。本書をマニュアル的に扱って、本書で紹介されている技法や会話例を丸暗記し、事件の特性やその時々の状況等を踏まえずにこれを硬直的に用いることは避けてください。ある事件、ある当事者には有効だった技法が、別の事件、別の当事者には全く効果がなく、かえって話をこじらせる結果に終わった、などということは、珍しくありません。事件は生き物です。本書の内容を実践するにあたっては、そのことを忘れずに、いつ、どのような技法を用いるか慎重な検討を行うことが不可欠です。

本書の読者としては、初めて民事訴訟の単独事件を担当する若手裁判官を想定していますが、本書の内容は、同じく民事訴訟に携わる弁護士などの法律実務家の方々はもちろん、調停手続やADRに関与する非法律家の方々にも参考となる部分が少なくないものと思われます。また、和解の実務に興味・関心のある研究者、司法修習生、法科大学院生等にとっても、有益なものとなることを期待しています。

なお、本書で筆者が述べる見解等は、すべて個人的なものです。和解の技法については、争点整理の技法以上に裁判官の個性が色濃く反映されると考えられるため、本書で紹介されている技法であっても、自分に合うかどうかをよく確かめたうえで用いることをお勧めします。

本書は、筆者初の書籍である『争点整理の考え方と実務』（民事法研究会、2021年）に続く2冊目の書籍になります。本書も、前著と同様、筆者がこれまで勤務した裁判所の裁判官や裁判所書記官、中でも合議体を組んで共に事件に

はしがき

取り組んだ裁判官との議論や意見交換がなければ生まれませんでした。先輩裁判官はもちろん、私よりも期の若い裁判官から、目から鱗が落ちるような教示をいただいて、苦労していた事件で和解を成立させることができたり、スキルの向上に大いに役立ったりしたことは数知れません。これまでお世話になった方々には深く感謝の意を表します。併せて、前著に引き続き本書の刊行にご尽力いただいた民事法研究会の田中敦司様に厚く御礼申し上げます。

「暗黙知」を言語化するという本書の意図を達成するための執筆作業は、前著以上に困難な作業でしたが、前著と同様、実際の事件で和解手続を行いながら執筆をすることで、多少なりとも実践的な内容を盛り込めたのではないかと思われます。本書が、和解の進め方に悩んでいる若手裁判官の一助になるとともに、和解の技法に関する研究が深まる契機となれば、これ以上の喜びはありません。

2024年9月吉日

武 藤 貴 明

目　次

『和解の考え方と実務』

目　次

第1章　紛争解決手段としての和解

Ⅰ　「ひまわり」と「ジャッジ」に見る和解 ……………………… *2*

Ⅱ　統計に見る訴訟上の和解 ……………………………………… *3*

Ⅲ　和解の特長 ……………………………………………………… *4*

1　紛争を早期に、かつ、最終的に解決することができる ……… *5*

2　法令や訴訟物にとらわれない柔軟な解決を実現することができる …… *5*

3　自発的な履行が期待できる ……………………………………… *7*

4　相手方との円満な関係を維持・回復することができる ……… *7*

5　時間、費用、労力等を節約することができる ………………… *8*

Ⅳ　和解に対する批判 ……………………………………………… *9*

Ⅴ　「未来を創る」和解 …………………………………………… *9*

Column 1　和解は謙抑的に!? ………………………………… *11*

第2章　訴訟上の和解を規律する法規範

Ⅰ　訴訟上の和解とは ……………………………………………… *14*

1　意　義 …………………………………………………………… *14*

2　法的性質 ………………………………………………………… *14*

3　手　続 …………………………………………………………… *15*

(1) 和解勧告　*15*　／　(2) 和解期日　*16*　／　(3) 出頭命令　*16*

4　受諾和解 ………………………………………………………… *17*

5　裁定和解 ………………………………………………………… *18*

Ⅱ　訴訟上の和解の要件 …………………………………………… *19*

5

目　次

| 1 | 和解の内容 | 19 |

(1) 互　譲　*19*　／　(2) 公序良俗に反しないこと　*19*　／　(3) 条件
を付した和解　*20*

2	和解の対象	20
3	和解の主体	20
4	和解についての授権	21
5	和解にあたって同意等を要する場合	22
6	当事者の処分権限等	23

(1) 会社の組織に関する訴訟　*23*　／　(2) 株主代表訴訟　*24*　／　(3)
執行関係訴訟　*24*　／　(4) 境界確定訴訟　*25*　／　(5) 人事訴訟
26

7	和解と訴訟要件	26
8	和解の時期等	27
9	裁判所外の和解（現地和解）	27

Ⅲ　訴訟上の和解の法的性質・効果 ………………………………… 28

| 1 | 訴訟終了効 | 28 |
| 2 | 確定判決と同一の効力 | 28 |

(1) 執行力　*28*　／　(2) 既判力　*29*

| 3 | 和解の調書への記載 | 30 |
| 4 | 和解調書の更正 | 31 |

Ⅳ　訴訟上の和解の効力を争う方法 ……………………………… 31

| 1 | 私法上の無効・取消事由を主張する場合 | 31 |

(1) 期日指定の申立て　*32*　／　(2) 和解無効確認の訴え　*33*　／　(3)
請求異議の訴え　*34*

| 2 | 和解条項上の債務の不履行がある場合 | 34 |

Column 2　和解勧告？　和解勧試？ ………………………………… 35

第3章　和解条項の作成

Ⅰ　はじめに …………………………………………………………… 40

目 次

II 和解条項の類型 ………………………………………………… 40

1 効力条項 ……………………………………………………… 41

(1) 給付条項 *41* ／ (2) 確認条項 *42* ／ (3) 形成条項 *42* ／

(4) 和解条項の諸類型 *43*

2 任意条項 ……………………………………………………… 48

(1) 実体法規や手続法規と同内容を定める条項 *48* ／ (2) 道義条項

(紳士条項) *48*

III 和解条項作成上の留意点 ………………………………… 50

1 一般的留意点 ………………………………………………… 50

(1) 明確かつ一義的な表現をする *50* ／ (2) 当事者の合意内容を正

確に反映する *51* ／ (3) 内容の正確性に細心の注意を払う *51* ／

(4) 条項間に矛盾が生じないようにする *52*

2 給付条項の留意点 …………………………………………… 52

(1) 執行当事者の確定 *52* ／ (2) 給付対象物の特定等 *54* ／ (3)

給付意思の表現 *56* ／ (4) 給付の時期・方法 *57* ／ (5) 作

為、不作為義務を内容とする給付条項 *58* ／ (6) 意思表示を内容と

する給付条項 *59*

3 確認条項の留意点 …………………………………………… 59

(1) 確認の主体 *59* ／ (2) 確認の対象 *60*

4 形成条項の留意点 …………………………………………… 60

(1) 形成条項の対象 *60* ／ (2) 形成される権利または法律関係の特

定 *61* ／ (3) 形成意思の表現 *61*

5 表現に留意が必要な条項 …………………………………… 62

(1) 期限の利益喪失条項 *62* ／ (2) 解除権留保の特約と失権約款

67 ／ (3) 一部完済後免除型 *68* ／ (4) 先給付と引換給付 *70*

／ (5) 条件の内容の確定 *71*

6 その他留意が必要な条項 …………………………………… 72

(1) 担保取消しに関する条項 *72* ／ (2) 当該事件の終了に関する条

項 *72*

IV 【演習】実務上よく見られる不適切な和解条項 ………… 73

1 【例1】の検討 ……………………………………………… 75

2 【例2】の検討 ……………………………………………… 75

7

目 次

3	【例3】の検討	75
4	【例4】の検討	76
5	【例5】の検討	76
6	【例6】の検討	77

Ⅴ 和解条項チェックリスト ……………………………………… 78

Column 3　当事者は和解をどう評価しているか ……………… 79

第4章　和解の勧告

Ⅰ　はじめに ……………………………………………………… 82

1　よい和解は、よい争点整理から …………………………… 82

2　実践からスキルを磨く ……………………………………… 82

3　スキルとマインドは車の両輪 ……………………………… 83

Ⅱ　和解に適する事件、適さない事件 ………………………… 84

1　はじめに ……………………………………………………… 84

2　和解に適さない事件 ………………………………………… 84

(1) 原告の請求が公序良俗に反するなど一方当事者が著しく不正義である事件　85　／　(2) 和解の成立の見込みがおよそない事件　85　／　(3) 裁判所が判決という形で判断を示すことが求められている事件　87

3　和解に適する事件 …………………………………………… 87

Ⅲ　和解の二つの基本型───心証中心型と交渉中心型 ……… 88

1　はじめに ……………………………………………………… 88

2　心証中心型 …………………………………………………… 88

(1) メリット　88　／　(2) デメリット　89

3　交渉中心型 …………………………………………………… 89

(1) メリット　89　／　(2) デメリット　90

4　両者の使い分け ……………………………………………… 90

Ⅳ　和解勧告の時期 ……………………………………………… 92

1　三つの時期 …………………………………………………… 92

8

目次

2 訴訟の初期段階または争点整理中の段階 ················· 93

(1) この段階で和解勧告する場合とは *93* ／ (2) 留意点 *96*

3 争点整理終了後の段階 ·· 98

(1) 和解の進め方 *98* ／ (2) 尋問までの時間や尋問間の時間の活用 *99*

4 証拠調べ後の段階 ··· 100

第5章　和解の技法

Ⅰ 和解協議に入る前に ·· 104

1 和解は訴状を受理した段階から始まる ··················· 104

2 和解協議を打診する ·· 106

3 場合によっては調停の活用を ······························ 109

Ⅱ 和解協議の事前準備 ··· 110

1 はじめに ·· 110

2 記録を検討する ··· 110

3 判例や学説を調査する ·· 112

4 「着地点（落としどころ）」を考える ······················ 112

5 和解の期日における進行方法を考える ··················· 113

6 「和解メモ」を作成する ······································ 115

Ⅲ 和解の期日の運営──総論── ······························ 120

1 心構え ··· 120

(1) 熱意をもって誠実に期日に臨む *120* ／ (2) 真摯に、かつ謙虚に、当事者の声に耳を傾ける *120* ／ (3) 誠意をもって接し、感情的にならない *121* ／ (4) 公平さ、公平らしさを保つ *123* ／ (5) 受容と反論のバランスをとる *127* ／ (6) 「こだわりポイント」を把握する *129* ／ (7) 議論を避ける *130* ／ (8) 当事者の意見や考えを正しく把握し、正しく相手方に伝える *132* ／ (9) 当事者の理解度を把握する *134* ／ (10) 当事者の「本音」と「ポーズ」を理解する *134* ／ (11) 争点整理と和解協議とを峻別する *136*

2 話し方 ··· 138

9

(1) 和やかな雰囲気をつくる *138* ／ (2) 声の高低、スピード等を
使い分ける *139* ／ (3) 当事者のプライドを尊重する *139* ／ (4)
事案をきちんと把握しているという雰囲気を醸し出す *141* ／ (5)
自信をもって説明をする *142*

3 時間配分 ……………………………………………………………………… *142*
4 対席方式と交互面接方式 ……………………………………………… *142*
(1) 二つの方式 *142* ／ (2) 交互面接方式のメリット *143* ／ (3)
交互面接方式の留意点 *144* ／ (4) 対席方式を活用する場面 *145*

5 当事者本人の同席 ……………………………………………………… *147*
6 当事者以外の同席 ……………………………………………………… *148*

IV 和解の期日の運営──各論── …………………… *149*

1 初回期日の典型的な進め方 ………………………………………… *149*
2 初回期日の冒頭 ………………………………………………………… *150*
3 当事者からの意向聴取 ……………………………………………… *151*
(1) どちらから先に聴くか *151* ／ (2) 個別面接の冒頭では何をす
べきか *152* ／ (3) まずは傾聴から *153* ／ (4) 何を聴くか
153 ／ (5) どう聴くか *154*

4 裁判官からの発問・投げ掛け ……………………………………… *156*
(1) 具体的な和解案が示された場合 *156* ／ (2) 抽象的な和解の方
向性が述べられた場合 *164* ／ (3) 次回までに考えたいと述べられ
た場合 *164* ／ (4) 和解の意向はないと述べられた場合 *164* ／
(5) 留意点 *167*

5 反対当事者との面接 ………………………………………………… *171*
(1) はじめに *171* ／ (2) 情報のコントロール *171* ／ (3) 留意
点 *177* ／ (4) 和解案が着地点（落としどころ）に近い場合 *177*
／ (5) 当事者から「腹案」が示された場合 *178* ／ (6) およそ受
け入れそうにない和解案が提示された場合 *180*

6 一方当事者との再面接 ……………………………………………… *181*
7 その後の再面接 ………………………………………………………… *182*
8 期日の終了 ……………………………………………………………… *184*
9 期日後にすること …………………………………………………… *185*
10 続行期日の進め方 …………………………………………………… *186*
(1) 期日間の準備 *186* ／ (2) 続行期日の運営 *187*

11 和解の続行か打ち切りかの見極め ………………………………… *196*

　⑴　和解を打ち切るべき場合　*196*　／　⑵　簡単にあきらめないこと
　198

12 和解の終了 ……………………………………………………………… *199*

　⑴　成立した場合　*199*　／　⑵　成立しなかった場合　*199*

Ⅴ　話の聴き方 ………………………………………………………… *200*

1 はじめに ………………………………………………………………… *200*

2 「聴く」技術 …………………………………………………………… *201*

　⑴　傾聴の基本姿勢　*201*　／　⑵　「聴き上手」になるための技法
　204

3 「問う」技術 …………………………………………………………… *212*

　⑴　はじめに　*212*　／　⑵　クローズド・クエスチョンとオープン・
　クエスチョン　*213*　／　⑶　真の「欲求」を探るための質問　*219*　／
　⑷　留意点　*221*

4 場面別対応 ……………………………………………………………… *223*

　⑴　延々と話し続ける場合　*223*　／　⑵　耳を貸そうとしない場合
　224　／　⑶　相手方や第三者に対する非難を続ける場合　*225*　／　⑷
　裁判官に反感や反発を示す場合　*226*　／　⑸　やたらと同意を求め
　てくる場合　*227*　／　⑹　質問された場合　*228*

Ⅵ　説得の技法 ………………………………………………………… *229*

1 説得の3類型 …………………………………………………………… *229*

2 論理的説得 ……………………………………………………………… *230*

　⑴　論理的説得とは　*230*　／　⑵　上手な心証開示の方法　*231*

3 功利的説得 ……………………………………………………………… *242*

　⑴　功利的説得とは　*242*　／　⑵　功利的説得の具体例　*243*　／　⑶
　留意点　*257*

4 感情的説得 ……………………………………………………………… *258*

　⑴　感情的説得とは　*258*　／　⑵　感情的説得の実践　*258*　／　⑶
　留意点　*284*

Ⅶ　和解案等の示し方 ……………………………………………… *285*

1 和解案等をいつ示すか ………………………………………………… *285*

目　次

2　和解案等を示す前にすべきこと …………………………………… *287*

3　和解案等を考える………………………………………………………… *289*

　⑴　心構え　*289*　／　⑵　留意点　*294*　／　⑶　和解の範囲　*295*

4　和解案等の検討の基本 ………………………………………………… *296*

　⑴　基本的視点　*296*　／　⑵　大きな（重要な）事項から小さな（細か
　な）事項へ　*306*　／　⑶　和解案等は一つとは限らない　*307*　／　⑷
　留意点　*308*　／　⑸　和解案等のチェック項目　*310*

5　和解案等の具体例…………………………………………………………… *314*

　⑴　金銭を支払う和解　*314*　／　⑵　不動産等を取得させる和解　*323*
　／　⑶　和解以外の手続による実質的和解　*327*　／　⑷　道義条項
　（紳士条項）の活用　*330*　／　⑸　その他　*333*

6　和解案等をどう示すか ………………………………………………… *341*

　⑴　和解案を示すか、和解の方向性を示すか　*341*　／　⑵　書面で示
　すか、口頭で示すか　*346*　／　⑶　同時に示すか、時間差で示すか
　350　／　⑷　留意点　*351*　／　⑸　回答をどうもらうか　*356*

7　和解案等に難色を示されたら ………………………………………… *358*

　⑴　最終的な和解案を示した場合　*359*　／　⑵　和解の大きな方向性
　や幅等を示したにすぎない場合　*360*

8　実践例 ……………………………………………………………………… *361*

　Column 4　裁判官を拘束せよ⁉　〜和解手続論とは〜 ……………… *365*

第6章　和解Q＆A

Q1　当事者がなかなか決断してくれない場合………………………… *368*

Q2　当事者が強硬な態度や感情的な態度をとる場合 ……………… *373*

Q3　当事者が反対当事者に対する強い不信感を抱いている場合 … *375*

Q4　勝ち筋の当事者が強気でなかなか譲歩してくれない場合 ……… *378*

Q5　一方当事者が和解の意思はあるが、自分は譲歩しようとしない
　場合 …………………………………………………………………………… *380*

Q6　判決で白黒をつけてほしいと言われた場合 ……………………… *382*

Q7　和解金を支払ってもいいが、法的責任を認めたかのように受け

	止められるのが嫌だと言われた場合	385
Q 8	争点整理と和解協議を並行して行う場合	386
Q 9	心証から離れた和解をする場合	389
Q10	当事者本人への説得を試みたい場合	392
Q11	和解協議が行き詰まった場合	395
Q12	謝罪条項をめぐってもめた場合	399
Q13	訴訟費用の負担をめぐってもめた場合	401

第7章　物語で理解する和解の技法
～判事補工藤の和解の行方～

はじめに	404
Ⅰ　工藤と渡辺	405
Ⅱ　和解の技法	410
Ⅲ　心証開示	424
Ⅳ　狩田の抵抗	434
Ⅴ　交　渉	440
Ⅵ　和解案	446
Ⅶ　結　末	453

・事項索引	460
・判例索引	463
・著者紹介	465

凡　例

● 凡　例 ●

　本書において、「法」とは民事訴訟法（平成 8 年法律第109号）を、「規」とは民事訴訟規則（平成 8 年最高裁判所規則第 5 号）を指します。民事訴訟法は、「民事訴訟法等の一部を改正する法律」（令和 4 年法律第48号）により、民事訴訟制度の IT 化などの改正がなされています。本書でこの改正に言及する場合、「改正法」とは令和 4 年法律第48号を指し、「改正法〇条」と条文を示す場合は、改正法により改正された民事訴訟法の条文を指すものとします。

　なお、文献等の執筆者の肩書は、当該文献等が公表された時点のものを記載しています（そのため、同一の方について、異なる肩書が用いられている場合があります）。

〈判例集・定期刊行物略称〉

民録	大審院民事判決録
民集	最高裁判所（大審院）民事判例集
裁判集民	最高裁判所裁判集民事
下民集	下級裁判所民事裁判例集
東高民時報	東京高等裁判所民事判決時報
判時	判例時報
判タ	判例タイムズ
法支	法の支配
民訴雑誌	民事訴訟雑誌
ジュリ	ジュリスト
司研論集	司法研修所論集
新聞	法律新聞
評論	法律学説判例評論全集
判決全集	大審院判決全集

〈文献略称〉

秋山ほか・コンメⅡ	秋山幹男ほか『コンメンタール民事訴訟法Ⅱ〔第 3 版〕』（日本評論社、2022年）
秋山ほか・コンメⅤ	秋山幹男ほか『コンメンタール民事訴訟法Ⅴ〔第 2 版〕』（日本評論社、2022年）
飯田・技術	飯田邦男『"当事者に寄り添う"家事調停委員の基本姿勢と実践技術』（民事法研究会、2022年）

飯田・調停学	飯田邦男『こころを読む実践家事調停学〔改訂増補版〕』（民事法研究会、2008年）
伊藤眞・民訴	伊藤眞『民事訴訟法〔第8版〕』（有斐閣、2023年）
今井・動かす	今井盛章『心を動かす』（学陽書房、1982年）
梶村＝深沢	梶村太市＝深沢利一『和解・調停の実務〔補訂版〕』（新日本法規出版、2007年）
草野・技術論	草野芳郎『新和解技術論』（信山社、2020年）
後藤＝藤田	後藤勇＝藤田耕三編『訴訟上の和解の理論と実務』（西神田編集室、1987年）
小林・作法	小林秀之編『交渉の作法』（弘文堂、2012年）
古宮・レッスン	古宮昇『プロカウンセラーが教える場面別傾聴術レッスン』（ナツメ社、2015年）
近藤・マニュアル	近藤基『金銭請求事件の和解条項作成マニュアル〔第2版〕』（民事法研究会、2020年）
最高裁・参考資料	最高裁判所事務総局『民事調停委員参考資料（民事裁判資料第209号）』（1995年）
最判解（民）	『最高裁判所判例解説民事篇』（法曹会）
佐藤・控訴審	佐藤陽一『実践講座民事控訴審』（日本加除出版、2023年）
講義案Ⅰ	裁判所職員総合研修所監修『民事実務講義案Ⅰ〔5訂版〕』（司法協会、2016年）
司法研究	岩佐善巳ほか『民事訴訟のプラクティスに関する研究（司法研究報告書第40輯第1号）』（1988年）
条解	兼子一ほか『条解民事訴訟法〔第2版〕』（弘文堂、2011年）
条解規則	最高裁判所事務総局民事局監修『条解民事訴訟規則』（司法協会、1997年）
書記官研究	裁判所職員総合研修所監修『書記官事務を中心とした和解条項に関する実証的研究〔補訂版〕』（法曹会、2010年）
瀬木・要論	瀬木比呂志『民事訴訟実務・制度要論』（日本評論社、2015年）
高橋・重点講義（上）	高橋宏志『重点講義民事訴訟法（上）〔第2版補訂版〕』（有斐閣、2013年）
田中敦・実践	田中敦編『和解・調停の手法と実践』（民事法研究会、2019年）
田中豊・実務	田中豊『和解交渉と条項作成の実務』（学陽書房、2014年）
注釈第4巻	高田裕成ほか編『注釈民事訴訟法第4巻』（有斐閣、2017年）
奈良・実務	奈良輝久企画・若松亮ほか編『ケース別法的交渉の実務』（青

凡 例

	林書院、2020年）
橋本・要諦	橋本英史『講話民事裁判実務の要諦』（判例時報社、2024年）
ハーバード流交渉術	ロジャー・フィッシャー＝ウィリアム・ユーリー（金山宣夫＝浅井和子訳）『ハーバード流交渉術』（三笠書房、1990年）
東山・技術	東山紘久『プロカウンセラーの聞く技術』（創元社、2000年）
廣田・解決学	廣田尚久『紛争解決学〔新版増補〕』（信山社、2006年）
増田＝古谷	増田勝久＝古谷恭一郎『和解の基礎と実務』（有斐閣、2022年）
民事実務読本Ⅳ	小島武司＝加藤新太郎編『民事実務読本Ⅳ』（東京布井出版、1993年）
諸富・入門	諸富祥彦『はじめてのカウンセリング入門（下巻）―――ほんものの傾聴を学ぶ』（誠信書房、2010年）
山田・技法	山田徹『家事調停における知識と技法』（新日本法規出版、2011年）
ロースクール交渉学	太田勝造＝草野芳郎編著『ロースクール交渉学〔第2版〕』（白桃書房、2007年）

〈論文等略称表記〉

浅沼ほか・和解(一)	浅沼武ほか「和解(一)」法支41号75頁（1979年）
浅沼ほか・和解(二)	浅沼武ほか「和解(二)」法支42号50頁（1980年）
阿部・実際	阿部雅彦「裁判官が語る和解の実際」日本弁護士連合会編『日弁連研修叢書現代法律実務の諸問題〔平成28年度研修版〕』259頁（第一法規、2017年）
伊藤博・実際	伊藤博「和解勧試の技法と実際」司研論集73号22頁（1984年）
京都家裁・技法	京都家庭裁判所「家事調停技法」ケース研究325号37頁（2016年）
草野・和解の技術	草野芳郎「和解の技術」日本弁護士連合会編『日弁連研修叢書現代法律実務の諸問題〔平成23年度研修版〕』293頁（第一法規、2012年）
小久保・技法	小久保孝雄「調停のこころ、知識、技法」調停時報196号44頁（2017年）
志田原ほか	志田原信三ほか「和解の現状と今後の在るべき姿について」判タ1409号5頁（2015年）
鶴岡・和解	鶴岡稔彦「和解」髙橋譲編著『医療訴訟の実務〔第2版〕』640頁（商事法務、2019年）
新田・技法	新田慶「家事調停における面接技法」ケース研究256号16頁

（1998年）

望月・技術　　　　　望月嵩「調停委員の当事者面接法・説得の技術」別冊判タ 8号100頁（1980年）

第1章

紛争解決手段
としての和解

I 「ひまわり」と「ジャッジ」に見る和解

　まず、一つの医療訴訟の話から始めたいと思います。一人娘を亡くした両親が、「娘が死んだのは、医師の医療ミスが原因である」と主張して、病院側に損害賠償を求める訴訟を提起しました。病院側は、医療ミスを認め、裁判所も和解を勧告して和解協議が行われていましたが、父親は、当初、断固として和解を受け入れようとしませんでした。父親は、娘を死なせた医師を許すことができず、医師に対する憎しみで凝り固まっていたのです。しかし、妻や代理人弁護士の説得に、いつしか父親の頑なな心も和らいでゆき、ついに父親も和解を受け入れることを決断したのでした———。

　これは、1996年にNHKで放送された連続テレビ小説「ひまわり」の一節です。このドラマは、松嶋菜々子さんが演じる主人公の南田のぞみが、難関の司法試験を突破し、司法修習生として成長していく有り様を活き活きと描いた作品です。2022年にも再放送されたので、ご覧になった方も少なくないのではないでしょうか。

　この話のように、訴訟を提起した原告が、当初は被告の責任を追及し、判決で白黒をつけることを目指していたのに、最終的に和解での解決を選択することは、我が国の民事訴訟では珍しいことではありません。「ひまわり」でも、父親は、当初、和解について「（判決に比べて）いい加減なもの」と切り捨てていたのですが、最後には、和解での解決に踏み切りました。判決でとことん責任を追及するだけが唯一の正解ではない。過ちを認めている相手を許し、残された家族が次の一歩を踏み出すきっかけとなる———それが和解であるということを、改めて認識させられるストーリーでした。

　同様に、民事訴訟における和解を描いたドラマとして、2007年にNHKで放送されたドラマ「ジャッジ」があります。これは、西島秀俊さんが演じる判事補の三沢恭介が、裁判官がたった一人しかいない「大美島」で、さまざまな事件と向き合い、悩みながら判断を下していく姿を描いた作品で、裁判官や裁判所の様子がかなりリアルに描かれているのが大きな特徴です。このドラマのエピソードの一つに、次のような話があります（第5話）。

　大美島の住人が、島で計画されているリゾート開発により島の環境が破壊さ

れるとして、その差止めを求める訴訟を提起し、島で唯一の裁判官である三沢が担当することになりました。業者は当初、環境への影響を否定していましたが、ある程度審理が進んだところで、この開発計画には地下水の汚染や希少生物への影響の可能性があることが判明します。とはいえ、直ちに請求を認容できるわけではなく、更なる審理の長期化は避けられないと考えた三沢は、和解を勧告。三沢の説得に、当初は和解のテーブルに着くこと自体消極であった原告側も折れて、和解協議が開始されました。三沢は、島の自然と経済とを両立できるよう知恵を絞った私案（たたき台）を提示し、これをもとに双方が検討を重ねた結果、双方とも納得のいく計画案を得ることができ、無事和解が成立したのでした────。

このエピソードでは、和解成立直後のシーンが特に印象的です。和解期日を終え、和解室から出てきた三沢に、深々と頭を下げて、三沢に謝意を述べる原告ら。そのシーンに合わせるように、「双方が納得して和解が成立したときほど、充実感を感じることはない」という三沢の言葉が紹介されます。当事者は、和解によって新たな未来へと一歩踏み出すことができる────裁判官は、そのための一助になることができる────このシーンも、こうした和解の素晴らしさを存分に感じさせてくれるものといえるでしょう。

二つの和解をご紹介しました。一般に、民事訴訟のゴールは判決であるという印象をもっている人は少なくありませんが、実は、これらのドラマに描かれているように、民事訴訟が和解で解決することは、決して珍しいことではないのです。

Ⅱ　統計に見る訴訟上の和解

和解で終局する民事訴訟の割合が少なくないことは、統計からも裏づけられます。次頁の〈表〉は、地方裁判所における第1審民事通常訴訟事件（既済）の件数を終局事由別にまとめたものです[1]。

これをご覧いただけるとおわかりのように、過去約20年間、和解で終局する事件の割合は、おおむね3～4割の間を推移しています。つまり、民事訴訟の

1　最高裁判所『裁判所データブック2024』34頁参照（なお、パーセンテージは小数点以下を四捨五入しているため、合計が必ずしも100％になるわけではありません）。

第1章　紛争解決手段としての和解

〈表〉　第1審民事通常訴訟事件の終局区分別既済事件数（地方裁判所）

年次	判決	和解	その他	合計
1991年 （平成3年）	50,857 45%	38,941 35%	22,159 20%	111,957
1996年 （平成8年）	71,630 49%	47,473 33%	26,751 18%	145,854
2001年 （平成13年）	79,414 50%	51,205 33%	26,832 17%	157,451
2006年 （平成18年）	60,543 42%	46,426 32%	36,007 25%	142,976
2011年 （平成23年）	70,685 33%	68,860 32%	72,947 34%	212,492
2016年 （平成28年）	61,323 41%	52,960 36%	33,740 23%	148,023
2021年 （令和3年）	59,988 43%	51,241 37%	27,791 20%	139,020
2022年 （令和4年）	60,308 46%	43,264 33%	28,190 21%	131,762
2023年 （令和5年）	67,986 49%	44,909 33%	24,701 18%	137,596

　3件に1件は、和解で終了するのです（ちなみに、「その他」の中には、当事者間で話がまとまったために原告が訴えを取り下げたという事件も含まれていると思われますので、こうした事件も実質的に和解で終局した事件とみると、和解で終局する事件の割合はさらに高まることになります）。

Ⅲ　和解の特長

　このように、和解は、判決と並んで、民事訴訟における車の両輪ともいえる重要な地位を占めています[2]。その背景には、和解には、判決と比べて、次のような特長（長所）があるためであると考えられます[3]。

4

〔和解の特長〕
① 紛争を早期に、かつ、最終的に解決することができる。
② 法令や訴訟物にとらわれない柔軟な解決を実現することができる。
③ 自発的な履行が期待できる。
④ 相手方との円満な関係を維持・回復することができる。
⑤ 時間、費用、労力等を節約することができる。

1 紛争を早期に、かつ、最終的に解決することができる（上記①）

　和解が成立すれば、そこで訴訟は終局します。判決のように、上訴されることによって、終局がさらに遠のくという心配はありません。したがって、和解には、早期に、かつ、最終的に紛争を解決することができるという大きなメリットがあるのです。判決の途を選べば最終決着まで何年もかかることが見込まれる複雑困難な訴訟が、和解によって1年足らずで解決してしまうということも珍しくありません。

2 法令や訴訟物にとらわれない柔軟な解決を実現することができる（上記②）

　判決であれば、処分権主義の下、裁判所の判断は、訴訟物に限定されることになります。関連する紛争があっても、それが訴訟物として裁判所の判断の俎上に上がってこなければ、裁判所がこれを解決することはできません。また、判決は、法令や判例にのっとって行われるものであり、これを逸脱することは許されません。しかし、事案によっては、法令どおり割り切ることが必ずしも正義にかなうものでない場合や、落ち着きの悪さを感じさせる場合もあることは否定できません。

2 　武藤春光「民事訴訟における訴訟指揮」加藤新太郎編『民事訴訟審理』48頁（判例タイムズ社、2000年）参照。
3 　草野・技術論15〜17頁、後藤＝藤田17〜19頁〔後藤勇〕、増田＝古谷67頁〔増田勝久〕、司法研究148頁、伊藤博・実際26〜27頁、田中豊「民事第一審訴訟における和解について」民訴雑誌32号134頁（1986年）、田中豊・実務48〜50頁、廣田・解決学250〜253頁、始関正光「訴訟上の和解の現状と改善策」草野芳郎先生古稀『和解は未来を創る』288〜293頁（信山社、2018年）、橋本・要諦298〜302頁（初出・判時2530号110〜111頁）参照。

第1章　紛争解決手段としての和解

　これに対し、和解であれば、法令や訴訟物に必ずしも拘束されない、柔軟な解決を実現することも可能です。たとえば、人身損害を被った被害者の請求権が消滅時効にかかっており、判決では請求棄却とならざるを得ない———そのような場合でも、和解であれば、加害者に和解金を支払わせることも可能です（もちろん双方が合意することが必要ですが）。和解条項に謝罪条項や再発防止条項が設けられることも少なくありませんが、これも和解でしか得られないものといえるでしょう。

　癌免疫治療薬「オプジーボ」をめぐる訴訟での和解も、判決では実現できない内容が和解で実現した好例です。この訴訟は、ノーベル医学生理学賞を受賞した本庶佑京都大学特別教授が小野薬品工業に対し、特許使用料約262億円の支払を求めたというものです。和解では、小野薬品工業が、本庶教授に解決金等50億円を支払うほか、京都大学に設立される基金に230億円を寄付することが合意されました。基金への寄付という内容は、判決では実現できないものであり、和解ならではの柔軟な解決が図られたものといえるでしょう。和解成立を伝える報道では、本庶教授も小野薬品工業も和解内容に満足していることが紹介されています[4]。

　また、和解内容に訴訟物以外の権利関係を含めることも可能なので、複数の紛争を一挙に解決することも期待できます。特に、判決では紛争の抜本的な解決を図ることができない場合には、和解による解決のメリットは極めて大きいものです。次の共有物分割訴訟に関する **Episode 1** は、判決をしても誰も喜ばないような事情の下、双方の合意の下に、判決では得られない成果物を和解によって得ることができたというケースです。

Episode 1

　原告は、被告4名（Y₁〜Y₄）と共有している土地について、共有物分割訴訟を提起した。この土地上には、原告が運営する法人の建物があり、原告は、今後もこの建物で法人の営業を継続したいと考えていたが、代償金を支払って被告らの持分を全部取得するだけの資力はなく、このままでは競売分割が避けられない状況であった。幸い、原告も被告らも和解での解決に前向きで、かつ、Y₁〜Y₃は、現に原告の法人の運営にさまざまな形で関与し、今後もその運営に協力していきたいという意向を有してい

4　毎日新聞2021年11月13日記事参照。

た。Y₄は、法人の運営には関与しておらず、土地の取得も希望していなかった。

そこで、和解協議が重ねられた結果、Y₄の持分は原告が代償金を支払って取得し、その余の持分については、各自の希望を踏まえ、分筆の上現物分割し、法人がY₁〜Y₃から分筆後の土地を賃借するとの内容で和解が成立し、今後も法人の運営を継続することが可能となった。

このような共有物分割訴訟のほか、境界確定訴訟や相続人間の訴訟などでは、判決をしても紛争の解決に必ずしもつながらないというケースは少なくありません。そのような場合にこそ、和解によって解決するメリットが大きいといえるでしょう。

3　自発的な履行が期待できる（上記③）

和解は、当事者双方の合意によって成立するものです。したがって、自ら義務の履行を約束した当事者は、判決によって履行を命じられた当事者よりも、自発的にその義務を履行してくれることが期待できるといえるでしょう。現に、民事訴訟の利用者に対する各種調査によると、判決で終わった事件よりも和解で終わった事件のほうが、任意に履行される割合が高くなっているという結果が得られています[5]。

民事訴訟では、被告の資力が乏しい場合には、認容判決がされても、絵に描いた餅になってしまうことが少なくありません。そのような場合には、たとえ長期分割になっても和解を成立させ、支払を約束してもらったほうが、少しでも回収できる可能性が高まると考えられます。

4　相手方との円満な関係を維持・回復することができる（上記④）

訴訟の当事者には、親族同士やご近所同士といった密接な人的関係にある者が少なくありません。このような当事者同士は、訴訟が終わった後も何らかの関係を継続していかなければならないことが通常です。訴訟が判決で終了するということは、いわば「喧嘩別れ」した状態のままであることを意味しますの

5　菅原郁夫「当事者の視点から見た和解の評価」栂善夫先生・遠藤賢治先生古稀『民事手続における法と実践』121頁（成文堂、2014年）参照。

で、どうしてもその後の関係にはしこりが残り、ぎくしゃくした状態になってしまうことは否めません。

これに対し、当事者双方が納得して和解が成立した場合には、双方とも紛争を終わらせようという気持ちになっているのが通常ですので、その後の関係も円満なものとなることが期待できます。現に、民事訴訟の利用者に対する各種調査によると、訴訟終了後の相手方との関係は、判決で終わった場合よりも和解で終わった場合のほうが良好であるという結果が得られています[6]。

訴訟上の和解ではありませんが、志賀直哉の小説『和解』には、長年の確執を乗り越えて父親と和解した主人公が、「自分は今は心から父に対し愛情を感じていた。そして過去のさまざまな悪い感情が総てその中に溶け込んで行くのを自分は感じた」と述懐するシーンがあります。紛争を乗り越え和解に至った当事者が到達する心境を端的に表すものといえましょう。

5　時間、費用、労力等を節約することができる（上記⑤）

上記のとおり、和解は、早期に、最終的に、訴訟物等にとらわれない解決を実現することができ、強制執行等を回避できる可能性が高まるという特長があります。これは、言い換えれば、紛争当事者としては、和解を成立させたほうが、時間、費用、労力等を節約することができるということを意味します。判決を目指して訴訟を続ける限り、主張立証の準備のために時間、費用、労力等の負担が生じることは避けられません。ところが、和解で解決してしまえば、以後、こうした負担のすべてを回避することができるのです。これは、極めて大きなメリットといえるでしょう。裁判所にとっても、和解による解決は、判決に向けて審理を重ねる時間や労力を省くことができ、その余力を他の事件の処理等に振り向けることができるというメリットがあります（もっとも、だからといって裁判官が省力化を目的に和解を押し付けるということがあってはならないのは当然です。また、判決よりも和解のほうが労力のかかる事件は少なくありません[7]）。

6　菅原・前掲（注5）124頁参照。
7　弁護士から裁判官に任官した阿部雅彦判事も、ほとんどの事件では、和解は判決を書くよりも楽だとはいえないと述べておられます（阿部・実際260頁参照）。

IV 和解に対する批判

一方、和解による解決に対しては、その運用のあり方も含めて、批判的な見解もないわけではありません[8]。「判決をする裁判官が和解手続を運営するのでは、裁判官による説得は、当事者に対する事実上の強制になるのではないか。また、交互面接方式[9]による和解運営では、裁判官が、和解手続で一方当事者から得た情報を反対当事者の批判にさらす機会を与えないまま判決に利用するのではないか」———このような観点から、和解は判決の補完的地位として謙抑的に行われるべきであるという声も聞かれます。また、裁判官が熱心に和解を勧めて当事者を説得しようとすることに対しては、訴訟代理人である弁護士の方々を中心に「和解の押し付けである」という声も聞かれるところです。

V 「未来を創る」和解

とはいえ、前記Ⅲのとおり、和解による紛争解決には、判決にはないさまざまなメリットがあります。1980年代から「和解技術論」を披露されてきた元裁判官の草野芳郎教授は、「和解は、当事者双方が未来に実行することを合意により約束するものなのです。このように、和解は直接未来につながるものであり、『未来を創る』ことができるのです」と述べておられます[10]。前記Ⅰで紹介した二つの和解は、いずれもドラマの中のフィクションではありますが、訴訟当事者やその関係者に、未来への扉を開くものであったといえるでしょう。現実の訴訟でも、数多くの事件が和解によって解決され、それによって当事者が新たな未来への第一歩を踏み出すきっかけが生まれていることは、想像に難

---

8 和解手続の運営等について批判的に触れたものとして、家近正直「弁護士からみた民事裁判（その一）」別冊判タ 3 号119頁（1977年）、山川洋一郎「弁護士からみた民事裁判（その二）」別冊判タ 3 号125頁（1977年）、小松峻「民事訴訟における和解」判時990号 5 頁（1981年）、那須弘平「謙抑的和解論」木川統一郎博士古稀『民事裁判の充実と促進』692頁（判例タイムズ社、1994年）、小原正敏＝國谷史朗「和解手続」判タ871号18頁（1995年）、出井直樹「裁判上の和解をどう考えるか」伊藤眞ほか編『民事司法の法理と政策〔上巻〕』63頁（商事法務、2008年）、石川明『訴訟上の和解』79頁以下（信山社、2012年）、瀬木比呂志『ニッポンの裁判』213頁以下（講談社、2015年）、西口元「和解協議方法を巡る諸問題」草野古稀・前掲（注 3 ）155頁参照。
9 「交互面接方式」とは、裁判官が当事者と交互に個別面接を行う和解協議の方法のことです。詳しくは第 5 章Ⅲ 4 を参照してください。
10 草野・技術論179頁参照。

くありません。

　和解手続を運営する裁判官としては、そのメリットを十分に理解したうえで、それが当事者にも伝わるような説得を心掛ける必要があります。「この紛争の解決のためには、判決よりも、和解のほうが、こんなに大きなメリットがあるのです」――そういう説明を説得的に行うことができれば、当事者の和解に対する納得度も高まり、結果的により多くの事件で和解を成立させることが期待できるでしょう。

　第2章以下では、そのために必要な知識や技法について、順次解説していきたいと思います。

Column 1　和解は謙抑的に!?

　第1章では、和解による紛争解決がいかに素晴らしいものであるのかをご説明しました。このような「和解積極論」は、今では裁判官をはじめ、多くの実務家に共有されている考え方であると思われますが、一昔前は、だいぶ実情が異なっていたようです。

　かつては、「民事訴訟による紛争解決は判決が原則である」という考え方が主流であり、和解による解決を積極的に目指す「和解判事」は、軽蔑の対象として考えられていたようです。元裁判官の草野芳郎教授が任官した1970年代でも「和解判事となるなかれ」という言葉が先輩裁判官から教訓として語られていたとのことです（草野・技術論10頁参照）。

　近年では、このような極端な「和解消極論」は影をひそめましたが、本章のⅣで紹介したように、今なお、判決をする裁判官が和解手続も担当することの問題や、交互面接方式の問題を指摘して、和解積極論に対して警戒する声が聞かれないわけではありません。立法論または制度論にわたる問題をここで採り上げることはできませんが、和解手続を主宰する裁判官としては、こうした批判にも耳を傾けつつ、当事者の納得や手続保障の実現と、効果的な説得の実現とをいかに両立させるかについて、日々熟慮しながら和解手続を運営していく必要があります。それが、和解手続や、その主宰者である裁判官に対する信頼を獲得することにつながるものと考えられます。和解論に関するさまざまな著作のある廣田尚久弁護士も、実際に裁判官から優れた和解をしてもらった経験から、裁判上の和解に対し好意的な見解を述べておられます（廣田・解決学281頁参照）。

　かつて、著名な民法学者が、全国各地に係属していた公害訴訟において各地の裁判所が和解勧告を立て続けに行ったことについて、裁判所は判決では被告側の責任を否定せざるを得ないために和解勧告をしたのではないか、そうだとすればそれは法的に司法の枠を超えるものであって、勇み足ではないかとの厳しい批判を行ったことがありました。この批判に対し、真っ向から反対したのは訴訟代理人である弁護士の方でした。和解成立が困難と思われる事件でも解決への道筋を示して和解勧告をする裁判所の決意には敬意を表すべきであって、各地の裁判所でなされた和解勧告は決して勇み足ではなく、まさに具体的事件を解決する責務を負っている司法の当然の活動である───そう言って、裁判

第 1 章　紛争解決手段としての和解

所を擁護してくれたのです。裁判所の和解勧告が真摯なものであればこそ、理
解者や支援者を得ることができることを実感させられるエピソードといえるで
しょう。

第 2 章

訴訟上の和解を
規律する法規範

(2) 和解期日

　和解の協議自体は、期日外において行うことも可能ですが、通常は、期日において和解協議がもたれます。この期日としては、和解のための期日（和解期日）を指定することも可能ですが、口頭弁論期日や弁論準備手続期日において和解手続を行うことも可能です。

　和解の手続については、2022年（令和4年）に法改正がされ、双方とも電話会議やウェブ会議で参加している弁論準備手続期日や和解期日でも和解を成立させることができるようになりました（法89条2項）[10]。また、同改正により、口頭弁論に関する規定（法148条（裁判長の訴訟指揮権）、150条（訴訟指揮等に対する異議）、154条（通訳人の立会等）、155条（弁論能力を欠く者に対する措置）を和解期日にも準用する旨の規定が設けられました（法89条4項）[11]。

(3) 出頭命令

　裁判所は、和解のため、当事者本人またはその法定代理人の出頭を命じることができるとされています（規32条1項）。これを「出頭命令」といいます。当事者本人等の言い分を直接聞いたほうが和解協議に資する場合があることから設けられた規定です[12]。

　もっとも、実務上は、出頭命令という形で当事者本人等の出頭を命じることは稀であり、訴訟代理人がいる場合には、当該代理人を通じて本人の出頭を依頼する（促す）にとどめることがほとんどです。そもそも出頭命令には制裁規定がないので[13]、出頭に消極的な本人に出頭を命じても従わせることは困難ですし、仮に出頭したとしても、かえって本人の感情をこじらせてしまって、和解協議にマイナスになることが多いからだと思われます。

10　この改正は2023年（令和5年）3月1日から施行されています。なお、人事訴訟のうち離婚および離縁の訴えにおける和解については、ウェブ会議での和解成立のみが認められており、電話会議による和解の成立は従前どおり認められていないことに注意を要します（併せて、このウェブ会議での和解成立を認める規定は、改正法が公布された2022年（令和4年）5月25日から3年以内に施行されることになっており、施行日にずれがあることにも注意が必要です）。
11　この改正は改正法が公布された2022年（令和4年）5月25日から4年以内に施行されることとされています。
12　秋山ほか・コンメⅡ230頁参照。
13　これに対し、調停では調停委員会からの呼出しに応じない当事者に対して過料の制裁を科することができる旨の規定が置かれています（民事調停法34条、家事事件手続法258条、51条）。

4 受諾和解

　受諾和解とは、当事者があらかじめ裁判所から提示された和解条項案を受諾する旨の書面を提出し、他の当事者が期日に出頭してその和解条項案を受諾したときは、当事者間に和解が成立するという制度です（法264条）。一方当事者が遠隔地に居住しているなどの事由により出頭困難である場合にも和解を成立できるようにするためのものです[14]。

　受諾和解の要件は、「当事者が遠隔の地に居住していることその他の事由により出頭することが困難であると認められる場合」（法264条）です。これには、病気、老齢、仕事上のやむを得ない事由などが当たるといわれていますが[15]、実務上は、かなり柔軟に運用されています。なお、本人の出頭は可能であるものの代理人の出頭が困難である場合も、これに含めてよいといわれています[16]。

　受諾和解のためには、まず裁判所または受命・受託裁判官が和解条項案を書面に記載して提示しなければなりません（規163条1項）。欠席予定の当事者がこの和解条項案を受諾する場合には、その旨の書面を提出することになりますが、受諾和解は一方当事者が欠席したままでも和解を成立させることができるという制度なので、欠席当事者には和解の意思がなかったにもかかわらず和解が成立してしまったということのないように、欠席当事者の真意を確認しなければならないとされています（同条2項）。この真意確認の方法としては、代理人がついている当事者については職印を押捺した代理人名義の受諾書面を出してもらい、代理人がついていない当事者については本人の実印を押捺した受諾書面を出してもらうことが原則です。もっとも、真意確認の方法は、実印の押捺に限られるものではありませんので、事案によっては[17]、代理人がついていない当事者について、電話での真意確認で済ませることも許容されると考えられます。

　「受諾」とは、提示された和解条項案をそのまま受け入れることを意味します。このため、提示された案を一部修正することを条件に受諾することはできないと解されています[18]。たとえば、欠席予定当事者の受諾書面に「和解条項案第

14　条解1459頁〔上原敏夫〕参照。
15　注釈第4巻1263頁〔中西正〕、秋山ほか・コンメⅤ313頁参照。
16　注釈第4巻1264頁〔中西正〕、秋山ほか・コンメⅤ313頁参照。
17　たとえば、当該本人がそれまでにも裁判所に出頭したことがあり、裁判所書記官も当該本人と期日や電話でやり取りをした経験があるような場合が考えられます。
18　条解1460頁〔上原敏夫〕参照。

〇項につき『〇〇』とあるのを『××』と変更してくれれば和解します」など
と条件が付されている場合には、当該和解条項案を受諾したとはいえず、和解
は成立しません。したがって、欠席予定当事者が上記条件付き受諾書面を提出
し、出頭当事者が期日において上記条件を受諾する旨陳述しても、受諾和解が
成立することはありません[19]。この場合、上記修正を施した新たな和解条項案
を提示して、欠席予定当事者から受諾書面を改めて出してもらうことになりま
す。なお、受諾書面を提出した当事者は、出頭当事者が期日において受諾する
までは、当該受諾を撤回できると解されています[20]。

　無事受諾書面が提出され、出頭当事者も期日で和解条項案を受諾した場合に
は、和解が成立したものとみなされます[21]。この場合、裁判所書記官が当該和
解を調書に記載するのは通常の和解と異なりませんが、受諾和解では、裁判所
書記官が欠席当事者に対し和解が整ったものとみなされた旨を通知しなければ
ならないとされています（規163条3項）。欠席当事者は、和解が成立したかど
うかそのままではわからないことを考慮した規定です。

　前記3(2)のとおり、2022年（令和4年）の法改正により、双方とも電話やウェ
ブ会議で参加している弁論準備手続期日や和解期日でも和解を成立させること
ができるようになったので、受諾和解の制度を用いる場面は、より一層限られ
るものと思われます。

5　裁定和解

　裁定和解とは、当事者の共同の申立てがある場合に、裁判所が事件の解決の
ために適当な和解条項を定め、これが告知されたときに当事者間に和解が整っ
たとみなす制度です（法265条）。

　この制度は、もともと、双方の合意がまとまらなかったものの、双方とも、
裁判所が判断を示してくれるのであれば、それに従って紛争を解決する意思を
有している場合に、裁判所がいわば仲裁的判断を示すことで紛争を解決すると
いう場面での活用が想定されていました[22]。もっとも、実際にはこのような本

19　注釈第4巻1265頁〔中西正〕、秋山ほか・コンメ V 314頁参照。
20　注釈第4巻1266頁〔中西正〕、秋山ほか・コンメ V 315頁参照。
21　なお、2022年（令和4年）の法改正により、双方不出頭でも受諾和解を成立させることが可
　　能となりました（改正法264条2項。改正法が公布された2022年（令和4年）5月25日から4
　　年以内に施行）。改正法では、裁判所または受命裁判官が、和解が成立すべき日時を定めたう
　　えで和解条項案を提示し、双方が受諾書面を提出すれば、この日時に和解が成立したものとみ
　　なされます。
22　条解1463頁〔上原敏夫〕参照。

来の場面で活用されることは稀であり、実務上は、両当事者間に合意が整ったものの、双方とも裁判所に出頭できない場合に和解を成立させる便法として活用されてきました。近年、書面による準備手続で争点整理を進めている事件で和解合意が整った場合に利用される例が見られました。もっとも、2022年（令和4年）の法改正により、双方不出頭の弁論準備手続期日や和解期日でも和解を成立させることが可能となったことから、今後はこのような場合に裁定和解が用いられることはほとんどなくなると思われます。

II　訴訟上の和解の要件

　当事者間に合意が整えば、その内容や手続がいかなるものであろうと有効な和解が成立する、というものではありません。訴訟上の和解が有効に成立するためには、次の要件を満たす必要があります。

1　和解の内容

（1）　互　譲

　まず、訴訟上の和解も私法上の和解の一類型であることから、互譲があることが和解の条件となります。もっとも、この要件は、かなり緩やかに解されており、被告が訴訟物については全面的に原告の主張を認める場合であっても、訴訟費用は各自の負担とする旨の合意があれば、互譲があると解されています[23]。訴えの取下げおよびこれに対する同意を内容とする和解や、単なる訴訟終了の合意を内容とする和解も許されると解されています。したがって、単なる請求の認諾または放棄といえるようなものを除いては、「互譲」の要件は満たすものといえましょう。

（2）　公序良俗に反しないこと

　当然のことですが、和解の内容が公序良俗に反するものであれば、その和解は無効となってしまうので（民法90条）、有効な和解のためには、その内容が

---

[23]　大判昭8・2・13新聞3520号9頁、秋山ほか・コンメII227頁参照。

第2章　訴訟上の和解を規律する法規範

公序良俗に反しないことが必要です。

⑶　条件を付した和解

和解条項には、和解の効力を条件にかからせるものがあります。その一つは、「被告が1回でも分割金の支払を怠れば、本和解は解除される。」等のように、和解条項の中で内容を条件にかからせる場合です。もう一つは、「原告と被告は、第三者が同意した場合には、次の内容で和解する。」等のように、和解自体の成立または効力の発生を条件にかからせる場合です。

前者の和解条項が有効であることは明らかですが、後者の和解条項については、不適法であるとする見解が有力です[24]。実務上は、このような条項で和解をすることを検討すべき事態になった場合には、条件が成就するまで和解手続を止めておくのが相当です。

2　和解の対象

訴訟上の和解は、当該訴訟物を対象とする和解はもちろん、当事者間に係属する別個の訴訟の訴訟物を対象とすることもできますし、さらには、訴訟係属がない権利関係や紛争についても対象とすることができると解されています。

なお、訴訟の一部分だけについて和解を成立させることも可能であるといわれていますが、この場合、訴訟終了効は生じません[25]。

3　和解の主体

訴訟上の和解は、当該訴訟の当事者間でされるのが原則ですが、訴訟の当事者以外の第三者が任意に和解に参加することも認められています[26]。このように、和解のために訴訟に参加する者を「利害関係人」といいます[27]。なお、当事者の一方と第三者の間のみで和解が成立しても、それは訴訟上の和解ではなく、訴訟終了効を有しないと解されています[28]。

第三者が利害関係人として和解に加わる場合には、参加の意思を明確にする

24　高橋・重点講義（上）780頁参照。

25　秋山ほか・コンメⅡ223頁参照。

26　明文はありませんが、解釈上認められている運用です（大判昭13・8・9判決全集5輯17号13頁、大判昭13・12・3評論27巻民訴357頁参照）。

27　秋山ほか・コンメⅡ224頁参照。

28　増田＝古谷19頁〔古谷恭一郎〕参照。

ために「参加申出書」を提出させる扱いもあるようですが[29]、厳密にはこのような申出書は不要というべきでしょう。

第三者が利害関係人として参加して和解が成立する場合には、「訴訟費用」だけでなく「和解費用」が発生する点に注意が必要です。そのため、和解調書[30]の末尾には、「訴訟費用及び和解費用は、各自の負担とする。」との条項が置かれるのが通例です[31]。

訴訟当事者が複数となる訴訟を「共同訴訟」といいますが、このうち、いわゆる通常共同訴訟においては、当事者ごとに和解を成立させることに法律上の障害はありません（実務上も、原告または被告多数の事案において、合意ができた当事者から順次和解が成立することは珍しくありません）。これに対し、必要的共同訴訟においては、和解も共同訴訟人全員でする必要があります。万一、何人かが欠けたまま和解が成立しても、その和解は無効であり、和解をした当事者間においても効力を生じないと解されています[32]。このような和解は、追認によりこれを有効とすることもできないと解されています[33]。これに対し、固有必要的共同訴訟において、もともと共同訴訟人の一部を欠いたまま訴訟が進行していたところ、和解成立の場面で、その者（共同訴訟人となるべき者）が利害関係人として加わって和解が成立した場合には、その和解は有効であると考えられます[34]。

なお、裁判官は和解の主体ではありませんが、裁判官は当事者を主導して妥当な和解に導く責務を負っていることから、判決に関与することができない裁判官（たとえば除斥事由がある裁判官）のもとで成立した和解は、無効であると解されています[35]。

4　和解についての授権

訴訟代理人は、法55条2項各号に列挙された事項については、本人からその

---

[29]　講義案 I 298頁参照。

[30]　和解期日で和解が成立した場合には「和解調書」、口頭弁論期日で和解が成立した場合には「口頭弁論調書」、弁論準備手続期日で和解が成立した場合には「弁論準備手続調書」に和解の内容が記載されますが、本書ではこれらを区別せずに、単に「和解調書」と呼んでいます。

[31]　増田＝古谷19頁〔古谷恭一郎〕参照。

[32]　大決昭5・7・19新聞3166号9頁、秋山ほか・コンメV336～337頁参照。訴訟追行に熱心でなく欠席を続けている当事者がいる場合にこのような過誤が起こりやすいので注意が必要です。

[33]　仙台高判昭33・4・8下民集9巻4号622頁、秋山ほか・コンメV337頁参照。

[34]　梶村＝深沢47～48頁参照。もっとも、この場合には、共同訴訟参加の手続をとっておくのが無難でしょう。

[35]　秋山ほか・コンメII223頁参照。

旨の授権（「特別授権」と呼ばれています）を受ける必要があるとされており、訴訟上の和解もこの一つとされています（同項2号）。したがって、訴訟代理人が特別授権を受けないで和解を成立させても、この和解は無効となります（ただし、本人が追認すれば有効となります）。

　ある訴訟について和解する権限を付与された訴訟代理人が、当該訴訟で問題となっている訴訟物について和解を成立させることができることは当然ですが、訴訟物以外の権利義務についても和解できるかどうかについては、解釈に委ねられています。学説上は、訴訟物に限らず、訴訟物に通常付随する事項については和解する権限を有するなどとして、訴訟代理人の権限をある程度幅広に認める見解が有力ですが[36]、その具体的内容についてはさまざまな見解が唱えられています。判例には、①貸金請求訴訟の被告訴訟代理人は、被告所有不動産に抵当権を設定する旨の和解をする権限を有するとしたもの[37]、②建物の利用契約に基づく甲請求権について委任を受けた弁護士は、同契約の債務不履行に基づく損害賠償請求権である乙請求権についての具体的委任を受けていなくとも、甲・乙両請求権が同一当事者間の一連の紛争に起因するものであれば、乙請求権を含めて和解をする権限を有するとしたもの[38]などがありますが、具体的な基準を示したものは見当たりません。

　上記①のように本人の財産を喪失させる可能性のある行為についてまで権限が及ぶと解するのは、本人の利益保護という観点や本人と代理人との紛争回避という観点からして、慎重に検討すべきです。少なくとも実務上は、このような事項を含む和解を成立させる場合には、代理人に本人の意思確認を十分に行うよう促すのが望ましいでしょう。

5　和解にあたって同意等を要する場合

　訴訟上の和解は、通常は本人または訴訟代理人の合意によって成立し、第三者の同意や許可を必要としません。しかし、以下のとおり、法律上、和解のために第三者の同意や許可を要すると定められている場合があり、注意する必要があります。

①　被保佐人、被補助人、後見人等

36　秋山ほか・コンメII 228頁参照。
37　最判昭38・2・21民集17巻1号182頁参照。
38　最判平12・3・24民集54巻3号1126頁参照。

被保佐人、被補助人[39]または後見人その他の法定代理人が和解を行うには、その旨の授権（特別授権）を要するとされています（法32条2項1号）。また、後見人に後見監督人がいる場合には、後見監督人の同意が必要とされています（民法864条本文、13条1項5号）。

② **破産管財人**

破産管財人が和解をするには、原則として破産裁判所の許可が必要です（破産法78条2項11号）[40]。

③ **地方公共団体**

地方公共団体が当事者として和解をするには、原則として議会の同意が必要です（地方自治法96条1項12号）[41]。

6　当事者の処分権限等

和解をするには、当事者が訴訟物を自由に処分する権限を有することが必要であると解されています。そのため、一定の類型の訴訟では、そもそも訴訟上の和解をすることが許されなかったり、和解内容に制限があったりする場合があるので、注意が必要です。実務上よく問題となる類型としては、以下のものがあります。

(1)　会社の組織に関する訴訟

会社法828〜833条に定められた会社の組織に関する訴訟、たとえば、会社設立無効の訴え（会社法828条1項1号）、会社合併無効の訴え（同項7号・8号）、新株発行無効の訴え（同項2号）、株主総会決議不存在確認の訴え（同法830条1項）、株主総会決議無効確認の訴え（同条2項）、株主総会決議取消しの訴え（同法831条）等については、認容判決に対世効があることから（同法838条）、請求の趣旨と同内容の和解をすることは許されないと解されています[42]。したがって、たとえば、株主総会決議不存在確認訴訟において、「原告と被告は、令和

39　ただし、被補助人については、訴訟行為をすることにつき補助人の同意を得ることを要する場合に限り、和解についての特別の授権が必要とされています（法32条1項括弧書）。

40　ただし、①最高裁判所規則で定める額（100万円。破産規則25条）以下の価額を有するものに関するとき、②破産裁判所が許可を要しないものとしたものに関するときには、破産裁判所の許可は不要です（破産法78条3項）。

41　ただし、一定の額以下であれば長の専決処分が認められている場合があります（地方自治法180条）。

42　講義案I301頁、書記官研究10頁、増田＝古谷271頁〔増田勝久〕、林史高ほか「会社関係訴訟の手続をめぐる諸問題(2)」判タ1508号41頁（2023年）参照。

第2章　訴訟上の和解を規律する法規範

○年○月○日の臨時株主総会における決議が存在しないことを確認する。」旨の和解を成立させることはできないことになります。

これに対し、会社の組織に関する訴訟においても、請求の放棄を内容とする和解を成立させることは許されると解されています[43]。原告敗訴の判決の効力は、当事者間においてのみ効力を有するにすぎないためです。

(2)　株主代表訴訟

会社法847条以下に定められている責任追及等の訴え（いわゆる株主代表訴訟）においては、原告である株主と、被告である役員等との間で訴訟上の和解をすることは可能ですが、この和解は、原則として、確定判決と同一の効力（法267条）を有するものではないとされています（会社法850条1項本文）。これは、そのような効力を認めた場合、原告と被告のなれ合いによって不当な内容の和解がされるおそれがあることや、責任の免除を厳格に規制する会社法の趣旨にも反することが考慮されたためであるといわれています[44]。

ただし、この原則には例外が設けられています。その一つは、会社が和解の当事者になっている場合です（会社法850条1項本文）。利害関係人として和解に加わっている場合も含みます。もう一つは、会社が当該和解を承認した場合です（同項ただし書）。後者の場合については、裁判所は和解内容を会社に通知し、異議があれば2週間以内に述べるよう催告することとされていることに注意が必要です（同条2項）。この催告に対し、会社が異議を述べなかった場合には、和解を承認したとみなされます（同条3項）。

(3)　執行関係訴訟

ア　請求異議訴訟等

請求異議の訴え（民事執行法35条）、第三者異議の訴え（同法38条、194条）、執行文付与の訴え（同法33条）および執行文付与に対する異議の訴え（同法34条）については、判決の主文で表示されるのと同内容の和解をすることは許されないと解されています[45]。これらの訴訟は、いわゆる形成訴訟であって、判決によってはじめて権利関係の変動を生じさせることができると考えられるからです。したがって、たとえば請求異議訴訟における和解で、「強制執行は許さな

43　講義案 I 301頁、書記官研究10頁参照。

44　田中亘『会社法〔第4版〕』368頁（東京大学出版会、2023年）参照。

45　後藤＝藤田380頁〔佐藤歳二〕、増田＝古谷335頁〔古谷恭一郎〕参照。

い。」との和解条項を設けることはできません。

　もっとも、これらの訴訟でも、債務名義に表示されている実体法上の権利関係等について和解をすることは許されると解されています[46]。そこで、たとえば「強制執行は許さない。」との条項に代えて、「被告は、原告に対し、○○に基づく強制執行はしない。」との条項を設けて和解をするのが相当です[47]。

イ　配当異議訴訟

　配当異議訴訟（民事執行法90条、188条）についても、形成訴訟であることから、配当表の変更または取消しを内容とする和解条項を設けて和解することはできないと解されています[48]。したがって、「令和○年○月○日作成の配当表のうち、被告への配当額○○円とあるのを○○円に、原告への配当額○○円とあるのを○○円にそれぞれ変更する。」等の和解条項を設けることはできません。

　もっとも、「配当表の変更又は取消し」という表現を避け、個々の債権者の配当受領権について合意することは許されると解されています[49]。そこで、たとえば、「令和○年○月○日作成の配当表中、被告に対する配当額150万円の配当部分に関し、原告が80万円、被告が70万円を取得するものとする。」との条項を設けて和解をするのが相当です。このような和解が成立し、その和解調書の正本を執行裁判所に提出すれば、その内容に沿った配当が行われることになります[50]。

(4)　境界確定訴訟

　境界確定訴訟（筆界確定訴訟）で境界（筆界）について当事者間の合意が成立しても、境界について定める旨の和解をすることはできないと解されています[51]。境界は公法上のものであって、これを定めるには形式的形成訴訟である境界確定訴訟の判決による必要があり、私人間で自由に境界を定めることは許されないと考えられているためです。したがって、「原告土地と被告土地の境界を別紙イ・ロ・ハの各点を順次直線で結んだ線と定める。」旨の和解条項を設けることはできません。

46　後藤＝藤田381頁〔佐藤歳二〕、増田＝古谷335頁〔古谷恭一郎〕参照。
47　講義案Ⅰ301頁参照。
48　増田＝古谷340頁〔古谷恭一郎〕、司法研修所編『執行関係等訴訟に関する実務上の諸問題』260頁（法曹会、1989年）参照。
49　後藤＝藤田386頁〔佐藤歳二〕、増田＝古谷340頁〔古谷恭一郎〕参照。
50　後藤＝藤田386頁〔佐藤歳二〕参照。
51　後藤＝藤田253〜254頁〔伊藤瑩子〕参照。

第2章　訴訟上の和解を規律する法規範

もっとも、所有権の範囲について和解を成立させることは可能であると考えられることから、境界確定訴訟においても、所有権の範囲について合意する旨の和解がよく行われています[52]。たとえば、「別紙物件目録記載1の土地のうち、イ・ロ・ハ・ニ・イの各点を順次直線で結んだ範囲の土地につき、原告が所有権を有することを相互に確認する。」旨の和解を成立させることが考えられます[53]。

(5) 人事訴訟

人事訴訟では、対象となる法律関係が当事者の任意処分を許さない性質をもつことから、原則として訴訟上の和解をすることはできないものとされています（人事訴訟法19条2項）。ただし、これには例外があり、離婚と離縁については、当事者が任意に権利関係を処分できる（協議離婚や協議離縁が認められている）ことから、訴訟上の和解が許されています（同法37条1項、44条）。

7　和解と訴訟要件

訴えが提起されたものの、訴訟要件が欠けることが判明した場合には、判決をするときは、原則として訴えを不適法却下することになります。これに対し、訴訟上の和解をしようとするときは、訴訟要件を具備しない場合であっても、原則として和解は有効に成立すると解されています[54]。たとえば、確認の利益がなく、そのまま判決に至れば訴え却下が免れないような事件であっても、有効に訴訟上の和解をすることができます。

ただし、訴訟上の和解が成立した場合、和解調書に確定判決と同一の効力が生ずることから（法267条）、判決効の不可欠の前提となる訴訟要件を具備する必要はあり、これを欠いた和解は無効となると解されます[55]。このような訴訟要件としては、当事者の実在、当事者能力等が挙げられます。

---

[52]　この場合、境界確定の訴えの訴訟物とは異なる権利関係について合意を成立させることになることから、追加的または交換的訴えの変更によりに所有権確認の訴えを提起することを要するとの見解もあるようですが、実務上は訴えの変更を要しないとする扱いが多いようです（後藤＝藤田265頁〔伊藤瑩子〕参照）。

[53]　後藤＝藤田267頁〔伊藤瑩子〕参照。

[54]　条解1477頁〔竹下守夫＝上原敏夫〕、注釈第4巻1297頁〔中西正〕参照。

[55]　注釈第4巻1297頁〔中西正〕、伊藤眞・民訴533頁参照。

26

8 和解の時期等

訴訟上の和解は、訴訟係属中であれば、いつ、いかなる段階にあってもすることができます（法89条1項）。第1回弁論期日前でも、弁論終結後でも、判決言渡し後でも[56]、和解を成立させることができます[57]。ただし、訴訟上の和解は、「期日」においてすることを要するため[58]、第1回弁論期日前や弁論終結後に和解をするためには、和解期日を指定したうえで、同期日において和解を成立させる必要があります。

なお、訴訟上の和解を成立させることのできる「期日」としては、口頭弁論期日、弁論準備手続期日および和解期日が挙げられますが[59]、進行協議期日においては和解することができないと解されていること[60]に注意が必要です。進行協議期日において和解協議をすることは可能ですが、合意が整って和解を成立させたい場合には、別途和解期日を指定して、同期日で成立させる必要があります[61]。

9 裁判所外の和解（現地和解）

裁判所（受命・受託裁判官も含みます）は、相当と認めるときは、裁判所外において和解をすることができます（規32条2項）。裁判所外での和解のことを「現地和解」といいます。現地和解は、境界確定訴訟、通行権に係る訴訟、建築訴訟等で活用されています[62]。

現地和解をする場合、裁判所外における和解期日を定める方法（規32条2項）によることもできますし、検証場所や所在尋問の場所で和解をすることもできます[63]。

---

56 ただし、判決が確定してしまうと、もはや訴訟上の和解をすることはできません。
57 条解370頁〔新堂幸司＝髙橋宏志＝髙田裕成〕、秋山ほか・コンメⅡ226頁、梶村＝深沢59〜60頁参照。
58 髙橋・重点講義（上）778頁参照。
59 梶村＝深沢62頁参照。
60 進行協議期日についての規定である規95条2項は、訴えの取下げおよび請求の放棄・認諾については、進行協議期日ですることができると明記しているのに対し、訴訟上の和解をすることができると規定していないことから、進行協議期日では訴訟上の和解をすることはできないと解されます。
61 条解規則217頁、秋山ほか・コンメⅡ227頁参照。なお、別途和解期日を指定するといっても、別の日時に指定する必要はなく、その場で、その時点の日時を和解期日として指定する（和解期日に切り替える）ことで足ります。
62 条解371頁〔新堂幸司＝髙橋宏志＝髙田裕成〕参照。
63 講義案Ⅰ300頁参照。

第 2 章　訴訟上の和解を規律する法規範

　規32条 2 項にいう「相当と認めるとき」とは、裁判所外における和解の必要性があり、その場所で和解を行うことに支障がない場合をいうと解されています[64]。

Ⅲ　訴訟上の和解の法的性質・効果

　ここでは訴訟上の和解が成立した場合に生じる効果について、訴訟上の和解の法的性質と関連づけながら見ていくこととします。

1　訴訟終了効

　訴訟上の和解が成立し、その旨調書に記載されると、その範囲で訴訟は当然に終了します（訴訟終了効）[65]。なお、控訴審で和解が成立した場合、 1 審判決は実質的に失効し、存在しなくなったものと扱われます[66]。

2　確定判決と同一の効力

　訴訟上の和解が成立し、和解条項が和解調書等の調書に記載されると、その記載は確定判決と同一の効力を有することになります（法267条）。もっとも、ここにいう「確定判決と同一の効力」の意義については、次に見るように、その理解は必ずしも一様ではありません。特に、既判力の有無等をめぐって、学説は多岐に分かれている状況にあります。

(1)　執行力

　和解調書の記載が、具体的な給付義務を内容とするときは、債務名義として執行力を有することになります（民事執行法22条 7 号）。給付訴訟の和解条項では、被告が一定の和解金を支払う義務を認めたうえで、この和解金について「被告は、原告に対し、令和〇年〇月〇日限り、前項の和解金を支払う。」等の給付条項（第 3 章 Ⅱ 1 (1)参照）が置かれることが通例ですが、このような具体的な給付義務を内容とする条項が置かれた場合には、和解調書に基づき強制執行をすることができることになります。

64　条解規則72頁、梶村＝深沢62頁参照。
65　条解1478頁〔竹下守夫＝上原敏夫〕、注釈第 4 巻1297頁〔中西正〕参照。
66　大阪高判昭51・ 4 ・30判タ340号180頁、梶村＝深沢60頁、注釈第 4 巻1298頁〔中西正〕参照。

逆にいえば、訴訟上の和解が成立し、被告が一定の金銭の支払を約束する旨の条項が置かれていても、単なる確認条項にとどまる場合や、給付義務が具体的に特定されていない場合[67]には、その和解条項には執行力がなく、和解調書に基づき強制執行をすることはできません。建物収去土地明渡しについては、土地の明渡しを目的とする給付条項があっても、当該土地上に建物がある場合には、建物収去についても記載されていないと、建物収去土地明渡しの強制執行をすることはできません[68]。

不動産の賃貸人と賃借人が、訴訟上の和解で、改めて賃貸借契約を結ぶと同時に将来契約が終了した場合の明渡義務を約した場合には、反対説はあるものの、執行力が認められると解するのが相当です[69]。

和解調書の執行力は、和解成立後の承継人に対しても及びます（民事執行法23条1項3号）。したがって、和解成立後に権利を承継した者も、和解調書を債務名義として強制執行をすることができます。また、和解成立後に債務を承継した者にも執行力が及ぶので、たとえば、訴訟上の和解により建物収去土地明渡しの義務を負うに至った者が、和解成立後に当該建物を第三者に譲渡し、または賃貸した場合であっても、和解調書を債務名義としてこの第三者に対し強制執行をすることができます[70]。これに対し、和解成立前から当該建物を賃借している者がいる場合には、当該建物の所有者との間で建物収去土地明渡しの和解が成立しても、この賃借人に対し執行力が及ぶものではありません[71]。

訴訟上の和解に第三者が利害関係人として加わっている場合には、この利害関係人にも執行力が及びます[72]。

(2) 既判力

訴訟上の和解に既判力があるか否かについては、学説上の議論は多岐にわたりますが、判例は、「制限的既判力説」と呼ばれる考え方に立っているといわれています[73]。この考え方は、既判力を肯定するものの、意思表示の瑕疵に関する規定の類推適用を認め、私法上の無効・取消事由がある場合には既判力を

---

67 特定性を欠くとされた例として大阪高決昭36・1・20下民集12巻1号43頁参照。
68 東京地判昭49・5・14下民集25巻5〜8号415頁参照。
69 梶村＝深沢103頁参照。
70 最判昭26・4・13民集5巻5号242頁参照。
71 大決昭7・4・19民集11巻681頁、注釈第4巻1298頁〔中西正〕参照。
72 伊藤眞・民訴540頁参照。
73 条解1479頁〔竹下守夫＝上原敏夫〕、注釈第4巻1300頁〔中西正〕参照。

第2章　訴訟上の和解を規律する法規範

認めないとするものです。

　この制限的既判力説のポイントは、次の二つです[74]。

〔制限的既判力説〕
①　訴訟上の和解に私法上の無効・取消事由がある場合には、別途訴訟を提起するなどしてその効力を争うことができる。
②　それ以外の場合には、訴訟上の和解の効力を争うことはできない。

---

　①の例としては、たとえば訴訟上の和解を成立させた訴訟代理人に代理権がなかった場合[75]や、和解の意思表示に瑕疵（錯誤、詐欺等）がある場合[76]が挙げられます。判例は、これらの場合に別途訴訟を提起してその有効性を争うことを認めています。

　これに対し、②の例として、訴訟上の和解が成立した後に、改めて訴えを提起して、この和解で認められた権利関係と矛盾する権利関係を主張する場合が挙げられます[77]。判例は、このような場合、訴訟上の和解で確定された権利関係と矛盾する内容を後訴で主張することを認めていません。

3　和解の調書への記載

　訴訟上の和解は、その内容を和解調書等の調書に記載することで、「確定判決と同一の効力」を生じることになります（法267条）。もっとも、和解自体は期日において双方が合意することによって成立し、調書への記載は、確定判決と同一の効力が生じるための要件にすぎないと解されています[78]。したがって、

---

[74]　もっとも、判例が（制限的であるとはいえ）既判力を認める立場に立っているとは必ずしもいえないと理解する見解もあります（後藤＝藤田483頁〔藤原弘道〕参照）。しかし、最大判昭33・3・5民集12巻3号381頁が、「裁判上の和解は確定判決と同一の効力を有し、既判力を有するものと解すべきである」と明確に述べていることからすれば（この内容は民集の判決要旨にも採られています）、既判力を有する範囲はともかくとしても、判例が既判力を肯定する立場に立っていることは否定し難いように思われます。

[75]　大判昭3・3・7民集7巻98頁、大判昭7・11・25民集11巻2125頁、大判昭8・4・26新聞3558号17頁、大判昭14・8・12民集18巻903頁、前掲（注37）最判昭38・2・21参照。

[76]　大判大6・9・18民録23輯1342頁、大決昭6・4・22民集10巻380頁、大判昭10・9・3民集14巻1886頁、大判昭16・12・22評論31巻民訴42頁、最判昭36・5・26民集15巻5号1336頁、最判昭44・7・10民集23巻8号1450頁参照。

[77]　大判昭12・5・11判決全集4輯10号3頁（土地所有権の範囲について前訴の和解と矛盾する内容の確認を後訴で求めた）、前掲（注74）最大判昭33・3・5（罹災都市借地借家臨時処理法に基づく決定により、借地権を有しない旨の裁判上の和解が成立したのと同一の効力が生じた後に、再び同一係争地につき借地権確認の訴えを求めた）参照。

30

期日において和解が成立すると、調書記載前であってもこれを撤回、変更することはできなくなります。

なお、和解調書は、当然には当事者には送達されず、当事者からの送達申請（法91条3項の正本の交付請求）を待って送達されることになります。判決書等（法255条、規159条）と異なり、和解の内容を記載した調書については、職権で送達する旨の規定がないからです[79]。

4 和解調書の更正

和解調書に、計算違い、誤記その他明白な誤りがあれば、裁判所はその更正決定をすることができます。明文の規定はありませんが、判決の誤りがある場合（法257条）に準じて、解釈上認められています[80]。

なお、受命裁判官が和解を成立させた場合、更正決定をするのは受命裁判官ではなく、裁判所（合議体）であると解されます[81]。

IV 訴訟上の和解の効力を争う方法

1 私法上の無効・取消事由を主張する場合

前記III 2(2)のとおり、判例は、訴訟上の和解に私法上の無効・取消事由がある場合には、別途訴訟を提起するなどしてその効力を争うことを認めています。その方法として、判例は、次の三つの方法を認めています。

〔訴訟上の和解の効力を争う方法〕
① 期日指定の申立て
② 和解無効確認の訴え

---

78 講義案 I 303頁、高橋・重点講義（上）781頁参照。
79 もっとも、2022年（令和4年）の法改正により、和解、請求の放棄・認諾に係る電子調書は職権で送達されることになりました（改正法267条2項。改正法の公布日である2022年（令和4年）5月25日から4年以内に施行）。
80 大決昭6・2・20民集10巻77頁、東京高決昭39・10・28下民集15巻10号2559頁、秋山ほか・コンメV336頁参照。なお、2022年（令和4年）の法改正では、和解調書および請求の放棄・認諾調書につき、裁判所が、申立てまたは職権により更正決定できること、更正決定に対して即時抗告できることなどが明文化されました（改正法267条の2）。
81 書記官研究34頁参照。

第2章　訴訟上の和解を規律する法規範

③　請求異議の訴え

なお、このほかの方法として、「再審の訴え」も問題となり得ますが、判例は、和解に私法上の無効原因が存在する場合には、再審の訴えを待つまでもなく和解は当然無効であるとして、再審の訴えを提起することは認めていません[82]。したがって、実務上は、上記①〜③のいずれかの方法によることになります。

(1)　期日指定の申立て（上記①）

すでに成立した訴訟上の和解に私法上の無効・取消事由があることを主張してその効力を争う場合には、口頭弁論期日指定の申立てをするのが原則とされています。これは、訴訟上の和解に私法上の無効・取消事由がある場合には、訴訟終了原因も存在しないことになるので、訴訟は依然として係属しているという考えに基づくものです[83]。

このような期日指定の申立てがあった場合、裁判所は、明らかに不適法な申立てであるときを除き、必ず期日を指定しなければならないと解されています[84]。たとえ無効・取消事由の主張に理由がないと思われる場合でも期日指定が必要です。当該期日では、和解の有効性に限定して審理を行います。その結果、和解に瑕疵があると判断されれば、訴訟は終了していなかったものとして本案の審理を行い判決することになりますが、和解に瑕疵はないと判断されれば、弁論を終結して、訴訟終了宣言判決をすることになります[85]。

一方、明らかに不適法な期日指定の申立てがされた場合には、申立てを却下するのが相当です[86]。たとえば、訴訟上の和解を債務不履行解除したと主張して期日指定の申立てがされても、従来の訴訟は復活しないと解されているため（下記2参照）、このような申立ては不適法です[87]。また、判決言渡し後に和解

82　前掲（注75）大判昭7・11・25、前掲（注75）大判昭8・4・26参照。

83　前掲（注76）大決昭6・4・22、後藤＝藤田490頁〔藤原弘道〕、条解1480頁〔竹下守夫＝上原敏夫〕、秋山ほか・コンメⅤ334頁参照。

84　前掲（注76）大決昭6・4・22、後藤＝藤田492頁〔藤原弘道〕、条解1483頁〔竹下守夫＝上原敏夫〕参照。

85　条解1483頁〔竹下守夫＝上原敏夫〕、注釈第4巻1304頁〔中西正〕参照。

86　期日指定の申立てがあっても、申立てに理由がないと認められるときは、当事者に申立権がある場合を除いて特に判断を示す必要はないと解されていますが（秋山ほか・コンメⅡ323〜324頁参照）、訴訟上の和解の効力を争うための期日指定の申立ては、実質的に再審手続としての実質を有すると考えられること（後藤＝藤田492頁〔藤原弘道〕参照）からすると、却下という形で裁判所の応答が求められると解するのが相当です。

87　後藤＝藤田499頁〔藤原弘道〕参照。

が成立した場合には、もはや弁論を再開して期日指定をすることができない以上、和解の効力を争うための期日指定の申立てをすることもできないと解されます[88]。

(2) 和解無効確認の訴え（上記②）

訴訟上の和解の効力を争う方法の二つ目は、和解無効確認の訴えを提起することです。

期日指定の申立てをして、終了した訴訟の続行を求める方法（上記①）は、簡便で、かつ、従来の訴訟資料を利用できるというメリットがありますが、当事者の中には、和解が無効であることが裁判所の判断によって明らかにされれば、従来の訴訟の続行までは求めないという人もいるでしょう[89]。また、訴訟上の和解に利害関係人として参加した第三者は、和解の効力を争いたいと思っても、事件の当事者ではないため、期日指定の申立てをすることはできません。一方、和解により終了した事件の当事者は、利害関係人である第三者に対して和解の無効を主張したいと思って期日指定の申立てをしても、利害関係人は当該事件の当事者ではないため、利害関係人との間で和解の無効を争うことはできません。さらに、すでに訴訟記録が廃棄されている場合には、従来の訴訟資料を利用することもできません。

そこで、判例は、訴訟上の和解の効力を争う方法として、期日指定の申立てのほかに、和解無効確認の訴えという方法を認めています[90]。和解の効力を争う者は、和解無効確認の訴えを提起し、当該和解が無効であることを確認する旨の判決を得ることになります。

なお、和解の無効を確認する旨の判決が確定した後の手続については、従来の訴訟が当然に復活するので期日指定の申立てをすればよいとする考え方もあり得ますが[91]、明文規定もないのに、和解無効確認訴訟の判決が当然に従来の

---

[88] 高橋・重点講義（上）783頁は、「理論的説明は困難であるが、認めざるを得ない」としていますが、少なくとも期日指定の申立てのほかに和解無効確認の訴えという方法を認める立場に立つのであれば、判決言渡し後の和解の効力を争うには、和解無効確認の訴えによるのが相当であると考えられます。

[89] 給付訴訟の被告が和解により解決金を支払うことを合意したものの、当該合意は無効であると主張して争う場合が考えられます。被告としては、解決金の支払義務を免れればよく、それ以上に従来の訴訟を復活させて請求棄却の判決を求めることまでは考えないことも少なくないものと思われます。

[90] 大判大14・4・24民集4巻195頁、前掲（注76）大判昭16・12・22、前掲（注76）最判昭36・5・26、前掲（注37）最判昭38・2・21参照。なお、調停の無効確認を求めたものとして、東京地判平20・8・28判タ1328号114頁、東京地判平24・5・31判タ1385号158頁参照。

第2章　訴訟上の和解を規律する法規範

訴訟に及ぶと解するのは、理論的に説明が困難と思われます。また、和解が無効であることの確認を求める者が、常に従来の訴訟の復活を望むとは限らないでしょう。したがって、従来の訴訟は復活しないと考えるのが相当です。これによれば、従来の訴訟で求めていた権利関係の実現を希望する者（通常は原告になるでしょう）は、改めて新訴を提起する必要があります。

(3)　請求異議の訴え（上記③）

　訴訟上の和解の内容に一定の給付義務が含まれる場合には、和解調書に基づく強制執行を阻止するために、請求異議の訴えを提起し、その中で和解の効力を争うことも認められています[92]。なお、請求異議の訴えにおいては、確定判決についての異議の事由は口頭弁論の終結後に生じたものに限られていますが（民事執行法35条2項）、判例は、訴訟上の和解の効力を争う場合には、和解成立前に生じた原因（錯誤、代理権の欠缺等）を異議事由として主張することを認めています。

　請求異議の訴えにより訴訟上の和解を争うメリットは、強制執行停止の裁判（民事執行法36条2項）を得ることができる点にあります。そこで、和解調書に基づく給付義務を争う場合で、強制執行を停止したいときには、期日指定の申立てや和解無効確認の訴えによるよりも、請求異議の訴えによるべきでしょう。

2　和解条項上の債務の不履行がある場合

　訴訟上の和解が成立する過程に瑕疵はないものの、和解成立後に和解条項に定められた債務が履行されないことがあります。このような場合、債権者は和解を解除することができると解されています[93]。

　もっとも、和解が解除されても訴訟終了効には影響がないと解されています[94]。したがって、解除を主張する者は、解除を前提とした新たな訴えを提起し、その中で解除を主張することになります[95]。このため、訴訟上の和解を解

---

[91]　注釈第4巻1304頁〔中西正〕参照。

[92]　前掲（注76）大判昭10・9・3、後藤＝藤田495頁〔藤原弘道〕、条解1481頁〔竹下守夫＝上原敏夫〕参照。

[93]　条解1484頁〔竹下守夫＝上原敏夫〕、秋山ほか・コンメV334頁、髙橋・重点講義（上）792頁、注釈第4巻1308頁〔中西正〕参照。

[94]　最判昭43・2・15民集22巻2号184頁、注釈第4巻1310頁〔中西正〕、伊藤眞・民訴544頁、秋山ほか・コンメV334頁参照。反対説として条解1484頁〔竹下守夫＝上原敏夫〕参照。

[95]　たとえば、貸金返還請求訴訟において、被告が原告に和解金を支払う旨の訴訟上の和解が成立したものの、被告が和解金を支払わない場合、原告は、和解を解除して、改めて被告に対し

除したことを理由に期日指定の申立てがされても、不適法な申立てとして却下すべきです[96]。

Column 2　和解勧告？　和解勧試？

「勧試」説と「勧告」説の対立

　「本件は和解での解決が相当と考えます。つきましては、これから和解協議に入りたいのですが、よろしいでしょうか」―――多くの和解協議は、このような裁判官からの投げ掛け（促し）によって始まることになります。この投げ掛け（促し）を実務上何と呼ぶでしょうか？　「和解勧告」と呼ぶ人もいるかもしれませんが、「和解勧試」と呼ぶ人のほうが多数かもしれません。民事訴訟法の教科書・注釈書や民事訴訟に関する実務書を見ても、圧倒的通説は「勧試」説のようです（一例として条解370頁参照）。ただし、「勧告」説の中には、秋山ほか・コンメⅡ223頁のように、実務家から根強い支持を受けている注釈書もあり、「勧告」説はいわば有力説というところでしょうか。中には、「和解勧告」と「和解勧試」を明確に使い分けることなく、「チャンポン」になっている文献も見られます。

　しかし、ちょっと待ってください。そもそも「勧試」とはどういう意味なのでしょうか。「和解勧試」と「和解勧告」は別の意味なのでしょうか。教科書や実務書を見ても、これらについて説明したものはほとんど見当たりません。この点に触れた数少ない文献を見ても、「和解勧試」と「和解勧告」は同義である旨の説明をしているものもあれば、「和解勧試とは、和解勧告に始まる和解の試みのプロセス全体をいう」として両者を区別しようとするものもあり、研究者や実務家の間においても、見解の一致を見ていないようです。

現行法は「試み」

　そこで、まずは条文に当たってみることとしましょう。法89条1項は、「和解の試み等」との見出しの下に、「裁判所は、訴訟がいかなる程度にあるかを問わず、和解を試み、又は受命裁判官若しくは受託裁判官に和解を試みさせることができる。」と定めており、「試み」という文言を用いています。しかし、

　貸金返還請求訴訟を提起することになります。
96　後藤＝藤田499頁〔藤原弘道〕参照。これに対し、東京高決昭61・2・26判タ612号128頁は、期日指定の申立てを却下することはできないとしています。

そこには「勧試」の文言は見当たりません。現在施行されている法令の用語を検索しても、「勧試」という用語を使用した法令は存在しないようです。

「勧試」とは、どこから生まれてきたのでしょうか？　「勧試」とは「試み」と同義なのでしょうか？

国語辞典にも見当たらない

こうなると、まずは国語辞典の出番です。日本語の意味を知りたいときの定番辞書といえば、岩波書店の『広辞苑』でしょう。そこで、まず広辞苑を紐解いてみました。すると、驚きの事実が―――。なんと、広辞苑に「勧試」の語は収録されていませんでした。そんなバカな……。これほど我が国の研究者や実務家に広く用いられている「勧試」という単語が、かの有名な広辞苑に載っていないなんて……（もちろん、「勧告」は載っていました）。その他、いくつかの国語辞典、漢和辞典にも当たってみましたが、結果は全滅。

そこで、我が国最大の国語辞典といわれている小学館の『日本国語大辞典』を引いてみたところ―――。やはり、「勧試」の語は収録されていませんでした。「かんし」と読む語は、「監視」「環視」など51語も収録されているのに、「勧試」はない！

……ひょっとしたら、「勧試」は古い言葉なので、現代の国語辞典には収録されていないのかもしれない―――。そう思って、我が国初の本格的国語辞典といわれる大槻文彦『言海』（1889年）や、その増補改訂版である『大言海〔第2巻〕』（1933年）にも当たってみましたが、やはり「勧試」は収録されていませんでした。「勧試」って、一体全体、いつ、どこで生まれた語なのか？　謎は深まるばかりです。

旧々民事訴訟法と旧民事訴訟法

こうなると、「勧試」が大手を振るっている我らが民事訴訟の世界をさかのぼってみるしかありません。そこで、旧々民事訴訟法（明治23年法律第29号）や旧民事訴訟法（大正15年法律第61号による改正後の民事訴訟法）の条文に当たってみました。しかし―――。そこで用いられていたのは、現行法89条１項と同じく、「和解ヲ試ムル」（旧々民事訴訟法221条）、「和解ヲ試ミ」（旧民事訴訟法136条１項）という文言、つまり「和解の試み」という語であって、「和解勧試」ではありませんでした。

さらに時代をさかのぼると、旧々民事訴訟法の制定前には、「勧解」という、裁判所による訴訟外の和解手続が行われていた時代がありましたが、これも「勧試」ではありません（ちなみに、「勧解」は、文字どおり「和解を勧める」

ということですから、わかりやすいですね。これに対し「勧試」は、漢字の成り立ちを見ても、今一つ意味がわかりません）。

民事訴訟法の教科書の歴史をさかのぼる

そこで、民事訴訟法の教科書を戦前にさかのぼって紐解いてみると、あらゆる文献等を網羅的に精査できたわけではありませんが、興味深い事実が判明しました。

まず、戦前の民事訴訟法の教科書では、「和解勧試」でも「和解勧告」でもなく、条文どおり「和解ノ試」という文言を用いているものが圧倒的多数であるということです。著者名と出版年を列挙すると、前田直之助（1925年）、細野長良（1930年）、中島弘道（1935年）、松岡義正（1938年）などがこれに当たります。

しかし、例外がありました。それが、兼子一『民事訴訟法概論』（岩波書店、1938年）です。同書347頁には、「裁判所は……当事者に対し和解を勧試し其の成立を促し得る」とのくだりがあるのです（なお、旧字体は新字体に改めました）。もっとも、これは少数単独説のようで、戦前から戦後にかけて出版された教科書を見ても、「試み」説が圧倒的多数であったようです。

この流れに一石を投じたのは、やはり兼子博士でした。兼子博士が戦後まもなく公刊された注釈書である『条解民事訴訟法Ｉ』347頁以下（弘文堂、1951年）では、旧民事訴訟法136条の解説において、「和解の勧試」の語が複数回にわたって用いられているのです。ここに「和解の試み」のことを「和解の勧試」と呼称するとの兼子博士の姿勢が明確にされたといってよいでしょう。

その後もしばらくは、「試み」説に立つ教科書が主流を占めていましたが、三ヶ月章『民事訴訟法（法律学全集）』（有斐閣、1959年）においても、「和解勧試」の語が見られるようになりました。その後、兼子博士や三ヶ月博士に影響されたのか、徐々に「勧試」説に立つ教科書や注釈書が増えていき、1980年代にはかなりの文献等が「勧試」説に立つようになっていきました。とりわけ、兼子博士の『条解民事訴訟法』は、我が国初の本格的な民事訴訟法の注釈書として、研究者や実務家に大きな影響を与えたようです。同書が「勧試」説に立ったことが、今日の「勧試」説の隆盛をもたらしたのかもしれません。

判例における「勧試」の用例

それでは、判例において「和解勧試」の語が用いられるようになったのは、いつ頃からなのでしょうか。下級審裁判例を含む戦後の判例を検索する限り、「和解勧試」の語は、1950年代まではほとんど見られず、これが本格的に現れ

第2章　訴訟上の和解を規律する法規範

るようになったのは1960年代半ば（昭和40年頃）以降のようです（一例として最判昭40・7・20裁判集民79号913頁参照）。どうやら、判例においても、「和解勧試」が用いられるようになったのは、それほど古い話ではないようです。

これに対し、「和解勧告」の語は、大判大2・6・5民録19輯411頁にすでに用例が見られ、戦後の判例を見ても、東京高判昭26・6・26判夕18号54頁、最判昭28・9・25民集7巻9号1005頁、最判昭30・11・25裁判集民20号549頁など、古くからごく一般に用いられる用語であったようです。

結局、「和解勧試」とは何か

結局、「勧試」とはどのような意味なのか、「和解勧試」と「和解勧告」は別の意味なのかという問いに対する明確な答えは見つかりませんでした。しかし、少なくとも、「勧試」の語が、法令用語ではなく、一般的な国語辞典にも収録されていない特殊な用語であること、研究者の間でも「和解勧試」という語はもともと使われておらず、これが兼子博士の造語かどうかはともかくとしても、これが民事訴訟法の教科書・注釈書や判例において広く使われるようになったのは、戦後しばらく経ってからのことであることがわかってきました。「和解勧試」は、「和解勧告」よりも古い用語と思われがちですが、実はそうではなかったのです。

筆者を含めて多くの実務家は、「和解勧試」と「和解勧告」を同義のものと考えており、各自が自分の好みに応じた語を使用しているようです。とはいえ、「勧試」という語は、その出所も意味もはっきりしないうえ、非法律家には全くなじみのない語であることからすると、「和解勧試」という語を、和解手続をはじめとする実務の現場で使用することには、いささかためらいを覚えざるを得ません。裁判所が和解を試みる旨の決定（法89条1項）をした場合には、調書上「和解勧告」と記載するのが一般であり（本章注8参照）、あえてこれと異なる語を用いる必要性もなさそうです。

そうだとすると、私たち実務家は、そろそろ「和解勧試」の語を卒業してもよい時期にきているのかもしれません。

38

第3章

和解条項の作成

第3章　和解条項の作成

I　はじめに

　この章では、和解の合意が整った場合に作成する和解条項について、基本的な知識を確認することとします。

　訴訟上の和解は、訴訟を終わらせる合意であることからすると、将来の紛争の種をまくようなものであってはなりません。また、和解調書は判決と同一の効力を有するとされており、特に給付条項については執行力を有することから、和解が成立したのに和解条項に不備があるため強制執行ができないという事態は避けなければなりません。そこで、和解条項は、当事者間にどのような権利義務または法律関係についての合意が成立したのかを明確に表示し、将来紛争が再発するのを防止するとともに、強制執行が確実に実施できるよう配慮する必要があります。

　併せて、和解条項の作成にあたっては、当事者間に成立した合意、当事者の認識・意図が正しく和解条項に反映されているかどうか十分に注意する必要があります。

II　和解条項の類型

　和解条項にはさまざまな類型があり、その分類方法についてもさまざまな見解が唱えられていますが、法的効果を有する「効力条項」と、法的効果を有しない「任意条項」に分けたうえで、効力条項を「給付条項」「確認条項」「形成条項」の三つに分類するという考え方が有力です[1]。

1　講義案 I 315頁、後藤＝藤田439頁〔遠藤賢治〕、梶村＝深沢608頁、近藤・マニュアル18頁参照。これに対し、効力条項を、給付条項、形成条項、確認条項の三つの基本条項のほか、付款条項、特約条項、清算条項等に分類する考え方もあります（書記官研究13頁、増田＝古谷98頁〔古谷恭一郎〕参照）。しかし、法的効果を有する「効力条項」は、給付条項、形成条項、確認条項のいずれかに分類することが可能であると考えられます（たとえば、清算条項は、債権債務のないことを確認する「確認条項」の一種とみることができます）。そうすると、三つの基本条項のほかに付款条項、特約条項、清算条項等の条項があると考えるのは、概念の混乱をもたらすものであって、不適当であるように思われます。

40

1 効力条項

効力条項とは、実体法上の効力を有する条項のことです[2]。効力条項は、下記(1)～(3)のとおり、給付条項、確認条項、形成条項の三つの基本条項に分けられます。

(1) 給付条項

給付条項は、当事者の一方が相手方に対し、特定の給付をすることを合意の内容とする条項です[3]。たとえば、「被告は、原告に対し、○○円を支払う。」「被告は、原告に対し、本件土地を明け渡す。」など、金銭の支払、不動産や動産等の明渡しや引渡し等の給付を合意する条項が給付条項の典型です。

また、「被告は、原告に対し、別紙仕様書記載のとおりのフェンスを設置する。」「被告は、原告に対し、本件土地に高さ○m以上の建物を建築しない。」など、具体的な作為や不作為を内容とする条項も給付条項となります（ただし、作為や不作為を内容とする条項であれば必ず給付条項になるわけではなく、「フェンスを設置することを確約する。」等の条項であれば、単なる確認条項にすぎないと解されてしまうおそれがあるので、注意が必要です。また、給付条項であっても、その内容が不特定だと、執行力が認められないこともあります）。

さらに、債務者が一定の意思表示をすることを内容とする給付条項もあります。実務上は、登記手続を目的とする条項がほとんどです。たとえば、「被告は、原告に対し、本件土地につき令和○年○月○日限り、令和○年○月○日売買を原因とする所有権移転登記手続をする。」といったものです[4]。本来登記手続は登記権利者と登記義務者の共同申請が原則とされていますが、このような和解条項が和解調書にあれば、登記申請の意思表示をしたものとみなされ（民事執行法177条1項本文）、登記権利者は、和解調書正本を添付することで、単独でその旨の登記申請をすることが可能となります[5]。

2　講義案I 315頁、書記官研究13頁参照。
3　講義案I 321頁、書記官研究13頁参照。
4　ここで「登記する。」と表現しないように注意しましょう。登記をするのは登記官であって、登記義務者ではないからです。
5　講義案I 346頁参照。

(2) 確認条項

確認条項は、特定の権利もしくは法律関係または事実関係の存在・不存在を確認する旨の合意を内容とする条項です[6]。たとえば、「被告は、原告に対し、本件貸金債務として○円の支払義務があることを認める。」「原告及び被告は、本件建物につき原告及び被告が各2分の1の共有持分権を有することを相互に確認する。」などのように、「認める。」「確認する。」との文言で締めくくるものが確認条項の典型です。

確認条項は、権利や法律関係の存否の確認をするものが一般ですが、「原告は、被告に対し、被告が本件売買代金債務として100万円を支払ったことを認める。」などのように、現在または過去の事実を確認する確認条項もあります[7]。

(3) 形成条項

形成条項は、新たな権利や法律関係の発生、変更、消滅の効果を生じる合意を内容とする条項です[8]。

形成条項は、その内容に応じて権利発生条項、権利変更条項、権利消滅条項に分類することができます[9]。

ア 権利発生条項

権利発生条項の例としては、売買、賃貸借、保証、担保権設定等の契約を成立させることを合意する条項が挙げられます。たとえば、「原告は、本日、本件建物を代金500万円で被告に売り、被告はこれを買い受ける。」などというものです。

イ 権利変更条項

権利変更条項の例としては、履行期限の猶予、賃貸借期間の変更を合意する条項が挙げられます。たとえば、「原告と被告は、令和○年○月○日付け売買契約に定められた代金支払日を令和○年○月○日から同年○月○日へと変更する。」「原告及び被告は、本件建物の賃料を令和○年○月分以降1か月○万円に改定する。」などというものです。

6　講義案 I 316頁、書記官研究13頁参照。
7　講義案 I 317頁、書記官研究13頁参照。
8　講義案 I 318頁、書記官研究13頁参照。
9　講義案 I 318頁、書記官研究13頁参照。

ウ　権利消滅条項

権利消滅条項の例としては、合意解除、相殺の合意、債務を免除する旨の合意、権利を放棄する旨を合意する条項が挙げられます。たとえば、「原告と被告は、令和○年○月○日付け売買契約を本日合意解除する。」などというものです。

(4)　和解条項の諸類型

和解条項の中には、その内容に着目して、次のような呼び方をするものもあります。和解条項を効力条項（給付・確認・形成条項）および任意条項に分類する本書の立場からは、下記の各条項は、これらのいずれかに分類することができると考えられますが、文献等で目にすることが少なくないことから、ここで紹介しておくこととします。

ア　末尾3条項

多くの和解条項は、その末尾に、次の(ア)〜(ウ)の三つの条項が置かれています。実務では、この3条項を「末尾3条項」と呼んでいます[10]。

(ア)　権利放棄条項

権利放棄条項とは、当事者（通常は原告）が和解条項に定められた内容を除くその余の請求を放棄する旨の条項をいいます[11]。「原告はその余の請求を放棄する。」という条項がこれに当たります。権利放棄条項は、形成条項の一つと考えられます。

この条項にいう「その余の請求」とは、特段の事情のない限り、訴訟物となっている請求権のうち他の条項で合意されていない請求権をいうものと解されています[12]。たとえば、原告が被告に貸金100万円および遅延損害金の支払を求めた訴訟で、被告が原告に本件貸金債務として80万円を支払う旨の条項とともに権利放棄条項が設けられた場合には、その余の請求、すなわち貸金20万円および遅延損害金の請求が放棄されることになります。上記80万円が「本件解決金」としての支払である場合には、訴訟物全体の請求が放棄されることになります。

10　近藤・マニュアル74頁参照。
11　講義案 I 343頁参照。なお、権利放棄条項を「清算条項」の一つと分類する見解もありますが（後藤＝藤田453頁〔遠藤賢治〕、増田＝古谷116頁〔古谷恭一郎〕参照）、実務では、「清算条項」とは、「債権債務のないことを相互に確認する。」旨の条項を指すのが一般です。
12　後藤＝藤田453頁〔遠藤賢治〕参照。

いずれにせよ、権利放棄条項は、次の(イ)の清算条項と相まって、当事者間の権利義務関係が和解条項に定めたもの以外には存在しないことを明確にする役割を果たすものですから、放棄する請求の範囲を限定したい場合には、その旨正確に表現する必要があります。権利放棄条項の内容が不明確だと、放棄された請求の範囲が後日争われることになりかねません[13]（これに対し、その余の請求一切を放棄し、併せて無限定の包括的清算条項を置く場合には、放棄する請求を特定して表現する必要性は乏しいと思われますので、単に「その余の請求を放棄する。」でも差し支えないでしょう）。

多くの和解条項では権利放棄条項が設けられますが、これがなくとも訴訟終了効は生じると解されます[14]。

なお、本訴と反訴が提起されている場合など、原告と被告の双方が請求を立てている場合には、「原告及び被告は、それぞれその余の請求を放棄する。」のように、双方の請求について権利放棄条項を設けるのを失念しないように注意しましょう。

(イ) 清算条項

清算条項とは、和解条項に定める以外に債権債務が存在しないことを確認する旨の条項をいいます[15]。典型的な清算条項は、「原告と被告は、原告と被告の間には、本和解条項に定めるもののほか何らの債権債務がないことを相互に確認する。」というものです。清算条項は、法律関係を明確にするために設けられる確認条項の一つです。

清算条項は、上記の例のように清算の対象を何ら限定しないものと、「本件に関し」などと清算の対象を限定するものがあります。無限定の清算条項が置かれた場合には、当該訴訟物の残余部分だけでなく、訴訟物以外のすべての法律関係についても相互に請求権がないことを合意したものと解されるのが一般です[16]。もっとも、本人訴訟では清算条項の正確な意味を本人に理解してもら

---

13 「その余の請求を放棄」との条項で放棄されたか否かが争われた事例として、最判昭43・3・29裁判集民90号851頁、東京高判昭61・1・27判タ610号132頁参照。

14 講義案Ⅰ343頁参照。なお、権利放棄条項にいう「請求の放棄」については、これを訴訟上の請求放棄（法266条1項）ととらえる見解もあるようですが、権利放棄条項を設けても訴訟の終了事由は和解成立であると考えられることからすると、実体上の権利を放棄するものとみるのが素直な考え方であるように思われます（講義案Ⅰ343頁参照）。

15 講義案Ⅰ343頁、書記官研究15頁参照。当事者間の債権債務関係を包括的に清算するものであることから「包括的清算条項」ということもあります（後藤＝藤田454頁〔遠藤賢治〕、増田＝古谷117頁〔古谷恭一郎〕参照。「本件に関し」などと清算の対象を限定する条項であっても「包括的清算条項」といいます）。

16 後藤＝藤田454頁〔遠藤賢治〕、増田＝古谷117〜118頁〔古谷恭一郎〕参照。なお、最判平

うために、「今後、互いに、名目のいかんを問わず、何らの請求をしない。」等の条項を重ねて設けることも考えられるところです[17]。

「本件に関し」との限定が付された場合、この「本件」とは、訴訟物である権利関係はもちろん、これに社会的または経済的に密接に関連する範囲も含むといわれています[18]。たとえば、被告の行為が不法行為に該当するとして損害賠償を求めた訴訟において、「本件に関し」債権債務がないことを確認する旨の清算条項が置かれた場合には、上記の被告の行為を理由とするものであれば、不法行為に基づく損害賠償請求権はもちろん、債務不履行に基づく損害賠償請求権についても清算されたものと解されます。とはいえ、「本件に関し」との文言だけでは、清算の対象となる範囲は必ずしも明確とはいえません。そこで、清算の対象を特定の請求権に限定する場合は、疑義のないように、明確かつ具体的に表現することが望まれます[19]。

また、将来発生するかもしれない事象（たとえば遅発性の後遺障害）による損害など、特定の請求権等については清算の対象から除外しておきたい場合にも、「ただし、○○については別途協議する。」等の例外を設けておく必要があります[20]。

なお、仮に清算条項が設けられなくとも、和解の訴訟終了効に影響はないと考えられています[21]。

(ウ) 訴訟費用の負担条項

訴訟費用の負担条項とは、訴訟費用の負担者や負担割合を定めた条項をいい

27・9・15裁判集民250号47頁は、特定調停における「本件に関し、本件調停の調停条項に定めるほか、何らの債権債務のないことを相互に確認する。」旨の清算条項につき、債務者の貸金業者に対する借受金等の債務を対象とするものであって、過払金返還請求権等の債権を対象とするものではないと判断しています。このほか清算条項によって清算される範囲が争われたものとして、大分地判平20・9・16判タ1337号150頁、東京地判平30・2・9判タ1463号176頁参照。

17　橋本・要諦329頁（初出・判時2534号135頁）参照。
18　講義案Ⅰ344頁参照。
19　離婚した元夫婦間の離婚後の紛争に関する調停事件における調停条項中の清算条項をめぐって争われた事案として東京高判昭60・7・31判時1177号60頁があります。調停条項には「当事者双方は、以上をもって離婚及び共有物に関する紛争の一切を解決したものとし、本条項に定めるほか、その余に債権、債務の存在しないことを確認する。」との清算条項が置かれていましたが、後に婚姻中に貸し付けた金員の返還を求める訴訟が提起されたことから、この清算条項が貸金についても及ぶかどうかが争われました。本判決は、この清算条項では清算の対象は離婚および共有物に関する紛争に限定されているとして、貸金債権まで清算されたとはいえないと判断しました。清算条項において清算の対象を明確かつ具体的に記載しておけば、このような第二の紛争は避けられたものと思われます。
20　増田＝古谷142頁〔古谷恭一郎〕参照。
21　講義案Ⅰ343頁参照。

第3章　和解条項の作成

2　任意条項

　任意条項とは、実体法上の効力を有しない条項をいいます[33]。任意条項には、実体法規や手続法規と同内容を定める条項や、道義条項があります。

(1)　実体法規や手続法規と同内容を定める条項

　和解条項の中には、法律上の効力に関係がなく、私法上の原理を表現する条項や、実体法または手続法の規範と重複する条項が置かれることがあります。たとえば、前記1(4)ア(ウ)の「訴訟費用は各自の負担とする。」との条項は、実質的に法68条と同旨を定めるものですので、任意条項です。その他にも、「債務の履行は信義に従い行う。」との条項も、民法1条2項と同旨を定めるものですので、任意条項です。

　このような任意条項は、それ自体が法的効果を有するものではない以上、これを和解条項に盛り込まなくとも和解の効力自体が左右されるものではありませんが、確認的に置かれることがあるほか、当事者の意思を尊重して置かれることがあります。

(2)　道義条項（紳士条項）

　道義条項とは、道義的な責任を認めたり約束をしたりして、以後の紛争を防止するのに役立てるための条項です[34]（紳士条項と呼ばれることもあります）。たとえば、「原告と被告は、今後良好な隣人関係を維持するよう互いに努める。」「原告は、本件事故の発生を重く受け止め、遺憾の意を表する。」といったものです。こうした道義的な責任や約束を内容とする条項は、それ自体具体的な法的義務を定めたものではないので、法的な効力はありません。したがって、「円満な関係を維持するよう互いに努める。」との和解条項で和解が成立した後に、当事者の一方が関係を悪化させるような言動に出たからといって、債務不履行責任が発生するわけではありません。道義条項は、あくまで道義的な効果しかないのです[35]。

33　講義案Ⅰ315頁、書記官研究13頁参照。
34　書記官研究16頁、講義案Ⅰ315頁参照。
35　もっとも、道義条項を入れた和解が成立した後に、当事者の一方が当該条項に反するような言動を行った場合に、この言動が何らかの法的責任（不法行為責任や債務不履行責任）を生じさせるか否かを検討するにあたっては、道義条項が存在することで、責任を認める方向に考える一つの材料（手掛かり）になることは、あり得るように思います。わかりやすくいえば、「円

48

もっとも、道義的な内容を定めた条項が、すべて任意条項としての道義条項になるとは限りません。このことを具体例を挙げて確認しましょう。

たとえば、「被告は、原告に対し、原告の名誉及び信用を毀損するような一切の言動及び行動をしないことを確約する。」との条項は、道義条項、つまり法的効果を有しない任意条項の一つであると考えられています。「名誉及び信用を毀損するような一切の言動及び行動」では、その内容は具体性を欠いていますし、「確約する。」との文言からして給付条項（つまり法的効果を有する効力条項）であるとは読めないからです。これに対し、「被告は、原告に対し、本件紛争の内容及び経緯を新聞、雑誌、インターネットその他一切の媒体に掲載しない。」との条項であれば、その内容は具体的なものであるうえ、「……しない。」との給付文言も用いられていることからすれば、これは単なる任意条項（道義条項）ではなく、効力条項（給付条項）であると考えられます[36]。また、「被告は、原告に対し、令和○年○月○日までに本件記事を原告のウェブサイトから削除する義務があることを確認する。」という条項は、効力条項（確認条項）であると考えられます。

このように、似たような内容の条項であっても、その定め方次第で法的効果を有しない条項（任意条項＝道義条項）にもなれば、法的効果を有する条項（効力条項＝給付・確認・形成条項）にもなるので、道義的な責任や約束を定めた条項を置く場合には、それを任意条項（道義条項）とするのか、効力条項とするのかを意識して条項を記載する必要があります[37]。条項の末尾が「確約する。」「約束する。」となっていれば任意条項（道義条項）と解されやすくなりますので、任意条項（道義条項）にしたいのであれば、これらの文言を末尾に置くとよいでしょう（逆に、効力条項にしたいのであれば、それにふさわしい文言を末尾に置くべきです）。

満な関係を維持するよう互いに努める。」と約束した当事者が、これにもとるような言動に出た場合には、そのような約束をしていない当事者に比べて、法的責任が肯定されやすくなるということです。その意味では、道義条項といえども、法的観点から全く無意味であるとまではいえないように思われます。

36　条項の末尾が「確約する。」「約束する。」というものは任意条項（道義条項）と解されやすく、そうでないものは効力条項と解されやすいと思われますが、末尾の文言だけで一概に決まるとはいえず、条項の内容も踏まえて性質決定すべきものと思われます。

37　和解条項が単なる道義条項か、それとも効力条項かが争われた事案として、名古屋高判昭29・12・11ジュリ74号83頁があります。本判決は、「当事者双方は、誠意をもって転居先を物色し、適当な住家のあり次第、相手方は移転すること。」という条項につき、道義的義務のみならず法的義務を課したものであると判断しました。

第 3 章　和解条項の作成

Ⅲ　和解条項作成上の留意点

1　一般的留意点

　和解条項を作成するにあたっては、当事者の合意内容を正しく条項に落とし込み、紛争が適切に解決されるようにする必要があります[38]。特に、次の点に留意しましょう。

〔和解条項作成上の留意点〕
① 　明確かつ一義的な表現をする。
② 　当事者の合意内容を正確に反映する。
③ 　内容の正確性に細心の注意を払う。
④ 　条項間に矛盾が生じないようにする。

---

(1)　明確かつ一義的な表現をする（上記①）

　これは、和解条項は、その内容が不明確であったり、複数の解釈が可能なものであったりしてはならないということです。たとえば、「被告は、原告に対し、原告から賃借している土地を明け渡す。」との条項では、「原告から賃借している土地」が 1 筆またはひとまとまりの土地であればともかく、所在を異にする複数の土地を賃借している場合には、どの土地を明け渡すのか不明確です。もし、原告は、すべての借地を明け渡してもらう趣旨であると考え、他方で被告は、特定の借地のみを明け渡せばよいと考えているとすると、この条項では、和解成立後に条項の解釈をめぐって新たな紛争を誘発しかねません。また、あまりに内容が不明確だと、当該条項が無効であると判断されたり、そこまでいかなくとも当該条項では強制執行ができないと判断されたりすることもあります。和解条項の作成にあたっては、こうしたトラブルが生じないような表現をする必要があります。

　和解条項は、特別の事情のない限り、文言と異なる意味に解すべきではない

---

[38]　せっかく訴訟上の和解が成立したのに、条項が不十分であったため紛争の解決が実現されなかったケースとして、東京高判昭57・7・19判タ479号97頁参照。

50

といわれています[39]。和解が成立した後は、和解内容を特定する最大の手掛かりは、和解条項の文言となりますので、少なくとも効力条項については、多義的な文言を避けるとともに、文言を通常と異なる意味で用いるべきではありません。

(2) 当事者の合意内容を正確に反映する（上記②）

　これは、和解条項は当事者間で成立した合意内容を正確に表現する必要があるということです。たとえば、和解金100万円を毎月10万円ずつ10回に分割して支払うとの合意とともに、「分割金の遅滞額が合計20万円に達すれば期限の利益を失う」旨が合意されたとしましょう。この場合に、期限の利益喪失条項として「2回怠ったとき」と表現してしまうと、遅滞額の合計額にかかわりなく2回怠ったら期限の利益を喪失すると解釈されてしまうでしょう。上記合意を正確に表現するためには「分割金の支払を怠り、その額が20万円に達したとき」等とする必要があります（詳しくは下記5(1)アを参照してください）。

(3) 内容の正確性に細心の注意を払う（上記③）

　これは、和解条項には誤記や脱漏があってはならないということです。不動産の特定のために記載した地番等に誤りがあると、不動産の特定に疑義が生じ、最悪の場合、強制執行ができないことにもなりかねません。その他にも、物件目録等の「別紙」を付け忘れる、本来掲げるべき対象物の記載が漏れている、不動産の明渡しと金銭の給付の双方を合意したのに金銭の給付に関する条項が漏れているといった誤り[40]が散見されるところです。和解調書に掲げられた和解条項が、実際に成立した和解の内容と異なるのであれば、更正決定によって対処することができますが（第2章Ⅲ4参照）、そもそも和解成立時に確認された和解条項や和解内容に脱漏があった場合[41]には、和解調書に誤りはないので、更正決定をすることはできず、もはや打つ手はありません[42]（せいぜい裁判外において当事

39　最判昭44・7・10民集23巻8号1450頁参照。
40　佐藤・控訴審215頁には、賃料不払の案件で賃料が供託されている場合に、その供託金を債権者側が還付を受けることを当然の前提としていながら、和解条項にその供託金に関する記載がなかったため、債務者側が和解成立直後に供託金を取り戻してしまったという事例が紹介されています。
41　これに対し、和解成立時に確認した和解条項案に明白な誤記がある場合には、これを訂正したうえで和解調書を作成することは当然許されます。
42　和解成立後、裁判所に、「相手方の同意も得たので、脱漏していた条項を加えて和解調書をつくってほしい」などと要望してくる当事者もいますが、裁判所書記官は、成立した和解内容

者間で改めて合意書面を取り交わすくらいしかできません）。

　当事者が「この和解条項で和解を成立させることに異議はない」と述べた以上は、その和解条項に脱漏等があっても、それは当事者の責任というほかないところですが、裁判所としても、事後の紛争を避けるためにも、和解成立前に和解条項のチェックを怠りなく行っておきたいものです。

⑷　条項間に矛盾が生じないようにする（上記④）

　これは、和解条項は、相互に矛盾するようなものであってはならないということです。明白な矛盾であれば容易に気付くでしょうが、中にはよく吟味しないと矛盾に気付かないものもあります。たとえば、原告所有の建物を被告が占有しているという事案の和解条項で、建物の明渡期限は令和5年5月31日としながら、別の条項（たとえば賃料相当損害金に関する条項）では令和5年3月31日の明渡しを前提とする内容になっているということがあります。このような誤りは、直前で和解内容（この例でいえば明渡時期）が変更になった場合などに起こりやすいので、注意しましょう。

2　給付条項の留意点

　給付条項に不備があると、執行できるはずの条項も執行できなくなってしまいますので、特に留意する必要があります。給付条項の留意点は、以下のとおりです。

⑴　執行当事者の確定

　まず、給付条項では、誰が、誰に対して給付すべきか明確に表現する必要があります。この記載が、執行力の範囲を画することになるからです[43]。債権者または債務者が複数の場合には、それぞれの権利、義務の範囲を明確に表現します。たとえば、次の各条項のうち×は不適切なもの、○は適切なものです。

> ①　×「被告両名は、原告に対し、100万円を支払う。」

と異なる和解調書を作成することはできません。

43　大阪高判昭35・7・14下民集11巻7号1490頁は、調停条項における義務者が不特定であるとされた例です。問題となった調停条項は、XがYに対し建物収去土地明渡義務を負う旨を定めたうえ、「右収去については、Yは、前項の家屋を有姿のまま、和歌山市内の適当の借地をあっせんし、これに移築するものとする。」とするというものでしたが、本判決は、この条項は義務者が不特定であると判断しています。

②　○「被告両名は、原告に対し、連帯して100万円を支払う。」

③　×「被告は、原告両名に対し、100万円を支払う。」

④　○「被告は、原告両名に対し、連帯債権として100万円を支払う。」

　①は、このままでは分割債務、つまり被告Y_1が50万円、被告Y_2が50万円を支払う義務を負うとの意味になってしまいます[44]。そこで、被告両名に連帯債務として100万円の支払義務を負わせたいのなら、②のように「連帯して100万円を支払う。」とする必要があります[45]。

　同様に、③は、このままでは分割債権、つまり原告X_1が50万円、原告X_2が50万円請求できるという意味になってしまいます。そこで、原告両名の債権が連帯債権（X_1もX_2もそれぞれ被告に100万円ずつ請求でき、被告はいずれかに合計100万円を支払えば履行義務を果たしたことになる）であることを表現したいのなら、④のように「連帯債権として」との文言を加えたり、「100万円（原告両名の連帯債権）」などと付記したりする必要があります。

　また、給付条項では、法人と個人の区別を明確にすることも大切です。当事者の中には、この点の区別が曖昧な人もいますので、法人とその代表者の双方が当事者になっているなど両者を混同しがちな事案では、法人と個人のどちらが給付義務を負うのかを意識しながら和解条項を作成し、当事者にも念押ししておくことが不可欠です（これを怠ると、資力のある個人は何らの義務も負わず、休眠状態で無資力の法人のみが給付義務を負うという和解が成立してしまい、後日原告が和解調書をもとに強制執行をしても空振りに終わり、「こんなはずではなかった」と失望する原因となってしまいます）。

　ところで、給付条項を定める場合、給付を受ける者が当事者であれば問題ないのですが、これが第三者である場合には、通常はこの第三者に利害関係人として加わってもらい、「被告は、利害関係人に対し、○万円を支払う。」といった給付条項を置くことになります。これに対し、給付を受ける第三者が利害関係人として参加しないにもかかわらず、「被告は、甲野太郎に対し、○万円を支払う。」といった給付条項が置かれることがあります。このような条項は、

44　最判昭32・6・7民集11巻6号948頁参照。

45　「各自100万円を支払う。」でも同様の意味になります（これは、連帯債務ではいずれの債務者もそれぞれ全額の支払義務を負っていることに着目した表現方法です）。もっとも、この表現は、債権者（原告）が合計200万円を取得できるかのような印象を与えかねないため、最近ではあまり用いられません。

第3章　和解条項の作成

第三者のためにする契約と解する余地もありますが、通常は、単に弁済受領権者を定めたものか、または給付すべき場所を特定したにすぎないものと解されているため、この第三者がこの条項に基づき強制執行をすることができるわけではありません[46]。第三者のためにする契約とするためには、その趣旨を明確に記載する必要があります。

(2)　給付対象物の特定等

ア　給付の対象物の特定

次に、給付条項では、給付の対象物が特定されている必要があります[47]。給付の対象物が特定されていなければ、債務名義としては無効であり、その結果執行力も認められません[48]。

イ　給付の対象物の特定方法

給付の対象物を特定するためには、以下の点に留意する必要があります[49]。

(ア)　金　銭

金銭を給付する場合には、「100万円」「1234万5000円」などと、原則として確定金額を掲げる必要があります[50]。これに対し、「原告と被告が協議して定める金額」や「令和4年4月末日時点で存在している一切の債権額」では金額を特定したことになりません[51]。

ただし、確定金額を表示できなくとも、算出方法（元本、利率、起算日および終期等）を明示することで確定金額を計算できる場合には、金額の特定性に欠けることはないと考えられています。たとえば、「100万円に対する令和5年5月29日から支払済みまで年3％の割合による遅延損害金」との条項で和解が成立し、令和7年5月28日に100万円が支払われた場合、この条項にいう金額は計算により6万円（100万円×年3％×2年）であると特定できるため、特定性に欠けることはありません。

なお、金銭の給付を目的とする場合には、通常は「和解金」「損害賠償金」

46　後藤＝藤田442頁〔遠藤賢治〕参照。
47　書記官研究19頁参照。
48　最判昭31・3・30民集10巻3号242頁参照。
49　書記官研究20頁、講義案 I 321頁以下参照。
50　確定金額を掲げる場合、「金○円」のように金額の前に「金」を付すことがあります。これは、金銭であることを明示する文言ですが、「○円」と金額を記載すれば、それが金銭であることは明らかなので、最近の実務では「金」を記載しないことが多くなっています（講義案 I 321頁）。
51　講義案 I 322頁参照。

などと金員の性質が併記されます。これを欠いているからといって直ちに債務名義として無効となるものではありませんが、金員の性質が不明だと、将来の紛争の原因となりかねないので[52]、将来の紛争に備えて、金員の性質を記載しておくとよいでしょう。具体的な性質を明示するには「本件売買代金」「本件借受金」等の名目を付することになりますが、訴訟物の権利関係とは別の性質の金員であることを表現するには「和解金」「解決金」等の名目を付するのが一般です[53]。

(イ) 不動産

土地は、登記記録の表題部（不動産登記法34条1項）に従い、所在、地番、地目および地積を記載して特定し、登記済建物は、所在、家屋番号、種類、構造、床面積等を記載して特定するのが一般です（同法44条1項参照）。未登記建物は、所在、種類、構造および床面積を記載して特定します[54]。

不動産が複数ある場合には、上記の事項を記載した物件目録を和解調書の別紙として添付して特定するのが一般です。これをせずに、たとえば土地の明渡しとともに収去すべき建物について、「本件土地上に存在する一切の建物」などと概括的に記載してしまうと、和解成立時に存在する建物を指すのか、それとも土地明渡し時（執行時）に存在する建物を指すのか不明確となるおそれがあります[55]。前者であれば物件目録や図面を利用して具体的に特定して表現すべきであり、後者であれば「本件土地明渡し時に本件土地上に存在する一切の建物」などと表現すべきです[56]。

52　たとえば、賃貸人と賃借人の間の訴訟で、賃借人が賃貸人に50万円を支払う旨の給付条項が置かれた場合、この50万円について、賃貸人は更新料だと認識し、賃借人は未払賃料だと認識していた場合には、後日賃貸人が賃借人に未払賃料を請求して紛糾することになりかねません。

53　講義案I 322頁参照。もっとも、「和解金」「解決金」名目であっても、それが特定の性質の金員であると判断すべき場合も少なくありません。たとえば、Xが、Y1およびY2の共同不法行為を理由に、Y1のみを被告として損害賠償を求める訴訟を提起し、Y1が「和解金」や「解決金」名目で相応の金員の支払を約束する訴訟上の和解をしてこれを実際に支払った場合には、その支払は損害賠償債務の履行であると判断されることが多いものと思われます（したがって、Xが後日Y2にも損害賠償を求めた場合には、Y1の支払によって損害が一部填補されているものと扱われることが多いものと思われます）。

54　なお、未登記建物につき所有権保存登記をするには、建物図面と各階平面図を添付する必要がありますので（不動産登記法74条、不動産登記令7条1項6号別表28へ）、和解調書に基づき所有権保存登記をする場合には、これらの図面を和解調書に添付する必要があります（書記官研究20頁参照）。

55　このような条項では執行力が認められないとする裁判例もあります（神戸地決昭33・12・11下民集9巻12号2428頁参照）。執行力を肯定する裁判例でも、和解成立時における建物等を指すと解するもの（札幌地決昭41・8・30判タ195号145頁参照）、明渡し時における建物等を指すとするもの（広島高決昭39・10・5下民集15巻10号2409頁参照）に分かれています。

56　講義案I 323頁参照。なお、「本件土地明渡し時に本件土地上に存在する一切の建物」との条

第3章　和解条項の作成

　1筆の土地または1棟の建物の一部について給付をする場合には、図面を添付して特定するのが通常です。特に、土地では、基点を設けて、基点からの方位、角度、距離等によって明らかにする必要があります。建物については、部屋番号によって特定が可能な場合には、これを明記すれば足りるでしょうが、「302号室の中の特定の部屋」の明渡しを目的とする場合には、単に「302号室を明け渡す。」では特定されていないのはもちろん、「302号室の被告が使用する部屋」でも特定されているとはいえないので、図面を添付するなどして明渡しの対象部分を特定する必要があります。

　給付の対象となる不動産が特定されていないと、和解が成立しても、当該和解調書は執行力を有しないので、特に注意が必要です[57]。

㈡　動　産

　動産は、その所在地、種類、品質、数量等で特定します。特定物の場合には、できる限り当該動産固有の識別情報を記載して特定するのが望ましいでしょう（たとえば、機械の場合には、機械の種類、メーカー名、型式、製造番号等がわかればこれらを記載して特定します）。これらの情報が不十分だと、給付の目的物が特定されていないと判断され、執行力が認められないこともあるので注意しましょう[58]。

　一方、道路運送車両法による登録を受けた自動車については、登録番号、種別、車名、車台番号、原動機の型式および使用の本拠の位置を記載して特定します。

(3)　給付意思の表現

　給付条項には、給付意思を示す表現が不可欠です。たとえば、金銭の支払を目的とする給付条項であれば、○○円を「支払う。」という文言（給付文言）で末尾を締める必要があります。物の引渡し、明渡しであれば、「引き渡す。」「明け渡す。」となります。作為を目的とするものであれば、「撤去する。」「収去する。」のように「○○する。」とし、不作為を目的とするものであれば、「建築

　　項で和解が成立しても、それだけで当然に建物収去土地明渡しの強制執行ができるわけではなく、債権者は、明渡執行時に、建物の存在およびそれが債務者の所有であることを立証する必要があります（講義案Ⅰ 323頁参照）。

57　特定不十分として和解または判決の執行力が否定された例として、前掲（注48）最判昭31・3・30、最判昭35・6・14民集14巻8号1324頁、最判昭45・1・23裁判集民98号43頁、東京地判平7・10・17判タ918号245頁があります。

58　名古屋高判昭28・3・30下民集4巻3号452頁は、「○○工場内に設置してある機械15台付属品付きの所有権」では特定されていないと判断しています。

しない。」「設置しない。」のように「○○しない。」とします。

　このように、給付条項とするためには、明確に言い切った文言で表現することが肝心です。これに対し「○○しなければならない。」「○○する義務を負う。」「○○するものとする。」「○○することを約束する。」「○○は被告の負担とする。」等の文言では給付条項とは扱われず、その結果執行力も認められないことになりかねないので注意が必要です[59・60]。ましてや、給付の合意自体が盛り込まれていない条項を給付条項と扱うことはできません[61]。

　もっとも、「○○する。」という文言で末尾を締めれば必ず給付条項になるわけではありません。たとえば、「原告方に10万円を送金する。」「原告方に50万円を持参する。」等の表現では、給付の方法を表現しているにすぎないと誤解されるおそれがあります。そこで、「送金して支払う。」「持参して支払う。」として、給付意思を明確に表現するべきです[62]。

(4)　給付の時期・方法

　給付の時期（履行期）についての合意があれば、これを明確に盛り込む必要があります。給付の時期が不明確だと、強制執行の開始に支障を来しかねない

59　書記官研究21頁、講義案Ⅰ325頁参照。これに対し、東京高決昭36・9・26下民集12巻9号2379頁や、東京高決昭60・8・27判タ575号70頁は、「甲は乙の連帯保証人となり本契約上一切の債務についてその履行の責めに任ずるものとする。」との条項について、給付条項として有効であると判断していますが、疑義がある条項であることは否めないので、このような条項を盛り込むのは避けるべきです。

60　面会交流を定める調停条項では、監護親が非監護親に対し子と面会交流することを「認める。」旨の条項が置かれるのが通例です。最決平25・3・28裁判集民243号271頁は、このような調停条項について、「認める。」との文言の使用によって直ちに給付の意思が表示されていないとするのは相当ではないとしたうえで、このような調停条項についても給付の特定に欠けるところがないといえるときは、給付の意思が表示されており強制執行（間接強制）が可能であるとの判断を示しており、「認める。」との文言を使用していても給付条項として執行力が認められる場合があることを明らかにしています。もっとも、面会交流の義務を定めた条項においては、実際に非監護親と面会交流するのは監護親ではなく子であることなどに配慮して、伝統的に「認める。」との文言が使用されているのであって（最判解（民）平成25年度157頁〔柴田義明〕参照）、上記決定の判断も、こうした実務上の慣行を踏まえたものであると思われます（なお、給付条項であることを明らかにした面会交流の条項例として増田＝古谷310頁〔増田勝久〕参照）。したがって、こうした事情のない限り、「認める。」との文言を使用した条項は、給付条項ではないと解される可能性が高くなりますので、一般的に、給付条項としたいのであれば「認める。」との文言は避けるべきでしょう。

61　たとえば、「令和7年10月末日まで賃貸する。」という条項では、明渡しの合意が盛り込まれていないため、令和7年10月末日の経過後も明渡しがされないからといって、この条項で明渡しの強制執行をすることは認められません（最判昭27・12・25民集6巻12号1271頁、仙台地判昭30・8・10下民集6巻8号1611頁参照）。

62　講義案Ⅰ325頁参照。

第3章 和解条項の作成

ので、疑義のないような記載を心掛ける必要があります[63]。給付の時期を記載しなければ、和解成立と同時に履行することを意味することになります。この趣旨を表現するため「直ちに支払う。」「直ちに明け渡す。」などと「直ちに」という文言を加えることがありますが、この文言がなくとも直ちに履行することを要することには変わりありません[64]。

また、給付の方法についての合意があれば、これも明確に盛り込む必要があります。たとえば、金銭を原告方で給付する旨の合意があれば「原告方に持参又は送金する方法により支払う。」などとします。もし給付の場所についての定めを置かなかった場合には、給付の場所は民法の一般原則に従って定まることになります。つまり、特定物の引渡しについてはその物の存在する場所、その他の引渡しについては債権者の住所が履行場所となります（民法484条）。

(5) 作為、不作為義務を内容とする給付条項

作為、不作為義務を内容とする条項を執行力のある給付条項とするには、義務の内容を具体的かつ明確に特定する必要があります。たとえば、被告が原告に対し工作物（たとえばコンクリートブロック塀）を設置する工事をする旨の給付をする場合には、工事の内容について、工作物の設置場所はもちろん、工作物の材料、構造等を具体的に特定する必要があり、通常はこれらを詳細に記載した設計仕様書等を和解調書に添付することで特定します[65]。単に「被告は、原告に対し、別紙図面の斜線の箇所に高さ2mの塀を設置する。」だけでは、どのような塀を設置すればよいのか特定されていないので、少なくともこの条項では代替執行をすることはできないでしょう。

また、建物や工作物を収去することを内容とする条項においては、前記(2)のとおり、対象となる建物や工作物を特定することが重要です[66]。

不作為義務を内容とする条項についても、義務の内容を具体的かつ明確に表現しないと強制執行（代替執行、間接強制）ができなくなるので、注意しましょ

---

63 年の特定のために「本年」「明年」といった表現がされることがありますが、疑義を生じるおそれがないとはいえないので、「令和6年」「令和7年」などと明確に記載したほうがよいでしょう。

64 講義案Ⅰ324参照。

65 書記官研究21頁、講義案Ⅰ325頁、増田＝古谷104〜105頁〔古谷恭一郎〕参照。

66 建物収去の場合で和解成立時において建物の特定が困難な場合には、所在土地を特定したうえで、「土地上の一切の建物」と表現すればよいといわれています（大決昭10・11・19判決全集1輯24号31頁、東京高決昭39・6・15東高民時報15巻6号122頁参照）、前記(2)イ(イ)のとおり、この文言だけでは、和解成立時に存する建物なのか、明渡し時に存する建物なのか不明確です。

う。

(6) 意思表示を内容とする給付条項

前記Ⅱ1(1)のとおり、意思表示を内容とする給付条項、たとえば登記手続を行う旨の給付条項を盛り込んだ和解が成立すると、登記権利者は、和解調書正本を添付することで、単独でその旨の登記申請をすることができることから、条項には当事者、不動産および登記事項を正確に記載する必要があります。逆にいえば、これらの事項に不備があれば、せっかく和解が成立しても、登記手続ができないことになりかねません。

また、和解の当事者と登記記録上の登記権利者・義務者とが同一であることも確認する必要があります。さらに、和解成立時までに登記記録上に新たな利害関係人が出現したため、そのままでは予定していた登記ができないこともあるので、登記記録は最新のものを確認しましょう。

3 確認条項の留意点

(1) 確認の主体

確認条項では、誰が確認をするのか、つまり確認の主体を明確にする必要があります。通常は、「被告は、原告に対し、本件貸金債務として50万円の支払義務のあることを認める。」のように、義務を負っていることを認める者（この例では被告）のみを掲げます。

もっとも、当事者双方が確認する場合[67]には、「原告と被告は、本日現在、原告と被告との間に賃貸借契約が存在しないことを相互に確認する。」のように、双方（この例では原告と被告）を掲げます。また、この例のように「相互に」という文言を入れるのが通例です。

当事者が複数の場合には、確認の主体が誰なのかを意識して表現する必要があります。特に厳密に特定する必要がなければ「原告らと被告らは、○○であることを相互に確認する。」でも足りますが、厳密に特定する場合には、たと

---

[67] 訴訟物以外の権利関係を付加して確認する場合や、包括的確認をする場合には、当事者双方を確認の主体としたほうがよいでしょう（後者の例として、「原告と被告は、原告と被告との間には、本和解条項に定めるもののほか、何らの債権債務のないことを相互に確認する。」という清算条項が挙げられます）。

第3章　和解条項の作成

えば「原告Ａと被告Ｂとの間において、○○であることを確認する。」などと、誰と誰との間で確認されたものであるかが明らかになるような表現にします。

(2)　確認の対象

確認条項では、確認の対象をできるだけ具体的に特定することが望まれます。対象が物権である場合には、たとえば、「被告は、原告に対し、原告が別紙物件目録記載の土地につき所有権を有していることを認める。」のように、①権利主体（権利者）、②権利客体（物権の対象物）、③権利内容を明らかにすることによって特定します[68]。対象が債権である場合には、たとえば、「被告は、原告に対し、原告と被告の間の令和３年５月１日付け金銭消費貸借契約に基づく300万円の借受金債務があることを認める。」のように、①権利主体（債権者）、②権利客体（債務者）、③権利内容（権利類型と給付内容）、④権利の発生原因[69]によって特定します[70]。

なお、金銭の支払などの給付を目的とする場合、単に給付義務を確認する旨の確認条項だけでは執行力は認められないので、給付について強制執行ができるようにするためには、給付条項を加えておく必要があります[71]。

4　形成条項の留意点

(1)　形成条項の対象

形成条項は、新たな権利の発生、変更、消滅の効果を生じさせるものなので、形成の対象としては、当事者が当該権利を自由に処分できる性質のものである必要があります[72]。たとえば、土地の境界（筆界）は、当事者が自由に処分す

---

[68]　書記官研究24頁参照。

[69]　権利の発生原因（契約等）を明らかにせずに単に「○円の支払義務があることを確認する。」などとすると、その解釈をめぐって紛争を誘発するおそれがあるので、避けたほうがよいでしょう。土地の売買契約をめぐって売主と買主が紛争となり、売主が同土地の占有権原がないことを認め、１年後に同土地を明け渡す旨の和解が成立したものの、和解条項に売買契約の締結と所有権移転を盛り込まなかったため、後日、売主から和解の効力を争われてしまったというケースもあります（浅沼ほか・和解㈡78〜79頁〔小林宏也発言〕参照）。

[70]　書記官研究24頁参照。

[71]　たとえば、賃貸人と賃借人の間で賃料額を改定する旨の合意が成立し、新賃料額についての確認条項を置いたものの、新賃料の給付条項を置かなければ、新賃料の支払義務について、和解調書に基づく強制執行はできません。

[72]　書記官研究25頁参照。

60

ることはできず、当事者が合意によって境界（筆界）を定めることはできない
と解されています（第2章Ⅱ6(4)参照）。したがって、境界を定めることを内容
とする形成条項で和解が成立しても、これによって境界確定の効果が生じるこ
とはありません。

(2) 形成される権利または法律関係の特定

形成条項では、形成される権利や法律関係を特定することが、将来の紛争の
予防のためにも重要です[73]。たとえば、原告が被告に土地の使用を認める場合
でも、その法律関係は、賃貸借、使用貸借、地上権、単なる明渡し猶予などが
ありますので、形成される権利や法律関係は正確に表現する必要があります。

(3) 形成意思の表現

形成条項には、たとえば、「○○を売る。」「○○を解除する。」などと、形成
の効果をもつ意思表示を明確に表現する必要があります[74]。形成意思の表現に
あたっては、「売る。」「賃貸する。」「解除する。」等のように、現在形で表現す
るほうが望ましいでしょう。過去形だと、確認条項との誤解を生じる余地があ
るからです[75]。また、形成条項によって契約の締結を表現する際には、たとえ
ば、「原告は○○を売り、被告はこれを買い受ける。」のように、双方の意思表
示を表現するのが適切です。

なお、確認条項と同様に、契約の締結を合意し、その中で代金額や賃料額に
ついても併せて合意する旨の確認条項が置かれたとしても、給付条項がないと
強制執行することはできません。

権利関係の消滅を目的とする場合は、消滅する権利関係を特定したうえで、
たとえば「免除する。」「合意解除する。」「相殺する。」などと、消滅原因とな
る意思表示を記載します。消滅原因を記載しないと、過去に消滅したことを確
認した趣旨と解釈され、後日、消滅原因がいつ発生したのかをめぐって争いに
なる可能性も否定できないので、避けるべきでしょう[76]。

形成条項には、合意が成立した時期を明示するために「本日」「本和解期日

73　書記官研究26頁参照。
74　書記官研究26頁参照。
75　講義案Ⅰ318頁、後藤＝藤田447頁〔遠藤賢治〕参照。これに対し、書記官研究26頁は、現在
　　形、過去形どちらでもよいとしています。
76　後藤＝藤田447頁〔遠藤賢治〕参照。

第3章　和解条項の作成

において」等の文言が記載されることもありますが、形成条項による権利変動の効果は、別段の定めのない限りは和解成立時に生じると解されていますので[77]、こうした文言は本来不要です。もっとも、実務上は、趣旨を明確にするために、こうした文言を挿入することが少なくありません。

5　表現に留意が必要な条項

(1)　期限の利益喪失条項

ア　条件の定め方

　和解条項では、分割払の約定により債務者に期限の利益を与えつつ、債務者が分割払を怠ったときは当然に期限の利益を失う旨の条項（期限の利益喪失条項）が置かれることがあります。この条項は、懈怠約款（過怠約款）の一つですが、「怠ったとき」の定め方には注意が必要です。大きく分けて、次の四つの定め方があります。

〔期限の利益喪失条項における「怠ったとき」の定め方〕
① 　怠った回数による場合
② 　怠った金額による場合
③ 　怠った回数と金額の双方による場合
④ 　怠った回数または怠った金額による場合

(ア)　怠った回数による場合（上記①）

　怠った回数が一定回数に達した場合には期限の利益を喪失する旨の条項を置く場合、1回でも怠れば期限の利益を喪失するのであれば、「分割金の支払を1回でも怠ったときは期限の利益を失う。」とすれば足ります。

　問題は、複数回怠って初めて期限の利益を喪失する場合の定め方です。この場合、連続して怠る必要があるのか、通算して一定回数に達すればよいのかを明確にする必要があります。また、一度怠った後に、弁済期に遅れながらも遅滞を解消した場合の扱いについても明確にしておくほうが、後に条項の解釈をめぐって紛争となることを避けることができるので、望ましいといえるでしょ

77　講義案 I 319頁参照。

う[78]。

　たとえば、2回連続して怠れば、後に遅滞が解消されても期限の利益を喪失することとしたい場合には、「分割金の支払を連続して2回怠ったときは、<u>その時点</u>[79]での遅滞額にかかわらず、期限の利益を失う。」とすることが考えられます。一方、連続して怠った場合でなくとも遅滞回数が合計で2回に達すれば期限の利益を喪失することとしたい場合には、「分割金の支払を通算して2回（以上）[80]怠ったときは、その時点での遅滞額にかかわらず、期限の利益を失う。」とすることが考えられます（回数と遅滞額の双方を組み合わせた条件を設定したい場合は、下記(ウ)および(エ)を参照してください）。これに対し、単に「分割金の支払を2回怠ったときは期限の利益を失う。」という条項では、期限の利益を喪失するには通算して2回怠れば足りるのか、それとも連続2回怠ることを要するのかが不明確になってしまうので、避けるべきです。

　また、「○回分」という表現を用いた条項、たとえば、「分割金の支払を2回分怠ったときは期限の利益を失う。」という条項を目にすることがありますが、このような条項では、期限の利益を喪失するには各回の分割金を全く支払わないことが2回あることを要するのか、それとも約定の分割金に足りない額の支払が2回あればよいのかが不明確です。また、各回の分割金の額が一定でない場合には、「2回分」だけでは疑義が生じかねません[81]。

　このように、「○回怠ったとき」や「○回分怠ったとき」という条項は、疑義が生じやすいので、できれば上記②の「怠った金額による場合」（下記(イ)参照）または上記③「怠った回数と金額の双方による場合」（下記(ウ)参照）のいずれかによるのがよいでしょう[82]。

(イ)　怠った金額による場合（上記②）

---

[78]　もっとも「2回怠ったとき」とは、怠る、すなわち遅滞することが2回あったことを意味するので、遅滞後に遅滞額を全額支払ったからといって「怠った」との事実がなくなるものではありません。したがって、たとえば、100万円を毎月10万円ずつ10回に分割して支払う場合に、1回目の分割金については、弁済期から10日遅れて10万円を支払って遅滞を解消していたという場合でも、2回目の分割金の支払を遅滞すれば、その時点（2回目の弁済期の経過時）で期限の利益を喪失することになります。

[79]　「その時点」とは、2回目に怠った時点を指します。

[80]　2回怠ればその時点で期限の利益を喪失するため、本来は「以上」の文言は不要ですが、わかりやすさの観点から「以上」を加えることが多いようです。

[81]　たとえば、100万円を最初に30万円、その後は10万円ずつ分割して支払う場合には、「2回分」とは、1回目と2回目の分割金（合計40万円）を指すのか、それとも2回目以降の分割金（合計20万円）を指すのかはっきりしません。

[82]　書記官研究27頁参照。

第3章　和解条項の作成

　前記(ア)のとおり、期限の利益を喪失する場合を怠った回数で定めようとすると、疑義のある条項となりがちです。これに対し、怠った金額が一定額に達した場合に期限の利益を喪失することと定めれば、疑義のない条項とすることができます。たとえば、100万円を10万円ずつ10回に分割して支払う場合に、遅滞額が20万円に達すれば期限の利益を失うこととしたいのであれば、「分割金の支払を怠り、その額が20万円に達したときは、期限の利益を失う。」という条項になります。

　怠った金額により定めるやり方は、分割金の額が一定でない場合にも、疑義のない条項をつくることができます。たとえば、100万円を最初に30万円、その後は10万円ずつ7回に分割して支払う場合、前記(ア)のとおり、「○回怠ったとき」とか「○回分怠ったとき」といった条項では疑義が生じることが避けられませんが、「分割金の支払を怠り、その額が20万円に達したとき」という条項であれば、最初の30万円を全く支払わなかった場合でも直ちに期限の利益を喪失することが明確になります[83]。

(ウ)　怠った回数と金額の双方による場合（上記③）

　怠った回数と怠った金額の双方について条件を定め、そのいずれもが満たされた場合に初めて期限の利益を喪失するという条項もあります。前記(イ)のとおり、怠った金額が一定額に達した場合に期限の利益を喪失する旨定めておけば疑義はなくなるわけですが、怠った回数も期限の利益を喪失するための条件として加えておきたいという場合に、このような条項を採用することが考えられます[84]。

　たとえば、100万円を最初に30万円、その後は10万円ずつ7回に分割して支払う場合に、「分割金の支払を2回以上怠り、かつ、その額が20万円に達したとき」という条項であれば、1回目の分割金（30万円）の支払を怠っただけでは、怠った回数が2回に達していないので、期限の利益を失うことはありませんが、遅滞を解消しないまま2回目の分割金（10万円）の支払も怠れば、怠った回数が2回、遅滞額が20万円以上となるので、期限の利益を喪失することになりま

---

[83]　ただし、本人訴訟の当事者の中には、この点を勘違いしている人もいますので、「最初の30万円を全く支払わなければ、それだけで一括払をしなければいけないのですよ」などと説明を添えておくとよいでしょう。

[84]　なお、各回の分割金額が一定の場合には、怠った金額に加えて怠った回数を定める意味がないこともあります。たとえば、100万円を10万円ずつ10回に分割して支払う場合、「分割金の支払を2回以上怠り、その額が20万円に達したとき」との条項は、「分割金の支払を怠り、その額が20万円に達したとき」と同旨なので、「2回以上怠り」と定める意味はありません。

す。

怠った回数と金額の双方による場合は、金額だけによる場合と比べて、期限の利益を喪失しにくくなっているので、その分債務者に有利となります。この点も踏まえて、単に怠った金額だけを期限の利益喪失の条件とするのか、それとも怠った回数も条件に加えるのかを検討する必要があります。

(エ)　怠った回数または怠った金額による場合（上記④）

実務上はあまり見かけませんが、「怠った回数が一定回数に達した場合」または「怠った金額が一定額に達した場合」のいずれかに該当すれば期限の利益を喪失する旨の条項をつくることも可能です。もっとも、怠った回数の定め方について、前記(ア)で説明した点に配慮した条項にしないと、疑義のある条項になるおそれがありますので、注意が必要です。

たとえば、100万円を最初に30万円、その後は10万円ずつ7回に分割して支払う場合に、「怠った回数が通算して2回に達した場合」または「怠った金額が30万円に達した場合」には期限の利益を喪失する、との条項としては、次のようなものが考えられます（一文で表現することも可能ですが、条項が長くなり、わかりにくくなるので、下記の例のように条件を箇条書きにするとよいでしょう）。

> 次のア又はイのいずれかに該当したときは、被告は期限の利益を失う。
> ア　分割金の支払を通算して2回（以上）怠ったとき（なお、2回目に怠った時点における遅滞額を問わない。）
> イ　分割金の支払を怠り、その額が30万円に達したとき

(オ)　まとめ

期限の利益を喪失するための条件の定め方は、最終的には当事者の合意次第ではありますが、あまりに複雑な条項にするとわかりにくいものになったり、疑義が生じたりするおそれもあります。

上記②の「怠った金額による場合」（前記(イ)参照）または上記③の「怠った回数と金額の双方による場合」（前記(ウ)参照）は、疑義のない条項とすることができ、実務上もこれらによる条項がほとんどですので、基本的にはこのどちらかによるのが相当でしょう[85]。

85　書記官研究27頁も、このいずれかによるのが望ましいとしています。

第3章　和解条項の作成

イ　期限の利益喪失の定め方

期限の利益喪失という効果を生じさせるための表現としては、「……ときは、期限の利益を失う。」という表現が一般的です[86]。「当然に期限の利益を失う。」とか「何らの通知催告を要せず期限の利益を失う。」とすることもありますが、「当然に」「何らの通知催告を要せず」といった文言がなくとも、その効果は同一です（これらの文言は、単に債務者に対して注意を喚起するためのものにすぎません[87]）。

これに対し、所定の条件が成就されただけでは期限の利益は喪失せず、債権者がその旨の意思表示をして初めて期限の利益を喪失することとしたい場合には、「……場合で、原告が被告に対し期限の利益を喪失させる旨の意思表示をしたときは」などとする必要があります[88]。

ウ　給付文言の要否

期限の利益喪失条項には、単に「期限の利益を失う。」だけでなく、これに続けて未払残額を支払う旨の給付文言が付加されることが少なくありません。たとえば、「被告が前項の分割金の支払を怠り、その額が20万円に達したときは、同項の期限の利益を失い、被告は、原告に対し、第1項の金額から既払金を控除した残額を直ちに支払う。」とするのがその例です。

期限の利益喪失条項が設けられる場合、その前に給付条項が置かれているのが一般です。その場合には、期限の利益を喪失する旨の定めさえあれば、期限の利益を喪失した場合に残額を支払わなければならないことは、当該給付条項ですでに表現されていることからすると、これに加えて改めて「残額を直ちに支払う。」という給付文言を付加する必要はありません（ただし、新たな給付も盛り込みたいのであれば、給付文言は不可欠となります。後述の遅延損害金の給付について盛り込む場合が典型例です）。もっとも、実務上は、債務者に残額を一括して支払わなければならないことをよく理解してもらうために、「残額を直ちに支払う。」旨の給付文言も記載するのが通例です[89]。

このような給付文言を付加する場合、遅延損害金の支払についても盛り込んで、「被告は、原告に対し、第1項の金額から既払金を控除した残額及びこれ

86　なお、実務上は、期限の利益喪失条項の前に、分割金の支払を内容とする給付条項が置かれることが多いため、「被告が前項の分割金の支払を怠り、その額が20万円に達したときは、同項の期限の利益を失う」とするのが一般的です。

87　書記官研究28頁、講義案Ⅰ330頁、後藤＝藤田450頁〔遠藤賢治〕参照。

88　増田＝古谷130頁〔古谷恭一郎〕130頁参照。

89　講義案Ⅰ331頁、梶村＝深沢627頁参照。

に対する期限の利益を喪失した日の翌日から支払済みまで年3％の割合による遅延損害金を支払う。」という条項にすることがあります。遅延損害金の支払義務については、民法上当然に発生するものですが、このような給付文言がないと執行力が認められず、遅延損害金の部分については強制執行ができませんので、遅延損害金の部分についても強制執行をしたい場合には、忘れずに遅延損害金についても給付文言を盛り込んでおきましょう。

　なお、期限の利益喪失条項にいう「期限の利益を喪失した日」については、考え方に争いがあります。たとえば、8月31日の弁済期を徒過したことによって期限の利益を喪失することとなる場合、「期限の利益を喪失した日」を8月31日と考えれば、その翌日の9月1日から遅延損害金が発生することになります[90]。これに対し、8月31日までは期限の利益を喪失しておらず、「期限の利益を喪失した日」は9月1日（の午前0時）であると考えれば、その翌日の9月2日から遅延損害金が発生することになります[91]。実務上は、一般に前者の解釈で運用されていると思われます。

(2)　解除権留保の特約と失権約款

　和解においては、当事者間で締結されている契約について、一定の事実が到来または発生した場合に解除できる旨の条項が置かれることがあります。これは当事者の一方（または双方）に解除権を留保する旨の特約です。このような条項を設ける場合には、催告の要否を明確にしておくことが望ましいでしょう。「被告が○○したときは、原告は○○契約を解除することができる。」という条項では、解除権を行使するにあたって催告を要するか否かが必ずしもはっきりしませんが、この条項からは催告を不要とする合意がされたことを読み取ることができないので、民法の原則どおり催告を要するものと解されます。ただし、疑義を生じかねない条項であることは否定できませんので、催告を要しない場合には「何らの催告を要しないで」等の文言を加えたほうがよいでしょう。これに対し、催告をしたうえで解除する場合には、「被告が○○したときは、原告は相当期間を定めて履行の催告をすることができる。被告が、催告期間内に履行しないときは、原告は○○契約を解除することができる。」等の条項とすることが考えられます[92]。

90　講義案Ⅰ334頁、近藤・マニュアル59頁参照。
91　橋本・要諦324頁（初出・判時2534号134頁）参照。
92　書記官研究29頁参照。

第3章　和解条項の作成

　一方、一定の事実が到来または発生した場合には、当然に契約解除の効果が生じるとの条項が置かれることもあります。この条項では、催告はもちろん、解除の意思表示も不要となります。このような条項を失権約款[93]（または失権条項）といいます。たとえば、「被告が、賃料の支払を怠り、その額が20万円に達したときは、賃貸借契約は当然解除となる。」といった条項です。このような失権約款は、賃貸借契約において用いられることが少なくありませんが、賃貸借契約においては、信頼関係破壊の法理が妥当することから、催告も解除の意思表示も不要とする失権約款においては、無催告解除特約以上に著しい背信性が認められないと、当然解除の効力は認められないと解されます。したがって、和解条項に失権約款を定める場合には、そのような著しい背信性が認められる場合に限って当然解除の効力が生じる旨の内容となっているのかどうか慎重に検討する必要があるでしょう（そうでないと、せっかく失権約款を定めたのに、後に当然解除の効力が争われ、訴訟でその効力が否定されることにもなりかねません[94]）。

(3)　一部完済後免除型

　和解においては、一定額の支払義務を認めたうえで、その一部を約定どおり支払ったら、その余の支払をしなくてよい（逆にいえば、支払を怠ったら全額を一括して支払わなければならない）旨の合意がされることがあります。草野・技術論110頁ではこのような条項を「一部完済後免除型」の条項と呼んでいます。

　一部完済後免除型の条項では、免除予定の残部を含む全額について給付条項を置き、そのうち一部を支払ったら残部を免除する旨表現するのが基本です。次の条項は、100万円のうち80万円を支払ったらその余を免除する場合の条項例です[95]。

〔一部完済後免除型の例（その1）〕

1　被告は、原告に対し、本件和解金として100万円の支払義務があることを認める。

93　書記官研究14頁、講義案Ⅰ335頁、増田＝古谷113頁〔古谷恭一郎〕参照。
94　書記官研究29頁参照。最判昭51・12・17民集30巻11号1036頁は、「家屋の賃借人が賃料の支払を1か月分でも怠ったときは賃貸借契約は当然解除となり、同家屋を直ちに明け渡す。」との和解条項について、失権約款としての効力（当然解除の効力）を否定しています。
95　書記官研究37頁【3】の条項例および近藤・マニュアル309頁の条項例参照。

68

2　被告は、原告に対し、前項の金員を次のとおり分割して支払う。
　⑴　令和6年1月から同年8月まで毎月末日限り月額10万円ずつ
　⑵　令和6年9月末日限り月額20万円
　3　被告が前項⑴の金員の支払を怠り、その額が20万円に達したときは、当然に同項の期限の利益を失う。
　4　被告が期限の利益を失うことなく第2項⑴の金員を支払ったときは、原告は、被告に対し、第2項⑵の支払義務を免除する。

　この条項例では、第2項⑵の20万円は、期限の利益を喪失することなく80万円を支払えば免除される部分ですが、これがないと、期限の利益を喪失したため100万円の支払が必要となる場合に、免除予定だった20万円について給付条項がなくなってしまうので、この20万円についても給付条項を置くこととしているのです。

　もっとも、和解金を支払う当事者としては、期限の利益を喪失することなく80万円を支払うつもりであり、かつ、80万円を支払えばそれでおしまいと認識しているのが通常でしょうから、免除予定の20万円についても給付条項を置くことに抵抗感を示す当事者もいます（特に本人訴訟でその傾向が強いようです）。そのような場合には、次の条項例のように、分割払の給付条項と、期限の利益を喪失した場合の給付条項を設けておき、期限の利益を喪失せずに80万円を完済した場合には20万円を免除することとすればよいでしょう[96]。

〔一部完済後免除型の例（その2）〕
　1　被告は、原告に対し、本件和解金として100万円の支払義務があることを認める。
　2　被告は、原告に対し、前項の金員のうち80万円を令和6年1月から同年8月まで毎月末日限り月額10万円ずつ分割して支払う。
　3　被告が前項の金員の支払を怠り、その額が20万円に達したときは、当然に同項の期限の利益を失い、被告は、原告に対し、第1項の金員から既払金を控除した残額を直ちに支払う。
　4　被告が期限の利益を失うことなく第2項の金員を支払ったときは、原告は、被告に対し、第1項の金員から第2項の金員を控除した残額20万

96　近藤・マニュアル299頁、増田＝古谷134頁〔古谷恭一郎〕、梶村＝深沢661頁参照。

第 3 章　和解条項の作成

円の支払義務を免除する。

　なお、当事者（被告）の中には、「免除する。」という文言に抵抗感を示す人もいます。あたかも原告から恩恵を受けるようなニュアンスがあって嫌だ、というのです。そのような場合には、次の条項例のように、和解金は80万円とし、80万円についての確認条項と給付条項を置いたうえで、期限の利益を喪失した場合には違約金として20万円を支払うという条項にすることが考えられます。

〔一部完済後免除型の例（その 3 ）〕
1　被告は、原告に対し、本件和解金として80万円の支払義務があることを認める。
2　被告は、原告に対し、前項の金員を令和 6 年 1 月から同年 8 月まで毎月末日限り月額10万円ずつ分割して支払う。
3　被告が前項の金員の支払を怠り、その額が20万円に達したときは、当然に同項の期限の利益を失い、被告は、原告に対し、第 1 項の金員から既払金を控除した残額及び違約金20万円を直ちに支払う。

⑷　先給付と引換給付

　和解においては、原告が立退料を支払い、被告が建物を明け渡すというように、当事者の一方が一定の給付をし、反対当事者も一定の給付をする旨が合意されることがあります。この場合、双方の給付を引換給付とするのか、それとも一方の給付を先履行とするのか注意が必要です[97]。

　引換給付としたい場合には、「引換えに」の文言を用いる必要があります。たとえば、「被告は、原告に対し、原告から立退料100万円の支払を受けるのと引換えに、本件建物を明け渡す。」という条項です。もし被告が本件建物を明け渡さない場合、原告が明渡しの強制執行をするためには、単純執行文を得ることで足ります[98]。

　なお、この条項だけでは、明渡しの給付条項にしかならず、立退料100万円の給付条項にはならないので、立退料100万円についても執行力を生じさせた

97　書記官研究29頁参照。
98　この条項では、立退料の支払は強制執行開始の要件にすぎず、これを証明しなくとも執行文の付与を受けることができます（民事執行法31条 1 項）。

70

いのであれば、別途給付条項を設ける必要があります。通常は、次の条項例のように、双方の給付について給付条項を設けます[99]。

〔双方の給付条項に引換給付であることを明示した例〕

1　被告は、原告に対し、令和6年8月31日限り、原告から次項の金員の支払を受けるのと引換えに、本件建物を明け渡す。
2　原告は、被告に対し、前項の期日限り、被告から同項の本件建物の明渡しを受けるのと引換えに、立退料100万円を支払う。

これに対し、一方の給付を先履行としたい場合には、「○○したときは」の文言を用います。たとえば、「被告は、原告から立退料100万円の支払を受けたときは、原告に対し、本件建物を明け渡す。」という条項です。この条項では、まず原告が立退料100万円を支払い、次いで被告が本件建物を明け渡すことが想定されています。もし被告が立退料100万円の支払を受けたにもかかわらず本件建物を明け渡さない場合には、原告は、立退料の支払を証明して条件成就執行文（民事執行法27条1項）を得る必要があります[100]。

なお、この条項だけでは立退料100万円の給付条項にならないことは、引換給付の場合と同様です。

(5)　条件の内容の確定

和解においては、条件付きで給付の合意をすることがあります。この場合、条件の内容が具体的に確定していないと、せっかく給付条項を置いても執行力が認められないこととなりますので、注意が必要です[101]。

たとえば、「原告が、被告から負担する債務を履行したときは」では、履行する債務の内容が確定されているとはいえません[102]。また、「移築に必要な替地を提供したときは」では、提供する替地が確定しているとはいえません[103]。

99　講義案Ⅰ335頁参照。「引換えに」の文言を双方の給付条項に入れるのを失念しないように注意しましょう。
100　後藤＝藤田451頁〔遠藤賢治〕参照。
101　書記官研究30頁、後藤＝藤田449頁〔遠藤賢治〕参照。
102　大阪高決昭36・1・20下民集12巻1号43頁参照。
103　前掲（注43）大阪高判昭35・7・14参照。

第3章　和解条項の作成

6　その他留意が必要な条項

(1)　担保取消しに関する条項

　民事訴訟では、当事者が担保を立てていることが少なくありません。たとえば、原告が提訴前に保全命令（仮差押え、仮処分）を得ている場合には、保全裁判所によって立担保が命じられているのが通常です（民事保全法14条）。また、第1審判決で認容判決を受けた被告が控訴の提起に伴い強制執行停止決定を得ている場合には、やはり同様に立担保が命じられているのが通常です（法403条）[104]。

　このように当事者が担保を立てている事件で訴訟上の和解が成立する場合には、担保提供者が担保を取り戻すことができるよう、担保権利者が、担保取消しに同意し、取消決定に対し抗告をしない旨の条項が盛り込まれることがあります。このような条項を含む和解が成立すると、担保提供者は、担保提供を命じた裁判所に和解調書の正本を提出するという簡便な方法によって、担保取消決定を得ることができます（法79条2項）。

　ところで、担保を提供したのが訴訟当事者以外の第三者であることもあります[105]。この場合、担保取消しに関する条項を設けた和解を成立させるためには、当該第三者を利害関係人として和解に参加させ、この利害関係人に対して同意するという形をとることもあります。これは、担保取消しの同意が担保提供者である当該第三者に到達していることを明確にするという趣旨によるものです[106]。

(2)　当該事件の終了に関する条項

　和解においては、訴訟の終了についてだけ合意し、訴訟物その他の権利関係についての合意を行わないこととされることがあります。この場合、原告は訴えを取り下げ、被告はこれに同意するという条項が設けられることがありま

---

[104]　このほかにも仮執行免脱のための担保（法259条3項）、訴訟費用の担保（法75条）などがあります。このように、当事者の訴訟行為または裁判所の処分によって相手方に生ずることがある損害の賠償や訴訟費用を確保するために立てられる担保を「訴訟上の担保」といいます（講義案Ⅰ339頁参照）。

[105]　増田＝古谷120頁〔古谷恭一郎〕参照。

[106]　もっとも、実務上は、第三者が利害関係人として参加することを要しないとする扱いもあるようです（講義案Ⅰ341頁参照）。

す[107]。

このような条項で和解が成立した場合でも、これは訴えの取下げの形式を借りて訴訟上の争いをやめようとする当事者の意思を確認的に表したにすぎないと解されており、訴訟の終了事由は和解であって、訴えの取下げではないといわれています[108]。したがって、当事者があくまで訴えの取下げによる終了を希望しているのであれば、このような条項で和解を成立させることは適当ではありません。

Ⅳ 【演習】実務上よく見られる不適切な和解条項

ここでは実務上よく見られる不適切な和解条項の例を挙げてみますので、これまでの説明を踏まえ、どこが不適切なのか考えてみてください（なお、下記の各例では、記載された条項のほかには、いわゆる「末尾3条項」（前記Ⅱ1(4)ア参照）しか置かれていないものとします）。

【例1】

1　被告は、原告に対し、和解金200万円の支払義務のあることを認める。

2　被告は、原告に対し、令和6年5月31日限り、前項の金員のうち150万円を原告方に持参又は送金して支払う。

3　原告は、被告が前項の期日までに前項の金員を支払ったときは、第1項の金員の残額50万円の支払義務を免除する。

【例2】

1　原告は、被告に対し、別紙物件目録記載の建物を次の条件で賃貸し、被告はこれを賃借する。

(1)　使用目的　住居

(2)　賃貸借期間　令和6年5月1日から5年間

107　なお、単に訴訟終了効だけを生じさせるためには、「原告及び被告は、本日、本件訴訟手続を終了させる。」という条項も考えられます（講義案Ⅰ339頁参照）。

108　講義案Ⅰ339頁参照。

(3)　賃料　１か月10万円

　　(4)　支払方法　毎月１日限り、当月分を持参払

　2　被告は、原告に対し、毎月１日限り、前項(3)による当月分の賃料を、原告方に持参して支払う。

　3　被告が前項の賃料の支払を怠り、その額が２か月分以上に達したときは、被告は、原告に対し、第１項の建物を明け渡す。

【例３】

　1　原告及び被告は、別紙物件目録記載の建物を目的とする令和２年５月15日付け賃貸借契約を合意解除する。

　2　原告は、被告に対し、前項の建物の明渡義務の履行を令和６年５月31日まで猶予する。

　3　被告は、原告に対し、前項の期日限り、第１項の建物を明け渡す義務があることを認める。

【例４】

　1　被告は、原告に対し、本件借受金として300万円の支払義務があることを認める。

　2　被告は、原告に対し、前項の金員を令和６年５月31日限り、原告方に持参又は送金して支払う。

　3　利害関係人は、原告に対し、第１項の被告の債務を連帯保証する。

【例５】

　1　被告は、原告に対し、本件和解金として300万円の支払義務があることを認める。

　2　被告は、原告に対し、前項の金員を令和６年５月から同年10月まで毎月末日限り50万円ずつ分割して、原告方に持参又は送金する方法により支払う。

　3　被告が前項の分割金の支払を怠り、その額が100万円に達したときは、同項の期限の利益を失い、被告は原告から残額を一時に請求されても異議を述べない。

【例６】

> 1　原告及び被告は、別紙物件目録記載の建物を目的とする令和2年5月
> 　15日付け賃貸借契約を合意解除する。
> 2　被告は、原告に対し、令和6年5月31日限り、原告から和解金100万
> 　円の支払を受けるのと引換えに、前項の建物を明け渡す。

1　【例1】の検討

　この和解条項では、和解金200万円のうち50万円については給付の意思が記載されていません。そのため、被告が150万円を期限までに支払わなかった場合でも、強制執行できるのは150万円のみであるということになってしまいます。これを避けるためには、「被告が第2項の金員の支払を怠ったときは、被告は、原告に対し、第1項の金員から既払金を控除した残額を支払う。」などと、200万円全体についての給付条項を置く必要があります（前記Ⅲ5(3)参照）。

2　【例2】の検討

　この和解条項中、第3項は、解除の意思表示をするまでもなく賃貸借契約は当然終了することを定めたものかどうか不明確です。解除の意思表示を要しないとする「失権約款」は、その効力が否定されるおそれがあるので、催告までは要しないとしても、解除の意思表示は要するとしておいたほうが無難です。そこで、第3項は、たとえば、「被告が前項の賃料の支払を怠り、その額が2か月分以上に達したときは、原告は何らの催告を要することなく第1項の賃貸借契約を解除することができる。」とするのが相当です（前記Ⅲ5(2)参照）。もっとも、第3項をこのように改めると、明渡しの給付条項がなくなってしまいますので、第4項として「前項により解除の意思表示があったときは、被告は、原告に対し、本件建物を明け渡す。」という条項を置く必要があります。

3　【例3】の検討

　この和解条項中、第3項は、被告の明渡義務を定めるものですが、単なる確認条項にとどまっており、給付条項になっていません。そこで、明渡しについても強制執行できるようにするためには、末尾を「明け渡す。」という給付条項を示す表現に改めて、「被告は、原告に対し、令和6年5月31日限り、第1項の建物を明け渡す。」とすることが必要です（前記Ⅲ2(3)参照）。

4 【例4】の検討

この和解条項では、第3項で利害関係人が連帯保証する旨の条項が置かれていますが、利害関係人に対する給付条項が置かれていません。そのため、もし被告が本件借受金300万円の支払を怠った場合でも、利害関係人に対して強制執行をすることができません。そこで、利害関係人に対する給付条項を併せて設ける必要があります（前記Ⅲ2(1)参照）。この和解条項ではすでに被告に対する給付条項が第2項に置かれていますので、ここに給付義務者として利害関係人を加え、「被告及び利害関係人は、原告に対し、前項の金員を令和6年5月31日限り、原告方に持参又は送金して支払う。」とするのが簡便です。なお、この場合、利害関係人が連帯保証債務を負う旨の条項（第3項）は、給付条項（第2項）の前に置いたほうがわかりやすいでしょう。以上の修正を加えると、次のような条項となります。

1　被告は、原告に対し、本件借受金として300万円の支払義務があることを認める。
2　利害関係人は、原告に対し、前項の被告の債務を連帯保証する。
3　被告及び利害関係人は、原告に対し、連帯して、第1項及び前項の金員を令和6年5月31日限り、原告方に持参又は送金して支払う。

---

5 【例5】の検討

この和解条項では、期限の利益喪失条項が第3項に置かれていますが、被告の遅滞額が100万円に達したら当然に期限の利益を失うのか否かが不明確となっています。第3項が「……100万円に達したときは、同項の期限の利益を失う。」となっていれば、「当然に」等の文言がなくとも、何らの催告等も要せずに当然に期限の利益を失うことが明らかですが、第3項は、後半部分で「原告から残額を一時に請求されても……」という文言が付加されているため、原告の請求があってはじめて被告が残額を一時に支払う義務を負うこととなると読む余地もあります[109]。したがって、当然に期限の利益を喪失させたいのであれば、上記文言を付加するのは適当ではありません（一括払いの義務が発生

109　梶村＝深沢627頁参照。

することを明確に表現しておきたいというのであれば、「……期限の利益を失い、被告は、原告に対し、第1項の金額から既払金を控除した残額を直ちに支払う。」などとすればよいでしょう）。

6 【例6】の検討

この和解条項では、明渡しについての給付条項はありますが、和解金100万円についての給付条項がありません。そのため、仮に被告が建物を明け渡したのに原告が和解金を支払わなかった場合でも、被告が強制執行をすることはできません。そこで、和解金100万円についても（明渡しとの引換給付となる）給付条項を設け、双方の給付条項に引換給付である旨の文言を入れておくとよいでしょう（前記Ⅲ5(4)参照）。

「3　被告は、原告に対し、前項の期日限り、原告から次項の金員の支払を受けるのと引換えに、第1項の建物を明け渡す。

4　原告は、被告に対し、第2項の期日限り、被告から前項の明渡しを受けるのと引換えに、和解金として100万円を支払う。」

また、この和解条項では、被告が令和6年5月31日まで建物を占有できる権原が不明確です。そのため、被告が同日までに建物を明け渡したとしても、後日、原告から別途賃料相当損害金等の名目で金員の請求をされることになりかねません。被告が明渡しまで無償で建物を占有できるというのであれば、明渡し猶予の条項（【例3】の和解条項第2項参照）を設けるべきですし、そうでなければ、建物の明渡し済みに至るまで賃料相当損害金を支払う旨の給付条項[110]を設けるのが相当です。

次の条項は、明渡しと和解金の双方について給付条項を設け、併せて明渡し猶予の条項を設けた場合の条項例です。

2　原告は、被告に対し、前項の建物の明渡義務の履行を令和6年5月31日まで猶予する。

3　被告は、原告に対し、前項の期日限り、原告から次項の金員の支払を受けるのと引換えに、第1項の建物を明け渡す。

4　原告は、被告に対し、第2項の期日限り、被告から前項の明渡しを受

110　「1か月当たり10万円の割合による賃料相当損害金」などと、具体的な金額を盛り込むと、執行力のある給付条項とすることができます。

第3章　和解条項の作成

ると、和解事件の当事者による評価が低くなることは、ある程度避けがたいように思われます。また、上記の結果は、多数の事件の平均にすぎず、すべての当事者が和解に対する否定的評価をしているわけではありません。利用者調査からは、和解事件のほうが判決事件よりも任意に履行される割合が高いことが裏付けられていますし、それ以外の面でも、和解のほうが判決よりも大きなメリットが当事者にもたらされる事件は少なくありません。和解を担当する法律家としては、予断をもつことなく、当該事件は和解にふさわしいと判断するのであれば、信念をもって和解協議を進めていくべきでしょう。とはいえ、裁判官や代理人が無理に和解を押し付けたため、和解をした当事者に後悔の念が残るようなことはあってはなりません。大切なのは、「和解至上主義」に陥ることなく、事案の特性をよく見て、和解協議を適切に運営していくことでしょう。

第4章

和解の勧告

第4章　和解の勧告

I　はじめに

　和解に取り組むにあたっては、さまざまな心構えが必要となります。目的意識をもって和解に取り組めば、必ず実りのある経験となることでしょう。ここでは、まず、和解勧告をするにあたって心得ておきたいいくつかの重要なポイントを解説します。

1　よい和解は、よい争点整理から

　よい和解のためには、よい争点整理を行うことが重要です。このことは、和解や説得のためのテクニックを学ぶことよりも、遥かに大切なことといってよいでしょう。事件の結論や筋をよく見通したうえで和解に臨めば、おのずと説得力も高まり、和解が成立しやすくなるはずです。逆に、争点整理をおざなりにし、足して2で割るような和解案を安易に勧めても、うまくいくはずがありません。

　争点整理をきちんと行い、適切な心証を得るとともに、紛争の実相をとらえること。これが、争点整理だけでなく、和解にあたっても極めて有益です。

2　実践からスキルを磨く

　次に、和解の技法を向上させるためには、単に書物を読んで満足するだけでは不十分です。学んだことを実践に活かし、実践で得た反省点を次の和解に活かしていく―――このような日ごろの粘り強い練習が、和解の技法を向上させるのです。

　もちろん、和解の技法は一朝一夕に身に付くものではありません。しかし、努力と練習で、和解の技法も向上が望めるのです。裁判官時代にさまざまな優れた和解技術を披露してこられた草野芳郎教授も、和解の技術やノウハウといったものは、誰もが努力すれば習得可能なものであるとして、次のように述べておられます[1]。

1　草野・和解の技術298頁参照。加藤新太郎判事も、ネゴシエーション・スキル（交渉技術）に関し、経験を積めばスキルを習得できるという考え方、スキルは先天的なものであるという考え方のいずれも誤りであるとして、理論を勉強し、実践を繰り返し、その経験を自分のスキルに反映させていくというプラクティスが重要であると説いておられます（加藤新太郎編『リーガル・ネゴシエーション』33～35頁〔加藤新太郎〕（弘文堂、2004年）参照）。

上達するためには、粘り強い日頃の練習が必要になるのです。「自分は人の話を十分に聞けていない」と自覚することで、「人の話を聞くということが非常に大事だ」と思えるようになります。「私はいつも人の話は聞いています」と思ってはだめです。ですから、「いつも自分の努力が足りない」と思う発想が大事です。

　昨今、裁判官も弁護士も和解が苦手になっているのではないか、その背景にコミュニケーション能力の低下があるのではないかとの指摘がされています[2]。そうであれば、なおのこと常日頃から意識して和解の技法の向上に取り組む必要があるでしょう。

3　スキルとマインドは車の両輪

　和解がうまくなるためには、スキル（技法）が必要です。しかし、それだけでは本当によい和解をまとめることはできないでしょう。よい和解をまとめるには、スキルと並んで、マインドが重要です。

　ここでいう「マインド」とは、当事者のためによい和解を目指す「熱意」であり、「必ず和解をまとめるのだ」という気持ちです。

　和解や説得のスキルを磨けば、多くの事件で和解を成立させられるかもしれません。しかし、和解を成立させることばかりに目を向けて、当事者の気持ちを押さえつけたり、内容に問題のある和解を成立させたりしては、何の意味もありません。重要なことは、和解の技法の使い方です。和解の技法は、当事者と裁判官の対話や当事者同士の対話を促進し、よい和解を成立させるための手段として用いるべきものです。裁判官がこの事件をどう見ているのか、どういう解決をすることが当事者にとってベストなのかを常に考え、当事者に熱意をもって説得にあたる必要があります。そうすれば、当事者からの信頼を得て、和解ができることも多くなるでしょう[3]。技法だけを振り回して、「仏作って

2　2021年3月31日付け日本弁護士連合会民事裁判手続に関する委員会「民事裁判に関する運用改善提言」45頁（判タ1492号53頁）参照。
3　浅沼ほか・和解（二）53頁〔浅沼武発言〕参照。小久保孝雄高等裁判所長官（当時）も、判事補時代に裁判長から「和解には愛情が必要ですよ」との言葉を掛けられたことに触れて、「自分が、紛争の解決方法として正しいと思ったことは、当事者のために、愛情を持ってきちんと伝えなさい。そうすると、その愛情を持って紛争解決に尽力している気持ちが当事者に伝わって、和解ができます」と述べておられます（小久保・技法63頁参照）。

第 4 章　和解の勧告

魂入れず」のような和解を成立させることを目標にしないよう心掛けたいものです[4]。

　また、難しい事件で和解を成立させるためには、最後は裁判官の迫力やエネルギーがものをいいます。草野芳郎教授も、和解技術の上達のためには「精神力」が重要であるとして、難しい事件で和解ができるためには、まず「気持ちで負けない」ことが大事であると述べておられます[5]。難しい事件ほど、和解の技法を向上させ、自分自身も成長できると思って、粘り強く取り組んでみましょう。

II　和解に適する事件、適さない事件

1　はじめに

　和解をするにあたっては、事件には、和解に適する事件（和解が成立しやすい事件）と、和解に適さない事件（和解が成立しにくい事件、そもそも和解勧告すべきではない事件）があることを理解しておくことが重要です。和解に適さない事件で和解勧告をしてしまうと、そのこと自体が裁判所に対する信頼を失わせたり、成立する見込みがないまま和解協議が漂流したりしてしまうということにもなりかねません。そこで、まず、「この事件は和解に適するのだろうか」と考えたうえで、そもそも和解勧告をするのか、どこまで時間や労力をかけるべきかを考えておく必要があります。

2　和解に適さない事件

　和解に適さない事件としては、次のようなものが挙げられます[6]。

〔和解に適さない事件〕
① 　原告の請求が公序良俗に反するなど一方当事者が著しく不正義である

4　司法研究181頁も、和解において重要なのは、事件についての的確な見通しおよび裁判官の誠意と熱意であって、それらの裏付けなしにいたずらに技法を磨いたからといって、和解ができるようになるものではないと戒めています。
5　草野・和解の技術303頁参照。
6　瀬木・要論303頁、田中敦・実践197頁〔濵本章子〕、鶴岡・和解649〜650頁参照。

事件
② 和解の成立の見込みがおよそない事件
③ 裁判所が判決という形で判断を示すことが求められている事件

(1) 原告の請求が公序良俗に反するなど一方当事者が著しく不正義である事件（上記①）

　民事訴訟事件の中には、原告の請求が脱法的なものであるなど公序良俗に反するようなものもあります。こうした事件では、たとえ当事者双方が希望していても、被告から原告に金銭を支払わせる和解を成立させることが相当でないことはいうまでもありません。

　また、一度解決したはずの紛争を一方当事者が蒸し返しているなど著しく不正義な当事者については、裁判官が和解を勧めてこの当事者を利するようなことになれば、裁判官に対する信頼が失われるでしょう。したがって、このような事件も、和解に適さない事件ということができます。

(2) 和解の成立の見込みがおよそない事件（上記②）

　和解の成立の見込みがおよそない事件は、和解勧告をしても徒労に終わることが目に見えているため、和解に適さない事件ということができます。

　たとえば、原告の主張がおよそ認められる余地のない事件が挙げられます。裁判所に係属する事件の中には、一見して成り立ちそうにない請求をしている事案も見受けられます。このような、ほとんど言いがかりとしか言いようがない事件では、当然被告も和解に応じることはないことがほとんどなので、このような事件は和解に適さない事件ということができます。

　また、当事者がおよそ他人の説得に耳を貸すことができないような人物である事件も、和解成立の見込みがおよそないといえるでしょう。本人訴訟では、裁判官が何を言っても耳を貸さず、自分の言いたいことだけを言うという当事者を目にすることがあります。このような当事者の事件では、そもそも審理自体一筋縄でいかないことが多いわけですが、それに輪をかけて、和解協議を円滑に進め説得していくということは、およそ期待できないことが多いように思われます。したがって、このような事件は和解に適さず、速やかに判決へと進むことを検討せざるを得ないでしょう。

　もっとも、単に当事者の自己主張が強いとか、アクが強いというだけでは、

和解に適さないということはできません。紛争の渦中にある当事者は、ともすれば感情的な態度を取ったり、自己主張を貫こうとしたりするものです。こうした当事者も、冷静さを取り戻し、徐々にその気持ちがほぐれていけば、和解での解決に目を向けてくれることも少なくありません。説得に骨が折れそうだからという理由で和解勧告自体を見送るというのは、非常にもったいないので、およそ和解が期待できない事件かどうかの見極めは、慎重に行う必要があります。

　また、被告に全く資力がない事案も、一般に、和解に適さない事件といえるでしょう。原告が金銭の支払を求めている事件では、金額には幅があるにせよ被告が一定の金銭を支払うことで和解が成立するのが通常です。ところが、このような事件で被告に全く資力がないと、およそ原告を納得させる材料がないということになり、和解を成立させることは極めて困難となります。

　もっとも、原告の真の狙いが金銭ではなく、別のところにある場合には、金銭の支払を含まない内容で和解が成立することもあります。たとえば、原告が、謝罪条項や再発防止条項を設けてもらえれば金銭は求めないという考えであれば、被告が無資力でも和解成立の可能性はあるでしょう。そこで、原告の真の狙いが金銭以外のところにありそうだと感じられる事件では、たとえ被告が無資力であっても簡単にはあきらめず、念のため、次の **Example 1** のように、原告に和解を打診してみるのがよいと思われます。

> ❖ *Example 1*
> 裁判官「（原告に対し）本件では、被告には資力がなく、少なくともまとまった額の金銭を一括で支払うことは望めそうにないように思われますが、それではやはり和解は難しいということになりますでしょうか。それとも、たとえば被告に謝罪してもらうとか、金銭以外の別の要望が満たされれば、あるいは原告としても和解する余地がありますでしょうか」

　さらに、当事者間の感情的な対立が非常に大きい事件は、裁判官が和解を勧めても、対立が解消されることは期待できず、徒労に終わる可能性が高いといえます。特に、当該事件だけでなくほかにも訴訟が係属しているとか、告訴・告発合戦にまで発展してしまっている場合には、和解の可能性はかなり低いと思われます。

もっとも、感情的対立が大きく和解に適さない事件だと思っていたところ、念のため和解の水を向けてみたら、双方ともこれに乗ってきて、そのまま和解が成立することもあります。したがって、およそ和解が適当ではない事案（公序良俗に反する事案、一方当事者が著しく不正義な事案など）以外では、一度は和解を打診してみるとよいでしょう[7]。

このほか、被告が国や自治体である事件（国家賠償請求事件など）では、被告が和解に応じる可能性はかなり低く、多くは和解に適しない事件といえるでしょう。もっとも、被告側の責任が明らかである場合や、公害事件や薬害事件など和解による被害者救済の要請が極めて強い場合には、和解を勧告して被告に和解のテーブルについてもらうのがよいと思われます。そうでない場合には、認容にせよ、棄却にせよ、速やかに判決をするほうが望ましいと思われます。

(3) 裁判所が判決という形で判断を示すことが求められている事件（上記③）

憲法問題や、社会的影響が大きい重要な法律問題が主要な争点となっているような事件では、裁判所が判決という形で判断を示すことが求められているといえます。こうした事件では、原告が有利な判決を勝ち取ることで次のステップ（国会や行政への働き掛け等）へと進むことを考えていることも少なくないので、和解にはなじまないといえるでしょう（もっとも、公害事件や薬害事件など和解による被害者救済の要請が極めて強い事案では、原告が和解を望んでいることもあるので、最終的に和解勧告するかどうかは、原告の意向次第によるところが大きいと思われます）。

3　和解に適する事件

2に挙げた事件を除けば、基本的にどの事件も和解に適するということができます。「当事者が激しく対立しているから和解は無理だ」とか、「被告は自治体だから絶対に和解しないだろう」などと決めつけることなく、まずは和解の打診をしてみるとよいでしょう[8]。打診した結果、和解の成立の見込みがないなど、和解に適しない事案であることが判明した場合には、速やかに判決へと舵を切ればよいのです。

7　訴訟代理人である弁護士からも、「激しく争っているのだから、和解勧告しても無駄」ということは少ないとの指摘がされています（増田＝古谷90頁〔増田勝久〕参照）。
8　志田原ほか16頁参照。

第4章　和解の勧告

Ⅲ　和解の二つの基本型
──心証中心型と交渉中心型

1　はじめに

　和解手続には「心証中心型」と「交渉中心型」の二つの運営モデルがあると
いわれています[9]。

　「心証中心型」とは、裁判官が、いわば心証を武器に当事者を説得することで、
和解を成立させようとする運営モデルです。心証中心型では、和解手続をコン
トロールするものは裁判官の心証であり、和解手続においては、交渉としての
面、特に当事者による駆け引きは極力排除されることになります[10]。

　これに対し、「交渉中心型」とは、裁判官が、当事者間の和解交渉を媒介す
ることで、和解を成立させようとする運営モデルです。交渉中心型では、裁判
官は、当事者間で自主的に交渉して解決できるよう、対話を妨げる原因を考え、
その障害を取り除き、真の対話ができるよう環境整備に努め、これによって当
事者自身の中に内在する自主解決能力を引き出すことを目指すことになりま
す[11]。

　この二つの運営モデルには、それぞれメリット、デメリットがあるので、そ
のことをよく踏まえたうえで、裁判官自身のタイプや、当事者や事件の特性を
よく見て、この二つを使い分ける必要があります。

2　心証中心型

(1)　メリット

　心証中心型のメリットは、まず、当事者にとっては、裁判官から示される心
証を踏まえて、和解するか判決を求めるかを選択することができることが挙げ
られます。

9　草野・技術論156頁参照。
10　草野・技術論157頁参照。
11　草野・技術論157頁参照。

88

また、裁判官から、判決内容を踏まえた心証が示され、これに沿った和解が成立すれば、実質的に判決と同じ解決が図れることになり、法の趣旨に沿った解決が期待できます。これは、言い換えれば、交渉力の強い者が弱い者を強引に押さえ付けて不公平な解決を図るといった、交渉力の強弱で和解内容が決まることを極力回避することができることを意味します。

(2) デメリット

一方、心証中心型のデメリットとしては、裁判官と当事者との距離が拡大し、当事者の主体性が弱まるということが指摘されています[12]。当事者が主体的に和解協議に参加していくという意識をもっていれば、当事者が積極的に和解案を考えてくれるでしょうが、心証中心型では、相手方の和解案や裁判所の和解案について、心証を踏まえながら、受諾するかしないかという二者択一的な思考に陥りやすく、当事者がよい知恵を出しながら和解案をつくり上げていくという機運が生まれにくいように思われます[13]。

また、裁判官も、当事者の心情を考えて、手間や時間をかけて説得するのではなく、心証という「武器」を振りかざして、「嫌ならいつでも判決します」という説得法になってしまいがちです。時には、心証をもとにした「恫喝」的な説得方法に陥る危険もあり、和解が成立するか否かにかかわらず、当事者に不満が残ってしまうおそれもあります[14]。

3 交渉中心型

(1) メリット

交渉中心型のメリットは、心証中心型のデメリットの逆となります。すなわち、交渉中心型の和解協議では、当事者が主体的に和解交渉を行うため、より事案に即した和解案を当事者が発見しやすくなり、その結果、当事者が、和解が成立した場合に納得感を得やすいと考えられます。

---

12 草野・技術論157頁参照。
13 草野・技術論35、157頁参照。
14 草野・技術論157頁参照。

(2) デメリット

交渉中心型のデメリットは、心証中心型のメリットの逆となります。すなわち、交渉中心型の和解協議では、当事者の力に強弱があると、一方的な交渉になってしまい、一方当事者のごね得を許す結果となる危険性があります。その結果、成立した和解の内容が法の趣旨に反したり、判決の結論と大きく異なったりする危険性があるといわれています[15]。

また、交渉中心型では、裁判官は心証中心型よりは一歩引いた形で和解協議に関与することになるため、裁判官が、ただ双方の和解案や意見を取り次ぐだけだと、なかなか双方の譲歩が得られず、和解がまとまりにくいという問題もあります[16]。

4 両者の使い分け

それでは、「心証中心型」と「交渉中心型」のどちらを選択すればよいのでしょうか。これは、裁判官の個性や事件の内容等によってさまざまであり、どちらが絶対的に優れているというものではありません。実際の和解協議の場面では、純粋な形でどちらかのモデルを貫くことは適当ではなく、両モデルを融合して和解協議を運営していく必要があるといわれています[17]。つまり、この二つの型は、明確に区分できるわけではなく、裁判官のタイプ、当事者の個性、事案の特性、和解勧告の時期（争点整理の序盤か終盤か、証拠調べ後か）などによって、心証中心型の側面が強くなる局面、交渉中心型の側面が強くなる局面があるというのが正しいように思われます。

たとえば、争点整理の序盤では、裁判官の心証もほとんど形成されていないことが多いので、裁判官としては、双方の間に立って、交渉が円滑に進むようあっせんしていくという役割に徹することが多く、交渉中心型がメインとなるでしょう[18]。また、訴訟物にとらわれずに紛争全体の抜本的解決を目指す場合

15　草野・技術論157頁参照。
16　草野・技術論158頁参照。かつて日本弁護士連合会が会員弁護士に行ったアンケートでも、和解の運用に対する不満の理由のトップは「（裁判官が）当事者の意見を聴くだけで指導性がなかった」というものでした（司法研究151頁参照）。
17　草野・技術論158頁参照。
18　もっとも、事件の中には争点整理の序盤で書面が1、2往復されれば、おおよその心証がつかめる事案もないわけではありません。そのような事案では心証中心型の和解を試みることも考えられますが、その場合でも、結論を決めつけるような言い回しは避け、あくまでも暫定的心証であることを強調するのがよいでしょう。

には、心証中心型では限界があり、当事者双方からさまざまなアイデアを出してもらい、裁判官も交えて協議を行うという、交渉中心型の和解協議が不可欠となります。さらに、離婚訴訟をはじめとする親族間紛争では、心証を示したから当事者が納得してくれるとは限らず、交渉中心型でないと和解が難しいといわれています[19]。事件によっては、裁判官が一定の心証を抱いていても、それを開示する前に当事者から和解案が示されることもあります。こうした場合にも、まずはその和解案を軸に、裁判官が調整を図るスタイル（交渉中心型）で和解協議を進めていくのが望ましいことが多いと思われます。

　これに対し、争点整理の終盤になると、裁判官も一定の暫定的心証を抱いていることが多いので、裁判官としては、暫定的心証を示しつつ、この心証から予想される判決よりも和解による解決が望ましいことを説得していくという「心証中心型」がメインとなることが多いでしょう。とりわけ、証拠調べ後の和解協議になると、判決に向けた心証を前提とした心証中心型の和解運営を行う裁判官が多数であると思われます。

　もっとも、争点整理の終盤や証拠調べ後であっても、裁判官としては、単に心証を示して説得を試みるだけでは足りず、予想される判決を踏まえつつ、それを上回る解決案を模索しながら、事案、内容、当事者の意識、感情など事件ごとの個性を考慮して、心証中心と交渉中心の間を微妙にかじ取りしていくことが必要となります[20]。要は、裁判官は、自分が「心証中心型」「交渉中心型」のどちらを得意とするのかを認識しながら、事案、当事者、審理の段階等に応じて、心証を押し出して説得を図る場面と、双方の交渉を媒介する役割を果たす場面とを使い分けていくことが重要なのです[21]。

　また、心証中心型、交渉中心型のいずれにおいても、その欠点を克服するための工夫を取り入れていく必要があります。

　心証中心型の和解を行うにあたっても、先に述べたような心証中心型の欠点を回避するには、交渉としての要素を拡大することが望ましく、判決のもたらす不合理性を回避するには、当事者の間に対話を成立させるようにしないと、勝ち筋の当事者に譲歩させることはできないでしょう[22]（この点は、第6章の

19　瀬木・要論297頁参照。
20　草野・技術論159頁参照。
21　瀬木・要論295頁以下は心証中心型の立場から和解運営について論じたもの、草野・技術論159頁は交渉中心型の立場から和解運営について論じたものであり、いずれも参考になります。
22　草野・技術論158頁参照。

第4章　和解の勧告

Q4「勝ち筋の当事者が強気でなかなか譲歩してくれない場合」や、Q9「心証から離れた和解をする場合」も併せて参照してください）。

他方で、交渉中心型の欠点を回避するには、心証に基礎を置いた裁判官の助言、指導が不可欠です。調停ではなく訴訟を選択した当事者は、裁判官の心証を踏まえたリーダーシップに期待しているはずであり、裁判官が単に当事者の意見や希望を取り次ぐだけでは、当事者が裁判所の和解手続に失望する結果となってしまいかねません[23]。また、一方当事者のごね得を許さないためには、裁判官が、判決の結論を常に念頭において強力に説得したり、時には毅然とした態度を示したりする必要もあるでしょう[24]。

IV　和解勧告の時期

1　三つの時期

和解には、それに適した時期があります。やみくもに和解を勧めてもうまくいかないのは当然で、和解協議を行うにふさわしい適切な時期に和解勧告をする必要があります。

それでは、和解勧告にふさわしい適切な時期とはいつ頃のことをいうのでしょうか。これは事件ごとに異なるといえますが、おおむね、次の三つの段階があるといわれています[25]。

〔和解勧告の時期〕
① 訴訟の初期段階または争点整理中の段階
② 争点整理がおおむね終了した段階
③ 証拠調べ後の段階

和解協議を主宰する裁判官としては、事案の内容や当事者の意向により、こ

---

23 訴訟代理人となる弁護士の間でも、争点整理終了後、両当事者が和解条件について対立している場合には、裁判官が心証に基づいて具体的和解条件を提示してほしいという意見が圧倒的に強いようです（志田原ほか16〜17頁参照）。

24 草野・技術論158頁参照。

25 田中敦・実践45頁〔山地修〕、阿部・実際261〜262頁参照。

92

れらを使い分け、あるいは併用していくことが求められますが、基本となるのは、②の「争点整理がおおむね終了した段階」と③の「証拠調べ後の段階」といえるでしょう。

ここでは、それぞれの段階について、和解協議のあり方や留意点を見ていくこととします。

2 訴訟の初期段階または争点整理中の段階

(1) この段階で和解勧告する場合とは

ア 原 則

一般に、訴訟の初期段階や争点整理にめどがついていない段階で和解勧告をすることは、あまりないといってよいでしょう。特に、争点整理すら始まっていない訴訟の初期段階（たとえば第1回弁論期日やその直後）で和解勧告をすることは、ほとんどないと思われます。このような初期段階では、当事者側も、十分に主張立証できていないという思いが強いため、裁判官が和解勧告をしてもうまくいかないことが多いと思われます[26]。そのような場合に和解勧告をして、適切な和解案や和解の方向性を示すこともなく無理に和解手続を進めようとすると、かえって当事者の不信を招くだけでしょう[27]。

イ 和解勧告が相当な場合

もっとも、次のような場合には、訴訟の初期段階や争点整理中の段階でも和解勧告をするのが相当なことがあります（場合によっては、第1回弁論期日の直後から和解協議が始まることもあります）。この段階で和解が成立すれば、紛争の早期解決に大いに資することになりますので、裁判官としては、訴訟の係属時から和解のチャンスを逃さないよう注意すべきです。

〔訴訟の初期段階や争点整理中の段階で和解勧告をするのが相当な場合〕
① 双方から和解協議に入ることを希望された場合
② 被告が初期段階から有効な反論をすることができず、請求認容が明ら

---

26 労働事件について同旨を指摘するものとして田中敦・実践280～281頁〔中垣内健治〕参照。
27 家近正直「弁護士からみた民事裁判（その一）」別冊判タ3号121～122頁（1977年）、中田早苗ほか「あるべき裁判をもとめて──全国裁判官懇話会報告──」判時990号5頁〔小松峻報告〕、7～8頁（1981年）参照。

かな場合

③　争点整理に長期間を要することが見込まれる場合

④　当事者の主張立証が滞っている場合

⑤　判決をしても紛争が解決しない場合

(ア)　双方から和解協議に入ることを希望された場合（上記①）

双方から和解協議に入ることを希望された場合には、よほどの事情がない限りは、まずは和解協議に入って双方の考えを聴いてみるのがよいでしょう[28]。もっとも、この場合、裁判官は暫定的心証すら形成できていないことが多いと思われますので、和解協議は当事者主導、つまり交渉中心型になると思われます[29]。ただし、訴訟の初期段階ですでに裁判官が一定の心証を形成できる場合には、これを踏まえて裁判官が和解協議をリードすること（心証中心型）もあり得ると思われます。

これに対し、当事者の一方が和解協議を希望しているものの、反対当事者が和解協議を希望しない場合には、直ちに和解勧告が相当であるとはいえないことが多いと思われます。訴訟の引き延ばしを意図して早期の和解協議を申し出てくる当事者もいますので、裁判官としては、そのような誘いには安易に乗らないよう注意が必要です。

(イ)　被告が初期段階から有効な反論をすることができず、請求認容が明らかな場合（上記②）

たとえば、借用証書など証拠書類が揃っている貸金請求訴訟で、被告が、請求棄却の答弁をしたものの、具体的な反論は、「原告の請求は権利の濫用である」と1行記載するだけという事案があります。このように、被告が有効な反論ができずに請求認容が明らかな場合には、認容前提での和解協議（心証中心型）を行い、和解金額や支払方法を調整することが考えられます[30]。

裁判官が当事者の主張について釈明を重ねても、一向にまともな書面が出てこないような場合も、当事者が勝訴判決を得るだけの主張立証が難しいと認識していることが少なくありませんので、和解勧告をして本音ベースで話を聴いてみるのも一法です。

(ウ)　争点整理に長期間を要することが見込まれる場合（上記③）

28　阿部・実際262頁参照。

29　草野・技術論35頁参照。

30　草野・技術論28〜30頁参照。

争点が複雑かつ多岐にわたる等の事情から争点整理に長期間を要することが見込まれる事案は、本来争点整理をじっくり行ってから和解勧告するのが原則です。しかし、請求額がさほど大きくない事件等では、あまりに争点整理に長期間を費やすことは、費用対効果の面から見て適当ではないと感じられることもあるでしょう。そのような事件では、本格的な争点整理に突入して泥沼に入り込む前に、早期解決を打診することも考えられます。たとえば、多数の瑕疵（契約不適合）が主張されている損害賠償請求訴訟で、本格的に争点整理に取り組めば最低2年はかかることが見込まれるものの、請求額がわずかであるため、審理に費用と時間をかけるとかえって費用倒れになりかねないような事案では、次の*Example 2*のように持ち掛けて、和解協議の水を向けてみることが考えられます。

❖ *Example 2*

裁判官「現時点では訴状と答弁書が提出されただけですが、すでにこの事件は争点が極めて多数に上ることが明らかになっています。裁判所としては争点整理に全力を尽くすつもりですが、それでも1審判決まで最短でも2年はかかってしまうかもしれません。一つの選択として、この段階で、お互い歩み寄って話合いをして、和解での解決を目ざすことも考えられるように思われますが、いかがでしょうか」

もっとも、この段階では、争点整理が完了しておらず、裁判官も説得材料が少ないため、心証を踏まえた和解案を示すことは難しいと思われます。そのため、当事者が「費用や時間がかかってもいいから、真相を明らかにしたい」という強い意向を有している場合等には、和解にこだわらずに主張整理等を進めていき、機会があれば再度和解を試みるほうがよいでしょう。

これに対し、まだ争点整理の途上で主張立証が揃っているとはいえないものの、裁判官が一定の方向性や和解案を示すことが可能な事案では、あえて裁判所案を示すことで和解が成立することもあるので[31]、事案に応じて方針を使い分けるとよいでしょう。

(エ)　**当事者の主張立証が滞っている場合**（上記④）

争点整理手続で、裁判官が釈明を何度もしているのに、一方当事者からは、

31　交通事故事件について同旨を指摘するものとして田中敦・実践196頁〔濵本章子〕参照。

思うような回答が出てこなかったり、立証の準備中という説明ばかりで何度期日を重ねてもその立証がされなかったりする場合があります。このような場合、当該当事者としては、「これ以上反論しようがないので、敗訴判決を避けるために早く和解協議に入りたいが、自分から和解したいとは言いづらい」と本音では思っていることがあります。そのような雰囲気が感じられるときには、裁判官から和解の水を向けてみて、個別に話を聴いてみると、本音ベースの話が聴き出せ、そこから和解協議が始まることがあります[32]。

(オ) 判決をしても紛争が解決しない場合（上記⑤）

　訴訟の中には、判決の結論が明らかであるものの、認容判決を言い渡したからといって、直ちに紛争が解決するわけではないようなものがあります。

　たとえば、原告が被告と共有している土地建物の共有物分割を求めてきた事件で、現物分割や代償分割が困難または不相当であるため、判決では競売分割によらざるを得ないことが明らかであるものの、原告が勝訴判決を得ても実際に競売できる見込みも乏しいということがあります。また、土地の賃貸人が、借地人に対し、地代不払を理由に賃貸借契約を解除し、建物収去土地明渡しを求めるという事案では、解除が有効であることは明らかで、認容判決をするほかないという場合でも、その後の建物収去の問題が残ってしまうため、賃貸人（原告）としても、賃貸借を解消するか継続するかはともかく、和解での解決を希望していることが少なくないと思われます。

　そこで、こうした場合には、判決の結論は明らかでも、紛争の抜本的解決を目指して、訴訟の初期段階から和解勧告をすることが相当な場合もあるでしょう。また、争点整理の途上であるため裁判官が明確な心証を形成できていない場合でも、それを逆手にとって、訴訟物を離れた紛争全体の解決を目指すことも考えられます。

(2) 留意点

　訴訟の初期段階で裁判官からいきなり和解勧告があると、当事者としては、出鼻をくじかれ、時には、裁判官が審理の手間を省きたいから和解勧告をしているのではないかと疑心暗鬼になってしまう可能性もないとはいえません。そこで、この段階で裁判官が和解勧告をする場合には、その趣旨や目的を十分に説明し、審理をおざなりにするわけではないことを丁寧に説明することが重要

32　田中敦・実践533頁〔濵本章子発言〕参照。

です。

　前記(1)イ(ア)のとおり、この段階での和解協議は、裁判官が十分な心証を形成できていないことがほとんどであることから、「交渉中心型」の和解協議となることがほとんどでしょう。もっとも、訴訟の初期段階であっても心証を明確に形成できる場合はもちろん、準備書面を2往復くらいすれば裁判官が一定の暫定的心証を形成することが可能な場合もあるので、そのような場合には、心証を開示しながら説得を試みることになるでしょう。

　その場合に注意しておきたいのは、訴訟の初期段階で心証を開示すると、当事者からは、裁判官が予断を抱いていると警戒されるおそれもあるということです。そこで、そのような懸念を抱かれないよう配慮しつつ、暫定的心証に対して相応の重みを感じてもらうような説明の工夫が不可欠となります。たとえば、次の **Example 3** のような説明が考えられます。

❖ *Example 3*

　裁判官が、被告との個別面接の場で暫定的心証を開示しようとしている。

裁判官「裁判所は、現時点で結論を決めているわけではないので、原告には心証については特に伝えていません。ただ、審理が進んで判決が近づくほど、裁判所としては心証を徐々に固めていくし、和解協議においても、有利、不利にかかわらず、暫定的心証を明らかにして説得していく場面が増えていくことになるので、早期解決を狙うのであれば、被告においてもよく検討してみてはどうでしょうか」

　訴訟の初期段階での和解勧告を検討すべき一つの典型例として、被告が、第1回弁論期日に欠席しつつ、別途和解希望を申し出ている場合があります。そのような事案の中には、事案の性質等に照らして直ちに判決をすることに抵抗を感じるものもありますので、そのような場合には、弁論を終結してから和解勧告をするのがよいでしょう。もし弁論を終結せずに漫然と続行期日を指定すると、被告が音信不通になるなどして、次回期日の呼出状の送達に支障が生じることがあるからです（これに対し、和解期日であれば、弁論事項がないので、呼出状を送達する必要はありません[33]）。

33　草野・技術論33〜34頁参照。

第4章　和解の勧告

3　争点整理終了後の段階

(1)　和解の進め方

　争点整理がおおむね終了した段階では、裁判官も暫定的心証を形成できていることが多いので、「心証中心型」の和解を試みることが基本となるでしょう。仮にこの段階でも暫定的心証が十分に形成できていない場合でも、そのことを率直に説明して、双方の間をとるような解決や心証割合に応じた解決など、オール・オア・ナッシングではない解決を目指すと、結果的に和解が成立することも少なくないように思われます。

　もちろん、この段階でも、まずは当事者間での自主的な解決を目指して調整するという「交渉中心型」の和解を試みることも考えられます。もっとも、争点整理がおおむね終了している以上は、当事者も裁判官の暫定的心証を踏まえたリードを期待しているのが通常ですし、多くの場合は、当事者の自主的な交渉に委ねるだけでは早晩交渉が行き詰まることになるでしょう。そこで、この段階では、「心証中心型」の和解（少なくともその要素を加味した和解）がほぼ不可欠となります。

　証拠調べ（尋問）をしてしまうと、互いの敵意があらわになり、感情的対立が激化してしまって、和解が困難となることも少なくありませんので[34]、争点整理終了後、証拠調べ前のこの段階の和解は、和解成立の可能性が最も高い絶好の機会ととらえて、全力で和解に取り組むべきです。

　なお、争点整理が終了すると、証拠調べに向けて陳述書を双方に準備してもらうことが少なくありません。その場合、陳述書の作成には時間も労力もかかるため、いったん陳述書を作成してしまうと、双方とも本人や代理人が「戦闘モード」に入ってしまい、和解の機運が失われてしまうこともありますので、陳述書の作成前に和解協議に入ったほうが、結果的に和解が成立することが多いようです。陳述書や尋問での供述を踏まえないとうまく心証が取れないという事案もあるでしょうが、そのような事案こそ、尋問の結果次第で最終的な心証がどちらになるかわからないと説得することが有効です。

---

[34]　尋問を行ったほうが本人が法廷で言いたいことを言えて気持ちが晴れるのではないかと考え、尋問後に和解勧告を予定することも少なくありませんが（いわゆる「ガス抜き」のための尋問）、相手方側の人証の尋問を聞いた本人がかえって感情を悪化させてしまうことも少なくないようです（阿部・実際269頁参照）。

これに対し、争点整理段階の主張立証がおざなりで、陳述書で事実関係が整理されて初めて事案の真相が見えてくるという事件もあるでしょう。そのような事案では、「尋問前で事案がよくわからないので、お互い譲歩したらどうですか」と、足して2で割るような和解案を示してもうまくいかないでしょうから、陳述書を出してもらったうえで、和解勧告をすることも考えられます。

具体的な和解協議の進め方や和解の技法については、第5章を参照してください。暫定的心証を開示したところ、不利な心証を示された当事者が納得せず、「証拠調べを行ってほしい」と求めることもありますが、そのような場合でもすぐにあきらめずに、次の **Example 4** のように、証拠調べ前の今だからこそ得られるメリットがあることを強調するなどして、説得を試みてください[35]。

> ❖ *Example 4*
> 裁判官「証拠調べを行っても心証が変わらなかったら、今よりもさらに不利な条件での和解を余儀なくされるリスクがありますよ」

争点整理がおおむね終了した段階での和解勧告は、最も和解が成立しやすいといわれていますので[36]、裁判官としても、それまでの争点整理の総仕上げという気持ちで臨んでみてください。

(2) 尋問までの時間や尋問間の時間の活用

ところで、弁論準備手続終結から証拠調べ（尋問）の実施まで2か月前後（場合によってはそれ以上）の期間が開いてしまうことがあります。このような場合、証拠調べまでの期間を活用して和解を試みると、思いのほか和解がうまくいくことがあります[37]。

また、証拠調べ期日を集中して指定することができず、2か月くらいの間隔で複数期日を指定した場合には、証拠調べと並行して和解を試みることも考えられます[38]。

35　阿部・実際264頁参照。
36　瀬木・要論305頁参照。
37　田中敦・実践578頁〔福田修久発言〕参照。
38　草野・技術論33頁は、このようなやり方は、効率もよく、意外に和解がうまくいくとしています。

99

第4章　和解の勧告

4　証拠調べ後の段階

　証拠調べ後の段階の和解は、事実上、和解勧告をする最後のチャンスです。訴訟の初期段階または争点整理終了後の段階で和解を試みた事件はもちろん、そうではない事件においても、それまでの審理の総仕上げとして、全力で和解に取り組む必要があります。

　通常は、この段階より前の段階で一度は和解勧告をしているでしょうが、証拠調べ後に初めて和解勧告をするのが相当である（あるいはそうせざるを得ない）事件としては、次のようなものが挙げられます。

〔証拠調べ後に初めて和解勧告をすることが考えられる事案〕
①　証拠調べを経ないと心証が全く形成できない場合
②　当事者の対立が激しく証拠調べ後でないとおよそ和解が難しい場合
③　当事者が真相を究明したい、裁判所に言い分を聴いてもらいたい等の
　　意向を強くもっている場合（被害者死亡事案がその典型）

　この段階では、早期解決のメリットや訴訟追行の費用を考慮した調整の余地は狭くなっているので、「心証中心型」の和解運営が行われるのがほとんどであると思われますし、当事者も、当然それを期待しているでしょう[39]。したがって、この段階では、ある程度ストレートな心証を当事者に伝えることになります（当然、心証に対して反発されることも少なくありませんが、それを恐れていては和解はできません）。この段階まできておきながら、特段の理由もないのに、心証を示さないまま和解しようとしても、かえって不信感をもたれるおそれがあります[40]。

　もっとも、証拠調べを終えたこの段階でも、まだ結論が見えず悩んでいるという事案もあるでしょう。そのような場合には、そのことを率直に明らかにして、心証割合に応じた和解や、双方の希望の間をとるような和解を目指したほうが、よい結果が得られるようです[41]。

---

[39]　もっとも、草野・技術論37頁は、証拠調べ後であっても、対話を尽くした当事者の交渉（交渉中心型）が基本型となるとしています。裁判官としては、自分が心証中心型、交渉中心型のどちらのタイプなのか、当該事案や当事者にとってどちらの型がふさわしいかを考えながら、適宜使い分けていくとよいでしょう。
[40]　田中敦・実践569頁〔濵本章子発言〕参照。
[41]　田中敦・実践569頁〔濵本章子発言〕参照。

100

この段階での心証開示は、判決の結論に直結したものであることが多いわけですが、裁判官がこのような心証を開示したからといって、すぐにまとまるほど和解は甘いものではありません。特に、裁判官の心証に納得できないという当事者は容易に和解しようとせず、和解による調整が困難となることも少なくないと思われます。そのようなことがあらかじめ予想され、和解勧告してもおよそ和解がまとまる可能性がないと考えられる場合には、そもそも和解勧告をしないことも一つの選択肢でしょう。もっとも、準備書面上では激しく対立している当事者でも、裁判官の心証開示を受けると意外に柔軟な対応をしてくれて、和解が成立することもあります。対立が激しいから和解は無理、とすぐにあきらめるのではなく、「駄目でもともと」と思って和解協議の場を設けてみるほうがよいでしょう。

　証拠調べ後の和解では、裁判官は「判決を見据えた心証」という強力な武器をもっているものの、他方で当事者も、訴訟の終盤まできてしまうと早期解決のメリットがかなり失われているので、「ここまできたから判決が欲しい」という思いが強くなっていることが多いように思われます。また、証拠調べを行うことで感情の炎が燃え盛ってしまい、冷静な判断をする環境が失われてしまうこともあるようです。そのため、この段階で和解が成立することは、争点整理終了後の段階よりも少ないのが実感です。裁判官としては、証拠調べ後の和解は最後の手段と心得て、それより前の段階での和解成立を目指すようにしましょう。

第5章

和解の技法

第 5 章　和解の技法

　ここでは、和解の技法を具体的に見ていくこととします。重要なことは、ここで解説する内容をマニュアルのように画一的・硬直的なものととらえるのではなく、事案や当事者をよく見て、最もふさわしい技法を選択していくことです。

I　和解協議に入る前に

1　和解は訴状を受理した段階から始まる

　和解の技法というと、和解協議の場での説得のやり方等に目が行きがちです。もちろん、それは重要なことですが、和解をうまくまとめていくためには、和解協議が始まる前の段階からの下準備が欠かせません。「和解は、訴状を受理した段階から始まる」―――このような考えの下で、訴状を受理した段階から、和解を判決と並ぶ有力なゴールの一つに見据えて審理を進めていくことが、和解の成立率を高めるコツの一つであるといえるでしょう[1]。そのうえで、争点整理の序盤から、当事者に和解の意向の有無を確認する機会を随所に設けておくとよいでしょう[2]。この際、次の **Example 5** のように、双方同席のもとで軽く頭出しをするように投げ掛けるというやり方が考えられます。

❖ **Example 5**

裁判官「本件は、事案の内容や性質に照らすと、和解が望ましい事案のように思われますね。いずれ和解協議の場を設けたいと思っていますが、和解の意向はおもちですか」

　もっとも、双方同席の場では、本音を語りにくい当事者もいるでしょうから、本音ベースの話を聴きたければ、双方の了解を得て、個別に話を聴くことです。個別面接の場であれば、和解の意向の有無、考えている和解案や和解の方向性を聴き出しやすくなり、後の和解協議の参考になります。当事者からある程度突っ込んで話が聴ける場合には、①和解をするかしないか、②どの時期に希望

1　田中敦・実践534頁〔山地修発言〕参照。
2　志田原ほか21頁、阿部・実際263頁参照。

104

するか、③どのような内容の和解を希望するか、の３点は最低限確認しておくとよいでしょう[3]。

　いずれにせよ、こうした「頭出し」や「意向確認」は、争点整理手続にあっても折に触れて行うことが重要です。それによって、もともと和解の意向があまり強くなかった当事者にも、和解について考えてもらうきっかけができるのです。

　もっとも、争点整理が必要であることが明らかな事案であるのに、裁判官が最初の期日で、何の留保もなしに「和解をする気はありますか？」と尋ねると、いかにも裁判官が判決を避けているような印象を与えかねません。そこで、そのような印象を与えないように話し方を工夫する必要があります。たとえば、次の **Example 6** のような話し方が考えられます。

❖ *Example 6*

裁判官「本件は、双方の主張が対立していますので、今後争点整理を行うことになりますが、この種の事案では、和解で終了する事件も少なくありませんので、今後の参考のために、和解に関する意向をお聞かせください」

　また、心証中心型の和解運営ではもちろん、交渉中心型の和解運営でも、裁判官の心証は和解協議の進展、ひいては和解の成否に大きく影響することになります。争点整理手続で適切に暫定的心証が開示されており、かつ、和解協議でもこれと同じ心証が開示されれば、当事者もあらかじめ心の準備ができているでしょうから、そうでない場合と比べて心証を受け入れてもらえる可能性も高まるものと思われます。これに対し、和解協議でいきなり想定外の心証が示されると、当事者にとっては「サプライズ」となり、場合によっては当事者の反発を招きかねません。争点整理段階から適切に暫定的心証を開示しておくことが、その後の和解協議の地ならしとなるでしょう。

　なお、和解の成否は、それまでの審理における裁判官に対する印象にも大きく左右されると思われます。裁判官が、弁論や争点整理手続で、当事者や代理人をぞんざいに扱ったり、やる気のない姿勢を見せたりしていたなら、当事者の信頼を失ってしまい、仮に和解協議に入ったとたんに態度を改めても、当事

3　田中敦・実践47〜48頁〔山地修〕参照。

105

第 5 章　和解の技法

者の信頼を回復することは難しいでしょう。そうならないよう、和解協議に先立つ審理においても、当事者の信頼を獲得できるような真摯な審理態度が望まれます。

2　和解協議を打診する

　和解協議は、多くの場合、裁判官から水を向けてみることで開始されます。その際、当事者の和解に対する意向が必ずしも裁判官にはよくわからないことも少なくありません。「和解を打診してみたものの、けんもほろろに断られてしまうのでは」と心配するあまり、和解勧告をためらう裁判官もいるかもしれませんが、声掛けするだけであれば時間も労力もかからないので、積極的に和解を打診してみるべきです[4]。もっとも、事案によっては、和解の話を裁判官が持ち出すだけで反発が予想されるような、緊張感あふれるものもあるでしょう。そのような事案では、次の **Example 7** のように、「訴訟進行について相談したい」という形で持ち掛けるとよいでしょう[5]（もちろん、そのような事案でなくとも、裁判官が、和解の水を向ける趣旨で、「進行について相談したい」ということは、実務上よく見られます）。

> ❖ **Example 7**
> 裁判官「本件の進行についてご相談したいのですが、これから個別にお話をさせていただく場を設けてよろしいでしょうか」

　また、以下のような場合は、当事者からの和解のサインであることもあるといわれています[6]。このようなサインをキャッチできるよう、常日頃から敏感にアンテナを張っておくとよいでしょう。

4　当事者が、裁判所からの訴訟進行に関する照会書に対し、「和解の意思なし」と回答していたからといって、およそ和解の意思がないとは限りません。そのような回答をした当事者から、和解協議の個別面接の場で考えをよく聴くと、「自分は和解してもよいと思っているが、相手方に和解する意思がないと思うので、和解の意思なしと回答した」という場合が意外に多いように思われます（奥宮京子ほか「座談会民事訴訟のプラクティス（下）」判タ1369号38頁〔三木素子発言〕、39頁〔清水千恵子発言〕(2012年) 参照）。したがって、回答書の内容をうのみにするのは危険です。直接当事者から考えを聴くようにしましょう。
5　田中敦・実践48頁〔山地修〕参照。
6　田中敦・実践531頁〔福田修久発言〕参照。

106

〔当事者からの和解のサイン〕
① 訴状や準備書面にやたらと事情が記載されている。
② 相手方に対して一定の敬意を表するかのような書面が提出されている。
③ 期日の口頭議論の中で、「ちょっとこの点、立証が難しいんですよね」というような、つぶやきみたいな話がある。
④ 急にある主張を一部撤回したり、重要な間接事実、補助事実の認否を一部変更したりしてきた。
⑤ 代理人がいきなり本人を同行して、「今日は本人を連れてきておりますので、本人から少しお話を聴いてもらえませんか」と言ってきた。

　和解を打診したところ、当事者から「和解したくない」「和解するつもりはない」という回答を受けることもあります。その場合でも、理由を確認したうえで、およそ和解の芽がないというのでない限りは、和解協議の席には着いてもらうよう説得するべきです。このような態度を示す当事者の中には、本音では和解したい、あるいは和解してもよいと考えているのに、「和解の意思を積極的に示すと、裁判官の心証に不利な影響を与えたり、相手方に足下を見られたりするおそれがある」と警戒して、「ポーズ」として、あたかも和解に乗り気でないかのような態度を示す人もいますので、個別面接の場に当事者を引き入れて、本音を探ってみる必要があります。また、和解に消極的な当事者の中には、和解協議の席につくと、裁判官に丸め込まれて不本意な内容での和解を余儀なくされると警戒している人もいますので、「和解するかどうかはあなたの考え次第であり、裁判所は和解を押し付けることはしない」などと説明して、警戒心を解くとよいでしょう。また、裁判官が和解協議を提案しているのは、紛争をよりよい方向に解決していくための手助けをするためであることを説明することも考えられます。それにより、当事者は背中をそっと押された気分になり、「協議に応じてみようか」という気持ちになってくれることが期待できるでしょう。

　和解のテーブルに着くこと自体に消極姿勢を示している当事者に対しては、次の *Example 8* のような言葉を掛けてみることが考えられます。

❖ *Example 8*
① 裁判官「和解協議のテーブルに着くだけならよろしいのではないです

か」

② 裁判官「和解しないということでも結構ですので、話だけでも聞いてもらえませんか」

③ 裁判官「和解協議のテーブルに着いたからといって、必ず和解しなければならないということはありません。和解するかどうかは、あなた次第なので、納得できなければ、いつでも断っていただいて結構ですよ」

④ 裁判官「裁判所が和解をお勧めしているのは、和解のほうがより望ましい解決ができるのではないかと考えているからなのです。この紛争をどう解決したらよいか、一緒に考えてみませんか」

　説得が功を奏して、当事者が和解協議の席に着くことを了承した場合には、もう和解に向けた説得は前進しているのです。徐々に説得を積み重ねていくことで、最終的に和解までこぎつけることができるかもしれません[7]。まずは和解協議の席についてもらう。これが第1ステップです[8]。

　なお、合議事件では、和解協議に入る冒頭に、合議体での合議を経ていることをはっきり伝えると、和解をスムーズに進める一つのきっかけになり有益であるといわれています[9]。そこで、たとえば、***Example 9*** のような発言をして、和解を打診するとよいでしょう。

❖ ***Example 9***

裁判長「本件については、期日前に合議をいたしました。本日は、その結果を踏まえ、和解についてご相談したいと思います」

7　交渉戦術の一つに「段階的要請法（フット・イン・ザ・ドア作戦）」というものがあります。これは、最初は小さな依頼をして、これを承諾させた後に、段階的に大きな依頼をしていき、最終的に目的である大きな依頼を取り付けるという戦術です（小林・作法58頁参照）。まずは和解協議の席に着くことの承諾を得て、最終的に和解成立を目指すというやり方は、まさにこのフット・イン・ザ・ドア作戦の応用といえるでしょう（同作戦については後記Ⅵ4⑵サも参照）。

8　当事者側にとっても、和解協議の席に着けば、裁判官から事件の見立てや暫定的心証について説明してもらうことが期待できるので、協議の席に着くこと自体に特段の不利益はないはずです。

9　田中敦・実践558頁〔齋藤聡発言〕参照。

3 　場合によっては調停の活用を

　民事訴訟であっても、事件を自庁調停に付することによって、調停手続で話合いをすることができます。これにより、和解手続には認められていない調停制度の利点を活用することが可能となります。

　たとえば、調停は、原則として調停主任（裁判官）と調停委員で構成される調停委員会で行われるため（民事調停法5条1項本文、6条）、専門家である調停委員を調停委員会のメンバーに加えることで、専門的知見を活かしながら話合いを進めたり調停案を示したりすることが可能となります。建築事件をはじめ、化学、医療、情報工学、税務、不動産鑑定などの専門的知見を要する事案での活用が考えられるところです[10]。

　また、現地を見分したうえで話合いをしようとする場合にも調停の活用が考えられます。和解手続の中で現地に赴くことも可能ですが（規32条2項）、裁判官や裁判所書記官の出張費用は当事者負担となってしまいます。これに対し、調停では国庫の負担となるので、出張費用を当事者に負担してもらう必要がなくなります。これも現地での話合いを和解ではなく調停で行うメリットの一つです[11]。

　さらに、調停では、調停委員会の許可を得て、弁護士以外の者を代理人とすることができます（民事調停規則8条2項）。そこで、当事者から、本人の出頭が困難であるものの、親族を出頭させて和解を成立したいという希望が述べられた場合には、調停に切り替えて親族を代理人とすることを許可したうえで、調停を成立させることが考えられます[12]（もっとも、2022年（令和4年）の法改正で、和解期日を電話会議やウェブ会議で行うことが認められましたので（法89条2項）、本人が心身の故障等のため出頭できないという場合には、和解期日において、電話等で本人の意思確認をしながら協議を進めるほうがよいでしょう）。

　また、調停では、「調停に代わる決定」（民事調停法17条。いわゆる17条決定）を活用することができます。当事者が、裁判官の示す和解案を拒絶はしないものの、積極的に賛成することに躊躇しているといった場合には、調停に代わる決定をすることが考えられます。この決定がされると、決定の告知から2週間

10 　田中敦・実践34頁〔本田俊雄〕参照。また、建築関係をはじめ各種事件における調停の活用については、同書417頁以下参照。
11 　草野・技術論135頁参照。
12 　草野・技術論134～135頁参照。

を望むのではないか」といった推察がつきます。

　こうした情報は、記録の随所に点在しています。訴状や準備書面に記載されていることもあれば、裁判所に提出された上申書等の書面に記載されていることもあります。とはいえ、手っ取り早くこうした情報を集めるには、当事者の陳述書に当たってみるのがよいでしょう。もちろん、陳述書は、その内容が真実であるという保証があるわけではありませんが、当事者がその事件や相手方をどう見ているかを把握するには、大変有益な資料となりますので、和解協議の前には必ず目を通しておきましょう。争点とは関係のない「事情」を述べた部分に、思わぬヒントが隠れていることもあります。また、審理の過程で当事者から何気なく述べられる情報も、常日頃からこまめに手控えに残しておくと、和解協議になって役に立つことがあります。

3　判例や学説を調査する

　記録の検討と併せて、判例や学説の調査も欠かせません。リーディングケースとなる最高裁判所の判例はもちろん、同種事案の下級審裁判例も大いに参考になります。たとえば、主婦の休業損害が問題となっている事件で和解勧告をする場合には、同様に主婦の休業損害が争われた裁判例を概観して相場観をつかんでおくと、和解協議での説得力も増すでしょう。法律問題が争点となっている場合には、最低でも通説や有力説を把握しておくべきです。

　こうした調査は、訴状を受理した段階から争点整理の段階にかけて随時行っていくことが望まれますが、十分な調査ができなかった場合には、和解協議までにしっかりと調査をしておきましょう。そうすることで、自信をもって和解協議に臨むことができます。

4　「着地点（落としどころ）」を考える

　記録をよく検討し、判例や学説も調査して、暫定的心証を形成し、必要な情報を把握したら、これらを踏まえて、その時点で考えられる着地点（落としどころ[16]）、つまり事案にふさわしいと考えられる和解案や和解の方向性を検討

15　控訴事件では、第1審判決の仮執行宣言に対する執行停止決定を得るために、被告が担保を提供していることがあります。そのような場合には、担保金が和解金の原資となることを前提とした和解協議を進めることが多いと思われます。

16　なお、当事者の中には「落としどころ」という言葉にネガティブなニュアンスを感じる人もいるようですので（廣田尚久『若手法律家のための和解のコツ』34頁（学陽書房、2017年）参照）、和解協議での説得にあたってこの言葉を使う場合には、注意が必要です。

する必要があります。これを考えずにノーアイデアで和解協議に臨んでも、意見の対立をうまくさばくことができません。裁判官が、「この案（方向）に当事者双方をもっていきたい」という確たる考えをもっていないと、和解協議は漂流してしまう可能性があります。そのようなことのないよう、裁判官は、和解協議に先立ち、和解案や和解の方向性をきちんと詰めておくことが望まれます。

　和解案や和解の方向性の具体的な検討方法については、後記Ⅶ 3 を参照していただきたいと思いますが、この段階での検討は確定的な内容（数字）でなくともよく、たとえば、「被告から原告に請求額の 3 ～ 4 割を払ってもらう」「被告から原告に数十万円程度支払ってもらう」といった、ざっくりとしたもので構いません。

　注意しなければならないのは、着地点（落としどころ）は、和解協議の進展に伴い柔軟に見直す必要があるということです。「この事案では和解金100万円が相当だ」と考えて和解協議に臨んだところ、被告が資力に乏しく一括で払えるのはせいぜい50万円程度であることが判明することは少なくありません。逆に、予期に反して被告からいきなり100万円を超える提案があることもあります。和解協議では、こうした情勢の変化に臨機応変に対応する必要があります。

5　和解の期日における進行方法を考える

　記録の検討も行った、和解の着地点も考えた───でも、それだけでは不十分です。これらの情報を踏まえて、和解の期日[17]の当日に、どういう手順で、どうやって手続を進行するかを具体的に考えておくことが必要です。前記 4 で考えた「着地点（落としどころ）」に当事者双方を誘導していくための戦略と手順を検討するのです。

　最低限検討すべき項目としては、次のようなものが挙げられます。

〔和解の期日における進行について検討すべき項目〕
①　期日の冒頭に何をするか
②　まずどちらから面接を始めるか
③　面接ではまず何から始めるか

17　和解協議は、いわゆる和解期日のほか、口頭弁論期日や弁論準備手続期日でも行うことができますが、本書では、期日の種別を問わず、和解協議が行われる期日のことを「和解の期日」と呼ぶこととします。

第 5 章　和解の技法

④　当事者に何を質問するか

⑤　心証をどのように説明するか

⑥　どうやって説得するか

⑦　デッドロックに乗り上げたらどうするか

⑧　和解案または和解の方向性（必要に応じて和解条項案も）

⑨　和解打ち切りの場合にその後の手続をどうするか

　これらの詳細については、後記Ⅳをご覧いただきたいと思いますが、少し補足します。

　①については、双方に代理人がついている場合には、これから和解協議を行うこと、個別に話をうかがいたいことなどを簡単に説明すれば足りることが多いと思われますが、事案によっては、双方の対立感情を和らげ、和解に向けた機運を高めていくために、裁判官の和解に向けた考えを説明したほうがよいこともあります。

　②は、要するに原告、被告いずれから面接を始めるかということであり、ケース・バイ・ケースで考えることになります。

　③は、個別面接の場で、まず当事者から和解に向けた意向の聴取などの質問をするのか、それともいきなり心証を開示してみるのか、といった問題です。

　④は、個別面接の場で、当事者から何を聴き出すかということです。和解協議を円滑に進めていくためには、希望する和解案や和解の方向性をはじめ、質問すべき項目をあらかじめ準備・整理しておく必要があります。

　⑤は、心証を開示する場合に、何を、どこまで説明するのかということです。結論のみにとどめるのか、理由も述べるのか、どの程度詳しく理由を述べるのかをあらかじめ検討し、準備しておく必要があります。

　⑥は、当事者（特に不利な心証を開示されることになる当事者）に対し、説得する手順や内容を検討しておくことです。特に、心証に対する疑問や反発が予想される場合には、それへの対処や回答をあらかじめ準備しておくことが望まれます。手持ちの説得材料を最初から全部出してしまうと、それを拒否された場合、次の説得が難しくなるので、どういった順番で、どのように説得していくかも考えておくことが大事です[18]。特に合議事件では、あらかじめ和解の方向性や和解案を合議することはもちろん、和解の期日の進め方も合議しておき、

18　田中敦・実践570頁〔山地修発言〕参照。

合議体でシミュレーションをしたり、「当事者にあえて厳しいことを言う役割の人」「当事者に同情して優しいことを言う人」等の役割分担を決めておくことも考えられます[19]。

⑦は、双方の考えが大きく隔たっておりデッドロックに乗り上げた場合にどう対処するかということです。これを準備していないと、安易に和解打ち切りという選択肢に飛び付くことになりかねません。和解協議を始める前の冷静な頭で、デッドロックの場合の対処法（裁判官から和解案や和解の方向性を示す、裁判官で方針を検討するとしていったん引き取る等）を考えておくことが有益です。

⑧は、和解の着地点（落としどころ）を踏まえて、具体的な和解案や和解の方向性を考えることです。また、和解の期日では、突然和解が成立することもありますので、予想される和解内容を踏まえて、ざっくりとした和解条項案を用意しておいたほうがよい場合もあるでしょう。

⑨は、和解を打ち切らざるを得ない場合にその後の進行を考えておくことです。たとえば、争点整理に戻すのか、そのまま手続を進めて証拠調べに進むのか、あるいは弁論を終結して判決へと進むのかを考えることです。争点整理に戻す場合でも、次回期日までに誰が何をすればよいのか明確に指示できるようにしておくことが望まれます。

なお、事件によっては、現地和解を活用するとよいものもあります。このような事件としては、建築訴訟、土地境界紛争、近隣紛争、不動産関係事件、労働災害事件などが挙げられますが、その他にも現地に赴く必要性が高い事案であれば、現地和解を検討してみるとよいでしょう[20]。

6 「和解メモ」を作成する

このような事前準備を終えたら、その内容をメモにまとめて和解の期日に持参しましょう。筆者はこれを「和解メモ」と呼んでおり、和解の期日前には原則として全件作成するようにしています。

「和解メモ」には、最低限、次のような内容を盛り込むとよいでしょう。

19　田中敦・実践558頁〔福田修久発言〕参照。
20　田中敦・実践542頁〔山地修発言〕には、人身被害の事案の和解協議の中で、被害者本人が後遺障害のために外出が困難な場合に、裁判官が被害者宅に赴いて、本人から現在の生活状況等について聴取するという活用例が紹介されています。

第 5 章　和解の技法

〔和解メモに盛り込むべき内容〕

①　和解案または和解の方向性

②　事案の概要（背景事情も）、当事者の請求内容、争点および心証とその
　理由

③　当事者や関係者の性別、年齢、職業、経歴、収入、資力、性格等

④　これまでの経過（特に示談・和解交渉の経過）

⑤　期日の進め方（当事者に説明する内容等）

⑥　（必要に応じて）想定問

　次に掲げるのは、「和解メモ」のサンプルです。これは第 7 章の事案をベー
スにつくったものですが、実際の和解メモは、事案に応じてこれよりもさらに
詳細なものになることが少なくありません。特に、最初の和解の期日で当事者
に説明する内容は、できるだけ丁寧につくっておくと安心して期日に臨むこと
ができます。なお、争点整理を経たうえで和解勧告をする場合には、争点整理
のための手控えをつくっているはずなので、上記②は、争点整理のための手控
えを流用してもよいでしょう。

〔和解メモのサンプル〕

●　和解案または方向性

　原告から相当額の立退料（数百万円程度？）の支払を受けるのと引換えに、
被告が本件建物を明け渡す。

●　事案、争点および心証

1　請　求

　(1)　建物明渡し

　(2)　令和 5 年12月 1 日から明渡し済みまで 1 か月20万円

2　概　要

　東京都○○区所在の「大谷ビル」（平成 5 年新築。甲 2 ）のオーナーであ
る原告（賃貸人）が、同ビル 1 階（本件建物）を賃借してイタリアンレス
トランを営んでいる被告（賃借人）に対し、室外機（本件室外機）および
看板（本件看板）を無断で設置したという用法義務違反を理由に、賃貸借
契約を解除したと主張して、賃貸借契約（本件契約。甲 1 ）の終了に基づき、

116

本件建物の明渡しを求めている。

　もともと本件契約は平成20年に原告の先代と被告が締結したもので、当時は両者の関係は円満であったようだが、先代が亡くなり、原告が賃貸人となってからは、両者の間にトラブルが目立つようになったようである。

3　争　点

　(1)　用法義務違反の有無（原告は被告が本件室外機および本件看板を設置することを承諾したか）

　(2)　（用法義務違反がある場合）信頼関係を破壊するに足りない特段の事情があるか

4　現時点の心証

　(1)　被告は「設置の都度、原告から口頭で承諾を得ていた」と述べるが（乙15）、原告は「そのような承諾を求められたことはない」と否定しており（甲20）、現時点では決め手はない。尋問次第ともいえるが、水掛け論になると被告に不利か。

　(2)　原告の承諾が認められず、本件室外機及び本件看板の設置が用法義務違反に当たる場合、現在もこれらが設置されたままになっており被告が撤去する姿勢を見せていないことや、本件看板は条例違反として行政から撤去を求められていることなどからすると、信頼関係の破壊があったといえそうである。

●　当事者

1　原告（大谷金次郎）

　(1)　大谷ビルのオーナー。個人として手広く不動産賃貸業を営んでいるらしい（甲20）。

　　　昭和35年生まれ（甲21）。

　(2)　被告とは本件賃貸借契約の解除前後から、しばしば口論になるなど、険悪な雰囲気（甲20）。

2　被告（狩田寿々子）

　(1)　15年前に原告から大谷ビルの1階を賃借して、イアリアンレストラン「トカチーノ」を経営（店の名前は被告の出身地である北海道十勝地方からとったらしい）。もともと夫とともに経営していたところ、5年前に夫が死亡し、以後一人で店を経営している模様（乙15）。

　(2)　原告の先代とは良好な関係を維持していたようだが、先代が亡く

なって賃貸人が原告になってからは、確執が深まっている模様（乙15）。

● 経　過
　提訴前の和解協議はほとんどなく、いきなり原告が解除通知（甲5）を送り付けた模様。

● 期日の進め方
1　原告との個別面接
　(1)　はじめに
　　・これまでの和解協議の有無
　　・和解の意向の有無。希望する和解案等はあるか
　(2)　心証の説明
　　・争点の確認
　　・争点1（承諾の有無）については、現時点で決め手を欠き、尋問で決着をつけることになる。
　　・争点2（信頼関係破壊の有無）については、承諾があったと認められなければ、肯定の方向である。
　(3)　和解の方向性
　　・双方の関係がこじれていることなどからすると、立退き前提の和解のほうが望ましい
　　・そのためには立退料の支払が不可欠。判決だと、尋問が必要なうえ、控訴、上告の可能性もあるので、早期に明け渡してもらうためには被告にも経済的メリットが必要
2　被告との個別面接
　(1)　はじめに
　　・これまでの和解協議の有無
　　・和解の意向の有無。希望する和解案等はあるか
　(2)　心証の説明
　　・争点の確認
　　・争点1（承諾の有無）については、現時点で決め手を欠き、尋問で決着をつけることになる。ただし、水掛け論になると、被告に不利である。

・争点2（信頼関係破壊の有無）については、承諾があったと認めら
　　　　れなければ、肯定の方向である。
　（3）　和解の方向性
　　　・尋問の結果、認容方向で心証が固まってしまう可能性がある。そう
　　　　なる前のこの段階での和解がベター
　　　・双方の関係がこじれていることなどからすると、立退き前提の和解
　　　　が考えられる（※被告が明渡しに難色を示す可能性があるので、最初か
　　　　ら方向性を強く誘導しないこと）
　　　・関係の悪い原告との契約を続けるよりも、立退料をもらって、新天
　　　　地で心機一転を目指したほうが、長い目で見ると得ではないか。

　この作業を行うことで、和解協議を主宰するために必要な情報を再確認する
ことができます。これを怠ると、基本的な事項を見落としたり失念したりして、
和解の席上で恥をかいたり、場合によっては前提を誤った和解案を示したりす
ることにもなりかねません。次の **Episode 2** は、そのような失敗例です。

Episode 2

　原告（個人）が、被告（建築業者）との間で、自宅建物の新築工事を目
的とする請負契約を締結し、建物の引渡しを受けたものの、建物に多数の
瑕疵（契約不適合）があるとして、被告に対し、500万円の損害賠償を求め
た。これに対し、被告は、報酬が未払であるとして、未払報酬400万円の
支払を求める反訴を提起した。争点整理手続では、専ら本訴、特に瑕疵の
有無や修補費用の額を中心に主張立証が重ねられた。

　争点整理にめどがつき、裁判官は、本訴はおおむね200万円の限度で認
容できそうだとの暫定的心証を形成したことから、和解勧告をし、被告に
対し、個別面接の場で、「本件建物の瑕疵については、ざっと計算しても
200万円程度の修補費用がかかりそうです。そうすると、和解の方向性と
しては、被告からその7～8割程度は支払ってもらうことが考えられます」
と述べた。すると、被告は、「そうですか。ところで、被告の反訴につい
ては、どのようにお考えでしょうか？」と問い返した。その瞬間、裁判官
は、反訴を失念したまま和解の提案をしてしまったことに気付き、しどろ
もどろになってしまった。

119

第5章 和解の技法

Ⅲ　和解の期日の運営——総論——

1　心構え

(1)　熱意をもって誠実に期日に臨む

　和解の期日に臨むにあたって一番大事なことは、熱意をもって誠実に期日に臨むということです。和解に向けた熱意がなければ、いくら和解の技法を磨いても、「仏作って魂入れず」になりかねません。裁判官が、事件に対する見立てを説明し、この事件は判決よりも和解のほうが解決方法として優れているとの信念をもって期日に臨むことで、結果的に当事者の信頼を得ることができ、和解の成立につながることが期待できるでしょう。

(2)　真摯に、かつ謙虚に、当事者の声に耳を傾ける

　次に、和解の期日においては、当事者の言い分をよく聴くことが重要です。当事者に「私の話を聴いてもらえた」と思ってもらえるようにすることが、当事者の信頼を得る近道です[21]。争点整理がおおむね終了した段階で和解の期日を迎えた場合、当事者の言い分は準備書面や陳述書に現れていることが多いでしょう。とはいえ、これらの書面はあくまで争点整理のために提出されるものですから、和解にとって重要な情報がカットされていることが少なくありません。また、和解では、当事者の思いや気持ちを十分にくみとることが大切ですが、そうしたことはこれらの書面に現れていないこともあります。したがって、準備書面や陳述書を読んでいるからもう十分と考えるのは危険です[22]。

　当事者の話をよく聴くことは、裁判官にとっても有益です。当事者は、記録に現れていない情報を有しています。裁判官が、思い込みをもたずに、当事者、代理人の声に謙虚に耳を傾けることで、和解の成立に向けた重要な情報が得られることもあります[23]。

---

[21]　裁判官の中には、「裁判官の提案を受け入れるかどうかだけを聞いているのであって、当事者側の提案を聞くつもりはない」と公言する人もいるようですが（田中豊・実務92頁参照）、これでは本来和解がまとまるはずの事件も、和解がまとまらなくなってしまうでしょう。

[22]　草野・技術論51～52頁は、当事者の言い分をよく聴くことが最も大切な原則であるとして、自分は人の話をよく聴いていると思っていても、現実には不十分にしか聴いていないのではないかということを率直に反省する必要があるとしています。

「裁判官が心証を押し付けるのではなく、当事者と対話を繰り返していくうちに、妥当な和解案に自然に近づいていく」———そのような和解が理想的であるといわれています[24]。裁判官は、当事者の解決する力を信じ、それを引き出す———そうした姿勢で和解の期日に臨むことで、真に当事者の納得する和解に至ることができるのかもしれません[25]。

具体的な「聴き方」については、後記Vを参照してください。

(3) 誠意をもって接し、感情的にならない

次に、和解の期日においては、当事者、特に本人には、誠意をもって接することが重要です。事件の本人は、一生に一度あるかないかの紛争に巻き込まれ、心労を抱えています。また、裁判所に足を運ぶというのは、普通の市民にとっては気が重いことでしょう。こうした本人の気持ちを理解し、誠意をもって接することが大事です[26]。もちろん、事件の本人が、すべて人格高潔な紳士淑女であるとは限りません。中には、道徳的に問題のあるような行動に及んで自ら紛争の種をまいているような人もいるでしょう。そういう人でも、そうでない人でも、分け隔てなく接する———そうすることで、裁判官への信頼を得ることができるのです。アメリカにおける人間関係研究の先覚者であるD・カーネギーも、人を動かす三原則の一つとして「盗人にも五分の理を認める」と述べています[27]。「人を非難する代わりに、相手を理解するように努める」ことが、人を動かす秘訣だというのです。もちろん、事件の当事者は「盗人」などではありません。忙しい中、わざわざ裁判所まで足を運んでくれた大切な「お客様」なのですから、誠意をもって接しましょう。

併せて、当事者に感情的な態度で接しないことも、忘れてはなりません[28]。当事者の中には、自己中心的な発言に終始する者や、意見をコロコロ変えて人のはしごを外す者など、裁判官もつい感情的に反応したくなる人もいるでしょ

23　田中敦・実践48頁〔山地修〕参照。
24　草野・技術論83頁参照。
25　田中敦・実践600頁〔濱本章子発言〕参照。
26　草野・技術論55頁、伊藤博・実際36頁参照。
27　D・カーネギー（山口博訳）『人を動かす〔文庫版〕』10頁（創元社、2016年）参照。
28　ルイ14世の時代にフランス外交官として活躍したフランソワ・ド・カリエールが著した『外交談判法』においても、生来気性が激しく怒りっぽい人は、重大な交渉を上手に行うのに適していないとされ、逆に、いつも冷静な人は、気短で怒りやすい人と交渉する場合に極めて有利であるとされています（カリエール（坂野正高訳）『外交談判法』32〜33頁（岩波書店、1978年）参照）。

第5章 和解の技法

う。熱心に和解を勧めているのに耳を貸そうとしない当事者に腹立たしさを覚えることもあるでしょう。しかし、だからといって、裁判官が当事者に対し感情的な反発を示すことは得策ではありません。そのようなことで当事者の態度を変えることは困難であるうえ、裁判官自身、冷静さを失って和解協議をうまくリードしていくことができなくなるからです。たとえ、和解が成立しても、それが感情的、高圧的に当事者に接した結果なのだとすれば、それは和解の強要にほかなりません。

したがって、和解手続を主宰する裁判官としては、協議の過程で不快な感情を抱いたとしても、それを表に出すことは避け、冷静に構えることが肝要です。場合によっては、非常識な見解に固執する当事者をたしなめることが必要な場合もあり、そのためにあえて「怒っているふりをする」ことが有効なこともありますが、裁判官が真に怒りにとらわれて我を忘れてしまうことがあってはなりません。

一方、裁判官は冷静でも、当事者の中には、裁判官の説明や相手方の態度に納得できず、その怒りを裁判官にぶつけるような人もいます。そのような場合に、もし裁判官も感情的になって言い返したり、当事者を論破しようとむきになったりしたら、和解の芽をつぶすだけで、得るところは何もありません[29]。裁判官としては、粘り強く、静かに、筋を通して話をすることが肝要です。当事者から厳しい言葉を投げつけられると、「だったら和解しなくて結構です」と、和解を打ち切りたい衝動に駆られることもあるでしょうが、和解の進行を感情の赴くままに決めてはなりません。紛争の渦中にいる当事者が冷静さを失うことは当然の反応なのだと思って、冷静に、粘り強く対処するようにしましょう。裁判官の説得が功を奏すれば、次第に当事者は冷静になって、話を聴いてくれるようになるはずです。

感情的になっている当事者に対しては、逃げ道を用意することも大切です。当事者が嘘をついていると感じたとしても、「あなたは嘘つきだ」「絶対あなたが間違っている」と断定することは避け、追い詰めないようにしましょう[30]。そうすることで、当事者も、少しずつ裁判官に心を開いてくれることが期待で

---

29 カーネギー・前掲（注27）150、161頁では、人を説得する原則として、「議論を避ける」「誤りを指摘しない」ことが挙げられています。

30 草野・技術論71頁参照。カーネギー・前掲（注27）287頁も、「たとえ自分が正しく、相手が絶対に間違っていても、その顔をつぶすことは、相手の自尊心を傷つけるだけに終わる」と述べています。

122

きます。

⑷　公平さ、公平らしさを保つ

　裁判官が中立公平であることは、当事者からの信頼を得るために何よりも大切なことです。このことは、和解においても何ら異なるところはありません。不公平な裁判官は、当事者からの信頼を得られないので、当然和解もうまくいかないでしょう。裁判官が、当事者を公平に扱い、当事者のよき理解者であり公正な第三者であるとの信頼を当事者双方から得ることが、和解の成立可能性を高めることになるのです。

　なお、当事者からの信頼を得るためには、裁判官が実際に公平にふるまうことが必要なのは当然ですが、「公平らしさ」を保つことも重要です。たとえば、一方当事者にのみ弁護士がついている場合に、他方の本人を前にしてこの弁護士を「先生」と呼ぶ。あるいは、一方の当事者には丁寧な口調で接するのに、他方の当事者にはくだけた口調で接する。こうしたことは、いずれも裁判官の公平らしさを疑わせるものであって、たとえその裁判官が公平に和解手続を進めていても、当事者は公平な裁判官とは思ってくれないかもしれません。次の **Episode 3** と **Episode 4** は、調停手続に関するものですが、和解手続でも同様のことがいえるでしょう[31]。

Episode 3
　調停委員会が、現地調停のために小さな町へ出張した。その一人が、何気なく近くの店で飲み物を買ったところ、実はその店は一方当事者の経営する店だった。他方当事者がそれを目ざとく認め、「調停委員会は相手に買収されている」と誤解し、その誤解が解けるまで調停は不毛な曲折を繰り返すことになった。

Episode 4
　調停委員が、たまたま定刻より早く出頭した一方当事者に、「早いですね。ご苦労さんです」と笑顔であいさつしたところ、それを目撃した他方当事者が「あの調停委員と相手方は知人の関係だったのか」と本気で思い込み、

31　今井・動かす83頁に紹介されているエピソードです。

第5章　和解の技法

> 調停が難航した。

　このように、裁判官が公平中立を保つことは極めて重要ですが、そうだからといって交互面接方式（裁判官が当事者と交互に個別面接を行う和解協議の方法。下記4参照）で一方当事者と話をしている際にも常に中立的立場を貫くというのでは、当事者が心を開いてくれることは期待できません。個別面接の場面では、当事者に寄り添う姿勢を見せることも重要です。原告と話しているときは原告寄りに一歩近づき、被告と話しているときは被告寄りに一歩近づくことで、当事者に「この裁判官なら信頼できそうだ」と思ってもらえるのです。そのためには、特に最初の段階では、当事者の言い分を受容するように聴くことが重要です[32]。

　裁判官の説得も、双方当事者に公平なものでなければなりません。とはいえ、このことは、双方に同程度の譲歩を求めることを意味するものではありません。和解手続を主宰する裁判官は、その時点の心証や当事者の意向、事案の性質等を踏まえて、あるべき着地点（落としどころ）に双方を導くようリードする必要があります。その過程では、一方当事者には他方当事者よりも大幅な譲歩を求めることは珍しくありません。もっとも、その説得が、心証や当事者の意向から離れて、「説得のしやすさ」で決まるとすれば、それは公平な説得とはいえません。「手触りで譲歩を決めるな」といわれます[33]。「原告は強硬姿勢で、なかなか譲歩しそうにない。一方、被告は柔軟姿勢で、譲歩してくれそうだ。よって、被告に大幅に譲歩してもらおう」と考えて、被告にばかり譲歩を求めるのは、不公平な和解手続です。また、当事者に譲歩を求める際は、一方だけに譲歩を求めているわけではないと伝えることも、裁判官の公平らしさを確保するうえで大切です[34]。

　裁判官が、双方当事者に「あなたは負ける」「敗訴の心証である」などと告げるなどして、心証について二枚舌を使ったり、嘘を言って丸め込んだりすることは禁物です。心証について、「絶対にこの判断しかあり得ない」と断定的に述べることも、誰が見ても明白な場合を除き、避けるべきでしょう。同様に、相手方の和解に対する意見や希望について、実際にはそのようなことを言っていないのに、「被告は、もう100万円しか支払えないので、これで原告が承諾し

32　草野・技術論66頁、伊藤博・実際33頁参照。
33　今井・動かす173頁参照。
34　田中敦・実践401頁〔加藤優〕参照。

ないなら判決をしてほしいと言っている」などと、嘘を述べることも許されないことです。

　もっとも、裁判官が、心証について説明する際に、双方にニュアンスを変えて説明したり、当該当事者の弱いところを強調したりすることは、裁判官の公平を害するものではないと考えられます[35]。次の*Example10*を見てみましょう。

❖ *Example10*

　裁判官が、認容の心証を個別に説明しようとしている。

裁判官「（原告に対し）現時点では原告の主張に分がありそうだと感じています。もっとも、今後の審理次第では、結論が変わり得ることもあると思っています」

裁判官「（被告に対し）今後の審理次第ではありますが、現時点では、被告の主張を採用するのはかなり難しそうだと感じています」

　同様に、相手方の意見や希望を伝えるに際しては、これをストレートに伝えるのではなく、多少オブラートに包むような言い方に変えることは、感情的対立を避けるためにも許されるでしょう[36]。この際、当事者の発言をそのまま当事者の発言として伝えるのではなく、「裁判所の見立て（印象）」として伝えると、嘘にならない限度でうまく雰囲気が伝わることが期待できます。次の*Example11*を見てみましょう。

❖ *Example11*

　裁判官が、被告から個別に和解の意向を聴取したところ、被告は「100万円以上は、びた一文だって、絶対に払いません！」と強い口調で述べた。
　裁判官は、原告に次のように説明した。
①　裁判官「被告が100万円以上を支払うのは、なかなか難しそうです」

35　裁判官が、心証について「判決になったら、あなたが不利かもしれない」と述べることを脅しととらえる向きもあるようですが、裁判官がその時点での心証を踏まえ適切な情報を提供したうえで、判決または和解のどちらを選択するかを当事者に判断してもらうことは、自己決定権を実質化することであって、脅しには当たらないと考えられます（山田・技法400頁参照）。医療の世界でも、「インフォームド・コンセント」の概念があるように、訴訟の世界でも、当事者が、裁判官から適切な説明を受けたうえで和解に同意するか否かを決定する機会を与えられることは、当事者の利益に資するものといえるでしょう。
36　伊藤博・実際35頁参照。

第5章　和解の技法

> ②　裁判官「被告からは、100万円を支払うとの提案がありましたが、裁判所の見立てでは、これ以上被告が上積みをするのは、まず無理という雰囲気です」

　この**Example11**では、被告の発言をそのまま原告に伝えてしまうと、原告も立腹してしまって話合いにならなくなってしまうおそれがあります。そこで、①のように、原告に対しては丸めた形で説明をするというのが基本です。「被告だけでなく、裁判官も100万円を超える和解は難しい」というニュアンスを伝えたい場合等には、②のように、裁判所の見立てとして伝えてみるとよいでしょう。

　また、和解交渉にあたっては、大なり小なり駆け引きが行われることがあります。裁判官が説得を試みる際にも、裁判官の考えている腹案（着地点、落としどころ）に双方を導くため、互いに譲歩をさせるべく、双方の当事者に、最初はこの腹案よりは不利な案や方向性を示し、最終的に腹案に近づけるという方法がとられることがあり、その際、説得に多少の駆け引きが必要となることもあります[37]。たとえば、次の**Example12**のような場合です[38]。

> ❖ **Example12**
> 　裁判官は、被告が原告に110万円を支払うという和解案が相当であると思っており、個別に説得を行っている。
> 裁判官「（原告に対し）裁判所としては、被告には100万円程度は支払ってもらえないかと考えていますが、原告の考えはいかがでしょうか」
> 裁判官「（被告に対し）裁判所としては、被告には120万円程度は支払ってもらえないかと考えていますが、被告の考えはいかがでしょうか」
> 　　↓
> 原　告「もう少し上積みをしてもらえれば、和解の余地があります」
> 被　告「あと10万円下げてもらえれば、和解の余地があります」
> 　　↓

---

[37]　このような駆け引き自体は、説得の一態様として許容されると考えるべきです。弁護士からも、「原告にはちょっと低く提案し、被告にはちょっと高く提案する。その場合でも、大体の一致できる和解予想線をにらんでおき、ちょっと食い違うというところは、いざまとめるときに双方を説得して和解額にもっていくとよい」との意見が述べられています（浅沼ほか・和解（二）90頁〔小林宏也発言〕参照）。

[38]　最高裁・参考資料117頁に記載された例を参考にしたものです。

> Ⅲ　和解の期日の運営——総論——　1　心構え

╭─────────────────────────────────────╮
│ 110万円で和解成立   │
╰─────────────────────────────────────╯

　しかし、駆け引きが極端になると、当事者に和解手続自体に対する不信感を抱かせることになりかねません。誠実さを疑わせるような駆け引きは禁じ手と心得ましょう[39]。たとえば、原告に対しては、「被告には50万円を支払ってもらえないかと考えている」と言い、被告に対しては、「200万円を支払うことはできないか」と言うのは、駆け引きが過ぎるといえるでしょう。

(5)　受容と反論のバランスをとる

　和解においては、「受容」、つまり当事者の言い分を傾聴し受け入れることと、「反論」、つまり相手方からの見方や裁判官の客観的視点を示すことのバランスが大切であるといわれています[40]。

ア　受　容

　当事者は、相手方への敵愾心に燃え、感情的にも不安定になっていることが少なくありません。中には、裁判官に対しても、不信感をもっている当事者もいるでしょう。こうした当事者は、自分の紛争を客観視することや、筋道を立てて考えてみることが難しい状態となっています。

　これをなるべく早く好転させ、和解に向けて建設的な考えができるような状態[41]にもっていく必要があります。そのような状態を実現するには、当事者との間で信頼関係を築き、当事者に心を開いてもらう必要があり、そのために必要な最初の態度としては、まずは当事者を「受容」することが基本となります[42]。裁判官が、当事者の言い分や気持ちを受け止め、当事者のよき理解者となれば、おのずと当事者の裁判官に対する信頼感が醸成され、和解の成立可能性を高めることにつながるでしょう[43]。

イ　反　論

　とはいえ、裁判官がひたすら傾聴しているだけで和解が成立することは、あまり期待できません。ほとんどのケースでは、「反論」が必要となります。つまり、当事者の意見や考えが裁判官の心証や目指す方向と食い違う場合には、

39　最高裁・参考資料118頁参照。
40　伊藤博・実際37頁、田中敦・実践48頁〔山地修〕参照。
41　調停に関する説明ですが、今井・動かす95頁は、当事者が調停に適した状態になることを「調停適状」と呼んでいます。和解においても「和解適状」の状態へと導く必要があります。
42　山田・技法385頁参照。
43　最高裁・参考資料98、109頁参照。

127

裁判官から、そのことを指摘し、説得にあたらなければ、和解の成立はおぼつかないといえるでしょう。

　もっとも、「反論」といっても、それは「論破」することではありません。当事者の和解に対する希望や意見を頭ごなしに否定したり、当事者の認識や考えの誤りを「上から目線」でただしたりしても、和解はこじれるだけです。「反論」は、当事者の感情を害さないよう、冷静に、かつ、親身になって行うことが肝要です。たとえば、当事者が非常識とも思える和解案を出してきた場合でも、いきなり「それは無理ですよ」と否定するのではなく、なぜそのような和解案を希望するのかを丁寧に聴き出したうえで説得を行うべきです。その際にも、「私（裁判所）は、こう思います」と、裁判官の考えを一方的に押し付けるのではなく、「○○という見方もできるように思うのですが、どうでしょうか」などと述べ、当事者の考え方が必ずしも誤りではないが、別の考え方もあり得るのではないかということを、疑問形の形で投げ掛けると、当事者の感情を害さずに反論できるでしょう（当事者から話を聴く際の技法については後記Vを、当事者への説得を行う際の技法については後記VIを参照してください）。

　当事者が、裁判官の心証に反するような認識を述べた場合も、同様に「あなたの記憶では、そういうことがあったというのですね。他方で、被告は、○○と主張しており、○○という証拠もあるのですが、どう思いますか」などと、やんわりと疑問を差し挟んでみましょう。それで当事者が、「確かにそうですね」などと、裁判官の意見に同調する姿勢を見せれば、徐々にこちらのペースに当事者を引き込むことが期待できますし、そうでなければ深入りは避けて、話を続けてもらえばよいでしょう[44]。

　なお、当事者の中には、裁判官が説明していると、途中で腰を折るように発言する人もいます。このような人に対しても、まずは「受容」してみることが大切です。裁判官からの説明はひとまずおいて、その当事者の話に耳を傾けてみるのがよいでしょう。それでも同じようなことが繰り返される場合には、限られた時間を無駄にしないためにも、「私の話が終わってからお聞きしますね」などと述べて、いったんは発言を封じることもやむを得ないでしょう。

---

44 草野・技術論67頁も、当事者に対する話し方の工夫例として、「ほんとうにそんなことがあるのかな」とか「相手はそれほど悪い人じゃないのじゃないの」と時々疑問を挟むことが効果的であるとしています。

⑹ 「こだわりポイント」を把握する

　紛争の中には、その中核に主観的・心情的・感情的な隘路があり、それがわだかまりや不満となって、和解の障害となっている場合があります。また、当事者が、「和解にあたっては、この点（額）は譲れない」と思っていることもあるでしょう。和解にあたっては、裁判官ができるだけ早くこの「こだわりポイント」を把握することが重要です。当事者の「こだわりポイント」を見つけ、裁判官がその心情を理解し、中立公正な第三者として客観的な見方を示すことによって、わだかまりが解け、和解の解決に前向きな気持ちになってもらえることが期待できるでしょう[45]。

　当事者の「こだわりポイント」としては、たとえば、メリットと思っているもの、譲れないと思っているもの、許せないと思っているもの、避けたいと思っているものなどがあります。こうした「こだわりポイント」を確認するためには、たとえば、次の *Example13* のような発問が考えられます。

> ❖ *Example13*
> ①　裁判官「この条件が満たされないなら、裁判所から和解案を示されても受け入れられないといったものはありますか」
> ②　裁判官「最低でもこれくらいは支払ってもらわないと、裁判所から和解案を示されても受け入れられないと考えている額はありますか」
> ③　裁判官「本件では過失割合や後遺障害等級が争点となっていますが、この争点だけは譲れないといったものはありますか」

　もっとも、ここで注意しなければならないのは、上記のような発問をしたからといって、必ず当事者の「こだわりポイント」が語られるとは限らないということです。むしろ、当事者の中には、本音を隠して建前やうわべだけの意見を述べる人もいます。「お金が欲しいんじゃないんです」と言う当事者でも、本音では和解金の額を重要視していることは少なくありません（むしろ、当事者の「お金の問題ではない」という発言のほとんどは、「お金だけの問題ではない」と理解しておいたほうがよいかもしれません）。したがって、表面的な言葉に惑わ

45　田中敦・実践259頁〔小池明善〕参照。

第 5 章　和解の技法

されず、紛争の経緯や背景、当事者のしぐさや表情など、あらゆる情報を総動員して、当事者の本当の「こだわりポイント」を把握するようにしましょう（もちろん、これは簡単なことではありませんが）。

「こだわりポイント」の把握とともに、ここは譲ってもよいという「非こだわりポイント」の確認も有益です。複数の争点がある場合には、争点の軽重、つまり当事者が重視している争点、相手に譲ってもよいと考えている争点は何かを把握しておくと、その後の和解協議や裁判所和解案を示す際に有益でしょう[46]。

こうして「こだわりポイント」を把握することができたら、それを失念しないようメモ等に残しておくとともに、期日での説得の場面等で、裁判官が「こだわりポイント」を理解し、重視していることを、直接当事者に向かって言葉で示すことが大切です[47]。たとえば、次の**Example14**のような言い方が考えられます。

❖ *Example14*

① 裁判官「原告としては、自分には過失がないということが、絶対に譲れない一線なのですね」

② 裁判官「あなたがこの訴訟で一番訴えたいのは、自分は被告に損害を与えようなどとはみじんも思っていなかったということなのですね」

---

(7)　議論を避ける

和解手続においては、裁判官が当事者と対立したり、論争したりすることは禁物です。裁判官が、第三者として説得するという程度を超えて、あたかも一方当事者の立場になったかのような態度で反対当事者を説得することはすべきではありません。当事者の中には、自己中心的で全く筋の通らない主張に固執して他人の言うことに耳を貸さない人や、あえて裁判官に挑発的な言葉を投げ掛けて議論を挑もうとする人もいるでしょうが、裁判官が、論争を受けて立ち、当事者を言い負かそうとすることは、有害無益の場合が多いと思われます。当

46　田中敦・実践198頁〔濵本章子〕、311頁〔池町知佐子〕参照。

47　田中敦・実践562～563頁〔濵本章子発言〕参照。

事者を理屈で制圧できても、このような当事者が自主的な解決に心を動かすことはあまり期待できないからです[48]。

とはいえ、前記(5)で「受容」と「反論」のバランスが重要であると述べたとおり、裁判官が当事者の話をただ受け入れているだけでは、和解の成立は期待できません。和解の成立のためには、裁判官が当事者を説得することが必要であり、その際には心証を開示したうえで説得することが必要な場合もあるでしょう。そうすると、当事者の中には、心証に納得できず、反発する人も出てくるはずです。こうなると、裁判官としては、つい理屈でねじ伏せたいという気持ちが首をもたげ、「議論」や「論争」になってしまいがちです。

こうした議論を避ける方法としては、大きく二つの方法があります。第1に、当事者の意見をいったんは受け入れ肯定することです。第2に、価値観や意見をぶつけ合うのではなく、事実や証拠を重視することです。

ここでは、特に重要な第1の方法について見ていきましょう（詳細は、後記Ⅴ2も参照してください）。この方法の一つとして、たとえば、「そうですね」「そのとおりです」「そうも言えますね」「おっしゃるとおりです」といった肯定的な相づちを返してみるという技法があります。そして、そのうえで、当事者の意見を踏まえてもなお別の考え方ができるのではないだろうかと、改めて説得を試みるとよいでしょう。その際、「しかし」「ですが」等の逆接の接続詞を使いたくなるところですが、当事者によっては、裁判官が、いったん自分の意見を受け入れるようなポーズをとっておきながら、「しかし」と手のひら返しをすることに不快感を抱く人もいます。できれば、「そこで」「だからこそ」等の順接の接続詞を使って、説得のフレーズにつなげられると、角が立たず、よりスムーズに裁判官の言葉を当事者の耳に届けることができるでしょう。また、「議論をする趣旨ではありませんが」と断りを入れてから、説得を始めることも有効です[49]。

次の*Example15*を見てみましょう。

❖ *Example15*

　裁判官が、原告に対し、被告の言い分に分があるとの心証を開示したところ、原告が反発した。

48　最高裁・参考資料111頁、田中敦・実践55頁〔山地修〕参照。
49　田中敦・実践55頁〔山地修〕参照。

第5章　和解の技法

① 裁判官「あなたが、被告の言い分には十分な根拠がないのではないか
　　　　　というお気持ちをもっていることは、裁判所もよく理解していま
　　　　　す。だからこそ、裁判所は、本件では和解をまとめたほうがよい
　　　　　と思っているのです。というのも……」

② 裁判官「あなたの立場からすると、そのようなご意見ももっともだと
　　　　　思います。私も、本件と同様の事件をいくつも扱ってきましたが、
　　　　　あなたのようにおっしゃる方も少なくありません。そこで、私な
　　　　　りに本件の証拠関係などを踏まえて検討したところを申し上げる
　　　　　と……、」

③ 裁判官「○○という証拠からすれば、請求が認容されるのが当然だと
　　　　　いうことですね。他方で、被告は、□□と主張していることはご
　　　　　存じのとおりです。本件では、△△という証拠があることからす
　　　　　れば、あながち被告の主張も捨て難いように思うのですが、どう
　　　　　でしょうか」

⑻　当事者の意見や考えを正しく把握し、正しく相手方に伝える

　和解の期日では、双方から和解案や和解に対する意見等が述べられます。交互面接方式の場合、これを正確に相手方に伝えるのは裁判官の重要な役割です。金額、支払時期、支払方法、その他の条件等について、よく聴き、メモに取り、確認し、裁判官自身でもその和解案や意見等をよく理解したうえで、相手方に伝えるようにしましょう。当事者の説明が理解できなかったり、聴き取れないところがあったりした場合には、「この点はどういう意味ですか」「この提案は、要するに○○ということですか」「500万円を、いつまでにお支払いするとおっしゃいましたか」などと必ず聴き返して確認しましょう。「わかったふり」をして、相手方に誤った情報を伝えてしまうと、まとまる和解もまとまらなくなってしまうおそれがあるので、絶対に避けましょう。

　次の **Episode 5** は、裁判官が当事者（原告）の真意を誤解していたため、無駄な和解協議を重ねてしまい、結局和解も成立しなかったというケースです。

Episode 5
　原告は、被告と原告の妻が不貞行為を行ったとして、被告に対し、不法

行為に基づく損害賠償を求めた。被告は、不貞行為を行っていないと反論した。和解協議で、原告は、「和解金150万円の支払に加え、被告には事実関係（不貞の事実）を認め、謝罪してほしい」との意向を述べた。裁判官がこれを被告に伝えたところ、被告は「和解金150万円の支払には応じられるが、不貞の事実を認めることはできない」との意見を述べた。裁判官は、「金額については意見の一致を見たので、あとは不貞の事実を認める旨の条項が入れば、和解は成立するだろう」と考え、不貞の事実があったとの心証に基づき、被告に対し、不貞の事実を認める旨の条項を了承するよう説得を試みた。説得は難航し、裁判官は、原告に対しても、上記条項が入らない場合の次善の案についても検討するよう指示するなど、和解に向けた調整を重ねていった。ところが、その途中で、原告の真意は、「単に不貞の事実を認める条項だけでは足りず、謝罪条項も必須である」というものであることがわかり、被告は「不貞の事実だけでなく謝罪まで条項に入れるのは、到底無理である」と反発し、結局和解は不成立となった。

　原告も被告も互いに金銭請求をしている場合は要注意です。本訴・反訴がともに提起されている場合はもちろん、そうでなくとも、被告の準備書面のなかに、「被告は原告に損害賠償を請求するつもりである」などと具体的に記載してある場合には、双方とも「相手方が当方に和解金を支払うべきである」と考えていることが少なくありません。その場合に、たとえば、被告から「和解金300万円なら和解します」との希望が述べられても、それは「被告が原告に300万円を支払って和解したい」という意味ではなく、「原告が被告に300万円を支払ってくれれば和解する」という意味であることもあります。したがって、このような場合には、「どちらがどちらに支払うのか」をきちんと確認することが不可欠です。そして、相手方に和解案を伝える際にも、「これは被告が300万円を支払うという意味ではなく、原告から被告に300万円を支払ってほしいという意味です」などと、その趣旨を的確に伝えるようにしましょう。

　当事者が口頭で説明した和解案が複雑すぎて、とても相手方にうまく伝えられそうにない場合には、次の***Example16***のように、恥ずかしがらずにその旨伝えて、同席の場で直接相手方に説明してもらうよう依頼してみましょう。そのうえで、同席の場で、改めて和解案の内容を確認して理解するよう努めましょう。このほか、和解案を書面にまとめてもらうよう依頼することも考えられます。

第 5 章　和解の技法

> ❖ *Example16*
>
> 裁判官「すみませんが、今お聞きした和解案はかなり込み入っており、裁判所が原告にうまく伝えられるかどうかわかりません。不正確な情報を伝えて混乱が生じてもいけませんので、お手数ですが、同席の場で原告にご説明いただけますか」

　個別面接の場では、当事者から「これは裁判所限りで」「相手には伝えないでほしい」という条件付きで説明を受けることがあります。当然のことですが、こうした情報を相手方に伝えてしまうと、裁判官への信頼が一気に失われてしまいますので、手控えに「マル秘」マークを付けるなどして、「秘密」であることが一見してわかるようにしておきましょう[50]。

(9)　当事者の理解度を把握する

　裁判官が、和解協議の場で、当事者に手続等について説明したり、和解案を受け入れてもらえるよう説得を試みようとしたりする場面では、つい自分の言いたいことだけを言いっぱなしにしがちです。当事者が裁判官の説明についていければ問題ないのですが、口頭での説明を一度で理解できる当事者はそう多くはありません。かといって、裁判官の説明を遮って「今の点、ちょっとよくわからないんですけど」などと質問をすることができる当事者はごくわずかでしょう。当事者に納得してもらえる和解を成立させるには、当事者が裁判官の説明を十分に理解することが大前提となります。そこで、和解の期日においては、当事者が裁判官の説明をきちんと理解できているかを気に掛けながら手続を進めていく必要があります。当事者の表情、発言等に注意し、「今の説明を理解してくれただろうか」と自問することはもちろん、折に触れて「今の私の説明で、わからなかったところはありますか」などと質問を投げ掛けてみましょう。

(10)　当事者の「本音」と「ポーズ」を理解する

　和解協議の場で当事者が述べることが、常に当事者の本音に基づくものとは限りません。当事者は、和解交渉を少しでも有利に進めるため、本音を隠して、

50　橋本・要諦323頁（初出・判時2534号133頁）参照。

134

「ポーズ」で発言をすることがあります。被告が、本当は300万円までなら払っていいと思っているのに、とりあえず「100万円以上は難しいと思います」と述べることは珍しくないでしょう。また、本音では和解したいと思っているのに、「和解は考えていません」と強気の「ポーズ」をとる当事者もいます。このような当事者は、相手方に先んじて和解の希望を裁判所に述べると、心証上不利に扱われるのではないかとか[51]、和解交渉で足下を見られるのではないかと心配して、訴訟戦略として上記の「ポーズ」をとることもあるようです。裁判官が、このような「ポーズ」に惑わされて、「それでは、本件では和解勧告はしないことにします」などと方針決定してしまうと、和解できる事案も和解できなくなってしまいます。

　そこで、裁判官としては、当事者がこのような「ポーズ」をとる可能性があることを常に念頭に置きながら、「本音」がどこにあるのかを探りつつ和解協議を進める必要があります。こうした「本音」は、双方同席の場ではなかなか述べられないでしょうから、個別面接の場を活用して、「本音」を聴き出す必要があります（もっとも、個別面接の場で語られることが常に本音であるという保証もないので、その点は注意しましょう）。

　若手裁判官の中には、双方同席の場で和解を打診したところ、一方当事者から「和解は考えていません」などと言われると、それを「本音」と受け止めて和解勧告に踏み込まない人もいるようです。勝敗が明らかで、心証に照らしても当該当事者が和解を望まないのも当然と思えるような事案では、無理に和解勧告をする必要もないでしょうが、そういう事案でなければ、まずは「そうは言っても、お話だけでも聴かせてもらえませんか」などと持ち掛けて和解を勧告し、個別面接の場で本音を聴き出してみるとよいでしょう。法廷では和解を望まないような態度をとっていた当事者が、個別面接の場では和解の意向を示すことは珍しくありません。本音としても和解を望んでいない当事者であっても、裁判官から心証を開示されるなどして説得を受けると、再考してくれる可能性もあります。そうでなくても、個別面接の場で本音ベースの話を当事者から聴くことは、和解のスキルを磨くうえでも有益ですし、判決をするうえでも、それまで見過ごしていた重要なポイントや当事者の問題意識に気付く機会が得られるというメリットもありますので、当事者が和解に消極の姿勢を示しても、

51　実際には、当事者が自発的に和解の希望を述べてきたからといって、それが裁判官の心証に影響を与えることは考え難いといってよいでしょう。

第 5 章　和解の技法

いったんは和解の席についてもらうよう説得してみることをお勧めします。

　なお、当事者が自分の「本音」を認識しながら「ポーズ」をとっているのではなく、当事者が、自身すら意識していない「本音」に振り回されていることもあり、このような場合には、裁判官が「本音」を見抜くことは容易ではありません。次の **Episode 6** は、裁判官が、当事者の無意識の「本音」を見抜いて、和解へと導いた例です[52]。

Episode 6

　原告（女性）は、以前交際していた被告（男性）に対し、貸金の返還を求める訴訟を提起した。裁判官は、さまざまな案を出して何度も和解を勧め、原告もこれに応じ、ある程度まで和解案が煮詰まるが、成立直前になると原告がその和解案を拒絶してしまうことが続いた。裁判官は、原告の真意は貸金の返済を受けることにあるのではなく、被告に対する未練から、被告との接触を求めて訴訟を提起しているのではないか、和解が成立して二人の関係が完全に終わってしまうのは嫌だとの無意識の感情から、成立目前で手のひらを返してしまうのではと考えた。そこで、裁判官は、原告に「あなたが迷って決断できないのは、被告に対する未練からです。もう終わったことなのです」と言った。その結果、原告は、自分の気持ちを自覚し、常識的な線まで譲歩することができるようになり、和解が成立した。

　この **Episode 6** のように、当事者すら意識していない感情や本音を探り当てるには、深い洞察力が必要であり、誰にでも真似できることではありませんが、揺れ動く当事者の心情を深いレベルで理解することが和解をまとめるために必要であることを、改めて認識させられるエピソードといえるでしょう。

(11)　争点整理と和解協議とを峻別する

　和解協議を行う場合に重要なことは、争点整理と和解協議とは、原則として峻別して行うということです。

　争点整理は、争いのある事実とない事実を振り分け、証拠調べの対象を限定していく作業であり、その究極の目的は、判決、すなわち訴訟物たる権利関係

---

[52]　これは、草野芳郎判事が経験した実例とのことです（ロースクール交渉学227～228頁〔鬼澤友直〕参照）。

の存否を判断することにあります[53]。これに対し、和解協議の目的は、和解の成立、すなわち双方の合意の下に訴訟を終了させることにあります。このように、争点整理と和解協議はその目的を異にするうえ、現行法は、旧法下の「弁論兼和解」[54]を排して弁論準備手続等の争点整理手続を創設したことからすると、争点整理と和解協議を渾然一体として行うことは、原則として民事訴訟法の想定するところではないというべきでしょう。とりわけ、和解協議を交互面接方式で行う場合に争点整理と和解協議が峻別されていないと、個別面接の場における当事者の陳述等から裁判官が心証を採ってしまうおそれもあり、手続保障上問題があるというべきです。また、当事者としても、争点整理に注力したらよいのか、和解協議に注力したらよいのか不明確となり、結果的にどっちつかずになってしまう可能性もあります（和解が成立する可能性があるのに、多大な時間と労力をかけて争点整理に注力しようという気にはなれないでしょう。逆に、争点整理が未了なのに和解に注力しようという気にはなれない当事者も少なくないものと思われます）。こうなると、和解協議が漂流し、いくら期日を重ねても協議が進展しないということになりかねません。

　したがって、争点整理手続の途中で和解協議を行う場合には、少なくとも「これから和解協議に移りたいのですが、よろしいでしょうか」などと述べて、「ここからは争点整理ではなく和解協議である」ということを宣言すべきです[55]（さらに、期日自体を弁論準備手続期日等から和解期日に切り替えることも考えられますが、実務上はそこまで厳格な運用はされないことが多いように思われます。上記のとおり、手続の切り替えが明確に宣言されていれば、和解期日への切り替えまでは不要というべきでしょう）。

　ただし、争点整理と和解協議を峻別するといっても、争点整理手続では一切和解について話題にしてはいけないということではありません。前記Ⅰ1のとおり、「和解は訴状を受理した段階から始まる」と考え、争点整理手続におい

53　武藤貴明『争点整理の考え方と実務』2頁（民事法研究会、2021年）参照。

54　旧法下では、争点整理と和解の双方を目的とした「弁論兼和解」という運用が行われていましたが、争点整理手続と和解手続が渾然一体として運用されると、裁判官が和解交渉における当事者の陳述等から判決の基礎となる心証を形成してしまうおそれがあるという問題が指摘されていました（小原正敏＝國谷史朗「和解手続」判タ871号19頁（1995年）、滝井繁男「当事者からみた弁論準備手続をめぐる若干の問題点」判タ915号54頁（1996年）参照）。現行法は、こうした問題を克服するために争点整理手続を整備したものであることからすると（法務省民事局参事官室編『一問一答新民事訴訟法』169頁（商事法務研究会、1996年）参照）、争点整理と和解協議を渾然一体として行うことは、現行法の趣旨を損なうものといえるでしょう。

55　草野・技術論33頁、田中敦・実践539頁〔福田修久発言〕参照。

第 5 章　和解の技法

ても和解の地ならしをしていくことは、和解成立のために重要な作業です。

　なお、事案によっては争点整理と和解協議を並行して行うことも考えられますが、この点については、第 6 章の Q 8 「争点整理と和解協議を並行して行う場合」を参照してください。

2　話し方

(1)　和やかな雰囲気をつくる

　和解の期日等で当事者に話をする際には、和やかな雰囲気となるよう、話し方にも気を付けるとよいでしょう。事務的な感じや威圧的な感じを与えるような話し方を避け、親身になって考えていることが伝わるような話し方を心掛けるようにしましょう。裁判官が、穏やかで余裕のある態度で当事者に接すると、当事者も、気持ちが自然となごみ、冷静な判断をしてくれることが期待できます[56]。

　これに対し、熱心に説得しようとするあまり、強すぎる表現を用いてしまうことがありますが、これでは険悪な雰囲気になりかねませんので、注意する必要があります。たとえば、次の *Example17* のような表現は、避けたほうが無難です[57]。

❖ *Example17*
① 裁判官「ここで和解できなかったら、この後どうなっても知りませんよ」
② 裁判官「私の判断が上級審で覆ることは絶対にありません」
③ 裁判官「こんないい案を受けないなんて、あり得ないですよ」

56　今井・動かす98頁以下、田中敦・実践401頁〔加藤優〕参照。
57　もっとも、時と場合によっては、裁判官が多少厳しめのことをいうことで、当事者の決断を後押しすることが期待できることもあります。たとえば、裁判官が穏健な態度でいることを奇貨として、いつまでも決断せずに相手方の譲歩ばかり引き出そうとする当事者に対しては、「次回までに譲歩案を出さなければ、和解を打ち切って判決に進むこととします」などと宣言することで、当事者に腹決めをさせることができることもあります。

(2)　声の高低、スピード等を使い分ける

　また、声の高低、スピード、強弱を使い分けることも重要です。特に、最初の期日で当事者にあいさつをする場面や、双方同席の場で説明をする場面などでは、高めの声で話すとよいでしょう。これに対し、個別に、重要なことを説得する際には、ゆっくり、大きな声で話すと説得力が増します。

　説得には、立て板に水のごとくペラペラとしゃべるのが望ましいと考えられがちですが、和解の場面での説得は、必ずしもそうとは限りません。ビジネスでの商談ならともかく、訴訟の当事者は、さまざまな葛藤や不安を抱えているものです。そういう人に対して、立て板に水のごとく説明すると、かえって警戒心を抱かれてしまうことも少なくありません。言葉を濁したり、時には日本語としてうまくつながっていないような説明になったりする方が、角が立たず、かえってよいこともあるのです。ですから、「立て板に水」のような話し方ができなくとも、心配する必要はありません。

(3)　当事者のプライドを尊重する

　併せて、当事者のプライドを尊重する話し方を心掛けることも大切です[58]。まずは、当事者本人の呼び方です。「あなた」「おたく」という呼び方では、よそよそしい雰囲気が否めません。「原告」「被告」も同様です。「○○さん」と姓または名を呼ぶのが一番よいでしょう。当然、読み方を間違えないように、あらかじめ記録等で確認しておく必要があります。わからない場合には、冒頭に読み方を尋ねておくとよいでしょう（なお、本書の***Example***では、裁判官が「あなた」いう表現を用いている箇所が随所に出てきますが、読みやすさの観点からこのように表記しているものであって、実際の場面では「○○さん」と姓または名で呼ぶことをお勧めします）。

　また、丁寧な言葉遣いを心掛けることも、当事者のプライドを尊重するために欠かせません。当事者の年齢が自分より若いからといって、裁判官がいわゆる「ため口」で語り掛けることとなれば、多くの当事者は、自分が裁判官から軽んじられていると感じることでしょう。当事者の年齢、性別、職業等にかかわらず、丁寧な言葉遣いを等しく心掛けるようにしましょう。

　さらに、時には当事者を「持ち上げる」、つまり、当事者の判断力、理性、

58　今井・動かす219頁以下参照。

見識等に期待し、尊敬するような言葉を掛けることも効果的です。たとえば、次の*Example18*のような話し方です。

> ❖ *Example18*
> ① 裁判官「賢明な○○さんならすでにおわかりのことと思いますが」
> ② 裁判官「釈迦に説法かとは思いますが」
> ③ 裁判官「さすがは○○さん。そこまで思いが至っているのであれば、私がこれからお話しすることも、きっとご理解いただけるものと思います」

ただし、こうした話し方が「お世辞」や「嫌み」に聞こえるようでは逆効果です。真に当事者を尊敬していることが伝わるような話し方を心掛けるようにしましょう。

当事者が恵まれた境遇にある場合には、これを適切に評価することも、当事者のプライドをくすぐる一つの方法です。たとえば、次の*Example19*のような言葉を適宜差し挟んでみることも考えられます。

> ❖ *Example19*
> ① 裁判官「立派なご自宅ですね」
> ② 裁判官「○○にお勤めとは、さすがですね」
> ③ 裁判官「○○で知事から表彰されたとのことですが、素晴らしいですね」

注意しなければならないのは、裁判官が説得に熱心になるあまり、当事者のプライドや体面を傷つけてしまうことです。たとえば、双方当事者が同席している席で、裁判官が一方当事者の態度や考え方について非難するような形をとると、その当事者は、ますます意固地になったり、説得に対して拒絶反応を示したりするようになりかねません。そこで、当事者に不利な心証など耳の痛いことを伝えたい場合は、反対当事者のいない場で改めて説得をしてみるなどの工夫が必要となります。仮に当事者が裁判官の説得に応じて譲歩してくれたときも、反対当事者に伝えるときは、その当事者が非を認めたというような形で伝えると、プライドを傷つけることになるので、避けましょう[59]。

また、当事者への説得を行う際には、和解に応じることが当事者にとって得

であること（特に金銭メリットがあること）を強調することが少なくありません（これは後記Ⅵ3の「功利的説得」に当たります）。もっとも、「被告の和解案に応じれば、判決をもらうよりも100万円もお得ですよ。あなただって100万円ももらえればうれしいでしょう！」などと、あからさまに損得だけで説得すると、「自分はそんなにがめつい人間ではない」と反発されることもあるので、損得を強調するあまり当事者のプライドを傷つけることのないよう配慮が必要です[60]。

⑷　事案をきちんと把握しているという雰囲気を醸し出す

当事者との対話の中で、裁判官が、記録をよく読んで、事案をきちんと把握しているという雰囲気を醸し出すことができると、当事者が「この裁判官はきちんと自分の言い分を理解してくれている」と思ってくれることが期待できます。そのためには、当然記録をよく読んで事案を把握することが大前提ですが、そのことが当事者に効果的に伝わるよう、たとえば、当事者の話の中から出てきた情報をキャッチして、次の*Example20*のような話し方をすることが考えられます[61]。

> ❖ *Example20*
> ①　裁判官「あなたが言いたいのは、陳述書で書かれていた、この話のことですよね」
> ②　裁判官「その人は、あなたが10年前に務めていた職場の上司の○○さんですね」
> ③　裁判官「記録を読むと、あなたが何度も強調しているのは○○という点だと思うのですが……」

このような発言が裁判官からあると、当事者も「この裁判官はきちんと記録を読んで自分の言い分もわかったうえで、今ここで話を聴いてくれているのだ」と思ってくれることでしょう。

59　以上につき最高裁・参考資料113頁参照。
60　山田・技法384頁参照。
61　田中敦・実践563頁〔中武由紀発言〕参照。

第5章　和解の技法

(5)　自信をもって説明をする

　当事者を説得する際には、裁判官が自信をもって説明することが重要です。裁判官が自信をもって説明することで、「この和解案はお勧めですよ」という裁判官の考えが当事者に伝わるのです。

　とはいえ、余りに断定的な口調で説明をすると、当事者に対し、和解案を押し付けるような印象を与えてしまうおそれもあります。そこで、そのようなおそれがある場合の説得にあたっては、当事者の考え方を尊重しつつ、別の考え方もあり得るのではないかということを、疑問形の形で投げ掛けると、当事者の感情を害するおそれを軽減することができるでしょう。

3　時間配分

　前記1(4)で述べたように、裁判官が公平であることは和解にあたって極めて重要なことです。したがって、交互面接方式（下記4参照）における時間配分も、できるだけ公平にすることが望ましいでしょう。

　とはいえ、説得に時間がかかったり、当事者の話がいつまでも終わらなかったりして、一方当事者との面接が長時間となってしまうこともあるでしょう。その場合には、反対当事者に、長時間待たせてしまったことを詫びたうえで、その理由を説明すべきでしょう。これを怠ると、長時間待たされた当事者が「なぜ裁判官は、相手方とあんなに長い時間話をしていたのだろう。こちらを丸め込むための作戦を相手方と相談していたのではないか」などと、あらぬ疑念を生じさせてしまうおそれもあります。

　こうした事態を避けるためにも、時間配分はできるだけ公平になるようにし、時間配分が不均衡となった場合には、その理由をきちんと説明することが大切です。

4　対席方式と交互面接方式

(1)　二つの方式

　和解協議の進め方には、大きく分けて、「対席方式」と「交互面接方式」があるといわれています[62]。対席方式[63]とは、裁判官の面前に当事者双方を対席させて和解協議を行うやり方です。交互面接方式[64]とは、裁判官が、当事者の

片方ずつ交互に面接して和解協議を行うやり方です。

(2) 交互面接方式のメリット

交互面接方式は、当事者にとって、相手の顔色を窺ったりせず本音で気兼ねなく話ができる、相手の悪口になること、秘密や恥ずかしいことなど、言いにくい事実を話しやすくなるといったメリットがあるといわれています。裁判官から心証の開示を受ける場合も、反対当事者が同席している場で敗訴の心証を開示されてしまえば、面目が丸つぶれになってしまいかねませんが、交互面接方式であればそのような心配もありません[65]。

また、裁判官にとっても、交互面接方式では、①当事者から個別に聴取した内容の中から反対当事者に伝えるべき内容を取捨選択できるため、当事者の無用な反発や誤解を避け、冷静な雰囲気の下で和解協議を進めることができる、②裁判官が反対当事者の目を気にせずに当事者に親身の姿勢を見せることで、当該当事者の信頼を獲得することができるといったメリットがあります[66]。実際にも、和解協議の最初に、時間をかけて当事者の言い分を聴く機会を設けることで、当事者の信頼を獲得できる場合は少なくないように思われます[67]。

我が国の実務では、上記のようなメリット[68]を重視して、和解協議は基本的に交互面接方式によって行われています[69]。また、いずれかの当事者を先に説

---

[62] 草野・技術論37頁参照。

[63] 「同席方式」「対席対話方式」と呼ばれることもあります。

[64] 「別席方式」「交互対話方式」と呼ばれることもあります。

[65] 以上につき草野・技術論39頁、田中豊「民事第一審訴訟における和解について」民訴雑誌32号149頁（1986年）参照。佐藤・控訴審208頁も、交互面接方式が実務上広く定着している理由の一つとして、相手方のいない場で裁判官に是非とも本音を伝えたいという当事者の強い要望があることを挙げています。伊藤眞ほか「当事者本人からみた和解」判タ1008号15頁〔太田勝造発言〕（1999年）でも、弁護士は、裁判所から情報（譲歩すべき内容、和解の内容、事案の法的評価）を相手方のいない場で受け取りたいと望んでいるとの調査結果が紹介されています。同様に、交互面接方式には当事者側の強いニーズがあることを指摘するものとして、中田早苗ほか「あるべき裁判をもとめて―全国裁判官懇話会報告―」判時990号17頁、大江忠ほか「座談会民事訴訟審理における裁量の意義とその規律」大江忠ほか編『手続裁量とその規律』364頁〔山本和彦発言〕（有斐閣、2005年）、岡伸浩「訴訟上の和解・再考」判タ1383号85頁（2013年）があります。

[66] 草野・技術論39頁、田中敦・実践24頁〔德岡由美子〕、田中豊・実務119～120頁参照。

[67] 井上治典＝佐藤彰一共編『現代調停の技法』62頁〔草野芳郎発言〕（判例タイムズ社、1999年）参照。

[68] 草野・技術論39～40頁も、このようなメリットを挙げて、交互面接方式（同書の用語では「交互対話方式」）には大変優れている面があるとしています（同旨の指摘として小林秀之「交渉理論による和解規制と紛争解決説の再生」民訴雑誌59号28頁（2013年）、田中豊・実務55頁参照）。山田・技法432頁も、調停に関する記述ではありますが、交互面接方式には合理的な面があり、話を進めやすいとしています。

143

第5章　和解の技法

得する必要があるような場合にも、交互面接方式によることになります。本書でも、基本は交互面接方式で和解協議を行うことを想定しています[70]。

(3)　交互面接方式の留意点

交互面接方式は、反対当事者が同席していない場において、裁判官と一方当事者とだけが面接することになるため、反対当事者（同席していない当事者）が、裁判官は相手方に何を話しているのだろう、自分の知らないところで都合のよいことを相手方に吹き込んでいるのではないか、等の疑念にとらわれるおそれがあります。そこで、裁判官としては、同席していない他方当事者に聞かれても不公平だと思われないような運営を心掛ける必要があります。また、一方当事者から聴取した内容については、和解協議の運営上支障のない範囲で、その概要を反対当事者にも伝えることが望ましいでしょう[71]。

他方で、反対当事者に伝えるべき情報の取捨選択には細心の注意を払う必要があります。当事者から「これは裁判官限りにしてください」と言われて得た情報をそのまま反対当事者に伝えてしまっては、当事者の信頼を失ってしまいます。また、個別面接の場で当事者が述べた反対当事者に対する厳しい批判や感情をそのまま反対当事者に伝えてしまっては、当事者間の感情のもつれが激しくなり、和解どころではなくなってしまいます。さらに、交互面接方式は、裁判官が個別に当事者と話をすることになるため、情報のコントロール、つまり、裁判官が、どの当事者に、どのような話をするのかが和解の成否を大きく左右することになります。適切な情報を伝えることで和解協議が大きく進展することもあれば[72]、不適切な情報を伝え、あるいは適切な情報を伝えなかったことで和解できる事案で和解ができなくなってしまうこともあります。情報のコントロールについては、下記Ⅳ5(2)を参照してください。

69　訴訟代理人となる弁護士の間でも、対席方式が相当であるという考えはごく少数のようです（志田原ほか13頁参照）。

70　筆者の経験でも、当事者から対席方式を希望されることはほとんどありません。また、筆者は、和解協議の開始にあたり、当事者に交互面接方式でよいか確認するようにしていますが、拒絶されることはほとんどありません（ただし、和解の合意がほぼ整った段階、あるいは逆に和解がほぼ無理であることがわかった段階では、交互面接方式によるまでもないとして、対席方式でも構わないと言われることはあります）。

71　佐藤・控訴審208頁参照。

72　たとえば、当事者が「相手方の先代には非常に世話になったことを今でも感謝している」と口にしたことを相手方に伝えたことで、感情のわだかまりが解けたというケースもあります（司法研究188頁参照）。

⑷　対席方式を活用する場面

　一方、対席方式は、手続の透明性が確保されるため、交互面接方式のように当事者が無用な疑念を抱く心配がありません。和解協議の最初から最後まで当事者双方が同席することになるため、認識の共有化が図られるうえ、裁判官が同じことを個別に説明する必要がなくなるため、和解協議の効率化も期待できます。

　そこで、交互面接方式で期日を運営するとしても、対席方式の長所をなるべく活かすため、次のような場合には、対席方式を採用することが考えられます[73]。

〔対席方式を採用することが考えられる場合〕

①　和解の期日の最初や最後に到達点や次回の宿題（検討事項）を確認する場合

②　和解条件が多岐にわたる場合

③　当事者間の自主的な協議による解決能力が高いと思われる場合

④　当事者の気持ちを揺り動かすため、反対当事者から直接考えや心情を伝える必要がある場合

ア　和解の期日の最初や最後に到達点や次回の宿題（検討事項）を確認する場合（上記①）

　前記(3)のとおり、交互面接方式には、裁判官と当事者とのやり取りが反対当事者にはわからないため、反対当事者が疑心暗鬼になりやすいという問題点があります。そこで、少なくとも期日の最初と最後には対席方式にして、双方同席の下、その時点の到達点や次回の宿題等についての共通認識を形成しておくとよいでしょう[74]。たとえば、期日の終わりには、次の **Example21** のような説明をすることが考えられます。

❖ **Example21**

　原告が、被告に対し、賃貸借契約の終了に基づく建物明渡しを求める訴

73　山田・技法432頁以下参照。
74　田中敦・実践593頁〔中武由紀発言〕、595頁〔山地修発言〕参照。

訟で、交互面接方式による和解協議が行われた。裁判官は、期日を終えるにあたって、当事者双方を前に以下の説明を行った。

裁判官「これまで双方からお話をうかがったところ、原告は、被告には速やかに建物を明け渡してほしいという希望をもっており、被告も、立退料の額によっては建物の明渡しを考えてもよいと考えているとうかがいました。そうすると、被告が建物を明け渡すという方向性については、双方とも大きな異論はなさそうですので、今後は立退料の額について詰めていくことになろうかと思います」

イ　和解条件が多岐にわたる場合（上記②）

多数の遺産をめぐる紛争のように、事件の中には、和解条件が多岐にわたる場合も少なくありません。そのような場合に交互面接方式を貫くと、当事者から聴取した和解案や意見を反対当事者に伝えるだけでも一苦労です。そこで、そのような場合には、対席方式に切り替えると、当事者間の認識を共通化して理解を深め、迅速かつ効率的な進行を図ることが期待できるでしょう。

ウ　当事者間の自主的な協議による解決能力が高いと思われる場合（上記③）

次に、当事者間の自主的な協議による解決能力が高いと思われる場合にも、対席方式で進めてみることが考えられます。このような場合としては、双方に代理人弁護士がついており、双方代理人とも冷静かつ建設的な協議を行うことが期待できる場合が考えられます。

エ　当事者の気持ちを揺り動かすため、反対当事者から直接考えや心情を伝える必要がある場合（上記④）

最後に、やや高等テクニックになりますが、なかなか説得に応じてくれない当事者の気持ちを揺り動かすため、反対当事者の考えや心情をストレートに伝えることを目的として、あえて対席にすることも考えられます。たとえば、妻が夫に離婚を求める事件において、夫自身が離婚に納得できていないとか、離婚を求められている理由をよく理解できていない場合には、あえて対席方式にして、直接妻の口から気持ち等を夫に伝えてもらうことによって、夫に、離婚はやむを得ないと気持ちを切り替えてもらうことが考えられます。逆に、円満修復の可能性がある場合には、たとえば夫自身の口から、直接妻に対し、今後の決意表明や抱負なり謝罪・反省なりを伝えることによって、感銘を与えて納得してもらうというやり方も考えられます[75]。

146

オ　まとめ

いずれにせよ、交互面接方式を中心に和解協議を運営していく場合でも、事案の性質、和解協議の進捗状況、当事者の意向等を踏まえ、適宜対席方式を織り交ぜていくことが相当であると思われます[76]。

5　当事者本人の同席

代理人がついていない事件では問題になりませんが、代理人がついている事件では、和解の期日に当事者本人に同席してもらうかどうかという問題があります。この点は、裁判官によって方針が大きく分かれるところであって、和解の期日には原則として必ず本人を同行してもらい、本人を交えて和解協議を行うという方針の人もいるようです[77]。確かに、裁判官が本人から直接話を聴き、本人に直接説得を行えば、本人への働き掛けという面からは大きな効果が期待できるでしょう[78]。半面、こうした作業にはかなりの時間を割く必要がありますし、説得の手順や方法を間違え、いきなり心証開示を含んだ強力な説得を本人に対して行った結果、かえって感情的な反発を生んでしまうといったリスクがあることも念頭に置いておく必要があります。そうなるよりは、まずは本人が信頼している代理人を介して説得を試み、それがうまくいかない場合に、直接裁判官が本人への説得を試みたほうが、無難であることが多いように思われ、多くの裁判官もそのような方針で和解協議を運営しているようです。その意味で、和解協議の序盤から裁判官が前面に出て本人への説得を試みるのは、いわば上級者向けの手法といってもよいかもしれません。裁判所へ足を運ぶということは、費用や時間の面で本人に負担となる場合もあり[79]、中には「相手方と顔を合わせたくない」などと抵抗感を示す人も少なくありません。昨今の代理人と本人の力関係の変化を背景に、代理人が本人の同行を求めることは昔より

---

[75]　以上につき山田・技法433〜434頁参照。もっとも、このような効果を狙って対席方式を実施する場合、うまくいけばよいのですが、失敗するとかえって話がこじれてしまうリスクもありますので、代理人がついている場合には、その意見を聴きながら実施の可否を慎重に検討したほうがよいでしょう。

[76]　志田原ほか14頁参照。

[77]　草野・技術論42頁参照。

[78]　当事者本人から話を聴くことの重要性を説くものとして、伊藤博・実際29頁、竹下守夫＝伊藤眞編『注釈民事訴訟法(3)』240頁〔伊藤博〕（有斐閣、1993年）参照。

[79]　2022年（令和4年）の法改正により、双方当事者ともウェブ会議や電話会議で和解期日に参加できることになったので（法89条2項）、ウェブ会議等の和解期日に本人が参加する場合、多くは代理人事務所に赴いて参加することになると思われます。この場合、裁判所に赴くよりは費用や時間の負担が軽減されるでしょうが、負担が全くなくなるわけではありません。

第5章　和解の技法

も難しくなっていることも考えておく必要があるでしょう。

　もっとも、代理人からの説得がうまくいきそうにないことがあらかじめわかっている場合や、裁判官が代理人から説明を聴いても本人の考え方や真意がうまくつかめない場合には、早い段階で本人から直接話を聴き、説得を試みる場面を設けたほうがうまくいくことが多いと思われますので、ケース・バイ・ケースで考えるとよいでしょう（本人の同行を求める場合の留意点については、第6章のQ10「当事者本人への説得を試みたい場合」も参照してください）。

　これに対し、代理人が本人を同行した場合（または同行したいとの申出があった場合）には、よほどの事情（たとえば、代理人とだけじっくり腹を割って話をしたい場合）がない限り、本人を同席させることになります。代理人の中には、本人に思いのたけを全部裁判官に話してもらい、いわば本人の「ガス抜き」をするために本人を同行しようとする人もいるようですが、仮にそうだとしても、裁判官が、それまで代理人のみと協議を行っており、本人の話を一度も聴いたことがなければ、こうした申出は極力受けて、本人から話を聴いてみるのがよいでしょう。当事者の考え、特に「こだわりポイント」がよくわかりますし、裁判官が本人に直接説得することで、和解の成立へと大きく前進することも期待できます[80]。

6　当事者以外の同席

　当事者の中には、和解の期日に親族や支援者など第三者を同行して、同席させてほしいと要望する人もいます。このような第三者を同席させるかどうかは、ケース・バイ・ケースで判断せざるを得ませんが、会社の担当者など和解の決断に大きな影響力を有している者であれば同席させるべきですし、そうでなくとも、特に支障がなさそうであれば、同席を許可してもよいでしょう。そのほうが当事者の感情を害さずに済みますし、この第三者がキーパーソンであれば当事者を介して説得する手間が省けるというメリットもあります。もっとも、当事者以外の第三者を同席させるにあたっては、必ず反対当事者の了解を得ておくべきでしょう。また、いったんは同席を許可したものの、その後説得の妨げになることが判明すれば、退席してもらう必要がありますので、次の **Example22** のように、あらかじめ釘を刺しておくとよいでしょう。

80　純粋に本人の「ガス抜き」のためであれば、相手方の了承を得たうえで、長めの時間を確保して、その本人の話を聴くだけの期日を設けることも考えられます。

❖ *Example22*

裁判官「同席していただいても結構ですが、ご本人とじっくりお話をしたい場面では、退席していただくこともありますので、あらかじめご了承いただけますか」

IV 和解の期日の運営——各論——

ここでは、和解の期日をどう進めていったらよいのかについて、具体的な手順等を見ていくこととします。

1 初回期日の典型的な進め方

交互面接方式による場合、初回の期日では、次のような流れで進んでいくことが一般です。

〔交互面接方式における初回期日の典型的な流れ〕

① 和解手続の目的、手続等の説明
↓
② 原告（または被告）からの意向聴取 ⎫
↓　　　　　　　　　　　　　　　　　⎬ 原告（被告）との面接
③ 原告（または被告）への発問・投げ掛け ⎭
↓
④ 被告（または原告）からの意向聴取 ⎫
↓　　　　　　　　　　　　　　　　　⎬ 被告（原告）との面接
⑤ 被告（または原告）への発問・投げ掛け ⎭
↓
⑥ 原告（または被告）に被告（または原告） ⎫
　 の意見・和解案等を伝え、意見を聴取　　 ⎬ 原告（被告）との再面接
↓　　　　　　　　　　　　　　　　　　　⎭
⑦ 本日の到達点と次回までの検討事項（宿題）の確認

第5章　和解の技法

　もちろん、このとおりに進行させることが適当でない事件も少なくありません。また、事前の想定どおりに進まないことも珍しくありませんので、そういう場合は、事前の想定に固執しないで、柔軟に対応する必要があります。

　なお、弁論準備手続期日の途中から和解協議を始めたい場合には、争点整理手続と和解手続を明確に区分するため、「それでは、今から和解協議に入ります」などと宣言し、ここからは和解手続であることが当事者にもわかるようにしましょう（前記Ⅲ1⑾参照）。

　それでは、この流れに沿って和解の期日の運営について見ていくこととしましょう。

2　初回期日の冒頭

　初回期日では、双方同席の下、裁判官から、和解手続の目的や流れ等について簡単に説明をします。代理人のみが出席している場合には、次の**Example23**の①のように、ごく簡単に説明することで足りますが、当事者本人が出席した場合には、簡単な自己紹介をするとともに、**Example23**の②のように、和解の場が白黒をつける場ではなく話合いの場であること、すなわち、お互いに話し合いながら合意を見出すことを目的とする手続であることや、和解するかどうかは本人の気持ち次第であることを併せて説明するとよいでしょう[81]。また、本人の中には、「和解」というと「仲直り」とか「相手方を許す」といった意味でとらえている人もいますので、「和解」の意味についても説明を添えておくとよいでしょう。

❖ ***Example23***
① 　裁判官「本件は、これまで争点整理を重ねてきましたが、おおむね目
　　　　　　途がついたと思われます。事案の内容等に照らすと、和解での解
　　　　　　決が望ましいように思われますので、この段階で和解の席を設け
　　　　　　たいと思います」
② 　裁判官「本日は、和解のための話合いを行う予定です。ご存知かもし
　　　　　　れませんが、"和解"というのは、"話合いで裁判を終わらせる"
　　　　　　という意味の法律用語であり、"仲直り"といった意味ではあり
　　　　　　ません。判決のように白黒をつけるのではなく、お互い納得でき

---

[81]　最高裁・参考資料93頁参照。

150

るところで話合いをまとめる。そのための手続が和解です。もちろん、話合いですので、和解するかどうかは、双方のお気持ち次第です。納得できなければ和解を断っていただいても、一向に差し支えありませんが、裁判所としては、本件は、判決よりは和解での解決のほうが双方にとって望ましいように思っていますので、本日は、そうしたお話しをさせていただければと思います」

　また、交互面接方式で協議を行う場合には、「別々にお話をおうかがいすることでよろしいでしょうか」などと、その旨の了解を冒頭で得ておくことが望まれます。

　なお、本人訴訟の本人が期日に出席した場合には、それまでの期日で本人確認を済ませている場合を除き、本人確認を行う必要があります。免許証等の身分証明書の提示を求めたり、通常本人しか知り得ない情報について質問をしたりするなどして、本人確認を行います（本人確認を裁判官と裁判所書記官のいずれが行うかについては、あらかじめ打合せをしておくとよいでしょう）[82]。

3　当事者からの意向聴取

(1)　どちらから先に聴くか

　交互面接方式の場合、交互に面接を行うため、原告、被告いずれから面接（協議）を行うか決める必要があります。これは、絶対的な正解があるわけではなく、次のような点も参考にしながら、ケース・バイ・ケースで決めるとよいでしょう。

　まず、原告が被告に金銭の支払を求めるという典型的なケースでは、被告に支払の意思があるのか否かを確認することが先決なので、まず被告から話を聴くことが多いと思われます。もっとも、それまでの審理での主張や態度などから、裁判官の心証と当事者の考えに大きな隔たりがありそうな場合（たとえば、裁判官としては請求棄却の心証を抱いているのに、原告は強気でほぼ満額は回収できると思い込んでいることがうかがわれる場合）には、その当事者（上記の例でいえば原告）からまず話を聴いて、裁判官の心証と当事者の考えにずれがないか

82　橋本・要諦324〜325頁（初出・判時2534号134頁）参照。

第5章　和解の技法

を確認したほうがよいことが多いように思われます。

　また、和解の方向性が複数考えられ、まずどの方向性を希望するのかを確認しないと和解協議の土台も定まらない場合には、まず方向性のイニシアティブを握っている当事者から話を聴く必要があるでしょう。たとえば、解雇の有効性が争われている労働事件では、原告である労働者が復職を希望する場合と、復職はせずに金銭解決を希望する場合とでは、和解の方向性が大きく異なるので、まず原告にこの点を確認する必要があるでしょう。

　明らかに勝ち筋の当事者については、先に話を聴いてもほとんど譲歩は期待できないので（特に代理人が本人を同行している場合には、本人の手前、代理人が弱気な意見を述べることはまず期待できません）、負け筋の反対当事者から先に話を聴いて、どこまで譲歩できるのかを確認してから、勝ち筋の当事者の説得にあたることも考えられます[83]。

⑵　個別面接の冒頭では何をすべきか

　さて、双方同席の下での冒頭の説明等も終わり、和解室には裁判官と一方当事者だけになりました。もし代理人が本人を同行してきた場合には、いきなり本題に入る前に、本人にねぎらいの言葉等を掛けると、本人が裁判官に親近感を抱きやすく、和やかな雰囲気が生まれることが期待できます[84]。たとえば、次の*Example24*のような言葉を掛けることが考えられます。こうした言葉で、緊張している本人の「アイスブレイク」を図ってみましょう。

❖ *Example24*

①　裁判官「原告の○○さんですね。裁判官の△△です。本日はお忙しい中、ようこそいらっしゃいました。この裁判が、○○さんにとって、よりよい形で解決できるよう、お力になれればと思っております。どうぞよろしくお願いします」

②　裁判官「（当事者が額に汗を浮かべている場合）外は暑かったのではないですか。そんな中、裁判所までお越しいただき、ありがとうございます」

③　裁判官「○○さんは、□□市にお住まいとのこと。本日は遠方から裁

83　瀬木・要論308頁参照。
84　草野・技術論66頁参照。このような言葉を掛けるためには、当事者の職業、住所等をあらかじめ記録に当たるなどして把握しておく必要があります。

152

判所までお越しいただき、ありがとうございます」

(3)　まずは傾聴から

こうしたやり取りも済んだら、和解協議に入っていくことになります。とはいえ、和解の期日であるからといって、いきなり裁判官が説得にかかることは、それまでにも和解協議が行われたことがある場合等を除けば、避けたほうが無難です。なぜなら、当事者に、「和解協議に応じよう」、さらには「この和解案で和解しよう」という気持ちになってもらうためには、当事者が裁判官に心を開いて本音を語ってもらう雰囲気をつくる必要があるからです。また、裁判官としても、当事者の「こだわりポイント」を把握しないまま、自分が望ましいと考える和解案を一方的に押し付けようとしても、和解がうまくいくはずがありません。ここは、まず「傾聴」から入るのが基本です。

(4)　何を聴くか

それでは、初回期日の冒頭では、当事者から何を聴けばよいのでしょうか。まず、本人が出席した場合には、まず、紛争の発端や背景事情も含めて本人に言いたいことをまず言ってもらうのがよいでしょう。これにより、本人の気持ちがすっきりして、和解へと気持ちが傾くことが期待できます。たとえば、次の *Example25* のような質問をしてみましょう。

> ❖ *Example25*
> ①　裁判官「本件について、これだけは裁判所に言いたいということはありますか」
> ②　裁判官「どのようにしてこのような紛争になってしまったのか、ご説明いただけますか」

次に、これまで当事者間で和解交渉や示談交渉が行われたことがあるか、ある場合にはその経過はどのようなものだったのかを確認しましょう[85]。これを

85　裁判官が途中で交代した場合には、前任裁判官の下での和解協議についても質問するべきです。このような質問をすると、たとえば、原告は「裁判官から和解金500万円という和解案が示されたが、被告が拒絶したようだ」と述べ、被告は「裁判官から和解金1000万円という和解案が示されたが、原告が拒絶したようだ」と述べるなど、原告と被告とで異なる説明がされる

確認することで、双方の（その時点での）和解案や和解成立の隘路を確認することができ、その後の和解手続の進行や、裁判所和解案の作成等に役立ちます。逆に、これを確認しないで裁判所案を出しても、的外れな案を出したり、ひどい場合には、被告が事前交渉で支払ってもよいと言っていた額すら下回る案を出してしまったりする（たとえば、事前交渉では原告が100万円を請求し、被告が30万円なら支払うといって決裂した事案で、裁判所案として和解金20万円を提示する）ことになりかねません[86]。

　次に、現時点で考えている和解案を尋ねてみましょう。もし本件を和解で解決するとしたら、どのような内容が考えられるかと聴いてみるわけです。もちろん、初回期日では当事者も検討が進んでおらず、「相手方（または裁判所）から案が示されれば考える」という回答をされることも少なくありませんが、具体的な案や和解の方向性が示されることもあります。その場合、金額だけでなく、「〇〇してもらえれば△△円支払ってもよい」といった、附随的な希望条件が述べられることもあるので、当事者の「こだわりポイント」を把握することができ、有益です。

(5) どう聴くか

　それでは、前記(4)の各事項について、どのように聴けばよいでしょうか。ここでは、本人が出席した場合を念頭に、いくつかの留意点を挙げておきます（傾聴のための具体的技法については、後記Vを参照してください）。

　まず、当事者、特に本人から話を聴く場合、その心理をよく理解することが大切です。一般に当事者は、自分の言い分を十分に聴いてもらうことを強く望んでいると思われます。したがって、当事者が、争点とはあまり関係ない背景事情等を長々と述べ出したからといって、それを頭から制限すると、当事者が裁判官に心を開いてくれなくなるおそれがあるので、得策ではありません。

　逆に、口下手な当事者に対しては、積極的に話し掛け、できる限り話しやすい雰囲気をつくる必要があるでしょう。言いたいことがうまく表現できない当

ことが少なくありません。前任裁判官が原告と被告に違う和解案を示していたのか、それともどちらかが記憶違いをしているのか定かではありませんが、こうした食違いがあっても、どちらが真実なのかはわかりませんし（双方とも真実である可能性もあります）、過去の出来事にすぎないのですから、食違いをあえてただすまでもないでしょう。さらにいえば、上記の例のように、双方とも「前任裁判官からは、自分に厳しい和解案が示された」と思っていれば、後任裁判官としては、たとえば700万円の案を出せば、原告も被告も「前任裁判官の和解案よりは得だ」と考えてくれますので、あえて食違いをただすメリットもありません。

86　田中敦・実践198〜199頁〔濵本章子〕、564頁〔齋藤聡発言〕参照。

事者に対して、話を遮って「要するにこういうことですか？」などと述べて一方的にまとめようとすることは、望ましい結果を生みません。和解手続を主宰する裁判官としては、こうした当事者からも話を聴き出す粘り強さが必要です。

陳述書など記録に出ている資料に書いてあることでも、重要なことは、本人の口から聴いてみるとよいでしょう。陳述書などは、代理人のフィルターを経ているので、必ずしも本人の真意を正確に反映していないこともありますし、陳述書に書いていないものの重要な背景事情がわかることもあるからです[87]。

勝ち筋の側の代理人が、本人を同行してきた場合、個別面接の場でも、本人が同席していると、代理人の本音が聴けないことがあります。たとえば、勝ち筋の原告代理人が原告本人を同行してきた場合に、「原告側でも多少の譲歩はできませんか」などと尋ねても、代理人は、本人の手前、弱気なことは言えず、「譲歩の余地はありません。相手方が応じられないなら、判決で結構です」と、けんもほろろの対応をすることが少なくありません。このような場合は、了解をとったうえで、本人を退室させて、代理人とだけで話をすると、代理人が考えている落としどころが探れたりするので、その後の手続進行を検討するのに有益です[88]。もし、期日で本人を退席させるのが難しそうであれば、期日終了後に代理人に電話等で探りを入れてみることも考えられます。

期日での当事者の話は、しっかりとメモを取って残しておくことが重要です。メモを取ることは、後の記憶喚起にも役立つだけでなく、当事者に、「この裁判官は、私の話を真摯に聴いてくれている」と思ってもらえるという効果も期待できます[89]（もちろん、聴いているふりをしているだけではすぐ見破られてしまうので、単なるポーズに終始することのないようにしましょう）。

当事者に対し、どのような和解案や和解の方向性を考えているか等を尋ねる際に、いきなり「いくらなら払えますか」などと、特定の内容での和解が前提であるかのような質問の仕方をしてしまうと、当事者の思考がその範囲に限定され、本音が聴き出せないおそれがありますし、場合によっては、「なぜ私が金を払わなければならないのだ！」などと当事者が心情を害してしまうおそれもあります。そこで、和解手続の序盤では、次の**Example26**のように、オープン・クエスチョン（「はい」「いいえ」で答えられない質問。詳しくは下記Ⅴ3⑵

87　草野・和解の技術299頁参照。
88　瀬木・要論308頁参照。
89　今井・動かす85頁には、調停委員がメモを取らずに当事者の話を聞いていたら、当事者から「あんな人の調停は受け入れられない」と言われてしまったエピソードが紹介されています。

第5章　和解の技法

を参照してください）を活用するとよいでしょう。

❖ *Example26*
①　裁判官「あなたとしては、この紛争を最終的にどのように解決したいのでしょうか」
②　裁判官「あなたが今お住まいの建物を立ち退くかどうかが問題となりそうですが、その点について、どのような解決を望まれているのでしょうか」

　そして、当事者の説明が一通り終わったら、次の*Example27*のように、ほかにも伝え忘れていることがないかを包括的に確認する質問をしてみるとよいでしょう。当事者が重要な情報を伝え忘れている場合もありますし、和解案に盛り込むような内容でなくとも、和解協議を進めるにあたって重要な情報が聞けることもあります。

❖ *Example27*
①　裁判官「ほかにはありますか」
②　裁判官「ほかに裁判所がうかがっておいたほうがよいことはありますか」

4　裁判官からの発問・投げ掛け

　当事者から和解に対する意見や希望が述べられた場合には、次に裁判官がこれを掘り下げていく必要があります。そのためには、裁判官から当事者に、種々の発問や投げ掛けを行っていくことになります。

(1)　具体的な和解案が示された場合

ア　和解案について質問する

　個別面接の場で一方当事者から具体的な和解案が示された場合、つい「わかりました。それでは、この案を原告に伝えてみますね」と、すぐに当事者を交代させてしまうことがあります。しかし、当事者から示された和解案をそのまま反対当事者に伝えるのでは、単なるメッセンジャーと変わりありませんが、和解手続を主宰する裁判官は、これでは務まりません。一方当事者から和解案

156

の提示があった場合でも、反対当事者から当然に出てくることが予想される疑問点は、あらかじめ拾い上げてつぶしておかないと、何度も当事者を交代させることになってしまうからです。

　このような確認しておくべき「疑問点」としては、次のようなものが挙げられます。これらをすべて必ず確認しておかなければならないというわけではありませんが、反対当事者から質問が予想される項目はあらかじめ確認しておくと、二度手間を避けることができます。

〔和解案を示した当事者に確認すべき事項〕

①　和解案の理由

②　和解金額や条件の算定根拠

③　和解条件（履行時期や履行方法）

④　その他よく問題となる条項（口外禁止条項等）の有無

(ア)　和解案の理由（上記①）

　まずは、その和解案での解決を望む理由を尋ねてみましょう。提示された和解案が反対当事者にも受け入れ可能なレベルのものであれば、あえて確認する必要はないでしょうが、金額が余りに低いなど、裁判官の予測とも大きく外れていた場合には、その理由（考え方）を確認しておく必要があります。通常は、和解案とともに当事者から説明があるでしょうが、説明がなければ、裁判官から当事者に、たとえば「原告の請求額とはだいぶかけ離れていますが、このような額を提示された理由についてご説明いただけますか」などと確認すべきです。その結果、「当方が負けるとは思っていないので、払うとしてもごくわずかである」「ある程度の支払をしなければならないことはわかっているが、資力がない」などと理由の説明があれば、それを踏まえて今後の和解協議の方針を考えることになります。

　裁判官が和解案を示した当事者に、「なぜそのような希望をされるのですか」「なぜその額なのですか」「その土地を何のために使うのですか」などと動機や背景事情にまで立ち入って聴いてみると、今後の調整に役立つことがあります[90]。このことを示す有名な寓話として「オレンジをめぐる姉妹の争い」があります[91]。ある姉妹が、1個のオレンジをめぐって、どちらも「私が欲しい」

90　草野・和解の技術299頁参照。

第5章　和解の技法

と喧嘩したため、オレンジを半分に分けることで折り合いがついたものの、実は、姉は「中身を食べたい（皮はいらない）」と思っており、妹は「皮でケーキを作りたい（中身はいらない）」と思っていたというものです。もし、姉妹が、「なぜオレンジが欲しいのか」と、互いの動機を語り合っていれば、「姉は中身を取得し、妹は皮を取得する」という Win–Win の解決ができたはずです。訴訟上の和解で、これほど単純な事例はあまり多くはありませんが、ちょっと意外な和解案が提示されたり、裁判官には些細とも思える条件に当事者が固執している場合には、その理由を尋ねてみましょう。きっと新たな糸口が見つかるはずです。次の **Episode 7** と **Episode 8** は、裁判官が当事者に掘り下げた質問をしたことで、よい和解案にたどり着いたという例です[92]。

Episode 7

　原告は、被告と共有している土地について、共有物分割訴訟を提起した。被告は「この土地を単独で取得したい」というが、代償金を支払う当てがない。そこで裁判官は、被告に、「なぜ単独取得を希望するのか」と理由を聴いててみたところ、被告は、「土地の上に賃貸用マンションを建てて賃料収入を得たい」と答えた。そこで、裁判官は、「それだったら原告と協力して、分割しないで土地全部を使ってマンションを建てたほうがよいではないか」と提案した。

Episode 8

　原告と被告は、隣人同士で、長年平穏な状態にあったのに、ある日突然、原告が被告に境界確定訴訟を提起した。裁判官は、「長年安定した隣人関係にあったのに、突然訴訟になったからには、真の狙いが別にあるはずだ」と考え、原告の言い分をよく聴いたところ、原告の不満の根底には、被告が毎日引くピアノの音がうるさいという不満があることに気付いた。そこで、裁判官は、双方に、「被告は、夜8時以降はピアノを弾かないことを約束してはどうか」と提案した。

91　ハーバード流交渉術103頁参照。
92　Episode 7 は草野・和解の技術299頁に、Episode 8 は草野・技術論64〜65頁に紹介されているエピソードです。

㈠　和解金額や条件の算定根拠（上記②）

次に、金額が何らかの計算をした結果出てくるものであれば、その算定根拠を確認してみましょう。不法行為に基づく損害賠償請求事件であれば、治療費、傷害慰謝料、休業損害、後遺障害慰謝料、後遺障害逸失利益等の内訳や計算式を明らかにしてもらうことになります。

㈡　和解条件（上記③）

金銭の支払など一定の給付を内容とする和解案については、具体的な和解条件、つまり履行時期や履行方法を必ず確認しておく必要があります。一括か分割か、分割の場合は具体的な支払方法（月額〇円の〇回払等）を確認しておかないと、和解協議の終盤になって、実は被告は分割払を、原告は一括払いを念頭に協議していたことが判明して、和解協議がこじれてしまうこともあり得ます。

また、当事者が、謝罪条項や口外禁止条項等の道義条項（第3章Ⅱ2⑵参照）を入れることを希望してきた場合には、その具体的な文言まで考えているのかを確認しておきましょう（一口に「謝罪条項」といっても、文字どおり「〇〇について謝罪の意を表する。」といったものから、「遺憾の意を表する。」までさまざまなものがあり得ます）。

当事者から示された和解案の履行可能性に疑問を感じる場合は、念のためその点を確認しておくべきです。和解金を支払う旨の提案がされたものの、記録に現れた情報に照らすと支払能力に疑問があるような場合には、支払原資についても確認したほうがよいでしょう。そのような和解案を示された相手方も、当然支払能力に疑問を抱くはずだからです。次の**_Example28_**を見てみましょう。

❖ _Example28_

　被告（会社）が和解金1000万円を一括で支払うとの和解案を提示したが、裁判官は、被告の資力に疑問を抱き、被告に質問をした。

裁判官「和解金として1000万円を一括で支払うとのご提案ですが、記録を見ると、被告は、従業員への給料も度々遅配しているようですね。和解金の支払については間違いないとお聞きしてよろしいのでしょうか。原告も同じような懸念をもつのではないかと思われるので、失礼かもしれませんが、あらかじめお聞きしておきたいのですが」

(エ)　その他よく問題となる条項（口外禁止条項等）の有無（上記④）

その他、事案の類型等からしてよく問題となる条項があれば、そうした条項を希望しないのかどうかを確認するとよいでしょう。たとえば、口外禁止条項が入ってもおかしくないような事案なのに口外禁止条項が和解案に入っていない場合には、次の***Example29***のように、積極的に確認してみるとよいでしょう。

❖ ***Example29***

裁判官「念のためお聞きしますが、口外禁止条項は特に希望しないということでよろしいですか」

当初、和解金額についてのみ希望を述べていた当事者が、和解金額について合意がまとまったとたんに口外禁止条項を持ち出して、協議が紛糾することもありますので、そうしたトラブルの芽を事前に摘んでおくのです。

もっとも、些末な条件については、大きな条件を固めてから詰めればよいので、和解協議の序盤で取り上げる必要がないことも少なくありません。たとえば、建物明渡請求事件で、被告（賃借人）から、「立退きを了承するが、立退料として○万円の支払を希望する」との和解案が提示された場合、いつ立ち退くかは原告（賃貸人）としても重大な関心を有しているので、上記提示の時点で確認しておくべきですが、明渡しの際の原状回復の要否や保証金（敷金）の返還については、当事者がこだわるのでない限り、立退きの時期や立退料についておおむね合意ができてから詰めても遅くはないことが多いと思われます。

なお、訴訟上の和解が成立すると判決と同じ効力があるので、本人訴訟では、和解金を支払う約束をする以上は、支払わないと直ちに強制執行を受ける可能性があることを念押ししておくとよいでしょう。

イ　和解案を反対当事者にそのまま伝えるべきか

当事者から最初に提示される和解案は、裁判官が想定する「着地点（落としどころ）」とは隔たりがあったり、反対当事者がすんなり承諾するのは難しいような内容であったりすることが多いものと思われます。そのような和解案でも、それまでの訴訟進行等に照らして合理的な範囲に収まっていれば、これを反対当事者に伝えて検討を依頼してみましょう。反対当事者が和解案を受け入れないことが予想される場合でも、いったんは伝えてみるのがよいでしょう。そうしないと、「裁判官は反対当事者の味方ではないか」と不信感をもたれる

おそれもありますし、当事者の中には、多少の不合理や理不尽さは受け入れて
早期に和解したいという人もいるからです。ただし、その場合でも、たとえば、
次の*Example30*のような説明をして、再考してもらう可能性が高い旨あらか
じめ釘を刺しておくとよいでしょう。

❖ *Example30*

裁判官「(被告に対し)今回、被告から提案していただいた案は、原告の請
　　求額はもちろん、先ほどご説明した裁判所の心証からしても、原告に
　　受け入れてもらうよう説得するのは、かなりハードルが高そうです。
　　原告が受け入れなかった場合には、もう一度和解案を練り直してもら
　　うことになりますので、その点はあらかじめお含みおきください」

さらに、反対当事者にこのような和解案を伝える際には、たとえば、次の
*Example31*のように一言添えて、裁判官も、このような和解案を軸に調整を
するつもりはないことをそれとなく伝えましょう(そうしないと「裁判官もこん
な非常識な案が妥当だと思っているのか」などと裁判官の見識を疑われかねません)。

❖ *Example31*

裁判官「(原告に対し)被告からの和解案は、和解金120万円を月10万円ず
　　つの12回払いで支払うというものでした。裁判所も、この案では原告
　　が受け入れないと思うと伝えてはみたのですが、まずは原告に伝えて
　　ほしいという強い要望でしたので、お伝えする次第です」

予想どおり反対当事者がこの和解案を拒絶した場合には、この和解案を提案
した当事者にその旨を伝えるとともに、たとえば、次の*Example32*のように、
裁判官が考える目安や方向性を示唆してみることも考えられます。

❖ *Example32*

裁判官「(被告に対し)先ほどのご提案は、残念ながら原告には受け入れて
　　もらえませんでした。原告の話しぶりからすると、最低でも500万円
　　は支払ってもらわないと、およそ和解の土俵には乗らないと思います
　　よ」

第5章　和解の技法

ウ　和解案を再考してもらうべき場合

　他方で、当事者から提示された和解案が極端なものであって、当事者間の人的関係等に照らし、その和解案を伝えてしまうと、当事者間の感情的対立が激化し、その後の和解協議に支障を来すことが予想される場合もあるでしょう。そのような場合には、これを反対当事者に伝えることは控え、再考を促すとよいでしょう[93]（そもそもこのような極端な和解案を提示する当事者は、それが通らないことをわかっていながら、作戦としてあえて案を提示している可能性もあります）。その場合、当然のことですが、反対当事者には、この和解案を伝えてはいけません。

　もっとも、極端な和解案を提示した当事者が、裁判官の説得にもかかわらず和解案を撤回・修正しようとしない場合には、そのままこれを反対当事者に伝えるか、伝えずに別の道を探るかを決断しなければなりません。反対当事者に伝える場合の伝え方については、後記5(6)を参照してください。一方、「別の道」としては、①「裁判所が進行について考える時間が欲しい」などと述べていったん冷却期間を置く、②裁判官から和解案を示す、③和解を打ち切る等の方法が考えられます。いずれにせよ、このような厳しい和解案が一方当事者から示された場合、裁判官は単なるメッセンジャーにならないように注意しましょう。

　場合によっては、ほかの条件についてはほぼ合意がまとまっており、問題の条項を反対当事者が受け入れれば和解が成立するということもあるでしょうが、裁判官が一方当事者が提案した不合理な和解案を反対当事者に受け入れるよう働き掛けることとなれば、反対当事者の信頼を失うことになるので、避けるべきです。

エ　当事者の本音を探る

　当事者から示された和解案と裁判官が事前に想定した「着地点（落としどころ）」にずれがある場合には、「裁判所限りということでお聞きしますが」などと断ったうえで、どこまでなら譲歩できるか本音ベースの案を探ってみるとよいでしょう。たとえば、次の**Example33**のような質問が考えられます。

93　なお、このような提案がされると、裁判官としても、「このような非常識な提案をしてくることからすると、和解の見込みはなさそうだ」とつい即断してしまいがちですが、代理人がついている事案では、代理人は、依頼者の手前、少なくとも一度は依頼者の意向に沿った提案を出さざるを得ないことも少なくありません。したがって、裁判官としても、まずは、このような提案を受けても慌てずに、「当事者（依頼者）を説得する方法を代理人と一緒に考えてみよう」という気持ちで戦略を考えてみるとよいでしょう。

IV 和解の期日の運営──各論── 4 裁判官からの発問・投げ掛け

> ❖ **Example33**
> ① 裁判官「(被告に対し)裁判所限りでお聞きしますが、いくらまでなら払えますか」
> ② 裁判官「(原告に対し)裁判所限りでお聞きしますが、いくらまでなら譲歩できますか」

これに対し、次の**Example34**のように、具体的な金額を挙げて質問をすることも考えられます。

> ❖ **Example34**
> 裁判官「(被告に対し)裁判所限りでお聞きしますが、たとえば300万円なら払えますか」

この場合、特に和解協議の序盤では、裁判官が着地点(落としどころ)と考える数字(たとえば200万円)よりも少し厳しめの数字(300万円)を挙げておくと、当事者に危機感をもたせることができ、その後の和解交渉がスムーズに進むことが期待できます(ただし、余りに非常識な数字を挙げると、裁判官に対する信頼が失われるおそれもありますので、目標額から大きくかけ離れた数字を挙げることは避けるべきです)。

もちろん、裁判官からのこうした質問に対し、当事者が本当の最低ラインを直ちに明かしてくれることはめったにないでしょうが、それでも「当方からは、現時点の和解案としては100万円を提示しているところですが、代理人としては、200万円までであれば、本人を説得できると思います」「代理人としては、200万円あたりが穏当なところではないかと思っています」などと、現和解案よりもさらに譲歩した金額を教えてもらえることも少なくありません。このような金額が出てくるということは、代理人としては本人を説得できる自信があると見てよいことが多いと思われます(残念ながら泥船のこともありますが)。そのような示唆が得られた場合には、その内容(いわば「折りしろ」)は、当面は裁判官の頭の中に入れておくにとどめ、今後の和解協議の進め方を検討する際の参考にしましょう。「折りしろ」を反対当事者に伝えてしまうと、それがスタートラインになってしまい、せっかく本音ベースで腹案を明らかにしてくれた当事者に更なる譲歩を余儀なくさせることになりかねません(下記5(5)参

163

照）。

(2) 抽象的な和解の方向性が述べられた場合

　当事者から和解についての意見や意向を聴いたところ、「ある程度の支払は
してもらいたいと思っていますが、具体的な金額まではまだ考えていません」
などと、抽象的な希望や意向が述べられるにとどまることもあります。そのよ
うな答えであっても、当事者の「こだわりポイント」、つまり何にこだわって
いるのか、何を重視しているのかを知ることができ、その後の和解運営に役立
ちます。

　とはいえ、抽象的な意見や希望を聴き出しただけでは和解協議は進みません。
このような場合の対応としては、たとえば、原告から上記のような抽象的な希
望が述べられた場合、①原告にもっと具体的な案を検討するよう依頼する、②
原告の希望を被告に伝えて反応を見る、③被告から和解案を提示してもらう、
といったものが考えられます。

(3) 次回までに考えたいと述べられた場合

　裁判官が和解に向けた考えを聴いたところ、当事者が、「本日の時点では、
具体的な和解の検討はできていません。次回までに検討したいと思います」と
述べることがあります。この場合は、その旨反対当事者に伝え、反対当事者が
「およそ和解の意向はない」などと述べない限りは、期日を続行すればよいで
しょう。

(4) 和解の意向はないと述べられた場合

　裁判官が和解についての考えを尋ねたところ、当事者が、「和解の意向はない」
「和解する気はない」などと、和解自体を拒絶することがあります。また、和
解の意向はあっても、「金銭を支払う内容での和解はできない」「満額を支払っ
てもらえるなら和解するが、そうでないなら和解はできない」などと、ほとん
ど譲歩の姿勢を見せないこともあります。裁判官の中には、こうした反応を受
けると、どうしたらよいのかわからず頭が真っ白になってしまってしまい、つ
い「それでは和解は無理ですね」などと、和解を打ち切る方向にいきなり舵を
切ってしまう人もいるかもしれません。

　こうした反応が当事者から示された場合には、すぐに和解を打ち切るのでは
なく、まずはその理由を尋ねてみましょう。おそらく、当事者からは、「当方

が勝訴できると思っているので、譲歩する必要がないと思っているからです」
「判決で白黒をつけてもらいたいと思っているからです」「こちらが譲歩するの
は感情的に納得できないからです」「和解するというのは、仲直りしろというこ
とですよね。あんな人とは、仲直りなんかしたくありません」「和解したく
ても和解金を支払うお金がないのです」などといった理由が述べられるでしょ
う。こうした理由が述べられれば、それ自体が和解に向けた糸口になります。
この理由をうまくクリアすることができれば、和解に向けた障害はなくなるは
ずだからです。裁判官としては、当事者が和解を拒絶する理由をよく踏まえ、
それに応じた説得を試みる必要があります（説得の具体的な方法については、後
記VIを参照してください）。

　そもそも和解協議自体を拒絶している当事者や、ほとんど譲歩する姿勢を見
せない当事者に検討を促すには、まず当該当事者に、和解協議に応じてみよう
という気持ちになってもらうことが重要です。そのためには、当事者の話を傾
聴し、まずはその言い分を受け入れる（受容する）ことが大切です。そのうえで、
当事者に和解に向けた具体的検討の一歩を踏み出してもらう必要があります。
その方法の一つとして、「仮に和解するとしたら」「仮に支払うとしたら」等の、
仮定の質問を投げ掛けるというやり方があります。次の*Example35*を見てみ
ましょう。

❖ *Example35*
①　裁判官「和解など考えられないということですが、仮に和解するとし
　　　　　たら、これだけは譲れないというご希望はありますか」
②　裁判官「仮に支払うとしたら、いくらなら支払ってもいいと考えます
　　　　　か」

　これでも動かない当事者に対しては、、具体的な金額を「たとえば」の数字
で示すことで、具体的な検討へと導いてみましょう。この場合には、裁判官が
考えている「着地点（落としどころ）」はいったん脇に置いて、当事者に「そん
な金額でもいいのか」と思ってもらえるような額を示すことです。つまり、原
告に対してはかなり高めの金額を挙げ、被告に対しては、次の*Example36*の
ように、かなり低めの金額を挙げることになります。この質問に当事者が乗っ
てくれば、それは「金額次第では和解してもよい」というメッセージです。ぜ
ひ和解協議を続行して、双方の調整を試みてみましょう。

第5章　和解の技法

❖ *Example36*

　原告が被告に1000万円を請求している事件で、被告が和解協議自体を拒絶している。

被　　告「こちらが支払う和解は考えていません」

裁判官「たとえば、原告が数十万でもいいから払ってくれれば和解すると言ってきたらどうですか。それでも和解しないのですか」

　逆に、避けなければならないのは、当事者に和解を拒絶する方向での決断を促すような発問をすることです。たとえば、「和解する気がないというのなら、和解は打ち切って判決にしますよ」などと、和解を打ち切る方向の発問をすると、それがいわば誘導尋問になって、「はい、わかりました」「打ち切りで結構です」などと、和解打ち切りを駄目押しされてしまうことにもなりかねません。したがって、和解協議を続けようと思うのなら、和解を打ち切る方向での発問は避けて、次の *Example37* のように、和解協議を続行する方向での発問をするとよいでしょう。

❖ *Example37*

① 裁判官「和解する気がないというのなら、和解は打ち切って判決にせざるを得ないのですが、それではこの事案の解決としては、望ましくないのではないでしょうか」

② 裁判官「和解する気がないということですが、それでは残念な結果になってしまうと感じています。もう少し一緒に考えてみませんか」

　和解を拒絶する当事者の中には、「お金の問題ではない」「お金が欲しいのではない」などと言う人もいます。もっとも、このような発言をする当事者の本音としては、「お金だけの問題ではない」ということが少なくないので、真意がどこにあるのか見極めたうえで、説得に努めることが必要です[94]。たとえば、次の *Example38* のようなやり取りをしてみることが考えられます。

94　田中敦・実践145頁注17〔宮﨑朋紀〕参照。

❖ *Example38*

原　告「お金なんてどうでもいいんです。お金の問題ではないと思っています」

裁判官「お金の問題ではない、と。そうすると、原告としては、何が重要だとお考えですか」

原　告「やっぱり被告にはちゃんと謝ってほしいんです。被告は、こんなひどいことを私にしておきながら、これまで一度も謝ったことがないんです。それが許せないんです」

裁判官「謝ってほしい、と。そうすると、たとえば、被告があなたの面前で、『申し訳ありませんでした』と謝罪すれば、もうお金はいらない。そういうことになるのでしょうか」

原　告「そんなことはありません。被告のせいで、私はこんなに損害を被っているんですから、それはちゃんと賠償するのが当然だと思います」

(5)　留意点

ア　相手方に伝えてよい情報かどうか確認すること

　個別面接の場で当事者から話を聴くと、さまざまな情報を得ることができますが、こうした情報の中には、当事者が「相手方には伝えてほしくない」と思っているものが含まれていることが少なくありません。そこで、ひととおり話を聞き終わったら、そのような情報が含まれていないか確認するとよいでしょう。たとえば、次の*Example39*のような質問が考えられます。

❖ *Example39*

①　裁判官「今お聞きしたお話の中で、相手方に伝えてもらっては困るようなものはありますか」

②　裁判官「今お聞きした○○の点は、相手方に伝えても差し支えありませんか」

イ　都合のよい情報を吹き込む当事者に注意すること

当事者の中には、個別面接の際に、反対当事者がいないことをいいことに、

第 5 章　和解の技法

裁判官に対し、自分の都合のよいことを吹き込もうとする人もいます[95]。こうした当事者は、個別面接の場で、裁判官に対し、「実は、本件の背景事情としてこんなことがありまして……」などと、記録にも現れていない情報を語り出すのです。それが、単なる感情の吐露の一環であれば、傾聴に努めて感情を発散させるようにすればよいでしょう。そうではなく、心証に影響を与えるような事実関係や証拠に関する説明である場合には、当然のことですが、裁判官は、そのような話を真に受けてはなりません。このような場合には、反対当事者に反論の機会を与えるため、準備書面や書証を提出するよう促すべきです。当事者が「それはできない」と準備書面の提出等を拒絶したら、裁判官としては、きっぱりと「そのような説明を前提とした和解を進めることはできません」と宣言すべきです[96]。

　もっとも、そこまでの大きな話でなければ、「今の話は、原告にも伝えて確認してもよいですか」と断ったうえで、反対当事者との面接時に確認することでも足りるでしょう。避けなければならないのは、そうした記録にも現れていない情報をめぐって、当事者と議論になることです。記録外の情報をめぐって議論になれば、圧倒的に豊富な情報量をもっている当事者のほうが有利であることは、火を見るより明らかであって、完全に当事者のペースに引き込まれてしまいます。そこで、「そういう事情があったのですか。相手方にも確認してみますね」「あなたとしては、そういう認識なのですね」等の軽い返答をして、深入りしないようにしましょう[97]。次の *Example40* は、当事者が裁判官に都合のよい情報を吹き込もうとしたのに対し、裁判官がうまく対処でなかった「悪い例」と、上手に対処した「よい例」です。

❖ *Example40*
　原告（注文主）が、被告（請負人）との間で一戸建て住宅の建築を目的とする請負契約を締結したところ、完成した建物に契約不適合（瑕疵）が

95　当事者の中には、和解をするつもりがないのに、そのような吹込みをすることだけを目的に和解協議に応じる者もいないわけではありません（浅沼ほか・和解㈡94頁〔小林宏也発言〕参照）。
96　田中敦・実践24頁〔德岡由美子〕参照。
97　この点は、訴訟上の和解と調停との大きな違いといえるかもしれません。訴訟では、対審構造の下、当事者の主張立証は書面でされることがほとんどですが、調停では、当事者の言い分が書面化されていることは少なく、口頭での事情聴取が大きなウエイトを占めているため、当事者が語り出した事実関係を簡単に「それは関係ありません」と切り捨てることは、訴訟と比べると困難であることが多いと思われます。

あったとして、被告に対し、修補に代わる損害賠償を求める訴訟を提起した。裁判官は、被告に賠償責任があるとの心証を抱き、被告に和解金を支払うよう説得を試みている。

裁判官「これだけいろいろな不具合があると、原告もさぞかし困っていると思うんです。特に、雨漏りがひどいので、おそらく原告はこの家には住めないんじゃないでしょうか」

被　告「そんなことないですよ。原告は、今でも平気でこの家に住んでいるんです。私は、近所に住んでいるからわかります。夜も、しょっちゅう明かりがついていますよ」

【悪い例】

裁判官「夜明かりがついているからといって、住んでいるとは限らないんじゃないですか」

被　告「原告がスーパーで食料品やら何やらを買って、あの家に家族と一緒に帰宅するところだって、何度も見ましたよ。一度現場を見ればわかりますよ」

裁判官「……」

【よい例】

裁判官「あなたが目撃した範囲では、原告はこの家に住んでいるだろう、と思われるようなことが何度かあったのですね。この点は、必要があれば原告に聞いてみましょう」

被　告「よろしくお願いします」

（原告との面接を済ませ、再び被告との面接）

裁判官「先ほどの話を原告に確認したところ、仕事の関係の荷物をあの家に保管しているため、時々出入りはしているが、住んではいないということでしたよ」

被　告「そんなはずはないんだけどなあ……」

裁判官「いずれにせよ、裁判所としては、かなりの不具合がある建物なので、原告もある程度まとまった金額の支払がないと、和解する気にはなれないと思うんです。そこで、……」

　個別面接の場では、一方当事者から、自分の要求が正当なものであることを基礎付ける事情として、反対当事者の資力についての情報や認識が示されることがあります。たとえば、原告が「被告はだいぶ資産があるようだ。だから被

第5章　和解の技法

告はもっと和解金を出せるはずだ」との話がされたり、逆に、被告から「原告は資金繰りに苦労しているようだ。だから原告は和解金を吹っかけているのだ」という話を聴かされたりするような場合です。

　こうした情報を一方当事者から聴かされても、多くの場合は、単に聞き流すだけで済む場合が多いでしょうが、場合によっては、それが真実なのか、それとも和解協議を有利に進めるための戦略なのかを慎重に見極める必要が生じることもあるでしょう。そのような場合は、まずは、こうした情報を話してきた当事者に、「何か根拠でもあるのですか」と尋ねてみましょう。具体的な事実やエピソードが語られた場合には、それなりに確度の高い情報である可能性があります。これに対し、具体的な根拠が示されない場合には、情報の信頼性も低いといえましょう。

　それなりに具体的な根拠が示された場合には、反対当事者にも情報の真偽を確認すると、より情報の正確性を担保できるでしょうが、こうした情報の真偽をストレートに反対当事者に確認すると、その感情を害してしまうおそれもあります[98]。そこで、そのような懸念がある場合には、たとえば、次の**Example41**のように、裁判官の考えや印象を話す形で探りを入れてみたり、雑談を装って状況を確認してみたりして、相手方との面接の際にそれとなく情報の裏をとるとよいでしょう。こうした作業の結果、その情報が正確なものである可能性が高い場合には、その情報を踏まえて和解協議の進め方や和解案を検討する必要があります。

❖ *Example41*
① 裁判官「（原告に対し）ところで、記録を拝見していて何となく感じている印象なのですが、原告の商売は必ずしも芳しくないようにも見受けられるのですが……」
② 裁判官「（原告に対し）ところで、原告のお店の経営状態はいかがですか」

　いずれにせよ、重要なのは、個別面接の場で一方当事者からもたらされる情報に惑わされないことです。

98　中には、「ここだけの話ですが」「原告（被告）には内緒にしておいてほしいのですが」などと断りを入れたうえで、こうした情報を裁判官に吹き込もうとしようとする狡猾な当事者もいます。

5 反対当事者との面接

(1) はじめに

　一方当事者から話を聴いたら、次は反対当事者との面接になります。まず、反対当事者を長時間待たせてしまった場合には、次の*Example42*のように、そのことを謝罪したうえで、差しさわりのない範囲でその理由を簡潔に説明するとよいでしょう。

> ❖ *Example42*
> 裁判官「（被告に対し）長らくお待たせして申し訳ありませんでした。今日は原告側が本人もお越しになっていたので、裁判所の考えを説明しようとしたところ、ご本人からいろいろと質問や反論を受けてしまい、その説明や説得に時間がかかってしまいました」

　反対当事者との面接についても、①これまでの和解交渉の状況、②和解案や方向性（理由も含む）を聴取し、③必要に応じて発問や投げ掛けを行うことが基本となります。併せて、④一方当事者から和解案や方向性の提案があれば、（不適切なものでなければ）それを伝え、必要に応じて説得を試みることになります。まず、一方当事者の和解案や方向性を伝えるやり方もありますが、その場合、相手方の和解案を聞いた当事者が感情的になってしまい、和解希望等を聴こうとしてもうまくいかなくなってしまうことがありますので、やはりここでも「傾聴」から入るのがよいでしょう。

(2) 情報のコントロール

　いずれにせよ、交互面接方式においては、一方当事者から聴取した情報をどこまで反対当事者に伝えるか、裁判官の心証をどこまで開示するかが和解の成否のカギを握ります。「情報のコントロール」が、交互面接方式における裁判官の有力な武器の一つであるといってよいでしょう[99]。その基本的なスタンスは、相手方の態度または和解や判決の見通しについて（嘘にならない範囲で）厳しめの見解を伝え、当事者に、「もっと譲歩しなければいけないな」と思っ

99　このことを調停手続について述べたものとして小久保・技法48頁参照。

第5章　和解の技法

てもらうことです。

　まずは、簡単な例を見てみましょう。次の***Example43***は、双方から和解金額を出し合うという和解交渉が行われている場合における裁判官の説明例です。

❖ *Example43*

　裁判官は、まず被告から和解希望を聴取したところ、被告から「和解金300万円を支払う」との提案がされた。次に、裁判官が、原告にこの被告案を伝えたところ、原告は、「和解金1000万円を支払ってほしい」と述べた。そこで、裁判官は、再び被告と面接した。

1　被告との面接

裁判官「原告からは、和解金1000万円の提案がありました。いかがでしょうか」

被　告「とてもそんな大金は払えません」

裁判官「やはりそうですか。被告のお立場からすれば、1000万円という金額は高額に過ぎるということですね。とはいえ、このままでは和解にはなりません。被告においても、もっと和解金額を上げることはできないのでしょうか」

被　告「それでは、500万円までなら出しましょう」

2　原告との面接

裁判官「原告の和解案をお伝えしたところ、1000万円を支払うのは無理であるという回答でした。そこで、被告にもっと増額するよう検討をお願いしたところ、500万円までなら出すと言ってきました。個人的には、かなり頑張ってくれた金額であると思っており、これ以上の増額は難しいかもしれません。いかがでしょうか」

原　告「うーん、そうですか……。原告としても、1000万円でなければ和解しないというつもりはないのですが……。次回までに検討させてください」

裁判官「よろしくお願いします」

　もし***Example43***で、被告が、500万円の提案をする際に「もうこれ以上は出せません」と言ってきた場合には、裁判官としては必ずこの情報は原告に伝えるべきです。そうでないと、原告は「被告はまだまだ譲歩してくるはずだ」と思ってしまい、500万円の提案を拒絶してしまうおそれがあるからです。一方、

172

Example43では、被告がそこまでの発言をしていなかったにもかかわらず、裁判官は、「個人的には」と断りつつ、「これ以上の増額は難しいかもしれない」と、悲観的な、つまり原告にとって厳しめの見方を伝えています。このような発言を添えることで、原告に対し、「これ以上被告に譲歩させるのは難しいかもしれない」と思わせ、適度な金額で折り合おうという気持ちをもってもらうことが期待できるのです。

　同様に、交互面接の場で当事者から、「できるだけ早く和解して和解金をもらわないと、倒産してしまうおそれがあるのです」「実は、本人の体調が思わしくなく、万一の事態になる前に和解を成立させておきたいのです」などと、自らの弱みや窮状を打ち明けられた場合でも、これを安易に反対当事者に伝えることは、当該当事者が望んでいるのでない限りは、避けるべきです。反対当事者は、相手方の弱みを知れば、ますます強気になってしまうからです[100]。

　また、次の***Example44***では、和解金額について、裁判官が、それぞれの当事者に対し、厳しめの見解を伝え、着地点（落としどころ）と考える金額に導こうとしています。

❖ *Example44*

　原告は、被告に対し、1500万円の損害賠償を求める訴訟を提起した。裁判官は、被告が原告に支払う和解金は500万円前後が相当であると考えている。和解協議において、まず裁判官が被告と面接を行ったところ、被告は「200万円なら支払ってもよい」と述べた。次に、裁判官が原告と面接したところ、原告は「1000万円を支払ってもらえるなら和解する」と述べた。そこで、裁判官は、被告との再面接を行った。

　1　被告との再面接

裁判官「原告は、1000万円が支払われれば和解するとのことでした。いかがでしょうか」

被　告「それではとても和解は無理ですね。被告は、資金繰りが厳しく、用意できるお金はそれほどないのです」

裁判官「そうですか。裁判所も、さすがに1000万円では被告が了承しないだろうと思っていました。したがって、原告にはもう少し譲歩しても

100　もっとも、被告が、「資力がないので、和解金は長期分割になる」などと、支払能力や支払方法についての窮状を訴えてきた場合には、これを原告に伝えないことには和解協議になりませんので、原告に伝えて和解条件を検討してもらうことになります。

第5章　和解の技法

らおうと思っていますが、被告が200万円から1円も上げられないというのでは、和解は難しいでしょう。被告のほうでも増額の検討ができないでしょうか」

被　告「裁判官としては、どの程度の金額が和解金として相当だと考えているのでしょうか」

裁判官「そうですね。最低でも500万円以上、できれば700万、800万といった数字が被告から示されれば、原告も納得してくれると思うのですが……」

被　告「700万、800万はさすがに難しそうですが、どこまで頑張れるか検討してみます」

2　原告との再面接

裁判官「被告に、原告の和解金1000万円という提案をお伝えしましたが、資金繰りが厳しく、とても支払うことはできない数字だとのことでした。被告には、200万円からさらに増額できないか検討してもらっていますが、これだけ金額が離れていると、原告も、思い切った譲歩をしていただかないと、和解は難しいと思います。被告は、資金繰りが厳しいようなので、頑張っても300万、400万といった提案しかできないかもしれません」

原　告「そうですか。それは困りましたね……。原告としても、もう少し考えてみます」

　この**Example44**では、裁判官の「着地点（落としどころ）」は500万円前後ですが、双方の提案は、これとはかけ離れていました。そこで、双方に、大幅な譲歩（被告には増額、原告には減額）を求めるため、被告に対しては「できれば700万、800万」という、着地点（落としどころ）よりも高めの数字をぶつけ、原告に対しては「頑張っても300万、400万」という、着地点（落としどころ）よりも低めの数字を示しています。このように、双方に「厳しい数字」を伝えておくと、次の和解提案では、双方から、この数字には届かなくても、それに近付く数字が出されることが期待できます。逆に、当初から「着地点（落としどころ）」の数字（500万円）を伝えてしまうと、被告からは500万円よりもかなり低い金額が、原告からは500万円よりもかなり高い金額が示されてしまい、双方を500万円まで引っ張っていくことが極めて困難になることが予想されます。

174

IV　和解の期日の運営——各論——　5　反対当事者との面接

　同じことは、当事者が幅のある数字を提案してきた場合にも当てはまります。たとえば、次の*Example45*のような場合です。

❖ *Example45*

　　1　被告との面接

被　告「被告が原告に100万円を支払うという和解案を提案します」

　　2　原告との面接

原　告「最低でも200〜300万円は支払ってもらわないと、和解できません」

　　3　被告との再面接

裁判官「原告は300万円を提案してきました。もう少し被告のほうでも譲歩できませんか」

被　告「それでは、200万円まで出しましょう」

　　4　原告との再面接

裁判官「被告は200万円なら支払うと言ってきました。どうですか」

原　告「お受けします」

　この*Example45*では、原告は200万円でも和解する意向のようです。しかし、だからといって、裁判官が、被告に対し「原告は200万円でも和解するそうですよ」と伝えてしまうと、被告がいきなり200万円を提示することはまずないでしょう。それどころか、被告は、「原告はもう200万円まで降りてきたか。もっと頑張れば、さらに譲歩が引き出せそうだ」と考え、原告にさらに譲歩を求めることは間違いありません（当事者の中には「相手の言い値で和解するのは嫌だ」と考えている人もいます）。こうなると、原告が「200万円は譲歩できる限界だ。これ以上譲歩できない」と考えていた場合、和解協議が膠着してしまい、まとまるはずの和解が駄目になってしまいます。そこで、このような幅のある数字が当事者から示された場合には、一番厳しい案を反対当事者に伝え、譲歩案については裁判官の頭の中にしまっておき、いざというときのカードとして使うのがよいでしょう。

　また、次の*Example46*は、判決の見通し（心証）について、裁判官が、双方を譲歩させるために、それぞれの当事者ごとに、主張立証の弱点を強調しています。

175

第5章　和解の技法

❖ *Example46*

　原告は、被告に対し、不法行為に基づき2000万円の損害賠償を請求する訴訟を提起した。争点整理が終了し、証拠調べ前の段階で和解協議に入った。裁判官は、どちらかといえば認容の可能性が高いと考えているが、証拠調べの結果次第では心証が揺らぐ可能性もあるし、認容の場合でも、認容額は1500万円を超えることはないだろうとの心証を抱いている。また、控訴審では全く別の判断がされる可能性も3割程度はあると考えている。

1　原告との面接

裁判官「現時点で結論が出ているわけではありませんが、被告にはそれなりの金額を支払ってもらう必要があると考えています。もっとも、本件では○○という間接事実や××という証拠があることからすれば、見方によっては被告の言い分に軍配を上げるという考えも、あながち不合理とは考えられません。また、原告の主張する慰謝料額は、いわゆる赤本基準に照らしても高すぎますし、逸失利益の基礎収入も、原告の年齢等に照らすとセンサスを採用するのは難しく、事故前年の実収入によるべきであると考えます。そうすると、仮に被告に責任があるとしても、認容額は、どんなに高くても1500万円程度であり、過失割合や素因減額の考え方次第では、1000万円を切る可能性もあると考えています」

2　被告との面接

裁判官「現時点で結論が出ているわけではありませんが、本件では△△という間接事実や□□という証拠があることからすれば、現時点の主張立証に照らすと、本件は、かなり被告に分が悪い事案と思われます。慰謝料や逸失利益は被告の主張によるとしても、1500万円は認容すべき事案であり、過失割合や素因減額の考え方次第では、これを上回る認容額になる可能性もあると考えています」

　この*Example46*では、裁判官は、双方に対し、「現時点で結論が出ているわけではない」と断ったうえで、認容方向の心証であることを伝えています。もっとも、この心証と矛盾しない範囲（つまり嘘にならない範囲）で、ニュアンスをだいぶ変えています。被告に対しては、被告の主張立証の弱点を挙げることで、心証どおりに「認容の可能性が高い」というニュアンスを出しています

176

が、原告に対しては、原告の主張立証の弱点を挙げることで、「絶対認容されるとは限らない」というニュアンスを出しています。これは、当事者双方、特に勝ち筋の当事者（*Example46*でいえば原告）にも相応の譲歩をしてもらうための工夫です。これに対し、もし原告に対して、「被告の言い分に軍配を上げるという考え方もあり得なくもないですが、被告にはそれなりの金額を支払ってもらう必要があると考えています」などと説明したら、原告には「勝訴見込みである」というニュアンスが強く伝わることになり、その後の和解協議で原告が大きく譲歩することは期待できないでしょう。

(3) 留意点

このような「ニュアンス」を変えた説明は、交互面接方式における説得には欠かせないものですが[101]、あくまで嘘にならない範囲で行う必要があります。たとえば、*Example46*において、裁判官が、原告に対しては「認容するのは難しい」と説明し、被告に対しては「認容の可能性が高い」と説明するのは、単なる「二枚舌」にすぎず、許されないというべきです。

当事者の中には、たとえば、「裁判所は、相手方に対し、いくらくらいの金額を払ってほしいという話をしているのですか」などと、裁判官と相手方との面接内容について探りを入れてくる人もいます。答えて差し支えない質問であれば率直に説明すればよいでしょうが、上記のような和解の内容に直結するもの（しかも反対当事者には知られたくないもの）であれば、「どこまで払えるか検討してくださいと伝えています」などと返答するにとどめ、手の内を明かさないようにしましょう。

(4) 和解案が着地点（落としどころ）に近い場合

当事者から示された和解案が、裁判官が考える着地点（落としどころ）に近いものであったり、着地点（落としどころ）以上に反対当事者に有利なものであったりした場合には、伝え方に注意が必要です。そのような和解案をすぐに反対当事者に伝えてしまうと、そこが交渉のスタートラインになってしまうか

101　荒井正児ほか『企業訴訟の和解ハンドブック』76頁（中央経済社、2020年）も、裁判官が当事者を説得するために納得が得られやすい説明を行い、その結果言い方や表現ぶりが原告に対するものと被告に対するものとで異なることも当然想定されること、裁判官が原告と被告のそれぞれに問題点を指摘するのは説得の過程で十分にあり得ることであって、合意の成立を目指す以上そのことは避けることができないものであることを指摘しています。

第5章　和解の技法

らです。

　たとえば、原告が被告に500万円を請求している事案で、裁判官は200万円が着地点（落としどころ）だと思って和解交渉に臨んだところ、被告からいきなり200万円の提示があったとしましょう。裁判官がこれをすぐに原告に伝えてしまうと、原告としては、「もっと頑張れば、少なくとも300万円、うまくいけば400万円は取れるはずだ」などと考え、200万円の提案では応じようとしないでしょう。もちろん、そのような「気前の良い」和解案を提示した当事者がその後の上積みも容認しているのであれば、裁判官もこれを相手方にそのまま伝えてもよいでしょう。しかし、実際には、200万円の提案をした被告としては、それ以上の上積みを考えていない（あるいはごくわずかな上積みしか考えていない）ということも少なくありません。

　そこで、まずは和解案を反対当事者に伝えることは控えて、反対当事者からも和解案や方向性を聴取してみるべきです。その結果、上記の例でいえば、原告からも「請求額の半分の250万円は払ってもらいたい」などと、被告の和解案とそう離れていない和解案が提示されればしめたものです。双方からの当初提案が200万円と250万円であれば、金額の一致を見ることは、そう困難なことではないからです。これに対し、原告から「400万円は払ってもらいたい」などと、被告の提案とはかなりかけ離れた和解案が示された場合には、被告の提案額（200万円）を伝えつつ、原告の要求が（裁判官が落としどころと考えるところからしても）過大であることを説明して、大幅な譲歩を求める必要があります。

⑸　当事者から「腹案」が示された場合

　また、和解提案をした当事者が、その提案よりもさらに譲歩した「腹案」があることを明かしてくれることもあります。たとえば、被告が和解金として100万円を提示するとともに、「実は、150万円までなら支払うつもりがあります」とか「もし原告が150万円で和解してくれるなら、依頼者（被告本人）を説得したいと思います」などと述べるような場合です。

　このような場合には、当然のことですが、その腹案を安易に反対当事者に伝えてはなりません。腹案を伝えてしまうと、反対当事者は、それがスタートラインだと認識してしまい、「現段階で150万円までなら支払うというなら、もっと頑張れば200万円くらいは支払ってくれそうだ」などと、そこからさらに譲歩を求めようとするからです。

　したがって、一方当事者から「腹案」を聞かされた裁判官としては、その腹

案は頭の中にしまったうえで、反対当事者と話をする必要があります[102]。なお、その際には、次の*Example47*のように、裁判官個人の見立て（感触）として、反対当事者に厳しめの数字を伝えて更なる譲歩の覚悟をしてもらうことも考えられます。

❖ *Example47*

1　原告との面接

原　告「依頼者とは詰めた話をしているわけではないのですが、ここだけの話、代理人としては、被告から80万円でも支払ってもらえれば、依頼者を説得したいと思っています」

裁判官「わかりました。被告とお話ししてみましょう」

2　被告との面接

裁判官「原告は、詳細な検討は未了だということで、本日は具体的な提案はありませんでしたが、原告とお話しした感触としては、100万円かそれに近い金額であれば、和解に応じられるような雰囲気でした。被告として、それくらいの金額を出すことは可能でしょうか」

被　告「100万円ですか……。ちょっと厳しめですが、考えてみましょう」

この*Example47*では、原告が述べた80万円という数字は、依頼者と詰めた検討をしたうえでの正式な提案額ではないうえ、「ここだけの話」と断ったうえで明かされたものなので、これを被告に伝えることはできません。ただ、原告がそれくらいの数字を念頭に置いていることは、何らかの形で被告に伝えておきたいところです。そうでないと、被告からは、原告の想定額からかけ離れた数字（たとえば20万円、30万円）しか提示されない可能性が高いからです。そこで、裁判官個人の見立て（感触）を伝えることで、被告の検討額を原告の想定額に近付けようとしているのです。その際も、原告が述べた80万円をそのまま伝えてしまうと、そこがスタートラインとなり、被告からは「80万円は無理で

102　ちなみに、その「腹案」が本当に譲歩できる限界なのか、あるいは代理人がその「腹案」について本人を説得できるのかについては、慎重に考える必要があります。実際には、「裁判官に打ち明ける腹案」は、「本当の限界である腹案」とは異なることが少なくないと思われます。また、代理人が「この案で本人を説得したいと思います」と述べる場合には、実際には本人の説得がほぼ済んでいる場合と、そうでなく文字どおり代理人のその場限りでの「思い」や「思いつき」にすぎない場合があります。裁判官としては、こうした可能性を念頭に、事案の性質や代理人の個性等を踏まえながら、臨機応変に対応していくことが求められます。

第5章　和解の技法

すが、60万円は出したいと思います」と、低めの提案がされてしまう可能性が
高いので、あえて「100万円かそれに近い金額」という高めのボール（つまり
厳しめの数字）を伝えて、被告に積極的な譲歩を検討させようとしているのです。
　なお、裁判官が、個人の見立て（感触）だけを告げると、当事者から「相手
方はどのような提示をしていたのですか？」と質問を受けることがあります。
相手方からは具体的な提案がなかった場合や、**Example47**のように何らかの
提案（数字）が挙げられてもそれが正式な提案とはいえないものである場合には、
その旨説明すればよいでしょう。問題は、具体的な提案を告げられたものの、
これを反対当事者にそのまま伝えるのが適当ではないと思われる場合です[103]。
そのような場合には、たとえば、次の**Example48**のように述べて対処するこ
とが考えられます。

❖ ***Example48***

　裁判官が、被告から具体的な和解案を聴取した後、原告との個別面接に
臨んでいる。
① 　裁判官「被告からは、具体的な提案がありましたが、公平の観点から、
　　　　　　これを原告にお伝えする前に、まず原告からも具体的な提案をお
　　　　　　聞きしたいと思います」
② 　裁判官「被告からは、具体的な提案がありましたが、その内容に照ら
　　　　　　して、今これを原告にお伝えするのは適当ではないと考えていま
　　　　　　す」

---

(6)　およそ受け入れそうにない和解案が提示された場合

　これに対し、最初に面接した当事者が、反対当事者がおよそ受け入れそうに
ないような和解案を提示することもあります。たとえば、まず被告と面接した
ところ、到底原告がのみそうにない和解案が示されたとします。当然、この案
を原告に伝えても、原告は拒絶するわけですが、裁判官としては、そこで原告
との面接を終わらせて被告に原告の回答を伝えるだけでは芸がありません。そ
こで、原告からも、和解案や和解の方向性についての意見を聴いてみましょう。

103　たとえば、その提案が、あまりに反対当事者の希望とかけ離れている場合や、これ以上は
　　譲歩できないという最終案である場合等が考えられます。

180

「率直に言ってどこまでなら譲歩できますか」と尋ねてみるというやり方もあります。

これに対し、たとえば被告が、原告の請求額やそれまでの審理等に照らしても非常識といえるほど低額の和解案を提示し、これをそのまま原告に伝えると、和解自体がつぶれてしまうおそれがある場合には、被告の和解案をそのまま伝えてはいけません。そこで、たとえば、次の*Example49*のような言い方で、内容をぼかして伝えるようにしましょう[104]。

> ❖ *Example49*
> ① 裁判官「現時点で、双方の考えにはだいぶ隔たりがあります」
> ② 裁判官「被告は、原告の考えより1桁違う数字をイメージされているようです」
> ③ 裁判官「被告から和解案が提示されたのですが、とても原告が納得できるような内容ではなかったので、もう一度考え直してほしいとお願いしています」
> ④ 裁判官「被告は、原告が考えている金額とはかけ離れた金額をおっしゃっているのですけど、裁判所としては、それではなかなか和解できないですよ、とお伝えしているのですが……」

6 一方当事者との再面接

反対当事者との面接が終了したら、その結果を踏まえて、最初に面接した当事者と再面接を行うことが多いと思われます。裁判官が、一方当事者の和解案を反対当事者に伝え、説得を試みたものの、拒絶されてしまった場合には、懸命に説得したが拒絶されてしまったこと、裁判所も残念に思っていることを伝えるとよいでしょう。そのうえで、さらに譲歩をしてもらいたい場合には、その旨伝えるようにしましょう。それにより、裁判官が熱心に汗をかいてくれたことが当事者に伝わり、「裁判官がこんなに頑張ってくれたのだから、何とか和解できるようこちらもさらに譲歩できないか考えてみよう」と、協力的な気持ちになってくれることが期待できるでしょう。たとえば、次の*Example50*のような言い方が考えられます。

---

104 司法研究191頁、田中敦・実践595頁〔濵本章子発言〕参照。

第5章　和解の技法

> ❖ *Example50*
>
> 裁判官「被告からご提案いただいた和解案は、裁判所としても落ち着きの
> 　　　よい案だと思って、原告に対しては、全力で説得を試みたのですが、
> 　　　原告としては、金額が少なすぎるということでした。せっかくご提案
> 　　　いただいたのに、裁判所の力が及ばず、申し訳ありません。裁判所と
> 　　　しては、ここで和解を打ち切ってしまうのは惜しいと思っており、双
> 　　　方とももう一歩の歩み寄りをお願いできないかと思っています。被告
> 　　　においても、あと一歩の譲歩ができないでしょうか」

　併せて、当事者に和解案を再検討するよう指示することもあると思われますが、当事者の当初提案が裁判官の考える着地点（落としどころ）とかけ離れている場合には、次の*Example51*のように、検討の方向性を示すとよいでしょう。

> ❖ *Example51*
>
> 　被告が和解金100万円の支払を提示したところ、原告から拒絶されたため、裁判官が被告に再検討を指示しようとしている。
>
> 裁判官「先ほどの100万円という金額は、やっぱり原告に拒絶されてしま
> 　　　いました。そこで、改めていくらなら払えるのか検討していただきた
> 　　　いと思いますが、私の個人的な感触としては、最低でも200万円以上、
> 　　　できれば300万円程度は支払ってもらわないと、原告は納得しないの
> 　　　ではないでしょうか」

　なお、当事者がヒートアップして冷静な検討が期待できない場合には、いったん当事者に交代してもらうとよいでしょう。そうすることで、ヒートアップした当事者も冷静になってくれることが期待できますし、裁判官も、その間に頭を整理して、作戦を練り直すことができます。

7　その後の再面接

　和解の期日では、たとえば被告が和解案や希望を提示し、これを原告に伝えたところ、原告から逆提案があり、これを被告に伝えたところ、被告が当初案より少し譲歩した和解案を提示し……、というように、双方から順次和解案が

提示されることがあります。この場合、個別面接を繰り返すことになるわけですが、ここでも裁判官が単なる「メッセンジャー」にならないように注意しましょう。

　当事者が提示した和解案が、従前案よりも譲歩したものではあるものの、まだ反対当事者が受け入れそうにないものである場合には、譲歩してくれたことに礼を述べたうえで、まだ譲歩が必要だとくぎを刺しておくべきです。また、和解案を反対当事者に伝える際にも、単に和解案の内容を伝えて「どうですか」と尋ねるのではなく、和解案を受け入れてもらえるよう説得を試みるべきです。たとえば、次の*Example52*のようなやり方が考えられます。

❖ *Example52*

　*Example44*の事案で、被告は300万円、原告は700万円まで譲歩してきた。裁判官は、さらに双方から譲歩を引き出そうと、まず被告への説得を行った。

　1　被告との面接

被　告「それでは、400万円を支払うとの案を提示します」

裁判官「ご検討ありがとうございます。何とか原告にこの案で了承してもらえるよう、裁判所からも説得したいと思いますが、まだ、金額に隔たりがあります。もう少し被告からも譲歩してもらうことが必要になるかもしれませんので、その心づもりはしておいてください」

被　告「わかりました」

　2　原告との面接

裁判官「被告は、400万円なら支払うとのことですが、いかがでしょうか」

原　告「だいぶ当方の希望額には近づいてきましたが、400万円では受け入れることはできません。やはり、700万円は払ってもらいたいと思います」

裁判官「そうですか。原告がどうしても700万円から譲れないというのであれば、被告にお伝えはしてみますが、被告からの譲歩はもう期待できない気がします。本件の請求額が1500万円であることからすれば、原告としてもこれ以上の減額は難しいというお気持ちは、ごもっともな面があると思います。他方で、裁判所の現段階の見立てをお話ししますと、○○という点や、△△いう証拠関係などに照らすと、被告に賠償責任があるかどうかは、かなり微妙な事案であるという気がして

います。そうなると、最悪請求棄却の可能性も捨てきれません。仮に被告に賠償責任があるとしても、○○という証拠は××という理由で採用するのはかなり難しく、認容できる額は1000万円にも満たないと思われます。そうすると、被告が提示した400万円というのは、これが絶対に正解だというつもりはありませんが、本件の解決としては、それほどおかしくない数字のように思われます」

8　期日の終了

　裁判官が当事者から聴取すべき事項を聴取し、当事者からも「期日間に検討したい」等の申出があれば、その日の期日は終了し、続行期日を指定することになります。

　期日を交互面接方式で行った場合でも、期日の締めくくりには、双方同席の下、その日の到達点と次回までの宿題（誰が、いつまでに、何をするか）を確認することをお勧めします[105]。たとえば、次の *Example53* のような説明が考えられます。

❖ *Example53*

裁判官「本日は、裁判所から、現時点での心証もお示ししつつ、双方から和解に向けたご意見をうかがいました。先ほど個別にお話しさせていただいたとおり、本件は、被告の賠償責任が認められる可能性は否定できない事案であると思っています。しかし、現時点の証拠関係からすると、被告の責任が明らかであるとまでは言えず、どちらの結論もあり得る微妙な事案だと思っています。したがいまして、裁判所としては、0か100かといった極端な解決ではなく、双方ともある程度歩み寄っていただいて、和解で解決するのが望ましいというお話をさせていただきました。本日の協議の結果、最終的に原告からは700万円、被告からは400万円というご提案をいただき、原告において、もう少し譲歩できるか期日間に検討してみるということになりました。原告は、どれくらいで検討できますか」

原　告「1週間あれば大丈夫です」

105　田中敦・実践24頁〔德岡由美子〕、伊藤博・実際34頁参照。

> 裁判官「それでは、1週間後の〇月〇日までに、検討結果を裁判所に連絡
> 　　　してください」

　このような説明を期日の締めくくりに行っておくと、手続の透明性が確保でき、当事者が期日の進行について共通認識をもつことができます。また、当事者が「裁判官は、相手方と何を話していたのだろう」等の疑心暗鬼の気持ちを抱くことを防ぐことも期待できます。そして、次回までの宿題を確認することで、解決へ向けて前進していることを当事者に感じてもらうことができるでしょう。また、裁判官としても、当事者の意見や説明を誤解していないとも限りませんので、双方同席の場でこうした説明をすることで、誤解をただす機会を得ることができます。

　なお、当然のことですが、個別面接の場で「裁判所限りにしてほしい」と言われたことを双方同席の場で開示してしまうことは、絶対にあってはなりません。その他、せっかく交互面接方式にしてあえて一方当事者だけに説明したことを、この双方同席の場で説明してしまうと、「情報のコントロール」が破綻してしまい、交互面接方式にした意味がなくなってしまいますので、そのようなことのないように、説明の内容には細心の注意を払う必要があります（和解協議が紆余曲折をたどった場合などには、説明内容を整理するため、交互面接終了後双方に和解室からいったん退室してもらい、説明内容を整理するのも一法です）。

　場合によっては、当事者に検討課題（宿題）を出すのではなく、裁判官が検討のボールを引き取ることもあります。この場合、裁判官が、期日間に和解案を検討したり、和解協議の運営方針について検討したりすることになりますが、場合によってはヒートアップした当事者をクールダウンさせるために、とりあえず続行するということも考えられるでしょう。

　いずれにせよ、期日を続行する場合には、その目的をはっきりさせておくことです。和解がまとまる見込みもないけれど、打ち切るのもためらわれるので、なんとなく続行するということは避けましょう。和解協議が漂流するだけです。当事者との面接の結果、当事者に和解の意思が全くないことが判明した場合や、当事者が無理難題を押し付けて一向に譲歩しようとしない場合等には、ためらうことなく和解を打ち切るべきです。

9　期日後にすること

　和解の期日が終了した後は、記憶が薄れないうちにできるだけ早いうちに、

期日での状況を手控えに残しておくことをお勧めします。

この手控えには、和解協議の結論部分、つまり、双方から提示された和解案や意見を記載することはもちろんですが、それ以外の情報、たとえば、和解案の理由や算定根拠、相手方に対する感情、和解成立の障害事由、紛争の背景事情、裁判官の説明に対する反応（反発、落胆、動揺等）など、今後の和解協議にあたって役に立ちそうな情報は漏れなく残しておくべきです（当事者の説明のうち、「裁判所限り」とされたものについては、手控えにも「マル秘」マークをつけておきます）。また、裁判官からの説明内容も、できるだけ詳しく残しておく必要があります（もっとも、事前に作成した和解メモに沿って説明したのであれば、それを流用するか「和解メモのとおり説明」などと残しておくことで足りるでしょう）。

このような手控えを残さずに記憶だけで次回期日に臨めば、前回期日と矛盾した説明をしてしまったり、当事者が明確に拒絶した和解案を再度提案してしまったり、裁判所限りとして伝えられた情報を相手方に伝えてしまったりするミスを犯しかねません。そこで、期日終了後、速やかに手控えを残して、次回期日の直前にこれを見返すことで記憶を喚起するようにしましょう。それにより、次回期日では、より適切で的確な説明や説得をすることができるでしょう。

10　続行期日の進め方

⑴　期日間の準備

期日が続行された場合で、当事者に「次回期日までに○○を検討しておいてほしい」などと、和解に向けた検討課題（宿題）を指示しているときには、まずは当事者の検討を待つことになります。もっとも、期日で言い忘れたことがある場合や、当事者が検討するにあたって念押ししておきたいことがある場合には、代理人がついていれば直接電話等で説明しておくとよいでしょう。

一方、裁判官が次回期日までに和解案や和解の方向性を示すと約束した場合には、忘れずにその準備を進めておきましょう。こうした検討は、判決と異なり、スケジュール管理がルーズになりやすく、ともすれば失念しがちなので、特に注意が必要です。和解案提示の締切日は裁判所書記官と共有し、「締切日の○日前までには和解案の草稿をお渡しします。もし、失念していたら声を掛けてください」などと裁判所書記官にお願いしておくのも一法です。

期日間に当事者から和解案や和解に関する希望等が記載された書面（上申書

等）が提出された場合には、まず、それが裁判所だけに提出されているのか、反対当事者にも送付されているのかを確認するようにしましょう。書面が裁判所だけに送付されているのに、裁判官が「相手方にも送られているのだろう」と勘違いしてしまうと、次回期日は「空振り」になってしまいますし、最悪の場合には、反対当事者に伝えてはいけない情報を不用意に伝えてしまうことにもなりかねません。

一方当事者から提出された和解案が、反対当事者が到底受け入れそうにない案で、内容によっては立腹して和解自体が壊れかねないようなものである場合には、もしそれが裁判所限りで提出されているのであれば、提出した当事者に対し、撤回してもらうか、修正してもらうようお願いしたほうがよいでしょう。すでに反対当事者に送付されているのであれば、和解案を提出した当事者にその意図を確認してみましょう。拒絶されることを覚悟で、とりあえず第1弾として提案したという場合もあるので、そうであれば反対当事者にその旨伝えて、和解の席を蹴らずに対案を出してほしいなどと依頼するのがよいでしょう[106]。

(2) 続行期日の運営

続行期日では、それまでに当事者から和解案が提示されれば、それを軸に調整を図ることが基本となります。その対処方針は、和解案の内容等を踏まえ、柔軟に考える必要があります。以下、具体的に見ていきましょう。

ア 当事者の和解案が裁判官の心証等と大きく異なる場合

当事者から示された和解案が、前回期日で裁判官が説明した心証や和解の方向性と大きく異なるものであれば、その真意や趣旨を期日で確認してみましょう（時間に余裕がある場合には、期日前に代理人に電話等で確認することも考えられます）。その結果、「裁判官の考えは理解しているが、依頼者の手前、いったんは強気の提案をさせていただいた」等の説明がされることがあります。そのような場合には、和解協議を続けていけば、その過程で相応の譲歩も期待できるでしょう。

これに対し、当事者が、当該和解案に固執する姿勢を見せた場合には、それが真意なのか、それとも交渉のポーズに過ぎないのかを見極める必要があります。真意であれば、全力で説得して翻意させる必要がありますが、ポーズであ

---

106 当事者としても、このような強硬案を何の留保や説明もないまま反対当事者に送付すると、和解できる事案も和解できなくなるリスクがあることは、理解しておくべきでしょう。

第5章　和解の技法

れば、譲歩してくるのは時間の問題だからです。ポーズかどうかを見極める一つの方法としては、裁判官から、裁判官が妥当と考える和解の方向性や目安を示したうえで、「おおむねこのような方向性での検討が難しいなら、和解の見込みはありませんので、和解は打ち切ります」と宣言して、反応を見るというやり方があります。当事者が、本当は和解したいと思っているのにポーズで強気の姿勢をとっているだけにすぎないのであれば、このような「最後通牒」を裁判官から突き付けられると、さすがに態度を軟化せざるを得ないでしょう。

イ　当事者が突然新たな要求を出してきた場合

また、当事者が、それまでの積み重ねを崩してしまうような要求を突然出してくることもあります。期日でこのような要求がされた場合に、いきなりこれを相手方に伝えるのは得策ではありません。相手方が立腹して、和解打ち切りを求めてくる可能性が高いからです。そこで、このような要求を受けた裁判官としては、まず、そのような要求をするに至った理由を確認する必要があります。その理由が、相手方から見ても合理的である、あるいはやむを得ない事情に基づくものであるという場合には、理由とともに相手方に伝えて調整を図ればよいでしょう。一方、合理的な理由もなく気まぐれに「ちゃぶ台返し」を図ってきたような場合には、「そのような要求を相手方に伝えるわけにはいきません」と、きっぱりと断って、再考してもらうよう働き掛けるべきです。特に、「後出しじゃんけん」的に、反対当事者がのみそうにない追加要望が出された場合には、「そのような重要な条件を今更出されても困ります」と、撤回を強く要請すべきでしょう。

当事者の新たな要求が、そこまで深刻なものでなければ、たとえば次の*Example54*のように、裁判官が当該当事者をいさめる態度を示すことで、反対当事者の怒りが収まることもあります。

> ❖ *Example54*
>
> 　和解交渉も煮詰まってきたころに、被告がそれまでの交渉を台無しにしてしまうような全く別の和解案を提示してきたため、原告が立腹してしまった。裁判官は、原告に怒りを収めてもらおうとしている。
>
> 裁判官「裁判所も、被告が今になって、それまでと大きく異なる和解案を出してきたことについては遺憾に思います。被告に対しては、裁判所から厳しく注意しておきますので、それで矛を収めてもらえないでしょうか」

188

ウ　被告が最大限譲歩しているのに原告がさらに上積みを求めてきた場合

被告がかなり譲歩の姿勢を示してそれなりの和解案を提示してきたのに、原告がさらに上積みを求めてくることもあります。和解交渉も交渉の一種なので、提案すること自体は自由なのですが、中には、さしたる理由もなくごくわずかな金額の上積みを求めてくることもあります。「少しでももらえるものはもらっておきたい」という気持ちからこのような提案をしてくるのでしょうが、事案によっては、被告が、そのような原告の交渉姿勢を見て立腹し、「原告がそんなことを言うのなら、和解しない」とへそを曲げてしまうおそれもあります。

そこで、裁判官としては、原告がそのような上積み要求を出してきた場合には、たとえば次の*Example55*のように説明して、原告に翻意させるよう働き掛けるのも一法です。

❖ *Example55*

原告は、被告に500万円の損害賠償を求める訴訟を提起した。裁判官は、和解金としては350万円前後が妥当だと考え、和解協議を重ね、被告に対し説得に説得を重ね、ようやく350万円の支払を了承させた。これに対し、原告は、当初400万円を希望していたものの、被告の350万円の提示に対し、「350万円では和解できない。355万円なら和解する」と言ってきた。そこで、裁判官は、原告に被告案を受け入れるよう説得を試みた。

裁判官「どうしてもあと5万円必要なのですか。原告の希望を被告に伝えてもいいですが、裁判所としては、被告はかなり頑張った提案をしてくれていると思っています。ここで、原告がさしたる理由もなく更なる上積みを要求すれば、被告が立腹して和解自体駄目になってしまうリスクもありますよ。そんなリスクを冒すよりは、被告案で話をまとめませんか」

一方、被告の最終案を拒絶する理由を原告に聴いてみると、金額の多寡の問題というより、「被告の言い値どおりに和解するのが納得いかない」というに過ぎないこともあります。その場合には、原告に、ほんのちょっとでも増額されれば和解できるかどうか確認してみましょう。この場合、次の*Example56*のように、具体的な金額を挙げるとよいでしょう。被告も、わずかな増額であ

第5章　和解の技法

れば応じてくれることが多いと思われます。

❖ *Example56*

　　原告は、被告に500万円の損害賠償を求める訴訟を提起した。裁判官は、和解金としては350万円前後が妥当だと考え、和解協議を重ね、被告に対し説得に説得を重ね、ようやく350万円の支払を了承させた。ところが、原告は、「350万円では和解できない」と、首を縦に振らず、対案も示そうとしない。そこで、裁判官は、原告にその真意を確認した。

裁判官「（原告に対し）あと５万円でも上積みされれば和解できますか。できるというなら、原告からそういう要望があったと被告に伝えて検討してもらうこととします」

　当事者の中には、裁判官から案を示されれば受諾方向で考えることができるのに、反対当事者から提示された和解案を受け入れるのは心情的に納得できないという人もいます。そのような当事者に対し、反対当事者が「これ以上は譲歩できない」として提示した和解案を示しても、やはり拒絶されてしまい、和解協議が頓挫してしまう可能性が高いと思われます。そこで、そのようなおそれがある場合には、次の *Example57* のように、反対当事者が提示した和解案を裁判所案として提示することを検討してみるとよいでしょう[107]。もちろん、裁判所案として提示する以上は、その内容が裁判官から見ても妥当な和解案である必要があることはいうまでもありません。

❖ *Example57*

　　被告が原告に和解金を支払う方向で和解協議を重ね、原告は1000万円、被告は800万円まで歩み寄ってきた。裁判官としては、900万円での和解が相当と考えているが、まだその考えを当事者には明らかにしていない。

　1　被告との面接
被　告「原告が要求している1000万円の支払には応じられませんが、900万円までなら応じることが可能です。しかし、これが譲歩できる限界です。これより多い和解金を支払えというなら、判決でお願いします」
裁判官「ご検討ありがとうございます。この金額を原告に伝えてもよいの

107　司法研究189頁参照。

> ですが、原告としては、被告の提示する金額をそのまま受け入れることには抵抗感が強いようで、たとえば、『900万円では和解できない。950万円なら和解する』などと言ってくる可能性が高いように思われます。そうなった場合はいかがですか」
>
> 被　告「それなら判決で結構です」
>
> 裁判官「わかりました。そうであれば、900万円という金額は、裁判所からの和解案として原告にお示ししたほうがよいように思います。裁判所としても、この事案での和解金は900万円程度だろうと思っていましたので。ただ、裁判所案として示す以上は、原告が拒絶したら、和解を打ち切らざるを得ないと思いますが、よろしいでしょうか」
>
> 被　告「かまいません」
>
> **2　原告との面接**
>
> 裁判官「これまで双方からお話をおうかがいしてきましたが、どうしても和解金についての隔たりが埋まりません。そこで、裁判所から双方に和解案をお示しして検討していただこうと思いますが、いかがですか」
>
> 原　告「裁判官から和解案を示していただけるのであれば、前向きに検討したいと思います」
>
> 裁判官「ありがとうございます。ただ、裁判所から和解案を示す以上は、どちらかが受け入れられないとの回答を述べた場合には、和解を打ち切らざるを得ないと思いますが、よろしいでしょうか」
>
> 原　告「結構です」
>
> 裁判官「それでは、裁判所からは、被告が原告に和解金として900万円を一括で支払うとの和解案を提案します」

エ　強硬派 vs 穏健派

　何回か期日を重ねたところ、一方当事者は裁判官が着地点と考えている案に比較的近いものを提示し、その後も誠実に譲歩に応じているのに、反対当事者がこれとかけ離れた案を提示し、容易に譲歩しようとしないということもあるでしょう。このような場合には、ともすると「強硬派」の機嫌を損ねないよう、「穏健派」に更なる譲歩を求める形で和解をまとめたいという気持ちが頭をもたげてきますが、それは和解手続の運営のあり方として適切ではありません。そのようなことをすると、「穏健派」に、自分だけ譲歩を迫られているという

第5章　和解の技法

不信感を抱かせることになってしまうでしょうし、和解の進め方としても当事者間の公平を欠くことになるからです。そこで、「強硬派」に対しても、たとえば和解の方向性や金額の目安等を示すなどして、妥当な解決案へと近付ける努力をするよう説得を試みるべきです。

オ　どちらも和解案を出そうとしない場合

どちらの当事者も和解案を出そうとせず、「裁判所から案を示してほしい」と要望してくることも少なくありません。そのような場合でも、いきなり裁判官が引き取るのではなく、当事者に和解案を出すよう働き掛けてみるとよいでしょう。当事者が、「自分から先に和解案を出すと、相手方がそれを踏まえた戦略を考えてくるから損だ」と考えていることもありますので、そのような場合には、たとえば次の*Example58*のような説明をして、和解案を考えるよう働き掛けてみましょう[108]。

❖ *Example58*

裁判官「和解案は相手方には伝えないので、まずは和解案を考えてみてもらえませんか。双方から出された和解案を見て、和解の可能性がありそうであれば、了承を得たうえで相手方に和解案を伝えます」

こうした働き掛けをしてもうまくいかない場合には、裁判官から何らかの和解案や方向性を出すかどうかを検討することになります（裁判官からの和解案や方向性の示し方については、後記Ⅶを参照してください）。

カ　隔たりがなかなか埋まらない場合

和解協議が重ねられ、双方とも少しずつ譲歩してきたものの、隔たりがなかなか埋まらないことがあります。そのような場合に裁判官に焦りが出てしまうと、説得に応じようとしない当事者に対し、つい否定的な言葉を投げ掛けてしまいがちです。しかし、このような言葉で事態が好転することはまず期待できません。焦らず、できるだけ肯定的で、前向きな言葉を投げ掛けて、粘り強く説得を試みるとよいでしょう。このことを次の*Example59*で見てみましょう。

❖ *Example59*

被告は、「和解の意向はある」と述べるものの、支払額についてなかな

108　司法研究187頁参照。

か譲歩しようとしない。そこで、裁判官が被告に説得を試みている。

【悪い例】

裁判官「本気で支払うつもりがあるのですか。支払うつもりがないなら、和解は打ち切りますよ」

被　告「だったら、和解打ち切りで結構です」

【よい例】

裁判官「支払うつもりがあるからこそ、ここまで話合いに応じておられるのですよね。そのお気持ちは素晴らしいと思います。そのせっかくのお気持ちを形にしてみませんか」

被　告「裁判官がそこまでおっしゃるんだったら、少し考えてみます」

キ　「これで和解できないなら和解を打ち切ってほしい」と要望された場合

双方の隔たりがなかなか埋まらない場合に、当事者が、「この和解案で和解できなければ、和解を打ち切ってほしい」と要望したうえで和解案を出してくることがあります。このような場合、その言葉どおり、本当にこれ以上譲歩しないという覚悟を決めて和解案を提示している場合もありますが、他方で、これが単なる交渉のテクニック（ポーズ）にすぎず、本音ではもう少し譲歩してもよいと思っている場合もあります。したがって、裁判官としては、上記のような要望が出されても、当事者の本音がどこにあるのかを慎重に見極める必要があります。当事者が、もう少し譲歩してもよいと思っている場合には、仮に上記和解案が反対当事者から拒絶された場合でも、「もう少し考えてみたい」などと言い出したり、裁判官から「双方の考えの隔たりが埋まりつつあるので、もう少し和解協議を続けたい」と言われると特段反対しなかったりするものです。このような当事者は、表向き強気のポーズをとっているものの、内心では和解したいという強い気持ちをもっていることもありますので、「これ以上譲歩できない」として提示された和解案が反対当事者に拒絶された場合でも、簡単に和解をあきらめないようにしましょう[109]。

ク　その他

⑺　協議に時間がかかっている場合

---

[109]　ハーバード流交渉術237頁も、「この案を飲んでくれなければ合意はしない」という二者択一を迫られても、まずは聞かなかったふりをして話を進めてみるべきであるとしています。

第5章　和解の技法

　当事者の中には、期日を重ねているのに協議の進展がスローペースであると、「一体いつになったら和解が成立するのか」と不安を抱いたり、「こんなに長くかかるなら、さっさと判決をもらいたい」と苛立ちを覚えたりしている人もいるでしょう。当事者からそのような雰囲気が感じられた際には、「もう5合目まできましたよ」「8合目まで到達しています。あともうちょっとです」というように、和解協議の進捗状況を具体的に示してあげると、安心することが多いようです。このような説明により、当事者にも「ゴールはもう間もなくだな。ここまできたのだから、今さら引き返せないな」という認識を共有してもらえ、和解に向けた機運を高めることが期待できます。

　　(イ)　当事者の考えが変遷する場合

　和解協議を重ねていると、当事者の気持ちが揺れ動くことは珍しくありません。もっとも、その「揺らぎ」の程度がはなはだしいと、せっかく積み上げてきた協議の成果が無駄になりかねませんし、相手方の心情を害して、和解そのものが壊れかねません。そこで、このような優柔不断な当事者に対しては、和解協議において中間的な合意が成立する都度、これを期日調書に残しておくことも考えるべきでしょう。もちろん、中間合意を調書に残しても、当事者がこれを後日翻すことが禁じられるものではありませんが、一定の歯止めになることが期待されます[110]。

　　(ウ)　当事者から譲歩を引き出すことができた場合

　裁判官が苦労を重ねて説得をした結果、当事者から譲歩を引き出すことができた場合には、反対当事者には、単に譲歩の結果だけを伝えるのではなく、次の*Example60*のように、苦労の一端がわかるような説明も添えておくと、反対当事者が「裁判官はこんなに苦労して相手方を説得してくれたのか」と、裁判官を信頼してくれるきっかけにもなりますし、「裁判官がこんなに苦労してようやくここまでの譲歩を引き出せたのだから、これ以上の譲歩を引き出すのは難しそうだな」と思ってもらえる効果も期待できます。

> ❖ *Example60*
> 裁判官「被告は、最初は『1円も払わん！』の一点張りだったんですが、
> 　　　一つひとつ丁寧に説明していったところ、だいぶ反発はされましたが、
> 　　　ようやく100万円なら払ってもいいと言ってくれました」

110　田中敦・実践591頁〔中武由紀発言〕参照。

もっとも、その際には、単なる自慢話と受け止められないようにする必要がありますし、苦労を強調するため「実は、相手方は、最初はこんなことまで言っていたんですよ」などと、余計な情報を漏らしてしまうと、当事者の怒りに火をつけてしまうこともあるので注意しましょう。

(エ) 一方当事者が裁判所案を受諾した場合

当事者に裁判所案を示して期日間に検討を依頼したところ、期日間に一方当事者から、「裁判所案を受諾する」旨の回答を得た場合には、検討中の反対当事者にも速やかに伝えましょう。当事者の中には、「裁判所案を受諾したいが、自分から先に言い出したくない」という人もいます。また、裁判所案を受けるかどうか迷っている人もいるでしょう。そのような時に、相手方は裁判所案を受けるという情報がもたらされると、迷いが吹っ切れて決断をすることができるでしょう。このように、「相手方も裁判所案を受諾する」という情報が、和解の決断の背中を押してくれることが期待できるのです。

(オ) 被告が突然「支払期限を遅らせてほしい」と要望してきた場合

交渉が煮詰まってきた段階で、被告が突然、「支払期限を遅らせてほしい」と要望してくることがあります。このような要望がされると、原告としては、「被告は支払の当てがないのではないか」と不信感をもってしまうこともあります。

そこで、このような要望が出された場合には、被告に対し、その理由を尋ねるとよいでしょう。その理由が合理的なものであれば、原告に伝えて、矛を収めてもらうべきです。併せて、次の **Example61** のように、原告の不信感を解くような言葉を添えるとよいでしょう。

❖ *Example61*

裁判官「もし被告が最初から払うつもりがないのなら、さっさと和解したうえで、すぐに不払にするでしょう。そうせずに、金額や条件をこれだけ時間をかけて詰めてきたということは、ちゃんと払えるかどうかを慎重に検討しているのだと思いますよ」

(カ) 双方当事者とも義務の履行を約束する場合

なお、和解協議は、最初は重要な事項に的を絞って行い、徐々に細かな条件へと協議対象が移っていくことが通常ですが、双方当事者とも義務の履行（金銭の支払等）を約束する内容の和解を成立させる場合には、ともすれば一方の

第5章　和解の技法

義務に目が奪われ、他方の義務について失念してしまいがちです。そうなると、和解条項からも後者に関する条項を入れ忘れてしまうという事態が起こるおそれがあります。そこで、このような場合には、次の***Example62***のように、折に触れて片方の条項の存在に言及しておくとよいでしょう。

❖ ***Example62***

裁判官「（被告に対し）今回、被告から、1000万円を原告側に支払うという提案がありましたが、これは、原告が被告側に支払う金銭を除いた金額ということでよろしいですか」

裁判官「（原告に対し）今回、被告から、1000万円を原告側に支払うという提案がありましたが、これとは別に、原告が被告側に支払う金額がありますので、ご注意ください」

11　和解の続行か打ち切りかの見極め

(1)　和解を打ち切るべき場合

　双方の意見の隔たりが埋まらず、それ以上和解協議を重ねても隔たりが解消される見込みが乏しく、裁判官としてもこれ以上の説得が困難であると判断される場合には、和解を打ち切ることになります。その判断は、双方の意向や態度をはじめとするさまざまな要素を総合考慮して行います。たとえば、次のような場合には、和解成立の見込みが低いといえ、和解の打ち切りを検討すべきでしょう[111]。

〔和解の打ち切りを検討すべき場合〕

①　当事者の双方または一方が、明確に判決による解決を希望している場合

②　双方とも和解の意向自体はあるものの、和解の方向性に関する認識が大きく違っている場合

③　和解協議を重ねてきたものの、ついに双方とも譲歩の余地がなくなり、

111　鶴岡・和解649～650頁参照。

裁判官から和解案を示しても拒絶されてしまった場合

④　和解協議が膠着して進展を見せない場合

ア　当事者の双方または一方が、明確に判決による解決を希望している場合（上記①）

和解の打ち切りを検討すべき場合としては、第一に、当事者から「和解を打ち切ってください」「和解の意思はありませんので、判決にしてください」などと言われた場合など、当事者の双方または一方が、明確に判決による解決を希望している場合が挙げられます。このような場合でも、和解による解決にメリットがあるのであれば、裁判官としては、当事者に翻意してもらうため説得を試みるべきですが、それでも当事者の気持ちが変わらない場合には、潔く和解を打ち切るべきでしょう。判決を求めるという当事者の気持ちが明確であるのに、裁判官が和解を無理強いするようなことは避けるべきです。

イ　双方とも和解の意向自体はあるものの、和解の方向性に関する認識が大きく違っている場合（上記②）

次に、双方とも和解の意向自体はあるものの、和解の方向性に関する認識が大きく違っており、その隔たりが埋まらない場合にも、和解の打ち切りを検討すべきでしょう[112]。たとえば、原告は請求額の満額に近い金額の和解を希望し、被告は請求額の1～2割を支払うとの和解を希望し、両者ともそれ以上譲歩しないという場合です。特に、当事者の感情的対立が激しい場合には、歩み寄りが期待できない場合も多いでしょう。

このような場合でも、期日を重ね、丁寧に説得することで、和解の展望が開けてくることもありますが、それには相当の労力と時間が必要となりますし、それがうまくいくという保証もありません。当事者の希望がかけ離れているからといって安易に和解をあきらめてはなりませんが、隔たりが大きく、説得を試みても歩み寄りがほとんど見られない場合には、和解を打ち切るべきです。

ウ　和解協議を重ねてきたものの、ついに双方とも譲歩の余地がなくなり、裁判官から和解案を示しても拒絶されてしまった場合（上記③）

和解協議を重ねてきたものの、ついに双方とも譲歩の余地がなくなったという場合（いわゆるデッドロックの状態）には、状況を打開するため、裁判官が、「この和解案が拒絶されたら、もはや切るべきカードはない」という覚悟の下に、

112　鶴岡・和解650頁参照。

和解案を示すことがあります。このような裁判所和解案を示したにもかかわらず、当事者からこれが拒絶されてしまった場合には、まずは拒絶した当事者への説得を試みるべきですが、それもうまくいかない場合には、基本的には和解を打ち切るほかありません（ただし、裁判所和解案を微修正するなどして和解を成立させる余地はあります。詳しくは、後記Ⅶ7を参照してください）。

エ　和解協議が膠着して進展を見せない場合（上記④）

和解協議が膠着して進展を見せない場合、特に、当事者が、なかなか踏み込んだ具体的な和解案を出さない場合、期日を重ねるたびにさまざまな条件を追加してくる場合、当初の提案を撤回してより厳しい提案を持ち出してくる場合[113]などには、和解の打ち切りを検討すべきでしょう[114]。和解のめども立たないのにだらだらと期日を続行する「漂流型」の和解運営は避けるべきです。

(2)　簡単にあきらめないこと

とはいえ、「和解は断られてから始まる」と言われます[115]。当事者の意見に大きな隔たりがある。当事者が感情的に対立している。こうしたことは、民事訴訟ではありふれた光景です。そうした障害を乗り越えないと、なかなか和解は成立しないのも真実です。したがって、和解をまとめようとする裁判官は、こうした障害に突き当たっても、簡単にあきらめてはなりません。当事者から、「和解する気はない」「これ以上の譲歩はできない」と言われたり[116]、裁判所和解案を拒絶されたりしても、簡単にあきらめないで、熱意をもって、粘り強く頑張ることです[117]。当初「和解する気はない」と述べていた当事者が最終的に和解に応じてくれたり、「これ以上の譲歩はできない」と述べていた当事者がさらに譲歩してくれたりすることは、和解の実務上、珍しいことではありません。

また、和解を打ち切るか否かについては、当事者の意向にも配慮することが

113　たとえば、原告が、当初は「100万円支払ってもらえれば和解する」と提案したため、裁判官がそれを前提に被告の説得を重ねていたのに、その後原告が、「やっぱり150万円を支払ってもらわないと和解できない」などと言い出した場合です。

114　田中敦・実践578〜579頁〔田中敦発言〕参照。

115　小久保・技法48頁、佐藤・控訴審204頁参照。

116　特に、和解協議の序盤では、当事者が「和解したくない」と述べても、それが真意でないこともありますし、誤解を解いたり和解のメリットを丁寧に説明したりすることで和解に応じようという気持ちになってくれることもあります。

117　草野・技術論56〜57頁参照。ただし、粘り強い説得が、強引な説得であると評価されることのないような配慮は必要です（志田原ほか16頁参照）。

必要です。意見の隔たりが大きく、容易に和解が成立するようには見えないものの、当事者双方とも和解の打ち切りを望んでいない場合には、続行する方向で検討すべきでしょう。このような場合には、当事者に対し、和解協議を続ける代わりに更なる譲歩を求めるべきです。たとえば、次の*Example63*のような言い方が考えられます。

❖ *Example63*

裁判官「双方とも和解協議を続けたいというのであれば、裁判所としても、和解期日を続行することはやぶさかではありません。もっとも、双方とも今の意見に固執していると、和解は難しいように思われます。もっと大幅な譲歩をする用意はあるのでしょうか」

---

12 和解の終了

(1) 成立した場合

双方とも裁判官の説得を受け入れて相応の譲歩を行ってくれ、その結果、和解が成立した場合には、期日の席上で、裁判官の説得を受け入れ、合意してくれたことに感謝と敬意を表するとよいでしょう。

なお、代理人をつけていない当事者本人に対しては、和解調書の記載が判決と同一の効力を有すること（法267条）を改めて説明するとよいでしょう。

(2) 成立しなかった場合

裁判官の説得にもかかわらず、和解が成立しなかった場合でも、当事者は、裁判官の和解勧告を踏まえて和解に向けた検討を行い、裁判官の説明に耳を傾け、和解案を真摯に検討してくれたはずです。まずは、そのことに対し感謝の意を述べるべきでしょう。裁判官としては、熱心に説得したにもかかわらず和解が成立しなかった場合には、残念な気持ちになるでしょうが、悔しいからといって、ふてくされたり、不機嫌な態度を示したりすることは禁物です。そのような態度は、裁判所の権威を失墜させ、どのような判決をしても、当事者から「あの裁判官は、腹立ちまぎれにこんな判決をしたのだろう」と思われ、判決に対する信頼も失われてしまいかねません。

第5章　和解の技法

　なお、和解が不成立となり、判決に向けて手続を進めたところ、和解協議中の心証と異なる心証を抱くことがあります。和解協議において全く心証を開示せず、心証を示唆することもしなかったのであればともかく、その時点での（暫定的）心証に基づき和解案や和解の方向性を示した場合には、注意を要します。特に、心証が大きく変わり、勝敗が入れ替わるような場合や、認容額が大幅に異なってくるような場合には、そのまま黙って判決を言い渡すと、当事者に不意打ちを与えかねません（次の **Episode 9**[118]のように、代理人が困った立場に立たされる可能性もあります）。そこで、そのような場合には、弁論を再開したり、再度和解勧告したりして、心証が変わったことをはっきり説明するのがよいでしょう[119]。

Episode 9

　原告が、被告に対し、日照権侵害を理由に50万円の損害賠償を求めた訴訟で、裁判官から、「被告が原告に35万円を支払う」との和解案が示された。被告代理人は、判決になれば請求認容になると考え、被告本人に、「判決になったら全部払えという結果になるかもしれませんよ」と説明し、裁判所和解案に従うよう勧めたが、被告本人はこれに従わなかった。

　ところが、その後言い渡された判決は、請求棄却であった。被告代理人は、成功報酬を被告本人に請求しようとしたところ、被告本人から「先生は敗訴になるといったじゃないか。勝ったのは私の力です」と言われてしまった。

Ⅴ　話の聴き方

1　はじめに

　前記Ⅲ1(5)では、和解においては、「受容」と「反論」のバランスが大切であることを述べました。ここでは、「受容」、つまり当事者の言い分を傾聴し受

118　浅沼ほか・和解㈡101頁〔小林宏也発言〕に紹介されているエピソードです。
119　草野・和解の技術306～307頁、志田原ほか17頁参照。

け入れるための技法について見ていくこととします。和解が上手な裁判官は、「聴き上手」であるといわれます。しかし、当事者の話をただ聞いているだけで「聴き上手」になれるわけではありません。「聴き上手」になるためには、「聴く」技術と「問う」技術の双方が揃っている必要があります。順に見ていきましょう。

2 「聴く」技術

(1) 傾聴の基本姿勢

「受容」とは、当事者の言い分を傾聴し、受け入れることです。和解の場面における傾聴の基本姿勢としては、次の四つが特に重要です。

〔傾聴の基本姿勢〕
① 存分に語らせる。
② 自分の解釈や憶測を交えず、そのまま聴く。
③ 当事者の立場に立って聴く。
④ 語られない情報をキャッチする。

ア 存分に語らせる（上記①）

まずは、当事者に考えや気持ちを存分に語らせることです[120]。話の腰を折ったり、頭ごなしに否定したりすることは、当事者の心に「この裁判官は私の話を聴いてくれない」と不信感を植え付けるだけです。特に話し下手な当事者ほど、時間をかけて丁寧に聴く必要があります[121]。

もっとも、限られた時間の中で話を聴く以上は、黙って聴くだけでなく、対話によって適切なリードをしていくことが必要になります。このリードは、馬を引っ張るようなリードではなく、バスケットのパスのようなリード、すなわち、相手の動く方向や速度を考慮してその一歩前方にボールを投げるようなリードが望ましいといわれています[122]。そのための技術については、下記イや下記3を参照してください。

120　今井・動かす135頁参照。
121　飯田・調停学48頁参照。
122　望月・技術102頁参照。

第5章　和解の技法

　当事者の意見や考え方に納得できない場合には、つい反論してしまいがちです。そういう場合には、前記Ⅲ1(7)で述べたように、逆接の接続詞を使わずに対話してみるよう心掛けるとよいでしょう[123]。次の**Example64**を見てみましょう。

```
❖ Example64
被　告「原告の主張は言いがかりだと思っていますので、1円も支払う気
　　　　はありません」
【悪い例】
裁判官「でも、借用書もあるし、証拠上はどう見てもあなたが不利ですよ」
【よい例】
裁判官「原告の言い分には納得できないので、支払いたくないということ
　　　　ですね。ところで、原告が提出した借用書については、どうお考えで
　　　　すか」
```

　この**Example64**の「悪い例」では、被告の言葉を受けて、「でも」という逆接の接続詞から反論を始めてしまいました。これでは、被告から反発を受けてしまう可能性が高くなってしまいます。一方、「よい例」は、あえて逆接の接続詞を使わず、被告の言葉を受け止めてから反論を試みていますので、同じ内容の反論であっても、受け手（被告）の印象としてはだいぶ柔らかいものになっています。

　ところで、当事者に対し質問を投げ掛けると、当事者が沈思黙考してしばらく返事をしてくれないことがあります。このような場合、裁判官が沈黙に耐え切れなくなって、つい返答を急かすような発言をしてしまうことがありますが、これでは当事者の本音を聴き出すチャンスをつぶしてしまいかねません。沈黙をおそれず、当事者が無言で考えている場合も、30秒くらいはずっと黙って待ち続けるとよいでしょう[124]。

　イ　自分の解釈や憶測を交えず、そのまま聴く（上記②）

　当事者の言い分を理解し、それを受け入れるためには、当事者が語ったことを、何物も付け加えずに「そのまま受け止める」「素直に聴く」ことが必要で

123　東山・技術154〜155頁参照。
124　今井・動かす150頁参照。

202

あるといわれています。推測や憶測を交えたり、聴き手の感情を交えたりせず、当事者が「悲しい」と言ったら「悲しい」とそのまま理解するということです[125]。

　私たちは、人の話を聞いている間も、つい「そんなばかな」とか、「随分と身勝手な提案だな」などと、感情を交えがちです。このような感情を交えず「そのまま受け止める」ためには、意識して練習することが必要です。

ウ　当事者の立場に立って聴く（上記③）

　当事者の話を聴くにあたっては、ただ漫然と聞いていては意味がありません。当事者の心理状態を、その人の身になって考えることが重要です。裁判官は、最終的な判断を下さなければならない立場にありますので、当事者の話を聴く際も、自らの心証と照らして当事者を「ジャッジ」し、当事者の話を聴いていても、つい「あなたはそうおっしゃるけれど……」と、反論をしてしまいがちです。しかし、和解協議の最初からこのような態度でいれば、当事者が、裁判官を信頼して本音を語ってくれたり、裁判官の説得に耳を傾けたりしてくれることはないでしょう。

　そこで、裁判官としては、まずは原告の話を聴くときは、原告寄りの立場に立ち、被告の話を聴くときは、被告寄りの立場に立って、まずは当事者の話を受け入れる、当事者を受容してみるという気持ちをもって接してみるとよいでしょう[126]。もちろん、裁判官が心証を開示しながら説得を試みるべき場面もあるでしょうが、特に和解の期日の序盤では、まずは当事者を受容することが大切です。説得を試みる場合にも、論理で論破するという姿勢ではなく、当事者の気持ちを受け止めつつ、その気持ちを解きほぐすような説得の仕方が望まれます。

エ　語られない情報をキャッチする（上記④）

　裁判官が当事者に尋ねると、当事者はいろいろと語ってくれることが多いと思いますが、それが真実であるとは限りません[127]。また、本音の部分は、よほど心を開いた相手でない限りは明かさないものです。そこで、裁判官は、当事者の話を聴く際には、表面的な言葉の背後に隠された本音や情報をキャッチ

125　飯田・調停学56頁、東山・技術99頁以下参照。
126　草野・技術論60頁参照。
127　当事者が意図的に嘘をついている場合もありますし、そうでなくとも同じ出来事を経験したはずの当事者が、記憶や認識を大きく異にすることも珍しくありません。人間は、自己の経験や立場からくる思い込みというフィルターを通して事実を認識するため、記憶がゆがめられることがあるといわれています（今井・動かす153頁参照）。

第5章　和解の技法

することが重要になります[128]。

⑵　「聴き上手」になるための技法

「傾聴」というと、「黙って話を聞いていればいいんでしょう？」と思う人が少なくありません。しかし、当事者の話をただ黙って聞いているだけでは、当事者が和解のために必要な情報を語ってくれるとは限りません。また、当事者としても、一生懸命語り掛けているのに、これを聞いている裁判官が能面のように黙っているというのでは、裁判官に対して心を開こうという気持ちにはなれないでしょう。和解が上手な裁判官は「聴き上手」な人が多いのですが、「聴き上手」になるには、単に話を黙って聞いているだけでは不十分で、当事者が進んで話をすることができるような、さまざまな投げ掛けをすることが不可欠なのです。

　ここでは、そのような「聴き上手」になるために欠かせない技法をいくつか見ていくことにしましょう[129]。

ア　相づち

　よく「聴く」ためのコツとして、最もポピュラーで重要なものは、「相づち」を打つことです。相づちを打つことは、「あなたの話をよく聴いています」と伝える最良のコミュニケーション手段であるといわれています[130]。裁判官が適切な相づちを打つことで、当事者は「自分の言ったことが裁判官に伝わっている」という実感をもつことができ、会話に流れができてくるのです。

　相づちというと、「うん、うん」などとうなずきながら話を聴くことを思い浮かべる人も多いでしょうが、ワンパターンな相づちでは、機械的な印象を与えてしまうので、相づちの種類は、できるだけ多く用意しておくとよいでしょう[131]。たとえば、次の **Example65** のような相づちが考えられます[132]。

❖ *Example65*
①　裁判官「はい」

128　飯田・調停学57頁参照。
129　なお、ここで紹介する「相づち」「繰り返し」等の用語は、論者によって意味合いが異なることもあることに注意してください。
130　東山・技術21頁、諸富・入門131～132頁参照。
131　東山・技術26頁、諸富・入門132頁参照。
132　ここで紹介した相づちの中には、年下の裁判官が年配の当事者に使うと、やや失礼な印象を与えるものもあります。場面に応じて適切な相づちを用いるようにしましょう。

V　話の聴き方　　2　「聴く」技術

> ②　裁判官「ええ」
>
> ③　裁判官「へぇ」
>
> ④　裁判官「そう」
>
> ⑤　裁判官「うん」
>
> ⑥　裁判官「うんうん」
>
> ⑦　裁判官「ふむふむ」
>
> ⑧　裁判官「なるほど」
>
> ⑨　裁判官「そうそう」
>
> ⑩　裁判官「そうです」
>
> ⑪　裁判官「そうですね」
>
> ⑫　裁判官「そうですか」
>
> ⑬　裁判官「そうなんですか」

　なお、相づちでも、繰り返したり語尾を変えたりすることで、さらにバラエティに富んだものになります。たとえば、「なるほど」でも、「なるほど」「なあるほど」「なるほどなるほど」「なるほどね」「なるほどねえ」「なるほどなあ」などと使い分けてみましょう[133]。

　また、うなずくことも、広い意味での「相づち」に当たると考えられます。うなずきながら、「うんうん」などと声に出すことで、より一層「話を聴いていますよ」というメッセージを伝えることができるでしょう[134]。

　相づちは、相手の息遣いを崩さず、話し方のリズムに合わせて打つとよいといわれています[135]。「ああ…、そうですか…」などと、少し含みをもたせるような仕方で、低めの落ち着いた声で、ゆっくりと、丁寧に相づちを打ち、うなずいて聴くのが基本です[136]。

　ところで、相づちを打ちたくとも、話の内容によっては、相づちによってその内容を裁判官が肯定してくれたと受け止められるのは困るようなこともあるでしょう。たとえば、当事者が、反対当事者を非難して「あいつはいつもわがままなんですよ」と発言したのに対し、裁判官が「ええ、そうですね」などと

133　東山・技術26頁参照。

134　同様に感心のため息をつくことも、広い意味での「相づち」に当たると考えられます。「へぇ
　　～」などと言いながらため息をつくと、より効果的です。

135　古宮・レッスン68頁参照。

136　諸富・入門132頁参照。

205

第5章　和解の技法

相づちを打つわけにはいきません。かといって、「それはおかしいですよ」「そうですかねぇ」などとネガティブな返答をしてしまうと、当事者が口を閉ざしてしまうことにもなりかねません[137]。そこで、相づちは打つけれども、話の内容を肯定するものではない、というニュアンスを出したいときには、ニュートラルな相づちを打つとよいでしょう[138]。そして、必要に応じて、当事者の感情を受け止めていることが伝わるような発言を投げ掛けてみましょう。次の*Example66*を見てください。

> ❖ *Example66*
> 原　告「被告はいつもわがままなんですよ」
> 裁判官「ふーん」
> 原　告「金遣いも荒いし」
> 裁判官「そうなんですか」
> 原　告「被告のせいで、これまで何人もの人が迷惑を被っているんですよ」
> 裁判官「あなたの立場からすると、そのように感じられるのですね」

このような返答をすれば、当事者に対し、「あなたの言うことを完全には同意していない」という情報と「あなたの言うことを完全に否定はしていない」という情報の双方を同時に伝えることができ、「あなたの話を聴いていますよ」というメッセージが伝わることが期待できます[139]。

イ　繰り返し

「繰り返し」とは、文字どおり相手の言葉を繰り返すことです[140]。当事者の言葉を繰り返すことで、「あなたの話を聴いていますよ」というメッセージをより明確に伝えることができます[141]。

もっとも、単なるオウム返しでは、相手が「馬鹿にされた」と感じるおそれがあります。そこで、「繰り返し」をするにあたっては、話し手が伝えたいこ

137　このことは、当事者の発言に対しては、常に反論してはならないということを意味するものではありません。和解では「受容」と「反論」のバランスが重要であり、まず「受容」すべき場面では、「反論」は差し控えたほうがよいということです。
138　京都家裁・技法53頁参照。
139　飯田・技術166頁参照。
140　「繰り返し」は、広い意味では「相づち」に含まれるものですが、重要な技法なので、「相づち」とは分けて説明します。
141　東山・技術29頁、古宮・レッスン70頁参照。

とを表すキーワードを用いるのがよいといわれています[142]。そして、「明確に」「短く」「要点をつかんで」「相手の使った言葉で」繰り返すのがポイントとされています[143]。次の*Example67*を見てみましょう。

❖ *Example67*

　原告が被告に対し、被告が占有している土地の明渡しを求めた訴訟で、被告は「土地は断固として明け渡さない」と主張している。和解協議で、裁判官は、被告との個別面接を行っている。

被　告「この土地は、祖父が苦労して手に入れた土地なんです。祖父は、若い頃には日々の暮らしもままならないほど貧しかったんですが、それでもコツコツ貯金して、ようやくこの土地を手に入れました。祖父は、この土地で八百屋を開業し、以来、父も私も、この土地で八百屋を営んできました。自分で言うのもなんですが、地域の住民にも愛されてきたお店だと自負しています。そんな先祖伝来の土地を手放せだなんて、あんまりにも理不尽じゃありませんか」

裁判官「先祖伝来の土地を手放すのは理不尽だということですね」

「繰り返し」の対象は、話の内容にとどまりません。当事者の「感情」を繰り返すことも、裁判官が当事者の感情を理解し、共感していることを伝えるために有効な技法とされています[144]。「感情の繰り返し」とは、たとえば次の*Example68*のような応答のことです。

❖ *Example68*

　原告が、被告の不法行為により負傷し、後遺障害が残ったと主張して、被告に対し、損害賠償を求める訴訟を提起した。和解協議で、裁判官は、原告との個別面接を行っている。

原　告「事故に遭う前は、毎年旅行に出かけ、人生を謳歌していました。ところが、事故後は、身体も思うように動かず、家に引きこもることが多くなりました。どうして、こんなつらい思いをしなければならな

142　古宮・レッスン70頁参照。
143　東山・技術29〜30頁参照。
144　飯田・技術101頁以下では、「繰り返し」を「ミラーリング」と呼んで、その技法について紹介しています。

207

第5章　和解の技法

いのでしょうか」

裁判官「身体が思うように動かないことで、つらい思いでいっぱいなのですね」

「繰り返し」の技法は、当事者が感情的に反発してきた場合にも有効です[145]。当事者から感情的な反発を受けると、頭が真っ白になって、どう言い返したらよいかわからなくなってしまうことが少なくありません。そのようなときこそ、次の*Example69*のように、まずは、相手の言葉を繰り返して感情を受け止めることで、相手の気持ちを和らげるとともに、こちらもその間に冷静になって次の言葉を探す時間を得ることができます。

❖ *Example69*

原　告「どうして私が譲歩しなければならないのですか！　私は被害者なんですよ！　納得がいきません！」

裁判官「譲歩することに納得がいかないということなのですね」

ウ　要　約

「要約」とは、相手の話の要旨をまとめ、内容を変えずに言い換えることです[146]。裁判官が、当事者の話を要約して返してあげることで、裁判官が当事者の言い分を理解していることを伝えることができます。それにより、当事者も、自分の気持ちや主張の全体像を外から眺めることが期待できます。また、「要約」は、話に区切りをつけ、次の話題に移るためにも有効です[147]。

「要約」をする際には、「繰り返し」と同様に、当事者が気持ちを込めて使った言葉を活用するのがポイントです。もっとも、相手方を非難するような発言やとげのある発言をそのまま要約すると、当事者に「裁判官が自分の発言を受け入れてくれた」と誤解されたり、裁判官からのフィードバックを受けてさらに過激な感情が深まったりするおそれもあります。そこで、このような発言を要約する際には、角を丸めた発言に言い直したり、肯定的な観点から言い直したり、「あなたの立場から見ると○○ということなのですね」などと距離を置いて客観化したりするとよいでしょう[148]。次の*Example70*と*Example71*を

145　東山・技術172頁参照。
146　飯田・調停学64頁参照。
147　京都家裁・技法53頁参照。

見てください。

> ### ❖ *Example70*
> 原　告「このまま被告が譲歩しないというなら、こちらにだって考えがあ
> 　　　　ります。とことんやりますよ。被告がどうなったって、こっちの知っ
> 　　　　たことじゃありません」
> 裁判官「あなたとしては、自分の権利を実現するために、法的手段を尽く
> 　　　　したいということなのですね」

> ### ❖ *Example71*
> 原　告「被告は、とにかく浪費がすごいんです。それで、私はこれまでに
> 　　　　何度もひどい目に遭ってきました」
> 裁判官「あなたと被告とでは金銭感覚が異なるようですね」

　「要約」や「繰り返し」は、単に「あなたの話を聴いていますよ」というメッセージを伝えるだけでなく、うまく活用することによって、会話の方向付けをすることもできます。たとえば、次のような活用が考えられます[149]。
　まず、当事者の感情を掘り下げたい場合には、次の *Example72* のように、感情に焦点を当てた「要約」や「繰り返し」を行いましょう。

> ### ❖ *Example72*
> 原　告「私が事故に遭って、こんな苦しい状況にあるのに、被告は詫びの
> 　　　　一つも入れないんですよ。まったく理不尽です」
> 裁判官「詫びも入れない被告の態度が腹立たしいというのですね」

　当事者に身勝手な発言を修正してもらいたい場合には、次の *Example73* のように、大げさに聞き返してみましょう。ただし、このような聞き返しは、ともすれば皮肉と受け止められかねません。そこで、そのような受け止めをされないよう、言葉の響きに留意して、真剣な言いぶりで用いる必要があります。

148　飯田・技術103頁、新田・技法24頁参照。
149　京都家裁・技法50頁以下では、「聞き返し」という用語でこの技法が紹介されています。

第 5 章　和解の技法

> ❖ *Example73*
>
> 原　告「とにかく、こちらが譲歩する理由なんかありませんから、被告に
> 　　　は満額支払ってもらいたいと思っています」
> 裁判官「今回の事故については、あなたには 1 ％の落ち度もない、100％
> 　　　被告が悪い。そのようにお考えだということでしょうか」

　当事者が相反する感情の間で葛藤していること[150]が感じられる場合には、
語ってほしい事柄を後にして聞き返すことで、その後の話題を誘導することが
できます。次の *Example74* を見てください。

> ❖ *Example74*
>
> 原　告「いくらお金を払ってもらっても、私の身体が元に戻るわけではな
> 　　　いことはわかってはいるんです。でも、このままこちらが一方的に譲
> 　　　歩して、泣き寝入りしろというのも、納得がいかないんです」
> 裁判官「泣き寝入りしたくないと思う一方で、お金がすべてではないとも
> 　　　思う、と」

　この *Example74* では、「泣き寝入りしたくない（≒和解には応じたくない）」
という話題ではなく、「お金がすべてではない（≒条件次第では和解に応じても
よい）」という話題にその後の会話を展開していくために、あえて後者を後に
して要約を行っています。

　なお、要約する際には、「要するにこういうことですよね」などといった言
葉を用いると、細部を切って捨てたような印象となり、当事者の反発を招くこ
とがあります。そこで、要約する際には、こうした言葉遣いは避けましょう。
また、まとまった話を要約する際には、初めに「これからあなたの話を要約し
ますよ」というアナウンスをし、終わりには「この要約で過不足ないですか」
という確認を行うとよいでしょう[151]。次の *Example75* を見てください。

150　これを「アンビバレンス」といいます。
151　京都家裁・技法54頁、飯田・技術97頁参照。

210

V 話の聴き方　2 「聴く」技術

❖ *Example75*

裁判官「これまでお話しいただいたことをきちんと理解できたか確認させ
　　　ていただいてもよろしいですか。もし、足りない部分があれば、指摘
　　　してください」

　　　（以下、当事者の説明を要約）

裁判官「今のお話に付け加えることはありますか」

エ　促　し

「促し」とは、会話をさらに続けるよう促す言葉です[152]。たとえば、「それで？」
「その後は？」「もっと聞かせて」「続けて」といったものです。「もっとこの話
を聴きたい」と思ったときには「促し」を差し挟んで、さらに会話を発展させ
ていきましょう。

オ　是　認

「是認」とは、当事者の発言等を肯定的に受け止め、励まし、サポートする
言葉掛けです[153]。たとえば、次の *Example76* のような言葉です。

❖ *Example76*

① 裁判官「よくこれまで頑張ってこられましたね」

② 裁判官「それは良い考えだと思います」

③ 裁判官「裁判所からの提案をご了承いただきありがとうございました。
　　　　　苦渋の決断だったでしょうが、これで和解成立に大きく近づくこ
　　　　　とができました」

④ 裁判官「本日は、お忙しい中率直なお考えをお聞かせいただき、あり
　　　　　がとうございました」

⑤ 裁判官「本日までの和解協議で、○○という点については合意できま
　　　　　した。これも双方のご理解とご協力の賜物と思っております」

「是認」をうまく活用することで、当事者の自尊感情や問題解決意欲を高め
るとともに、当事者と裁判官との信頼関係を築くことも期待できます。また、

152　飯田・調停学64頁参照。
153　京都家裁・技法52頁参照。

211

第 5 章　和解の技法

和解成立の方向へと向かおうとする発言に対しては、すかさず是認することで、当事者の気持ちを和解の方向へと一層傾けることも期待できます。

　一方、相手方を非難するような発言など、是認できない発言に対して是認をしてはならないのは当然です。そのような発言に対しては、上記アのとおり、ニュートラルな相づちを打つにとどめておきましょう（場合によっては、「それでは相手方は受け入れないのではないでしょうか」などと、釘を刺しておくことも必要になります[154]）。

　なお、当事者の気持ちに共感していることを表現しようとして、「あなたの気持ちはわかります」などと言いたくなることもあると思います。しかし、つらい出来事を体験した当事者に対し、「気持ちはわかる」という言葉を軽々しく使うと、かえって当事者から「自分のつらい気持ちや立場をそう簡単にわかるはずがない」などと反発されてしまうこともあります[155]。そのようなおそれがある場合には、「気持ちはわかる」という言葉は封印したほうがよいでしょう。

3　「問う」技術

(1)　はじめに

　前記 2 では、傾聴の重要性と、そのための技法について触れました。とはいえ、裁判官が当事者の話を「うんうん」と聞いているだけでは、会話は深まらず、当事者を和解に向けた検討へと誘導することもできません。和解協議を適切な方向へとリードしていくには、当事者の話をただ聞くだけでなく、裁判官から当事者に質問を投げ掛けることが必要です。そのために重要なのが「問う」技術です。

　「聴き上手」と呼ばれる人たちがいますが、そういう人たちは、話し手の言うことをただ「うんうん」と聞いているわけではありません。聴き上手は、適切な質問をすることによって、当事者の本音を探り当て、場合によっては当事者自身すら気づいていない本音の部分を発見することができる人たちです。当事者も、当初は考えや気持ちの整理がつかなかったのに、裁判官からの質問に

154　新田・技法24頁参照。
155　新田・技法23頁参照。こうした理由から、心理カウンセラーは、「わかる」という言葉をあまり使わないようにしているとのことです（古宮・レッスン71頁、東山・技術31頁参照）。

212

答えていくうちに、徐々に考えや気持ちを整理していき、自分が何をしたいのか、どのような内容だったら和解してもよいかを具体的に検討できるようになることもあります[156]。こうした質問を重ねることで、当事者の考えや気持ちに変容をもたらすことのできる人が「聴き上手」と呼ばれるのです。

　よい質問をすると、よい答えを引き出すことができます。そして、よい質問をするためには、「準備」と「想像力」が不可欠であるといわれています[157]。「準備」としては、何といっても期日前の準備（事前準備）が最も大切です。記録をよく検討したうえで、何を尋ねるか、こういう答えが返ってきたらどう切り返すか、といったシミュレーションを頭の中でしっかりと行うことです（事前準備の具体的内容については、前記IIを参照してください）。「想像力」とは、当事者の立場に立って、なぜこの人はこのようなことを言うのだろう、自分がこの人の立場だったらどう思うだろう、などと思いをめぐらせながら、質問を重ねていくことです。こうした想像力豊かな質問ができるようになるためには、常日頃から人間や社会の在りようについて関心をもって研鑽に努めるとともに、日々の仕事の中でも想像力を働かせながら事件処理に取り組むことが有益です。

(2)　クローズド・クエスチョンとオープン・クエスチョン

　質問には、クローズド・クエスチョン（閉じられた質問）とオープン・クエスチョン（開かれた質問）があるといわれています[158]。クローズド・クエスチョンとは、「はい」「いいえ」で答えられるような質問をいい、オープン・クエスチョンとは、「はい」「いいえ」では答えられず、相手に自由に答えを語ってもらう質問をいいます。

　クローズド・クエスチョンは、聴き手（裁判官）の関心事項について、明確な答えが得られるという長所があります。一方、短所としては、話し手（当事者）が話したいことを話せず、答えを強いる印象を与えてしまう場合があるといわれています。これに対し、オープン・クエスチョンは、話し手（当事者）の関心に応じて、話し手なりのペースで情報を出してもらえるという長所があります。一方、短所としては、話し手によっては、話のまとまりが悪く、冗長になってしまう場合があります[159]。

156　飯田・調停学41頁参照。
157　飯田・調停学71頁参照。
158　飯田・調停学62頁、古宮・レッスン83頁参照。
159　京都家裁・技法46頁参照。

第5章 和解の技法

ア　まずはオープン・クエスチョンから

裁判官が当事者と初めて面接する場合や、当事者が緊張している場合には、オープン・クエスチョンから入るとよいでしょう[160]。たとえば、当事者との初面接で、自己紹介や手続説明など一通りの説明が終わった後は、次の*Example77*のような切り出し方が考えられます。

> ❖ *Example77*
>
> 裁判官「今回の裁判について、どのようにお考えか、お聞かせいただけますか」

ところで、上記の*Example77*のように大きく開かれた質問をすると、当事者が延々と心情や経緯を語り出して、結局何を言いたいのかわからないということになることもあるでしょう。そのような場合は、次の*Example78*のように、焦点を絞った質問をしてみるとよいでしょう。

> ❖ *Example78*
>
> ①　裁判官「もし和解するとしたら、どのような内容をご希望されますか」
> ②　裁判官「被告に金銭を支払ってもらいたいとのことですが、どれくらいの金額をお考えですか」

オープン・クエスチョンは、当事者の「思い」を引き出すためにも活用することができます。「思い」を引き出すことで、当事者の感情をより深いレベルで把握することが期待できるでしょう。「思い」を引き出すオープン・クエスチョンとしては、次の*Example79*のような質問が考えられます[161]。

> ❖ *Example79*
>
> ①　裁判官「どのように思われますか」
> ②　裁判官「思っていることを自由に話してみてください」
> ③　裁判官「今回の紛争をどのように解決したいとお考えですか。そのために、どうしたいと思っていますか」

160　飯田・調停学62頁、京都家裁・技法47頁参照。
161　飯田・技術39頁参照。

Ｖ　話の聴き方　3　「問う」技術

「思い」を引き出すために、「なぜ？」「なんで？」という聞き方をする人もいると思います。しかし、これは要注意です。というのも、こうした聞き方をされた当事者の中には、答えに窮してしまう人も少なくありませんし、とがめられているという印象を受ける人もいるからです。そこで、理由を尋ねたい場合には、「なんで…？」という言い方を避けたほうが、当事者に無用な心理的圧迫を与えずにすみます[162]。たとえば、次の*Example80*を見てください。

> ❖ *Example80*
> ①　裁判官「……には何か理由がありますか」
> ②　裁判官「どのように考えて、……という行動をしてみたのでしょうか」

イ　クローズド・クエスチョンで核心に迫る

オープン・クエスチョンで当事者にある程度自由に考えや気持ちを語ってもらった後は、クローズド・クエスチョンを織り交ぜて、徐々に核心に迫っていくとよいでしょう[163]。たとえば、和解条件について具体的に詰めていく過程では、次の*Example81*のようなクローズド・クエスチョンを用いることが考えられます。

> ❖ *Example81*
> ①　裁判官「被告に対しては、和解金の支払と、再発防止の約束の２点を希望するということでよろしいですか」
> ②　裁判官「１か月以内に和解金として原告に100万円を一括で支払うとの和解案を希望するということですか」
> ③　裁判官「この建物から立ち退くのと、賃貸借契約を継続するのと、どちらを希望されますか」

クローズド・クエスチョンは、話合いが停滞したり、行き詰まったりした場合にも活用することができます。このような場合に抽象的な内容をオープン・クエスチョンの形で尋ねると、当事者が返答に窮してしまうことがあるので、

162　飯田・調停学70〜71頁参照。
163　飯田・調停学63頁参照。

215

第5章　和解の技法

クローズド・クエスチョンを活用して、より具体的な内容に当事者の目を向けさせるようにしましょう。次の*Example82*を見てみましょう。

❖ *Example82*
【悪い例】
裁判官「どうすれば、この裁判を満足のゆく形で解決できると思いますか」
原　告「どうって言われても……」
【よい例】
裁判官「たとえば、被告が100万円を即決で支払うと言ってきたらOKしますか」
原　告「うーん、それならだいぶましな提案ですが、100万円ではやっぱり足りないですね。せめて150万円は払ってもらわないと」

クローズド・クエスチョンは、会話の流れを適切な方向へと誘導するためにも使うことが考えられます。たとえば、「はい、そうです」と応じてくるに違いないことから先に尋ねていくと、当事者が「はい」「そうですね」と答えていくうちに、会話の流れが自然と生まれてきて、当事者が徐々に心を和解の方向へと向けてくれることが期待できるでしょう[164]。たとえば、次の*Example83*のようなやり取りです。

❖ *Example83*
　原告が被告に貸金100万円の返還を求める訴訟を提起した。請求認容の心証を抱いた裁判官は、和解協議において、被告に貸金の何割かの返還を承諾させようと説得を試みている。
裁判官「あなたと原告は、かつては友人同士だったのですから、喧嘩別れするよりは、少しでもしこりが残らないような解決のほうが望ましいですよね」
被　告「それはそうでしょうね」
裁判官「借りたものは返さないといけませんよね」
被　告「そうですね」

164　今井・動かす199頁以下には、このような質問技法が「ソクラテス式問答」として紹介されています。

216

もっとも、このような問答を続けていったからといって、当事者が最後に「は
い。それでは裁判官の言うとおりの和解案で和解しますね」と答えてくれると
は限りません。どこかで、「いや、それは違います」と反論される場面がくる
でしょう。そこが、いわば当事者の「ツボ」なので、反論された後は、これに
合わせた対応をしていくことになります。次の*Example84*で具体例を見てい
きましょう（これは上記の*Example83*の事案をベースにしたやり取りです）。

❖ *Example84*

裁判官「あなたと原告は、かつては友人同士だったのですから、喧嘩別れ
　　　するよりは、少しでもしこりが残らないような解決のほうが望ましい
　　　ですよね」

被　告「とんでもない。あんな奴とは二度と顔も合わせたくありません」

　この*Example84*の被告の返答からは、被告の原告に対する悪感情が和解の
最大のネックになりそうだとわかります。そこで、この悪感情をうまく和らげ
る（あるいは悪感情と天秤にかけても和解したほうが得だと思わせる）ための知恵
を絞る必要があります。

❖ *Example85*

裁判官「借りたものは返さないといけませんよね」

被　告「それはそうですが、借りたのは100万円ではありません。50万円
　　　だけです」

　この*Example85*の被告の返答からは、貸金の額をめぐる認識の相違が和解
の最大のネックになりそうだとわかるので、争点整理や証拠調べが終了してい
る場合には、証拠関係を踏まえて暫定的心証を丁寧に説明するといった対応が
考えられます。

　また、当事者の説明が抽象的である場合にも、クローズド・クエスチョンを
活用して、より具体的な希望や考えを引き出すことが期待できます。「Aですか。
それともBですか」といった、選択肢を挙げての質問も有効です[165]。これを
次の*Example86*で見てみましょう。

165　今井・動かす143頁参照。

第 5 章　和解の技法

> ❖ *Example86*
>
> 原　告「とにかく、被告には誠意を見せてもらいたいと思っているんです」
> 裁判官「誠意と言いますと、お金を払ってほしいということですか。それ
> 　　　とも、謝罪してほしいということですか」
> 原　告「うーん、今更謝罪してもらってもねぇ。やっぱり、きちんと払う
> 　　　べきものは払ってもらいたいという気持ちのほうが強いです」

　もっとも、当事者が、Aという考えと、Bという考えの間で揺れ動いている（アンビバレンスな状態である）ため、その説明が曖昧なものになっている場合に、クローズド・クエスチョンで性急に確答を迫ると、せっかく傾きかけていた当事者の心が元に戻ってしまうことがあります。いったん当事者に「ノー」と言わせてしまうと、後でそれを「イエス」に変えさせることは容易ではありません。このような場合には、当事者に気持ちや考えを整理してもらうために「繰り返し」を活用することが考えられます。次の *Example87* を見てみましょう。

> ❖ *Example87*
>
> 　原告（賃貸人）が、ビルの1階を賃借して居酒屋を営む被告（賃借人）に対し、賃貸借契約を債務不履行解除したとして、建物明渡しを求めた。裁判官は、和解協議で、被告と個別面接を行い、話を聴いている。
> 被　告「もう商売も潮時だと感じることもあり、そうであれば早めに廃業
> 　　　して退去したほうがいいのかな、と思うこともあるんです。……でも、
> 　　　まだ体がもつうちは、今の商売を続けていきたいという思いもあり、
> 　　　現実問題としても廃業して年金だけで生活できる自信もないですし
> 　　　……」
> 【悪い例】
> 裁判官「結局、どっちなんですか。明け渡すんですか、明け渡さないんで
> 　　　すか」
> 被　告「やっぱり明け渡すことなんてできません！」
> 【よい例】
> 裁判官「商売を続けていきたいという思いもある。他方で、店をたたんで
> 　　　退去しようという思いもある、と」
> 被　告「そうなんです。年も年だし、店の売上もじり貧ですしね……」

218

また、「AとBのどちらとも割り切れないようですが、どちらがどれくらい気持ち的には大きいですか」などと気持ちの強弱を尋ねてみるやり方もあります。あるいは、その場では深追いせずに別の話題に移り、後に関連した話題が出てきたときに、「先ほどの話は、このことと関連があったのでしょうか」などとつなげることも考えられます[166]。

(3) 真の「欲求」を探るための質問

当事者が述べる主張や考え（和解についての希望や和解案）の背後には、当事者の真の「欲求（ニーズ）」[167]が隠れているはずです。たとえば、前記Ⅳ4(1)ア(ア)で紹介した「オレンジをめぐる姉妹の争い」では、「オレンジが欲しい」という主張の背後には、「中身を食べたい」「皮でケーキを作りたい」という「欲求」が隠されています。この真の「欲求」、言い換えれば「本音」を探り当てることが、和解成立の大きなカギとなります。そのためには、真の「欲求」を探るための質問が欠かせません。

真の「欲求」を探るための質問としては、次の①〜④が挙げられます。

〔真の「欲求」を探るための質問〕
① オープン・クエスチョンを用いて理由を探る。
② 主張や考えの背後に目を向けさせる。
③ 具体的なイメージを聴く。
④ 語られないことを推測する。

次の*Example88*で具体例を見てみましょう。

❖ *Example88*
① オープン・クエスチョンを用いて理由を探る
裁判官「あなたが、判決になったら、この和解案よりも不利な結果に終わるかもしれないとわかっていながら、それでも判決を求める理由を教えてください」

166　新田・技法25頁参照。
167　京都家裁・技法63頁以下では、こうした「欲求」等のことを「インタレスト」と呼んで、このインタレストを探るための基本的態度について解説しています。本書の記述も、同解説を和解の場面に置き換えて説明したものです。

219

第5章　和解の技法

② 主張や考えの背後に目を向けさせる

裁判官「あなたが、被告に支払ってもらう和解金の支払方法として、頭金
　　　をもっと大きくしてほしい、それもすぐにでも支払ってほしいと希望
　　　しているのは、単にお金だけの問題だけではないように思われるので
　　　すが、何か事情でもあるのでしょうか」

③ 具体的なイメージを聴く

裁判官「あなたは、被告がA建物もB建物も明け渡すことを希望してい
　　　ますが、二つも建物を明け渡してもらって、具体的にどうやって使う
　　　つもりでしょうか」

④ 語られないことを推測する

裁判官「あなたは、被告に即金で支払ってもらうことを強く希望しておら
　　　れますが、何か早急にお金が必要な事情でもあるのでしょうか」

　もっとも、これらの質問をしたからといって、直ちに真の「欲求」が語られ
るとは限らず、肩透かしのような答えしか返ってこないこともあります。その
場合には、次の*Example89*のように、さらに掘り下げる質問をしてみるのも
一法です。

❖ *Example89*

裁判官「あなたが、判決になったら、この和解案よりも不利な結果に終わ
　　　るかもしれないとわかっていながら、それでも判決を求める理由を教
　　　えてください」

原　告「判決を求めるのは訴訟だから当然ですよ」

裁判官「訴訟だから判決を求めるのが当然だと言いますが、なぜそれほど
　　　あなたにとって判決が重要なのでしょうか」

　あるいは、次の*Example90*のように、別の「欲求」を尋ねる質問をするこ
とも考えられます。

❖ *Example90*

原　告「判決を求めるのは訴訟だから当然ですよ」

裁判官「ほかにも理由はありますか」

また、次の*Example91*のように、大げさに聞き返してみることで、当事者の本音を引き出すことができることもあります（ただし、ニュアンスによっては、挑発的な質問になりがちなので、注意してください）。

> ❖ *Example91*
>
> 原　告「判決を求めるのは訴訟だから当然ですよ」
>
> 裁判官「判決でどうなってもいい、大損してもいい。そういうことでしょうか」

(4)　留意点

ここでは、裁判官が当事者に質問をする際の留意点をまとめてみました。

ア　聴き手に理解できる言葉で質問をすること

まず、当然のことですが、聴き手に理解できる言葉で質問をすることです[168]。裁判官は、つい法律用語を当たり前のように使って会話をしがちですが、法律の素人である本人が、法律用語をちりばめた質問を受けても、正確に理解することは難しいでしょう。聴き手が弁護士なのか、本人なのかによって、用いる言葉を変える必要があります。特に、本人の場合には、法律用語を説明もなく使うことは避け、なるべく平易な言葉で説明するとよいでしょう。

イ　当事者が気持ちや考えを整理できるような質問をすること

次に、当事者が気持ちや考えを整理できるよう、会話の流れを妨げないような聴き方をすることです[169]。証人尋問のように「聞かれたことだけに答えればよい」では、当事者の考えが細切れになり、当事者が和解手続に不満を覚える結果となりかねません。当事者の応答を踏まえて、会話がスムーズに流れていくような質問を心掛けましょう。

ウ　詰問を避けること

当事者の説明が曖昧であったり、矛盾しているように感じられたりする場合には、つい、「結局、どっちなんですか？」「さっきおっしゃったことと矛盾していませんか？」などと、質問の口調や内容が厳しいものになりがちです。しかし、取調べや反対尋問のような詰問をすると、当事者は心を閉ざしてしまう

168　今井・動かす139頁参照。
169　今井・動かす140頁参照。

第5章　和解の技法

でしょう。和解協議は、取調べでも尋問でもありません。当事者との間に信頼関係を築き、判決よりも望ましい形で紛争を解決していくためのプロセスです。したがって、和解協議では詰問を避けるようにしましょう。

　また、緊張して口が重い当事者に対しては、「陳述書に出てくる○○というのは、どういう意味ですか」などと、朴訥な質問を織り交ぜると、当事者がいい気分で雄弁に語ってくれ、当事者が和解手続にリラックスして臨めるようになることが期待できます[170]。記録や話の中に出てくる、当事者なら当然知っているような業界の知識、慣行等を尋ねてみるとよいでしょう。

エ　同じ質問の繰り返しはできるだけ避けること

　当然のことですが、同じ質問の繰り返しは避けるようにしましょう[171]。限られた時間の中で、同じ質問を繰り返すのは時間の無駄ですし、当事者にも迷惑がかかります。

　もっとも、当事者の説明がよく聞き取れなかった場合やよく理解できなかった場合にまでわかったふりをすることは禁物です。それでは当事者の話を誤解したりして、和解協議を適切に運営していくことができなくなるからです。そういう場合は、恥ずかしがらずに理解できるまで質問を繰り返すべきです。もっとも、全く同じ質問を繰り返されると、当事者も不愉快に感じるでしょうから、「先ほどと同じ質問で恐縮ですが」などと断りを入れたり、聴き方を変えたり、別の角度から聴いたりするなどの工夫をするとよいでしょう。

オ　聴きにくい話は一言断ってから率直に尋ねること

　個別面接においては、当事者から、聴きにくい話（当事者のプライバシーや私生活に関する話、触れられたくない過去に関する話など）を聴かなければならないこともあるでしょう。このような質問は、質問をする側もいささか気が重いものですし、回答する側も戸惑いや不快な思いを覚えるかもしれません。とはいえ、だからといって質問を差し控える必要はありません。このようなときは、次の*Example92*のように断ったうえで、率直に質問を行うべきです[172]。

❖ *Example92*

① 裁判官「立ち入ったことをお尋ねしますが」

② 裁判官「失礼ですが」

170　今井・動かす141頁参照。
171　今井・動かす141頁参照。
172　飯田・調停学70頁参照。

③　裁判官「言いにくいかもしれませんが」

4　場面別対応

　ここでは、和解協議でしばしば遭遇する場面ごとに、適切な対応方法を見て
いくこととします。

(1)　延々と話し続ける場合

　当事者の中には、一つ質問をすると、延々と話を続ける人がいます。こうい
う人は、裁判官が「和解については、どのようにお考えですか」とオープン・
クエスチョンを投げ掛けたら、待ってましたとばかりに、「そもそも私と被告
はですね、昭和の時代からの長い付き合いでして……」などと、結論から遠く
離れた話題から始まって、なかなか本題を切り出してくれません。こうした「長
話」にはどう対処すればよいでしょうか。

　当事者の話が長い場合としては、①和解のために必要な情報を長々と話す場
合と、②そうではない話（脱線話）を長々と話す場合があります。この二つの
場合を分けて対応を考えるとよいでしょう。

　まず、①の「和解に必要な情報を長々と話す場合」には、「要約」と「焦点
づけ」で対応するのがよいでしょう[173]。「要約」は、当事者の話が区切れたと
ころで、それまでの内容を簡単に要約し、理解が正しいかどうかを確認すると
いうことです（前記2(2)ウ参照）。この要約は、なるべく簡潔に行うのがコツで
す。一方、「焦点づけ」は、次の*Example93*のように、話し手の話の内容や
流れを聴き手の望む方に方向づけるための聴き方のことです。

❖ *Example93*
①　裁判官「今までのお話には大切なことがたくさんあったように思いま
　　　　　すので、ちょっと整理させてください」
②　裁判官「今のお話は、大きく分けて三つのことをおっしゃっていたよ
　　　　　うに思います。第1に、和解金の支払ですが……」

　一方、②の「脱線話を長々と話す場合」は、和解協議を進めていくうえで必

173　飯田・技術172頁参照。

第5章　和解の技法

ずしも必要のない情報が延々と述べられるだけなので、適切なタイミングで「待った」をかける必要があります。といっても、単に「その話は関係ないのでやめてください」とストレートに指摘しても、当事者の感情を害するだけでしょう。そこで、当事者の感情を害さないよう話を本線に戻していくためには、「感謝の言葉」を武器にすることが効果的です。次の*Example94*を見てみましょう。

❖ *Example94*

裁判官「○○さんのお気持ちやこれまでのいきさつについて、大変詳しくご説明いただき、ありがとうございます。まだまだお話されたいこともあろうかと思いますが、時間に限りもありますので……（以下、本題）」

この*Example94*では、まず感謝の気持ちを述べて、話に一区切りをつけています。そのうえで、「時間に限りもありますので」という転換のフレーズを入れて、本題に入ろうとしています。このような流れであれば、当事者の感情を害するおそれは少ないでしょう。これに対し、「裁判所は忙しいので」などと、裁判官中心の言い方をしてしまうと、当事者の心情を害してしまいますので、避けたほうがよいでしょう。

これでうまく当事者が長話をやめてくれればよいのですが、中には、それでも発言をやめてくれない人もいます。このような場合、当事者に多少の不満や失望が生じても時間を制限するか、あきらめて当事者の話を聴き続けるか決断が必要となります。その判断のためには、当事者の「しゃべりたい」という欲求がどの程度のものかを把握する必要があります。裁判官が本題に入ろうとしたところ、当事者の顔に不満や失望の表情がはっきりと表れ、これを解消しない限り本題に入ってもすぐに協議が行き詰まることが予想される場合には、覚悟してひたすら聞くしかないでしょう[174]。

(2) 耳を貸そうとしない場合

当事者の中には、裁判官や反対当事者の言うことに容易に耳を貸そうとしない人もいるでしょう。こういう当事者については、その原因をきちんと分析し、

174　今井・動かす138頁参照。

224

その原因に応じた対応をとることが必要です。当事者の中には、自分の主張を述べておかないと気が済まないという思いが強いものの、裁判官に話を聴いてもらうと気持ちの整理がつくタイプの人もいます（裁判官が説明をしているのに、話の腰を折るように発言する当事者にこのタイプが多いように思われます）。このような当事者に対しては、多少時間がかかっても辛抱強く話を終わりまで聴くことも必要でしょう[175]。

(3) 相手方や第三者に対する非難を続ける場合

個別面接では、当事者から、相手方や第三者に対する非難の言葉を聞くことが珍しくありません。そのような場合に、裁判官が発言を遮ってしまうと、当事者に不満が残り、「裁判官は相手方の味方なのか」などと誤解されるおそれもありますので、ある程度の「ガス抜き」をする必要があります。

そこで、このような当事者に対しては、ひとまずしゃべりたいだけしゃべらせるのがよいでしょう。ただし、その際、裁判官が、相手方や第三者を非難する発言を是認するような応答をすると、当事者が、「裁判官は私の味方になってくれた」などと勘違いしかねません。万一、そのことが相手方に知れると、裁判官の中立性が疑われることになるので、こうした発言を是認したと受け止められるような言動は厳に慎むことです。相づちや応答をする場合でも、「あなたの立場からはそう感じられるのですね」などとコメントするにとどめるべきです（前記2(2)ア、*Example66*参照）。

そして、区切りのよい頃合いを見計らって、非難を続けていても非生産的で、何の得にもならないこと、かえって損をしてしまうおそれもあることを説明するとよいでしょう[176]。たとえば、次の*Example95*のような言いぶりが考えられます。

❖ *Example95*
裁判官「原告に対して厳しい感情をおもちのようですが、原告を非難ばかりしていても、何も前に進みませんよ。このまま二人がいがみ合って

---

[175] 最高裁・参考資料112頁参照。もっとも、話を終わりまで聴いて、ようやくこちらの発言の番だと思って口を開いたら、再び同じような話を始める人もいます。そのようなことが繰り返される場合には、限られた期日の時間を有効に活用するためにも、「私の話が終わってからお聞きしますね」などと述べて、発言を封じることも必要でしょう。

[176] 飯田・調停学67～68頁参照。

第5章　和解の技法

> いるだけでは、お互い損するだけではないですか」

　それでも非難をやめず、話合いにならない場合には、そのような姿勢は和解にふさわしくないこと、それでは話合いにならないことを説明し、それでも態度が改まらない場合には、和解の打ち切りも検討せざるを得ないでしょう[177]。

(4)　裁判官に反感や反発を示す場合

　当事者の中には、和解手続を主宰する裁判官に対して反感や反発を示す人もいます。不利な心証を開示されて立腹する当事者は珍しくありませんが、そのようなことがなくても、そもそも訴訟になっていることがおもしろくない、早く判決が欲しいのに裁判官が和解を勧めようとしている、などという考えから、反感や反発を示す人もいます。

　いずれにせよ、当事者が担当裁判官に対する反感や反発を示す場合には、その理由を尋ねてみて、その理由に応じた対応をとる必要があります。そのうえで、裁判官や裁判所職員に反省すべき点があれば、率直に反省し、改めるべきでしょう。そうすることによって、当事者の反感も少しずつ和らいでいくことが期待できます。逆に、裁判官が意固地になって反論してしまうと、かえって当事者の感情がこじれるだけですので、たとえ心証に反発されたとしても、どうしてそのような心証に至ったのかを丁寧に説明して理解を得るよう努めましょう。

　もっとも、当事者が担当裁判官に対する不満を抱いたとしても、そのことを率直に明らかにしてくれるとは限りません。その場合には、裁判官が当事者の真意を見抜く必要があります。当事者の表情、しぐさ、言葉遣い等から、裁判官への反感の兆候が見られないかを敏感に察知し、そうした兆候に気付いたら、当事者にその理由を尋ねてみるとよいでしょう[178]。たとえば、次の*Example96*のように尋ねてみることが考えられます[179]。

177　飯田・調停学51、68頁参照。
178　裁判所書記官からの情報が重要なヒントになることもあります。裁判所書記官は、裁判官のいない場で当事者と接する機会が多いため、裁判官以上に当事者の本音と接する機会があるからです。
179　今井・動かす246頁参照。

> ❖ *Example96*
>
> 裁判官「裁判所としては、公正にやっているつもりなのですが、言葉が足らなかったり言いすぎたりして、ご不満を与えることがあります。何か、お気に障ることはなかったでしょうか」

(5) やたらと同意を求めてくる場合

　当事者の中には、「そう思いません？」とやたらに裁判官の同意を求めてくる人がいます。このような当事者に対しては、安易に同意しないことが重要です。当事者間で意見が対立している事柄について、裁判官が、一方当事者から表明された意見に対して、同意や賛同の意を示すと、前記(3)で述べたように、「裁判官はこちらの味方だ」などと誤解されてしまうおそれがあります。

　そこで、そのような同意しかねる意見や希望に対して同意を求められた場合には、「あなたの言いたいことは、そういうことなんですね」とか、「あなたの立場からは、そのように感じられるのですね」などとコメントするにとどめ、賛否を明らかにするのを避けるようにしましょう[180]。場合によっては、当事者の意見を受け止めたうえで、和解に向けた検討をやんわりと促してみると、当事者に安心感を与えるだけでなく、裁判官の意見を受け入れてもらいやすくなることも期待できるでしょう。次の *Example97* を見てください。

> ❖ *Example97*
>
> 　原告は、被告に対し、被告が占有している建物の明渡しを求める訴訟を提起した。和解協議で、原告は、３か月以内に被告が退去することを和解条件として提示した。裁判官は、被告と面接し、被告の考えを聴取した。
>
> 被　告「３か月で出ていけだなんて、そんなに無理に決まっているでしょう。裁判官もそう思うでしょ？」
>
> 裁判官「３か月で明渡しを完了するというのは難しいと感じておられるのですね。どうでしょう。どれくらいの期間があれば明渡しは可能ですか。それを原告に伝えてみましょうか」

180　望月・技術102頁、京都家裁・技法53頁参照。

(6) 質問された場合

　和解協議の個別面接では、裁判官が、当事者からさまざまな質問を受けることもあります。質問の内容が、事案に関する法令や判例に関するものであるとか、訴訟手続に関するものであって、答えても差し支えないものについては、一般論として説明すればよいでしょう。また、心証やその理由について質問された場合も、和解の進行状況に応じて、差し支えない範囲で説明すればよいでしょう。心証を明らかにするのが適当ではないと思われる場合もあるでしょうが、その場合には、「まだ心証をお話しするには時期尚早だと思っています」などと告げて、断ればよいでしょう（後出の *Example104* 参照）。

　注意しなければならないのは、質問の形をとっていても、答えを求めている質問でないことがあるということです。たとえば、当事者が、自分の意見に対して裁判官に同意してもらいたいと思って、質問の形で「○○だと思いませんか？」などと質問してくることもあるでしょう。あるいは、当事者が、結論を決めかねて、「私は立ち退いたほうがよいのでしょうか、それともこのまま居続けたほうがいいのでしょうか……」などと質問をするものの、実は自分の心に問い掛けているという場合もあるでしょう。単に同意を求めているだけの場合には、前記(5)のとおり、安易に同意せずに対処すべきです。これに対し、自分の心への問い掛けが質問となって表れている場合には、当事者に考えを深めてもらうために、「促し」（前記２(2)エ参照）をすることが有効です[181]。次の *Example98* を見てください。

❖ *Example98*

　被告（会社）から解雇された原告が、解雇無効を争っている訴訟の和解協議で、裁判官が原告と面接を行っている。

原　告「私は会社に復職したほうがよいのでしょうか。それとも、このまま退職の道を選んだほうがよいのでしょうか」

裁判官「そのようにお考えになる理由を、もう少しお聞かせいただけますか」

181　古宮・レッスン97頁参照。

VI　説得の技法

　当事者の話を傾聴し、当事者の考えをよく把握したら、次に、当事者の気持ちを和解へと傾かせるための働き掛け、つまり「説得」が必要になります。ここでは、和解を成立させるために必要な「説得」の技法について見ていくこととしましょう。

1　説得の3類型

　草野耕一弁護士は、説得を「論理的説得」「功利的説得」「感情的説得」の三つの類型に分けて考えることが有益であるとしています[182]。

　「論理的説得」とは、どのような理由からどのような結論になるか論理的筋道を立てて理解してもらう説得方法です。「功利的説得」とは、そのようにしたほうが相手方にとって得であるということを理解してもらう説得方法です。「感情的説得」とは、相手の感情や感性に訴え掛ける説得方法です。このような分類は、和解や調停などの場面における説得についても有効な分類と思われますので[183]、本書でも、この3類型に即して、説得の技法を紹介することとします。

　この3類型のうち、和解における裁判官の説得は、審理の結果現れた主張や証拠を踏まえた論理的説得が中心となることが多いでしょう。もっとも、人は論理的に正しければ納得するというわけでは必ずしもありません。むしろ、損得勘定で決断したり、「腹落ち」したから決断したりすることのほうが多いかもしれません。そこで、和解における説得においても、論理的説得だけでなく、当事者の性格や立場等を踏まえて、功利的説得や感情的説得を組み合わせることが必要となります[184]。つまり、「説得は人を見て行え」ということです。この当事者が求めているものは何か。正しい結論とその理由付けなのか、金銭か、名誉か、面子か、相手方の謝罪か。こうしたことを考え、この人はいかなる「力学」で動くのかを見抜くことが欠かせないのです[185]。

---

[182]　草野耕一『ゲームとしての交渉』86頁（丸善、1994年）参照。
[183]　調停における説得について述べたものですが、「論理的説得」「功利的説得」「感情的説得」の3類型による説得の有効性について述べたものとして、山田・技法383頁、平栁一夫『遺産分割の調停読本』152頁（信山社、2001年）参照。
[184]　山田・技法383頁参照。
[185]　最高裁・参考資料115頁、田中敦・実践566頁〔中武由紀発言〕参照。

第 5 章　和解の技法

　場合によっては、論理的説得や功利的説得でうまくいかなければ、直ちに感
情的説得に切り替えるなど、臨機応変な戦略変更が功を奏することもあります。
次の **Episode10** は、論理的説得から感情的説得へと切り替えた結果、和解が
成立したケースです。

Episode10

　被告（会社）に雇用されていた原告が、被告に対し、①未払賃金200万
円を求めるとともに、②在職中に被告の代表者からセクハラ被害を受けた
ことを理由として、損害賠償100万円を求める訴訟を提起した。審理の結果、
裁判官は、①は150万円、②は10万円の限度で認容との心証を抱いた。裁
判官は、和解勧告をしたうえ、被告との個別面接を行い、それまでの審理
結果を踏まえた具体的な理由を述べながら、心証を開示して、被告に和解
金の支払を検討させた。ところが、被告は、「代表者はセクハラを絶対に
していない」の一点張りで、セクハラを前提とする和解には一切応じない
との態度であった。

　そこで、裁判官は、②の認容見込み額が僅少であることも考慮して、以
後の説得においては、セクハラを理由とする損害賠償については議論の対
象から棚上げとして専ら未払賃金として和解金を支払うよう被告に対する
説得を試みた。その結果、被告が原告に和解金140万円を支払うとの和解
が成立した。

2　論理的説得

(1)　論理的説得とは

　和解における論理的説得とは、法令、判例や証拠関係に基づき、論理的理由
を述べながら説得することです。心証を開示したうえで行う説得の多くは、そ
れまでの主張立証を踏まえながら、なぜそのような心証に至ったのかを説明す
るものですので、論理的説得に当たるといってよいでしょう。論理的説得は、
筋を通すことを重視する人や、和解案が理にかなっているか否かを重視する人
に対しては、特に効果的です。

　心証中心型の和解は、心証を武器に当事者を説得するスタイルになるので、

この論理的説得が説得の軸となります。したがって、この説得は、合理的な根拠を伴う、納得性の高い説得である必要があります。「和解金は100万円でどうでしょうか」などと結論を述べて、その論理的な理由を述べず、ただ情に訴えるような説得をしても、当事者の納得を得ることは難しいでしょう。調停でのエピソードですが、ある調停委員が、当事者に対し、「私の白髪頭に免じて、ぜひこの案をのんでくれ」と、不合理な調停案を了承させようとして、当事者の憤慨を買ったということがあったそうです[186]。裁判官が行う和解においても、同様に、当事者に対し、「裁判官の顔を立ててくれ」「裁判所の立場を理解してほしい」というような形で説得を行うことは慎むべきでしょう[187]。

(2) 上手な心証開示の方法

心証を開示して行う説得は、主張や証拠からなぜその心証に至ったのかを説明する「論理的説得」が中心となります。そこで、ここでは心証開示のコツについて見ていきましょう。

ア 心証は明確に告げるべきか、オブラートに包むべきか

心証開示にあたって、心証を明確に告げるか、ある程度オブラートに包んで説明するかは、裁判官のスタイルや当事者の個性、審理の状況等に応じてケース・バイ・ケースで判断することが必要です。もっとも、一般的には、和解協議の序盤においては、オブラートに包んで説明したほうが無難なことが多いようです。たとえば、次の *Example99* のような説明です。

❖ *Example99*
① 裁判官「原告は○○万円を請求していますが、この金額が認容されるかどうかは、慎重な検討が必要な事案だと思っています」
② 裁判官「原告は○○と主張していますが、別の見方もあり得るのではないでしょうか」

これに対し、証拠調べ後の和解においては、当事者も判決を踏まえた心証開示を期待していることが多いと思われますので、できる限り明確に心証を開示したほうがよいことが多いと思われます。また、オブラートに包んで心証を伝

---

186 今井・動かす167頁参照。
187 最高裁・参考資料117頁参照。

第5章　和解の技法

えたのに、それがうまく伝わっておらず、心証とかけ離れた和解案にこだわる
当事者に対しては、「請求認容は難しい事案です」などと、きっぱりと伝えた
ほうがよいでしょう。

　もっとも、当事者の中には、裁判官から有利な心証を告げられると、その後
一切譲歩しようとせず、「相手方が譲歩しないなら、判決にしてもらって結構
です」などと強気一辺倒の姿勢になってしまう人もいます。こうなると、その
後の和解協議はうまくいかなくなってしまうおそれがあります。このような事
態が懸念される場合には、次の*Example100*の①のように、心証を明らかに
しつつ、勝ち筋の当事者の弱みを指摘しておくとよいでしょう。特に、証拠調
べ（尋問）前の和解協議では、勝ち筋の当事者に対し、*Example100*の②のよ
うに、証拠調べの結果次第で心証が変わる可能性があることについて、釘を刺
しておくと、譲歩を得やすくなります。

❖ *Example100*

①　裁判官「（原告に対し）基本的には認容事案だと考えていますが、契約
　　　　　条項の解釈次第では、別の判断もあり得るように感じています」

②　裁判官「現時点の主張立証を踏まえると、あなたの言い分に分があり
　　　　　そうですが、尋問の結果次第で、逆の結論になるかもしれません」

　逆に、負け筋の当事者に対しては、次の*Example101*のように、証拠調べ（尋
問）を経ても心証が大きく変わる可能性が高くないのであれば、その旨を伝え
て、証拠調べ前に和解できるよう譲歩を求めることが考えられます。

❖ *Example101*

裁判官「（被告に対し）現時点の主張立証に照らすと、被告にかなり分が悪
　　　い事案だと認識しています。もちろん、尋問次第で結論が変わること
　　　もあり得ますが、尋問を実施したところ、敗訴の心証が完全に固まっ
　　　てしまい、もう原告に譲歩してもらう余地がなくなってしまうことも
　　　考えられます。その意味では、尋問前に和解を成立させることが被告
　　　にとっても重要ではないでしょうか」

　また、心証を直接に明らかにするのではなく、それとなく示唆するやり方も
あります。たとえば、今後の和解協議の方針（枠組み）を説明する形に置き換

えたり、反対当事者の主張に難点が多いと述べるにとどめたり、上級審ではあなたの主張とは別の判断がされる可能性もあると説明するにとどめることが考えられます。次の***Example102***を見てみましょう。

❖ Example102

　A、Bいずれかの心証があり得る事案で、裁判官はAという心証を抱いている。裁判官は、勝ち筋（心証Aで勝訴となる）の原告に対して、心証を示唆しようとしている。

① 和解協議の方針を説明する形に置き換えるやり方

裁判官「本件では、原告がA、被告がBと主張していますが、これまでの審理の結果や事案の落ち着きなどを考えると、今後の和解協議は、基本的にはAの考え方に沿って進めていくのがよいと考えています」

② 反対当事者の主張に難点が多いと述べるやり方

裁判官「本件では、原告がA、被告がBと主張していますが、Bという考え方は、現時点では採用し難い部分が多いように思われます」

　また、次の***Example103***のように、結論は一切開示せずに、それぞれの当事者の強みと弱みを指摘しつつ説得にあたることも考えられるでしょう。事実認定や法律解釈が両様に分かれる可能性があり、裁判官自身も迷っている場合にも、こうした説明をして、「こういう可能性もあるので、判決になると不利な結論になるかもしれません」などと述べてみると効果的です。

❖ Example103

① 裁判官「本件では、○○や△△の証拠からすると、あなたが主張する契約の成立を認める方向に傾きますが、他方で、□□や××という、契約の成立を否定する方向の証拠もあります」

② 裁判官「本件契約書○条の解釈については、あなたが主張するような○○という解釈もあり得るとは思いますが、他方で、……という点を重視すると、××という解釈もあり得るように思います」

　このような説得方法でも、伝え方の順番やニュアンスを変えることで、勝ち筋の当事者には勝訴のニュアンスが、負け筋の当事者には敗訴のニュアンスが伝わるものです。

第5章　和解の技法

　なお、結論についての心証を直接明らかにしないと、当事者から単刀直入に心証についての質問を受けることもあるでしょう。そのような場合の対応は、ケース・バイ・ケースですが、絶対に結論を明らかにしたくない場合には、次の*Example104*のように答えて、回答を差し控えるとよいでしょう[188]。

❖ Example104
被　告「裁判官は、どちらが勝訴だと思っているんですか？」
①　裁判官「それは今は申し上げられません」
②　裁判官「裁判所の心証を明らかにするのは、まだ時期尚早だと思っています」
③　裁判官「判決の結論はまだ決めていません」

　一方、それまでの説明ですでに当事者に心証がある程度伝わっていると思われる場合には、次の*Example105*のような言い方をして、心証を明らかにしてもよいでしょう（ただし、その場合でも、暫定的心証であることがわかるような言いぶりにする必要があります）。

❖ Example105
被　告「裁判官としては、本件についてはどのような心証をおもちなのでしょうか」
裁判官「現時点の証拠関係からすれば、原告に軍配を上げる可能性が高いと思っています」

イ　結論から述べるか、理由から述べるか

　結論とその理由について心証開示して論理的説得を行おうとする場合、まず結論を告げてから理由を述べるやり方と、まず理由を述べてから最後に結論を告げるやり方が考えられます[189]。

188　Example104の③については、訴訟の勝敗についての心証がある程度固まっているにもかかわらず「判決の結論はまだ決めていません」と答えることは、当事者に嘘をつくことを意味するものではありません。裁判官の心証は、判決を起案し、判決書に署名押印する時点で最終的に確定するものなので、それまでの心証は、すべて「暫定的心証」というべきです。
189　裁判官の中には、判決の結論についての心証だけを告げて、その理由については説明しようとせずに当事者を説得しようとする人もいるようですが（田中豊・実務75頁参照）、これでは当事者を納得させることは困難でしょう。

どちらが正解ということはありませんが、当事者の中には、結論を聞くや否やこれに反発して、その後の理由の説明に耳を貸してくれない人もいますので、一般的には理由から述べたほうが無難なことが多いようです。

もっとも、それまでの審理等から当事者にも結論が見えているだろうと思われる場合や、当事者が長々とした説明よりは簡潔な説明を好むタイプである場合には、結論から述べてもよいでしょう。

ウ　心証の理由の説明

心証の結論を告げる以上、通常はその理由についても説明する必要があります。そのやり方としては、事実認定（事実の存否）が争点となる事案では、まず、核となる事実関係や証拠関係から述べ、そのうえで、必要に応じて、補足的な事実関係や証拠関係を二つ、三つ挙げていくのがよいでしょう。この際、判決で挙げようと思っている根拠を総花的に漏れなく説明してしまうと、些末な根拠（どちらとも見ることができるような推認力の弱い証拠や間接事実）に対し、当事者に突っ込みを入れる余地を与えてしまいかねません。そうなると、かえって紛糾してしまうので、異論を差し挟まれる余地の少ない、重要な根拠を二つ、三つ挙げるにとどめておくべきです。次の *Example106* を見てみましょう。

❖ *Example106*

原告は、Aに100万円を貸し付け、被告（Aの父）がこれを連帯保証したと主張して、被告に対し、保証債務の履行を求める訴訟を提起した。被告は「連帯保証はしていない。契約書は、Aが無断で被告の実印を使って作成したものである」などと反論した。和解協議において、裁判官は、被告に対し、請求認容の心証を告げようとしている。

裁判官「本件の最大の争点は、被告がAの貸金債務を保証したか否かです。被告は、『保証はしていない。契約書はAが被告の実印を無断で押印したものである』と主張していますが、契約書に被告の実印が押印されているため、二段の推定により文書の成立の真正が推定されることになります。被告本人の尋問での供述によると、確かにAは被告の実印の所在を知っていたようですが、たまたま被告が不在の時にAが被告宅に上がり込んで、実印を持ち出すというのは、可能性としては低いように思います。また、尋問での供述によれば、被告は、Aが所在不明となった後、原告から保証債務の履行を求められたのに、『保証はしていない』などと異議を述べることはなく、かえって『息子であ

235

第 5 章　和解の技法

るＡのしたことは責任をとる』と返答していました。こうしたことを
総合すると、現時点の暫定的心証としては、本件は、被告が保証をし
ていないという判断をするのは、かなり難しい事案のように思われま
す」

　この*Example106*では、「二段の推定」という、それ自体は異論の余地のな
い法理を挙げたうえで、被告の供述によっても「保証していない」という結論
が導かれることを論理立てて説明しています。このような説明であれば、被告
としても、異論を差し挟みにくいと思われます。これに対し、裁判官が、「被
告はＡの父親ですから、連帯保証してもおかしくないですね」などと付加する
と、被告から「Ａとは長らく絶縁状態だった。それは尋問でも供述したとおり
だ」とか「親子だからといって連帯保証するとは限らない」などと、異論を差
し挟まれてしまうでしょう。「被告とＡは親子である（だから連帯保証してもお
かしくない）」という間接事実は、判決における理由としては特段おかしなも
のではありませんが、別の見方（親子だから連帯保証するとは限らない）も可能
なので、このような推認力の弱い間接事実を挙げて説得を試みても、かえって
「やぶ蛇」になってしまうことが多いようです。

　事実認定について心証を示す場合には、立証責任の所在について言及するこ
とで説明の説得力を増すことができます。つまり、真実は違うかもしれないけ
れども、立証責任という「訴訟のルール」がある以上は、この結論をとらざる
を得ないのですという説明をするわけです。次の*Example107*を見てみましょ
う。

❖ *Example107*
　原告は、被告に対し、貸金100万円の返還を求める訴訟を提起した。被
告は「借りていない（金銭の交付を受けていない）」と反論している。裁判
官は、金銭の交付は認められないため原告敗訴との心証を抱いており、原
告との個別面接で、原告を説得しようと試みている。
①　裁判官「あなたは、100万円を被告に現金で交付したとおっしゃって
　　　　　いますが、被告は受け取っていないと反論しています。この場合、
　　　　　金銭を交付したことの立証責任を負っているのはあなたですので、
　　　　　あなたが動かぬ証拠を出さなければならないのですが、立証責任
　　　　　のハードルを超えたといえるだけの証拠は出ていないようです」

VI　説得の技法　2　論理的説得

②　裁判官「あなたの請求が認められるには、あなたが100万円を被告に
　　　　　交付したという事実を立証する必要があります。ところが、本件
　　　　　では、そのように認めるだけの証拠はありません。控訴していた
　　　　　だいても結構ですが、この点を崩さない限り、高裁でも同じ判断
　　　　　がされる可能性が高いのではないでしょうか」

　法律解釈が問題となっている事案では、裁判官が妥当と考える考え方（自説）
を支える判例や学説を挙げながら説明していくとよいでしょう。併せて、その
解釈を採用したほうが結論としても妥当であること（別の解釈では不当な結論と
なること）についても触れると、より説得力が増すでしょう。特に、当事者の
主張する解釈は、その事案ではよくても、少し違う事案ではおかしな結論と
なってしまうことが少なくありません。そのような場合は、自説の理論的根拠
とともに、「その解釈（当事者が主張する別の解釈）では、本件ではいいかもし
れませんが、○○という事案では、××という結論になってしまい、アンバラ
ンスな結果になってしまいます」などと補足してみましょう。

　なお、当事者（代理人）と心証をめぐって意見を交わしている際に判例や学
説に言及する際には、当事者を論破しようと、「○○という判例は知っていま
すよね？」などと、つい挑発的な発言をしがちです。しかし、当事者のプライ
ドを傷つけるような発言をしても、関係がこじれて、その後の説得が難しくな
るだけです。それよりは、「当然ご存知かと思いますが」というニュアンスで「○
○という判例もありますのでね……」などとつぶやくように指摘するにとどめ
ておいたほうがよいでしょう（もちろん、当事者から「それはどのような判例で
すか？」と質問されることもありますので、きちんと答えられるよう準備しておく
必要があります）。

　もっとも、事実認定であれ、法律解釈であれ、どのような理由付けを述べて
も、異論が述べられることは避けられません。そのような場合には、別の角度
から、最初に述べた理由付けが正しいことを説明していく必要があります。た
とえば、判例（最高裁判例はもちろん、下級審裁判例も含みます）を挙げて同様
の事案で同様の判断がされている先例が多数あることを説明したり、通説や有
力説を挙げてみたり、実務での一般的な取扱いを紹介したり、類似の論点につ
いての通説・判例を紹介したりすることが考えられます。また、たとえ話（類
似例）を挙げることも時に有効な説得方法となります。次の*Example108*を
見てみましょう。

237

第 5 章　和解の技法

> ❖ *Example108*
>
> 　原告が、原告所有の建物を占有している被告に対し、建物の明渡しを求める訴訟を提起した。原告は、被告との間では使用貸借契約が締結されていたが、すでに契約は終了したと主張している。これに対し、被告は、従前から原告に「賃料」を支払っているから、原告との間の契約は賃貸借契約であると反論している。和解協議において、裁判官は、被告に対し、契約は使用貸借契約であり、同契約は終了しているため、請求認容の心証であることを説明しようとしている。
>
> ①　判例等を挙げて説得する例
>
> 裁判官「賃料名目の金銭が支払われていても、その額が使用収益の対価とみることができないような低額なものである場合には、賃貸借契約ではなく使用貸借契約であるといわれており、最判昭35・4・12民集14巻5号817頁をはじめ、多くの裁判例がこのような考え方に立っています」
>
> ②　たとえ話（類似例）を挙げて説得する例
>
> 裁判官「賃料名目で支払がされているからといって、直ちに賃貸借契約が締結されていたとみることができるわけではありませんよ。たとえば、会社が、ある個人との間で『業務委託契約書』と題する契約書を取り交わして業務を行わせていた場合でも、それが『労働契約』だと評価されることが少なくないことはご存知でしょう」

　もっとも、たとえ話を挙げて行う説得は、しょせんはたとえ話であって、本質的な説明ではありませんので、当事者によっては、「いや、それと本件とは違う」などと、さらに反論してくることも少なくありません。その場合には、それ以上たとえ話を用いた説得をすることはやめて、別の角度からの説得（場合によっては功利的説得や感情的説得）を試みるべきです。

　暫定的心証を開示しながら説得を行おうとすると、不利な心証を示された当事者から感情的な反発を受けることがあります。こうした反発は、心証を開示して和解協議を行おうとする以上、ある程度は避けがたいものですが、反発を少しでも和らげるためには、まず、争点整理段階から折に触れて暫定的心証の

開示（あるいは示唆）をしておくことです[190]。それにより、裁判官と当事者との間に共通認識が形成され、双方ともおのずと結論に対する見通しがついてくるので、裁判官から開示された心証が予測の範囲内のものであれば、あまり反発を招くことはないでしょう[191]。

また、暫定的心証を開示する際には、あくまでも「暫定的」な心証であることがわかるように説明するとよいでしょう。たとえば、次の*Example109*のような言いぶりが考えられます[192]。

❖ *Example109*
① 裁判官「今の証拠関係からすると、まだちょっとハードルが高いように思われます」
② 裁判官「これは、あくまでも現段階での問題意識に基づくものなので、不満があれば、裁判所の問題意識を踏まえた補充の主張や立証を考えていただきたいと考えています」

暫定的心証の開示に対する反発として、当事者から、仮定の話を持ち出されることがありますが、仮定の話を前提に議論をしても生産的ではないので、深入りしないように注意しましょう。このことを次の*Example110*で見てみましょう。

❖ *Example110*
　原告が、被告からの委託を受けて、被告が使用する予定の高価な機械を購入したところ、被告が前言を翻して機械の引き取りも代金の支払も拒んだため、被告に対し、債務不履行に基づく損害賠償を求める訴訟を提起した。裁判官は、被告には債務不履行があり、原告には機械の購入代金相当額の損害が生じたとの心証を抱き、これを和解協議の個別面接の場で被告に説明した。すると、被告は裁判官の心証に納得せず、反発する態度を示した。

190　田中敦・実践566頁〔中武由紀発言〕には、争点整理段階で、双方の証拠状況が一覧できる一覧表をつくっておくと、事案の優劣が当事者におのずと伝わるうえ、代理人がその一覧表を使って本人を説得することも期待できるとの工夫例が紹介されています。
191　田中敦・実践535頁〔中武由紀発言〕参照。
192　田中敦・実践568頁〔濵本章子発言〕参照。

第5章　和解の技法

> 被　告「原告は、機械を転売すれば高く売れるはずだから、損害はないはずですよ」
> 裁判官「そうできればいいですけどね。仮定の話なのでわかりませんよ」

　ところで、心証を説明する際に、いきなり「私（裁判所）」を主語にすると、裁判官と説得相手の当事者とが直接対峙するような形になり、角が立ってしまいます。これを避けるには、主語を「相手方」や「世間一般」にしてみるのも一法です。そのうえで、必要があれば、「私（裁判所）」を主語にするとよいでしょう。次の **Example111** を見てください。

> ❖ **Example111**
>
> 　裁判官が、和解協議における原告との個別面接で、原告に対し、心証の理由をひとしきり述べた後で、原告の主張を採用できないことを告げようとしている。
>
> 　【悪い例】
> 裁判官「今述べたような理由で、私は、原告の主張は採用できないと考えます」
> 原　告「そんなのおかしいじゃないか！　納得できない！」
>
> 　【よい例】
> 裁判官「今述べた理由からすると、被告は、原告の主張立証では納得しないのではないでしょうか。私も、被告をうまく説得できる自信がありません」
> 原　告「うーん、そうですか……」

エ　心証の結論の説明

　判決になった場合の結論について心証を開示する場合には、たとえ交互面接方式で相手方が同席していなくとも、「あなたの負けです」「本件は請求棄却です」などと単刀直入に結論を伝えると、無用な反発を招くおそれがあります。そこで、断定調を避け、かつ、「私（裁判所）はこう思う」ではなく、「本件はこういう事案です」などと「事件」を主語にしてみると、当事者に与えるショックを和らげることが期待できるでしょう。たとえば、次の **Example112** のよ

240

うな言い方が考えられます[193]。

❖ *Example112*

① 裁判官「本件は、なかなか認容するのが難しい事案であるように感じています」
② 裁判官「本件で請求認容までたどり着くには、さまざまなハードルがありますが、残念ながら、現時点ではそれらのハードルを越えられていないように思われます」
③ 裁判官「本件は、希望どおりの判決というわけには、なかなかいかないかもしれません」
④ 裁判官「この事件で請求棄却の結論を導くには、さまざまな隘路があるように思われます」
⑤ 裁判官「あなたの言い分が間違っているというわけではありませんが、証拠などから見ると、あなたの言い分を認めることは難しく、この事件はあなたのほうが勝ちにくいのです」

オ　心証を説明したら

暫定的心証の結論やその理由などを一通り説明したら、当事者に質問の機会を与えて、疑問を解消させるとよいでしょう。当事者が、裁判官の説明がよく理解できていないのに、気後れして質問できないままでいると、なかなか説明（心証）に納得してくれないかもしれません。そこで、次の *Example113* のように尋ねてみましょう。

❖ *Example113*

裁判官「今の説明の中で、わからなかったことなどはありますか」
原　告「裁判官は、先ほど○○とおっしゃいましたが、そのあたりがどうもうまく飲み込めないので、もう少し詳しく説明していただけませんか」
裁判官「わかりました。○○と申し上げたのは……」

もちろん、当事者から質問を受けた以上は、説明して差し支えないことは、

193　草野・技術論70頁参照。

第5章　和解の技法

はぐらかさずに、きちんと説明すべきです。また、当事者が、裁判官の心証に納得していないような様子を見せたら、次の***Example114***のように尋ねてみましょう。

> ❖ ***Example114***
> 裁判官「引っかかっているところはどの点ですか」
> 原　　告「先ほどの○○という点ですが……」

3　功利的説得

(1)　功利的説得とは

　和解の場面における功利的説得とは、「話合い（和解）による解決のほうが得であって、メリットが大きい」という点を述べながら行う説得を意味します。要するに、和解には大きなメリットがあること、これに対し判決になるとデメリットやリスクがあることを強調して行う説得です[194]。

　和解の場面では、論理的説得と並んで功利的説得が頻繁に用いられます。功利的説得は、利害得失を考える人（利にさとい人）には、特に有効です。このような人は、「判決では勝訴しても回収できないかもしれない。それよりは、被告が払うといっている今のうちに、取れるものは取っておいたほうが得だ」などと、合理的な損得勘定をするので、和解のほうが得だと理解すれば、すんなり和解に応じてくれるものです。

　功利的説得を試みる場合に注意しなければならないのは、「和解のメリット」は、必ずしも金銭的な利益の大小だけでは決まらないということです。訴訟が早期に終了して、煩わしい紛争に心を煩わされることがなくなる、というのも、多くの人にとっては大きなメリットでしょう。一方、当事者の中には、訴訟の長期化をさほどデメリットと思っておらず、判決で筋を通すことに価値を見出

---

[194] 判決のデメリットやリスクを強調した説得に対しては、裁判官による恫喝（脅迫）であるとの批判も聞かれるところですが、注35でも触れたとおり、和解と比較した判決のデメリットやリスクを客観的に説明すること自体は、適切な情報を当事者に提供し、当事者に検討の機会を与えることにつながるものであって、決して恫喝（脅迫）に当たるものではありません（ハーバード流交渉術227〜228頁も、交渉が決裂した場合に予想される事態について説明することは「脅迫」に当たるものではなく、「警告」であって、効果的な交渉術であるとしています）。

している人もいます。このように、当事者の考えや個性等をよく見て、それに応じた「メリット」「デメリット」を説明する必要があります。

(2) 功利的説得の具体例

それでは、功利的説得の具体例を見ていきましょう。ここでは、第1章Ⅲで紹介した「和解の特長」を踏まえ、説得に使える具体的な「和解のメリット」「判決のデメリット」を紹介します。

ア 和解では不利な結果を避けられる（判決よりも有利な結果が得られる）

暫定的心証で負け筋の当事者に対しては、率直に、「判決になると敗訴の可能性が高いです。和解であれば、判決よりは損失を少なくすることができます」と、判決よりも和解のほうがメリット（特に金銭的メリット）が大きいことを強調して説得するとよいでしょう。

たとえば、事案によっては、利息や遅延損害金が無視できないほど大きな額になることもありますので、そのような事案では、被告側（金銭を支払う側）に対し、判決では利息や遅延損害金も満額支払わなければならないことを強調しつつ、和解であればこれらの減免も期待できることを説明するとよいでしょう。

同様に、時間外手当が請求されている事案では、付加金がついてくるか否かで使用者側の支払額が大きく異なってきます。労働者側は、和解により早期に未払賃金が支払われるのであれば付加金にこだわらないという場合も少なくありませんので、そのような場合には、使用者側に対し、和解で解決することの金銭的メリットを最大限強調して説得にあたるのがよいでしょう。

事案によっては、和解できずに判決に向けて審理を続行すると、原告が請求の拡張をして、さらに被告に不利な結果となってしまうこともあります。また、現在の法的構成では認容は難しいものの、法的構成を変えれば認容の可能性が高くなるような事案では、和解打ち切り後に原告がそのことに気付いて法的構成を変えてくることもあります。そのような場合には、被告に対し、原告の現在の請求や主張には難があるが、和解できずに判決に向けて審理を進めれば、原告が法的構成を変えてくる可能性があることを告げて、そうならないうちに和解したほうが得であることを説得するとよいでしょう。次の*Example115*を見てください。

第5章　和解の技法

❖ *Example115*

① 裁判官「現段階の暫定的心証では、判決では○○となる可能性が高いと思われます。それよりは、この段階で△△という和解に応じるほうが、判決よりはあなたにとってメリットがあります」

② 裁判官「本件で敗訴すると、他の関係者からも同様に提訴される可能性があります。和解であれば、たとえば守秘義務条項を入れることで、判決の場合と比較して、そうしたリスクを下げることが期待できます」

③ 裁判官「ここで話合いをまとめて、労務管理のあり方を見直しませんか。労基署が入ったら大変なことになりますよ」

④ 裁判官「ここで和解できないと、控訴審、上告審まで争われる可能性もあります。別の裁判官が判断すれば、結論が変わり、不利な判断になってしまう可能性があります」

⑤ 裁判官「今後、相手方が（新たに弁護士をつけて）新しい主張をしてくる可能性もあります。そうなると、さらに長期化するうえ、あなたに不利な判決が出る可能性もないとはいえません」

⑥ 裁判官「預金の差押えをされたら、期限の利益を失いますよ。あなたのようなケースで差押えをされたため、銀行から債務の全額の支払を請求され、つぶれた人もいますよ」

⑦ 裁判官「判決になれば付加金もつけざるを得ないと思います。幸い、原告は、早期に一括で支払ってくれるのであれば、未払賃金の8割でも和解すると言っています。和解で解決したほうが、ずっと会社にとってお得ですよ」

⑧ 裁判官「被告がこれまで反論してきたとおり、現在の原告の法的構成は、種々の難があるため認容は難しいと思われますが、原告が契約締結上の過失を主張してきた場合には、それなりに認容の芽があるように思っています。原告が法的構成を変更する前に和解に応じたほうが得ですよ」

　ところで、当事者の中には、「判決ではあなたが敗訴する可能性がありますよ」と言われても、ちっとも堪えていないように見える人もいます。このような当事者が、「敗訴判決をもらっても、支払うつもりはないし、強制執行される財

244

産もない」と開き直っているのであれば、功利的説得を試みてもうまくいかないでしょう。もっとも、このような当事者の中には、敗訴となった場合の具体的イメージがもてていない人もいます。そこで、敗訴の可能性を伝えても和解になびこうとしない当事者に対しては、次の*Example116*のように、敗訴の場合のイメージを尋ねてみるとよいでしょう。その結果、当事者が、敗訴となった場合の具体的イメージがもてていないことが判明した場合には、敗訴判決になった場合のリスクを丁寧に説明することで、和解の方向へと気持ちを傾かせることが期待できるでしょう。

> ❖ *Example116*
>
> 裁判官「（被告に対し）このまま判決になると、1000万円を支払えという判決になる可能性が高いと思うのですが、そうなったらどうするのでしょうか。1000万円も払えるのでしょうか」
>
> 被　告「そのときは控訴します」
>
> 裁判官「もちろん、控訴するのは権利なので、控訴していただいてもいいのですが、控訴審で逆転できるとは限りませんよ。現時点の証拠関係からすれば、よほどのことがない限り、控訴審でも同じ判断がされる可能性が高いように思います。最高裁は憲法問題や法律問題しか扱わないので、控訴審でも認容判決が出たら、それで決まってしまいますよ」
>
> 被　告「そうなんですか……」

また、裁判官が、個別面接の場でそれぞれに、相手方の態度あるいは和解や判決の見通しについて厳しめの見解を伝えることは交互面接方式における有力な説得手段となりますが、これも功利的説得の一つといえるでしょう。あらかじめ厳しい見解を伝えられた当事者は、それよりも有利な和解案が示されると、「この和解案に応じたほうが得だ」と思ってもらえるものです（もちろん、心証とかけ離れた嘘を伝えることはご法度です[195]）。次の*Example117*を見てください。

---

[195]　田中豊・実務123頁参照。

第 5 章　和解の技法

❖ *Example117*

　原告は、被告に対し、不法行為に基づき1000万円の損害賠償を求める訴訟を提起した。和解協議において、裁判官は、落としどころとして和解金500万円が相当だと思っている。そこで、裁判官は、和解協議の序盤での原告との個別面接において、原告に対し、心証を開示したうえで、次のような説明をした。

裁判官「本件は、過失相殺や後遺障害の等級をどう考えるかという微妙な問題がありますので、判決では1000万円はおろか、せいぜい200万円、300万円しか認容されない可能性もあります。被告はだいぶ強気ですので、被告からの支払もこれくらいしか期待できないかもしれません」

　この *Example117* の説明を受けた原告が、和解金500万円との和解案を示されれば、「最悪200万円も覚悟しなければならならないと思っていたが、500万円も支払ってもらえるなら御の字だ」と思うのではないでしょうか。

　同様に、事案によっては、被告が、判決で予想されるよりも多額の和解金の支払を提示したり、判決で予想される金額の幅の上限に近い額の和解金の支払を提示したりしてくれることもあります。このような場合、原告としては、判決をもらうよりも和解に応じたほうが結果的に多くの金銭を手にすることができる可能性があるため、次の *Example118* のように、そのことを強調して説得を試みるべきでしょう。

❖ *Example118*

① 裁判官「裁判所としては、この事件で判決してもせいぜい認容額は300万円程度と思っていたのですが、今回の被告の提案は、それを上回る400万円です。これで和解しない手はないですよ」

② 裁判官「裁判所としては、この事件の認容額は、最大500万円、最低200万円と思っています。今回の被告の提案は400万円ですので、判決で200万円しか認容されないリスクを考えると、かなりよい提案だと思います」

イ 和解では訴訟物以外の権利関係についても合意することができる

和解のメリットは、不利な判決を避けられるというだけにとどまりません。訴訟物以外の権利関係に関する合意を取り込むことで、当事者間の紛争全体を解決することも可能です。そこまでいかなくとも、たとえば謝罪条項、再発防止条項、口外禁止条項といったさまざまな条項を盛り込むことも可能です。これらは、いずれも判決では達成できないものばかりです。そこで、次の*Example119*のように、こうしたメリットを強調して説得を図ることが考えられます。

> ❖ *Example119*
> 裁判官「判決では金銭の支払を命じることしかできません。判決では、被告を謝罪させることはできないんです。被告は謝罪条項を入れて和解することを承諾しています。謝罪条項は、和解でしか得られない成果物といえるのではないでしょうか」

また、勝ち筋の当事者にとっても、和解内容によっては、判決よりも和解したほうが得だという場合もあります。たとえば、不動産明渡請求訴訟で、請求棄却が見込まれる場合でも、被告としては、そのまま不動産に居座るよりは、原告から立退料をもらって任意に明け渡したほうが望ましいというケースが少なくありません。そのような場合には、次の*Example120*のように、和解には判決にないメリットがあることを強調して、判決と和解のどちらがよいか比較検討してもらうのがよいでしょう[196]。

> ❖ *Example120*
> 裁判官「現時点の証拠関係からすると、原告の明渡請求が認容される可能性は高いとはいえません。とはいえ、もしそうだとしても、請求棄却の判決が出るだけです。原告との関係もだいぶこじれてしまっているようですし、原告から相応の立退料が支払われるのであれば、この土地を明け渡して、心機一転、新天地で新たに商売をすることを考えてもよいのではないでしょうか」

---

196 民事実務読本IV92頁〔髙谷進〕参照。

第 5 章　和解の技法

ウ　和解では紛争を早期かつ終局的に解決できる

和解には、紛争を早期に解決できるというメリットや、紛争を終局的に解決できるというメリットがあります。とりわけ、訴訟の早期の段階での和解であれば、その後の審理による負担を避けられるというメリットは大きいものがあります[197]。また、清算条項を入れた和解が成立すれば、今後の無用な請求や訴訟を避けられるというメリットもあります。

これに対し、判決になると、控訴、上告もあり得ますし、判決では解決できない問題が積み残しとなり、第 2 、第 3 の紛争が避けられないこともあります。

次の *Example121* は、こうした和解のメリット、判決のデメリットを挙げた説得です。

❖ *Example121*

① 裁判官「ここで和解すれば、それでこの紛争は終わりになります。早期解決というメリットがありますよ」

② 裁判官「この訴訟が係属していると、あなたもつらい過去を思い出して、いつまでも苦しい思いをすることになるのではないですか。それよりは、過去をここで断ち切って、将来に目を向けてみませんか」

③ 裁判官「訴訟が長引けば、いろいろな費用もその分かかるし、何よりも貴重な時間が無駄になってしまいませんか」

④ 裁判官「あなたも原告とは 1 日も早く縁を切りたいでしょう。和解すれば、今日ですべて終わりますよ。このような紛争は早く終わらせて、すっきりした気持ちになりませんか」

⑤ 裁判官「仮に 1 審で勝訴判決が出ても、被告が控訴すれば、裁判はまだ続くことになります。控訴棄却になっても、被告は最高裁に上告するかもしれません。そうなると、判決が確定するのはかなり先のことになり、あなたが実際にお金を手にするのは、さらに先のことになってしまうでしょう。 1 年後、 2 年後に100万円を支払ってもらうより、今すぐ70万円をもらったほうが得ではないで

197　訴訟代理人をつけていない本人の中には、期日の度に裁判所に出頭しなければならないことに負担感を抱いている人も少なくありません。このような人にとっては、早期解決のメリットはかなり大きいものがあると思われます（もっとも、今後ウェブ会議による期日が定着すれば、このメリットはいくぶん小さなものになってしまうでしょう）。

しょうか」

⑥　裁判官「これまで原告からさまざまな請求が繰り返されてきましたが、
　　　　和解が成立し、原告と被告との間には一切の債権債務がないこと
　　　　が確認されれば、今後、原告から請求を受けることはなくなるの
　　　　ではないでしょうか」

エ　和解では任意に履行される可能性が高い

　第1章でも触れましたが、和解が成立して金銭の支払が約束された場合、そ
の履行の可能性は、一般には判決の場合よりは高いといわれており、実際に民
事訴訟の利用者調査からもそのことは裏付けられています。そこで、次の
*Example122*のように、この点を強調して説得することが考えられます。

❖ *Example122*

裁判官「和解が成立すれば、被告も納得のうえで、しかも裁判所という場
　　　で約束したことですから、約束どおりに支払ってくれることが期待で
　　　きるでしょう。一方、判決で支払を命じても、被告が納得しなければ、
　　　任意に支払うことはあまり期待できないかもしれません。そうすると、
　　　強制執行をしなければなりませんし、強制執行をしたからといって必
　　　ず回収できるとも限りません。そうであれば、多少譲歩してでも、い
　　　ま和解して、和解金をもらったほうが、総合的に見て得ではないで
　　　しょうか」

　なお、このような説明を受けた当事者の中には、「和解すれば被告が支払う
とは限らない。客観的裏付けがないと信じられない」と頑張る人もいます。被
告が支払能力を証明する資料を任意に提出し、原告がこれに納得してくれれば
問題はないのでしょうが、このような当事者は、預貯金の残高証明書などの資
料を見せられても納得しないことが多いと思われます。このように、その性質
上、不確かで、確たる証拠を出せないような事項にこだわってしまう当事者に
対しては、和解交渉にはそのような不確実性は避けられない面があることを理
解してもらう必要があります。被告が確実に支払うかどうかは、和解であれ、
判決であれ、誰も確実なことは言えないのですから、次の*Example123*のよ
うに、和解に踏み切るにはある種の「割り切り」が必要であることを強調して
みることが考えられます。

第5章 和解の技法

> ❖ *Example123*
>
> 原　告「和解したからといって、被告が確実に支払ってくれるとは限らないじゃないですか。支払が期待できるというのは、裁判官の希望的観測にすぎませんよ」
>
> 裁判官「確かに、それは私の考えにすぎません。それを信じる、信じないは、あなたの自由です。交渉事は、これからどうするという話なので、現時点で何か裏付けがあるかというと、そういうものはないことが多いのです。支払能力の証明として被告の預金通帳を見せられても、和解が成立した途端に使ってしまわないとも限りません。交渉や和解というのは、そういうリスクがあるものなのです。それでも和解したほうが判決よりもいろいろとメリットがあるので、和解をお勧めしているのです。勝訴判決が出ても、被告がそれを支払ってくれる保証はどこにもありません。お金がない人に無理やり支払わせることは、判決をもらってもできないのです」

　それでも被告が支払ってくれないのではないかと心配する当事者に対しては、たとえば次の*Example124*のように、懈怠約款を提案するなど、支払が滞った場合の手立てを用意すると、心配が解消されて和解に踏み切ってもらえることも少なくありません。

> ❖ *Example124*
>
> 裁判官「それでは、被告が分割金の支払を怠ったら、請求額全額を一括払しなければならないとしてはどうでしょうか。このような条項を懈怠約款といいますが、これを入れておくと、万一被告の支払が滞った場合には、請求額全額の一括返済を求めることができます。和解調書は判決と同じ効力があるので、勝訴判決をもらったのと同じですよ」

　ところで、裁判官が、功利的説得に努めるあまり、判決のデメリットとして、「強制執行しても回収できない」ということを当然であるかのように説明すると、当事者の中には、「裁判官が、裁判所の手続である強制執行は無意味だというのか」などと反発する人も出てくるかもしれません。したがって、判決の場合の回収可能性に触れる際には、「本来、判決が出れば、確実に回収できるよう

な強制執行手続が整備されていることが望ましいのですが、いろいろな事情で、残念ながら、必ずしもそうはなっていないのです」というスタンスで説得したほうがよいでしょう[198]。

オ　和解では都合の悪いことも白黒をつけずに済ませられる

判決では、訴訟物や主要事実となっている事実については、漏れなく判断が示されるのが原則です（ただし、請求原因が認められないため抗弁以下を判断しないということもあります）。また、間接事実の存否そのものが争点となっている場合や、争点に密接に関連する間接事実についても、判断が示されることになるでしょう。要するに、判決とは、白黒をはっきりつけるのが基本だということです。ところが、こうした事実の中には、それが認定されてしまうと当事者の名誉が傷ついてしまうものや、赤裸々なプライバシーにかかわるものが少なくありません。判決では、こうした事実も、裁判所が認定した事実として、判決書という公文書に残ってしまうリスクがあります。

これに対し、和解では、裁判所が事実認定をするわけではありませんから、必ずしも白黒はつきません。そのため、名誉やプライバシーにかかわる事実についても、白黒をつけないで紛争を終わらせることができるのです。そこで、和解における功利的説得としては、次の*Example125*のように、このメリットを強調することが考えられます。

> ❖ *Example125*
> 裁判官「あなたは不貞行為をしていないとおっしゃいますが、本件の証拠関係からすれば、判決では不貞行為があったと認定せざるを得ないでしょう。和解であれば、その点は和解条項には出てきませんので、あなたの名誉は守られるのではないでしょうか」

次の**Episode11**は、まさに男女間の肉体関係という、プライバシーにかかわる事項が争われた事案で、尋問により赤裸々な事実がオープンになる前に、和解で終局したというものです。

198　なお、強制執行による回収可能性については、2019年（令和元年）の民事執行法改正により、「第三者からの情報取得手続」が創設されるなど、従前よりはかなり執行手続が整備されてきています。裁判官としては、こうした法改正の内容も把握したうえで、説得内容を考える必要があることは当然です。

第5章　和解の技法

Episode11

　原告（女性）は、職場の同僚であった被告（男性）から性的暴行を受けたと主張して、被告に対し、不法行為に基づく損害賠償を求めた。これに対し、被告は、合意のうえでの性交渉であったと反論し、さらに、原告による提訴が不当訴訟であるとして、原告に対し不法行為に基づく損害賠償を求める反訴を提起した。

　争点整理の結果、原告が主張する事実経過に不自然な点が多く認められたことから、裁判官は、尋問前に和解勧告をした。当初、双方とも、「相手方からの和解金の支払がないと和解できない」という態度であった。

　そこで、裁判官は、原告に対し、「あなたの主張する事実関係には不自然な点が多い。尋問で疑問点が払拭できればよいが、そうでなければ、最悪の結果として、本訴棄却、反訴認容もあり得る。尋問まで行ってしまうと、双方とも、公開の法廷で原被告間の男女関係について語らざるを得ないし、そこまで行ってしまうと被告も和解する気になれないだろう」などと、尋問前の和解が望ましいことを説明した。また、裁判官は、被告に対しても、「尋問を実施すれば、原被告間の男女関係というプライバシーがあらわになってしまうだろう。それを避けるには、尋問前のこの段階で和解したほうがよい」などと説明した。そのうえで、双方に対し、原告は本訴を、被告は反訴をそれぞれ取り下げる旨の和解案を提示したところ、双方ともこれを受諾し、和解が成立した。

　このように、和解のメリットの一つとして、公開法廷での尋問を避けられるというものがあります。民事訴訟の中には、男女間の赤裸々なエピソードなどプライバシーにかかわる事柄が問題となっているものが少なくありません。このような事案では、公開法廷で尋問にさらされたくはないと思うのが人情です。そのような事案でなくとも、尋問には、事前準備も含めると大変な時間と労力がかかりますし、尋問を経たからといって勝訴できるとも限りません（逆に、不利な心証がそのまま固まってしまうおそれもあります）。

　そこで、尋問前の和解協議に限られますが、次の*Example126*のように、和解が成立すれば尋問が避けられること（尋問にはさまざまなデメリットやリスクがあること）を強調して説得することが考えられます。

252

VI 説得の技法 3 功利的説得

❖ *Example126*

裁判官「ここで和解できなければ、尋問をすることになりますが、尋問に
　　　　進む場合、①公開の法廷で証言しなければならない、②時間と労力が
　　　　かかる、③尋問で失敗すると不利な判決になる可能性もある、④尋問
　　　　をやっても水掛け論になってしまい、あなたの言い分が認められると
　　　　は限らない、⑤あなたの尋問がうまくいっても、相手方が意固地に
　　　　なってしまい、和解の機運が消えてしまうおそれがある、⑥あなたの
　　　　尋問がうまくいかなかったら、相手方が、判決で勝てるなら判決をく
　　　　ださいという考えで固まってしまって、和解に応じてくれない可能性
　　　　がある、といったデメリットやリスクがあります」

　また、判決で白黒をつけた結果、当該事案で敗訴するにとどまらず、他の案
件にも波及効が生じてしまい、大損になってしまうこともあります。次の
Episode12はそのような例です。

Episode12

　原告は、あるビルの各部屋をテナントに賃貸する事業を営んでいる。テ
ナントとの間では定期建物賃貸借契約書が作成されていたものの、原告が
テナントに交付していた借地借家法所定の説明文書には共通する不備が
あった。原告は、このビルを建て替えたいと考え、テナントの一つである
企業を被告として、期間満了を理由に明渡しを求めた。裁判官は、説明文
書の不備を理由に定期賃貸借としては無効と判断される可能性が高いとし
て和解を勧告したものの、原告が「白黒をはっきりさせてほしい」と突っ
ぱねたため、判決となった。判決では、説明文書に不備があり定期賃貸借
は無効であると判断され、請求棄却となった。その結果、原告の明渡し交
渉は、被告となったテナントのみならず、他のテナントとの関係でも行き
詰まってしまった。

　ところで、当事者の中には、「白黒をつけてほしい」という強い希望をもっ
ているため、白黒をつけない和解に抵抗感を示す人もいます。このような人に
対しては、別の角度から、和解のメリット、判決のデメリットを説明すること
になりますが（場合によっては、論理的説得や感情的説得を組み合わせることもあ

253

第5章 和解の技法

るでしょう）、当事者が「白黒をつけてほしい」と希望している対象が、判決
で判断が示されるとは限らないようなものであることも少なくありませんので、
その場合には、その旨の説明をすべきです。次の**Example127**を見てみましょ
う。

> ❖ **Example127**
>
> 　原告は、道路を歩行中に被告の運転する普通乗用自動車にはねられて負
> 傷したと主張して、被告に対し、不法行為に基づく損害賠償を求める訴訟
> を提起した。被告に前方不注視の過失があることは争いがなく、もっぱら
> 損害の点が争点となっている。和解協議における原告との個別面接で、裁
> 判官は、原告に対し、和解での解決が望ましいと説明しているが、原告は
> 判決をしてほしいと述べ、和解に難色を示している。
> 原　告「判決で白黒をはっきりつけてほしいので、和解はしません」
> 裁判官「なるほど。判決で白黒をつけてほしいのですね。具体的には、ど
> 　　　　の点についてそうお考えでしょうか」
> 原　告「被告は、これまでにも何度も同様の事故を起こしています。被告
> 　　　　は否定していますが、今回の事故も、被告がちゃんと前を見て運転し
> 　　　　ていれば、起きるはずのない事故です。被告がこういう悪質なドライ
> 　　　　バーであることを判決できちんと認定してほしいのです」
> 裁判官「本件では、被告に前方不注視の過失があることは被告も認めてい
> 　　　　るので、過去にどういう事故を起こしたかどうかは、判決で認定され
> 　　　　るとは限りませんよ。本件の争点は、休業損害や後遺障害逸失利益と
> 　　　　いった損害の有無および額なので、その点を中心に判断することにな
> 　　　　ります」

　また、当事者の中には、和解金の額からすれば、当該和解が認容、棄却のい
ずれを前提とするものかが第三者に事実上明らかになってしまうと懸念を示す
人もいます。確かに、和解金額からそのような評価をすることができるような
事案もあるでしょうが、判決で事実認定がされてしまえば、もはや言い逃れが
できないのに対し、和解であれば、和解条項中に事実関係に関する条項を設け
なければ、白黒がはっきりつくとはいえないように思われます。そこで、この
ような当事者に対しては、たとえば次の**Example128**のように説明して、懸
念を払拭するよう努めるとよいでしょう。

254

❖ *Example128*

被　告「裁判官は、和解であれば、私が不貞行為をしたという不名誉な事
　　　　実があらわになることを防げるとおっしゃいますが、私が和解金を
　　　　100万円も支払うのであれば、『不貞行為を認めたからこんな大金を支
　　　　払ったのだ』と思われてしまうのではないでしょうか」

裁判官「見る人によっては、そう考える人もいるかもしれませんね。しか
　　　　し、和解条項には、あなたが不貞行為をしたなどとは一言も書かれな
　　　　いわけですから、仮にあなたが誰かから聞かれたら、『私は不貞行為
　　　　は一切していないが、これ以上訴訟が続くことは避けたかったので、
　　　　早期解決のために原告の言い値を支払った』などと説明すればよろし
　　　　いのではないでしょうか」

カ　和解では当事者間にしこりを残さない解決が期待できる

　第1章でも触れましたが、紛争が判決で終局した場合、裁判所がどちらかの
当事者に軍配を上げる（白黒をつける）ことによって、当事者間にしこりが残っ
たままになる可能性が高くなります。これに対し、和解では、双方とも譲歩す
ることになりますから、「勝者」がいるわけではありません（いわゆる「勝訴的
和解」であっても、裁判所がどちらかの当事者に軍配を上げるわけではありません）。
また、判決を求めるという「戦闘モード」のまま訴訟が終わるよりは、話合い
によって訴訟が終わるほうが、気持ちのうえでも「和平モード」に傾くのが通
常でしょう。したがって、訴訟が和解で終局すれば、判決で終局する場合と比
べて、当事者間にしこりを残さないことが期待できます。そこで、特に近隣ト
ラブルや親族間の紛争など、今後も当事者同士の接触が避けられないような事
案では、次の *Example129* のように、このようなメリットがあることを強調
して和解の説得にあたることが考えられます。

❖ *Example129*

裁判官「このままけんか別れして判決になると、どちらが勝つにしても、
　　　　しこりが残ります。それを避けるには、お互い譲るべきところは譲っ
　　　　て、少しでも円満な解決を目指すほうがよいのではないでしょうか」

　嫌がらせ、いじめ、ハラスメント等の事案においては、判決で白黒をつける

と、たとえ請求棄却の判決であっても、敗訴側がそれを根にもって、第2、第3の加害行為に及ぶことも考えられます。これに対し、和解では、再発防止条項や謝罪条項を盛り込む場合はもちろん、そうでない場合でも、しこりが残らず、その後の嫌がらせ等が収まることが期待できることもあります。そのような場合には、次の*Example130*のような説得が考えられます。

❖ *Example130*

裁判官「（被告に対し）和解できずに判決になると、あなたが勝訴するかもしれませんが、敗訴した原告は、そのことを根にもって、インターネット等で盛んに今回の紛争を書き立てるかもしれません。話合いによる解決であれば、多少なりとも原告の顔も立つでしょうから、そうしたおそれは、判決をする場合よりも小さくなることが期待できるのではないでしょうか」

　もっとも、裁判官が将来のことまで保証できるわけではありませんので、被害者側が、上記のようなリスクを踏まえても判決を望むというのであれば、無理に説得することは控えるべきでしょう。また、反対当事者による将来の加害行為を過度に強調すると、それ自体が当事者に対する脅迫になりかねませんので、注意が必要です。

　「しこりを残さない解決」は、何も当事者間だけに限った話ではありません。話合いによって紛争を解決することで、家族や親戚、友人等も含んだ関係者間でも、しこりを残さず、円満な人間関係が回復することが期待できます。次の*Example131*を見てみましょう[199]。

❖ *Example131*

　何年かかっても戦うと息巻いていた当事者に、中学3年生の子がいることから、裁判官は、次のような説明をした。

裁判官「お子さんは、そろそろ社会へ目を開く年頃ですが、お父さんがこれから、そのように戦われることをどう思われるでしょうか。お子さんにどのような影響を与えることになるでしょうか。大事な時期に、お子さんの負担になることはないでしょうか。やはり、主張すべきは

199　今井・動かす233頁参照。

主張するが、合理的解決案には率直に耳を傾ける。そして解決できる
ものはしておく。そのほうがお子さんのためにも良いことではないで
しょうか」

このように、話合いによって紛争を解決することは、訴訟当事者だけでなく、その周囲の人たちにもメリットをもたらすことがあるのです。このような説得方法は、特に夫婦間をはじめとする親族間の紛争で有効です。

キ　判決も和解も同じ「債務名義」である

判決と比較した和解のメリットではありませんが、和解も、判決と等価値の訴訟終了事由であることを強調して説得することも重要です。当事者の中には、判決をもらうと裁判所が認容額を被告から取り立ててくれるが、和解では被告が支払を約束しても反故にされれば意味がないと誤解している人もいるようです。このような人には、たとえば次の*Example132*のように、判決も和解も同じ債務名義であることを説明し、誤解を解くとよいでしょう。

❖ *Example132*

裁判官「和解が成立した場合には、裁判所書記官がその内容を和解調書に残します。この和解調書は、判決と同じ効力があります。本件の和解条項で、被告が分割金の支払を2回以上怠りその額が10万円に達したら、被告は期限の利益を失い、和解金を一括して支払わなければならない旨を盛り込めば、被告が期限の利益を失った場合には、認容判決と同じく強制執行もできるので、和解も判決も変わらないといえるのではないでしょうか。和解すれば、被告は、期限の利益を失わないよう必死で分割金を支払うでしょうから、かえって判決よりも確実に履行されるかもしれませんよ」

(3)　留意点

功利的説得の多くは、和解したほうが経済的（金銭的）にメリットが大きいことを強調するものになりがちですが、あからさまに損得だけで説得すると、「私はそんなにがめつい人間ではない」などと反発されてしまうおそれもあります。したがって、功利的説得を行う場合には、当事者の自尊心を傷つけないような配慮が必要となります[200]。次の*Example133*を見てみましょう。

257

第 5 章　和解の技法

> ❖ *Example133*
>
> 【悪い例】
>
> 裁判官「あなたも人間だから、1 円でも多くお金が欲しいでしょう」
>
> 【よい例】
>
> 裁判官「予想される判決よりも、この和解案で和解するほうが、あなたに
> とってさまざまなメリットがあります。たとえば、……」

4　感情的説得

(1)　感情的説得とは

　和解の場面における感情的説得とは、感情に訴え掛けて、和解を受け入れる方向に気持ちを傾けさせる説得方法です。

　裁判官が説得を行う場合、論理的説得や功利的説得だけでは、当事者に「裁判官に和解を押し付けられた」「裁判官に恫喝（脅迫）された」という思いを抱かせてしまうおそれがあります。このようなおそれを回避するためにも、当事者が心から納得して和解に応じてもらう説得方法が必要となります。それが感情的説得です。

　多くの人は、理屈や利害得失だけでは動かないものです。感情を動かしてこそ、気持ちを和解に傾けさせることが可能となります。また、感情的対立が激しい事案では、両当事者の感情を融和させることで、和解に近付くことができるでしょう。さらに、感情的説得がうまくいけば、当事者が、その自発的な意思で、「自分たちの紛争をこのような結末で解決しよう」と決断する契機となることが期待できます。

(2)　感情的説得の実践

　感情的説得は、当事者の感情に訴え掛ける説得方法なので、事案の内容、裁判官や当事者の個性、審理の状況等に応じて、その具体的手法はまさに千差万別といってよいでしょう。ここでは、人間の心理的傾向を利用した説得術を含

200　山田・技法384頁参照。

め、当事者の感情面や心理面に着目した説得方法について、多くの場面で有効と思われる手法をいくつか紹介したいと思います。

ア　反対当事者への不信感を和らげる

　和解の成立を妨げる最大の要因の一つは、当事者間の相互不信です。「あいつは、いつも金に汚いんだ」「あの人は、すぐに言うことがコロコロ変わって、信用できない」などと、紛争当事者は、反対当事者に対し、多かれ少なかれ不信感をもっているものです。そこで、こうした当事者の相互不信を解くことができれば、和解の成立に向けて大きな一歩となります。

　それでは、当事者の相互不信を解くためには、どうすればよいのでしょうか。特効薬はありませんが、一つの方法として、当事者に、反対当事者に対する不信感の原因が実は誤解や考えすぎによるものであることを自覚してもらうことが効果的であるといわれています。当事者の話の中に、反対当事者に対する誤解に基づくものがあることに気付いた場合には、それが誤解であることを具体的に指摘するとよいでしょう（詳しくは第6章のＱ3「当事者が反対当事者に対する強い不信感を抱いている場合」を参照してください）。そのような材料がなくても、裁判官が熱意をもって粘り強く頑張ると、裁判官を通じて相互不信が徐々に緩和され、少しずつ信頼関係が回復してくることも期待できるでしょう[201]。

　また、かつては良好な関係にあった当事者同士であれば、過去の良好な関係を思い出してもらうよう働き掛けることも、関係修復の効果が期待できます[202]。たとえば、次の*Example134*のような説得が考えられます。

❖ *Example134*

① 裁判官「原告と被告は、長い間良好な取引関係を保ってきたわけですから、今回の紛争を丸く収め、再び取引関係を回復させることができれば、"雨降って地固まる"のたとえどおり、双方にとって大きなメリットがあるのではないでしょうか」

② 裁判官「商売にリスクはつきものでしょう。儲けることもあれば、損失を招くこともあるのではないでしょうか。今回譲歩された分は、これからの長い取引で返してもらう。あるいは、今まで儲けさせ

201　以上につき草野・技術論59頁参照。
202　今井・動かす236頁参照。

259

てもらったから辛抱しよう。その代わり、これからも長く取引し
てもらおう。そう考えることはできないものでしょうか」

　当事者が誠意や謝罪の気持ちを示すような言動をとった場合には、それを見
逃さずに取り上げることも有効です。これまで頑なな態度を示したり、自分勝
手な要望ばかり述べたりしていた当事者が、反省や謝罪の弁を口にしたり、円
満解決に向けた意欲を示したりした場合には、反対当事者にそのことを伝え、
不信感をできるだけ解くようにし、併せて和解協議が明るい方向に向かってい
ることを認識してもらうとよいでしょう。次の**Episode13**を見てください。

Episode13

　原告が、親族である被告に対し、所有権に基づく建物明渡しを求める訴
訟を提起した。原告と被告の間には長年の確執があったが、被告は、和解
の期日において、原告に預けていた金銭の返還を受けることを条件に半年
後に建物を明け渡すとの和解案を提示した。その際、被告は、双方同席の
場で、原告に対し、頭を下げて、「この和解案で何とかお願いしたい」と
述べた。その後、裁判官は、原告との個別面接で、「あれほどあなたと対
立していた被告が、和解の席で頭を下げて、この和解案でお願いしたいと
言っている。これは被告の誠意の現れであろうから、そのことを踏まえて
被告案を検討していただきたい」と念押しした。次の期日で、原告は、大
筋で被告案を受け入れ、和解が成立した。

イ　承認欲求を満たす

　承認欲求とは、「他人から認められたい」という願望のことです。人間は、
程度の差こそあれ、誰しも承認欲求をもっているといわれています。そこで、
和解における説得では、当事者の承認欲求に働き掛けることが効果的なことが
あります。たとえば、当事者に、これまであなたがやってきたこと、あなたの
考えていることは間違っていないと伝えると、当事者の承認欲求が満たされ、
凝り固まった感情を解きほぐすことが期待できるでしょう。次の*Example135*を見てみましょう。

❖ *Example135*

　事故で死亡した子の両親が原告となって、被告（加害者）に対し、損害

賠償を求める訴訟を提起した。和解協議における原告との個別面接で、裁判官は、原告に対し、和解での解決を勧めている。

裁判官「あなた方が亡くなられたお子さんのために一生懸命やってきたことはよくわかりました。頭が下がる思いです。そうしているうちに、もう提訴から2年が経とうとしています。この辺りで一区切りつけてみませんか」

ウ 自尊心に訴え掛ける

人間は、誰しも自尊心（プライド）をもっているものです。そして、自尊心をくすぐられると、悪い気はしないものです。そこで、和解における説得でも、「あなたほどの賢明な方であれば、この和解案が最善であることをご理解いただけるものと確信しています」などと、当事者の自尊心をくすぐるような話し方を心掛けたり、自尊心を満たすような情報を伝えたりすることで、当事者が反対当事者の言い分や裁判官の説得に耳を傾けやすくなることが期待できます。

次の**Episode14**は、自尊心を満たすような情報を伝えたことで、当事者が和解に応じる気持ちになってくれたという例です[203]。

Episode14

洋服仕立て屋（原告）が、注文主（被告）から洋服の制作を依頼され、完成させたにもかかわらず、代金が一部未払になっているとして、被告に対し、未払代金の支払を求める訴訟を提起した。原告は、当初、被告が不誠実だと憤慨していたが、被告から、「洋服は欲しいが、仕事が思わしくなく、代金が一度に払えなくなった。原告の洋服がいらなくなったのではない。むしろ、原告の腕はとても良いので、今度のも仕上げてほしい」と聞いたところ、喜んで分割払に応じた。

また、和解に応じることで、体面や威厳を保つことができるというメリットがあることを強調するのも有効な手段です。たとえば、次の*Example136*のような説得方法です。

---

203 今井・動かす213頁に紹介されているエピソードです。

第5章　和解の技法

❖ *Example136*

　元夫（原告）が、元妻（被告）に対し、婚姻中に金銭を貸し付けたとして、その返還を求める訴訟を提起した。和解協議における原告との個別面接で、裁判官は、原告に対し、和解での解決を勧めている。

裁判官「あなたがここで和解に応じれば、お子さんたちの目も多少は変わるのではないでしょうか。逆に、妙に意固地になって和解しないと言いはって判決になると、お子さんたちは、『やっぱり父さんは変わっていないね』という目で見るのではないでしょうか」

エ　義務感や責任感に訴え掛ける

　言うまでもありませんが、「約束を守る」というのは、社会の基本的なルールです。したがって、当事者を説得する際にも、約束を守るよう義務感や責任感に訴え掛けることは、効果的であることが少なくありません。たとえば、次の *Example137* のような説得方法が考えられます。

❖ *Example137*

① 裁判官「契約した以上は、その約束を守るのは当然ではないでしょうか」

② 裁判官「あなたが原告（元妻）に和解金を支払えば、原告だけでなく、あなたのお子さんも、経済的な心配をすることがなく、健やかに成長できるのではないでしょうか。それが父親としての務めというものではないでしょうか」

　また、せっかく当事者から落ち着きのよい和解案が提案されたのに、反対当事者が些細なことにこだわって和解を不成立にしてしまい、当該当事者だけでなく、さまざまな人に影響（時には迷惑）を及ぼしてしまうことがあります。このような事態が予想される場合には、次の *Example138* のように、和解に応じることが、大人として、社会人として、あるべき姿であることを強調して、義務感や責任感に訴え掛けることが効果的なことがあります。

❖ *Example138*

① 裁判官「ここであなた（原告）が和解を拒絶すると、被告は廃業せざ

262

るを得なくなるでしょう。そうすると、被告の営業を当てにして
いた地域の方々が、とっても困ったことになるのではないでしょ
うか」

②　裁判官「あなた（被告）が土地の明渡しに応じれば、原告はこの土地
でスーパーを建築する予定です。これが実現すれば、地域の皆さ
んが喜びますよ」

③　裁判官「判決になると、会社の不祥事が公になってしまいますよ。そ
うなると、従業員の皆さんが悲しむのではないでしょうか」

　ところで、当事者の義務感を説得に活用し、譲歩を引き出す方法として、「返
報性の原理」を応用するやり方があります。「返報性の原理」とは、相手から
何かを受け取ったり、何かをしてもらったりしたときに、「こちらも同じよう
にお返しをしないと申し訳ない」という気持ちになる心理効果のことをいいま
す[204]。たとえば、和解協議を重ねる中で、被告が相応の譲歩をしてくれた場
合には、原告に対して、次の*Example139*のような説得をすることが考えら
れます。

❖ *Example139*
裁判官「（原告に対し）被告がここまで譲ったのですから、原告もこの点は
　　　　譲歩してはいかがですか」

　ところで、当事者の中には、自分が譲歩して裁判官の提案に応じたのに、反
対当事者が応じないのは感情的に許せないという人もいます。このような人に
対しては、次の*Example140*のような説得が考えられます。

❖ *Example140*
裁判官「裁判所が相手方を説得するので、相手方が裁判所案に同意したら、
　　　　あなたも応じてください」

　このような説明で説得を試みた場合には、反対当事者にも同様に、条件付き
承諾を求めることになります。双方とも「相手方が応じるなら、自分も和解に

204　奈良・実務28頁〔宮坂英司〕参照。

第5章　和解の技法

応じる」と返答したら、そのまま和解が成立することは確実でしょう[205]。

オ　自分一人ではないのだと理解してもらう

　紛争の渦中にいる当事者の多くは、自分だけが不幸だと思っているものです。そのため、不安や怒りといった「負の感情」にとらわれて、広い目で紛争全体を眺めたり、心のゆとりをもって解決を考えたりすることが難しい状態に陥っていることが少なくありません。しかし、このような当事者も、他の人もみな悩みをもっているということがわかると、安心して冷静な解決策を考えることができるようになることがあります。

　そこで、このような当事者に対しては、自分一人だけが不幸な状況にあるわけではないということを理解してもらうような説得が効果的です。たとえば、次の*Example141*のような言い方をしてみましょう[206]。

❖ *Example141*

裁判官「私自身も同じようなことで悩んだりするし、誰も悩んだりするのです」

　また、「自分一人ではない」と理解してもらうために、似たような紛争に関するエピソードや体験談を紹介することも考えられます。そのためには、普段から新聞、雑誌、書籍、ネット等から情報を収集し、使えそうなエピソード等を集めておくことが有益です（本書でもさまざまなエピソードを紹介していますので、参考にしてください）。

　和解案を受諾するか否かという段階においても、「自分一人ではない」という心理状態をうまく活用する方法があります。たとえば、裁判官が和解案を示したところ、原告から期日外で受諾の意思が裁判所に表明されたものの、被告からの回答が未了という場合には、できるだけ早く被告に原告の回答を伝えることです（前記Ⅳ10(2)ク(エ)参照）。これにより、被告は、「原告が裁判所案を受諾したのだから、自分も受諾しよう」という気持ちになり、和解の決断を後押しする効果が期待できます。これも、「自分だけが裁判所案を受諾するのではない」という心理的効果によるものといえるでしょう。

---

[205]　草野・技術論101頁参照。
[206]　草野・技術論62頁参照。

カ　不安を解消する

当事者の中には、「この和解案を受け入れたら、かえって不利にならないだろうか。もっとよい和解案や解決策があるのではないだろうか」などと、不安を募らせてしまって、なかなか決断ができない人もいます。このような当事者に決断を促すためには、当事者の不安を把握して、解消することが必要となります。

そのための方策としては、その和解案が審理の結果を踏まえても妥当であること（論理的説得）、判決よりも種々の面でメリットがあること（功利的説得）を丁寧に行うことはもちろんですが、「和解案を受け入れたら、かえって不利にならないか」という不安に対しては、判決や和解での「相場観」を伝えることが有効です。次の **Episode15** は、そのような説明をして当事者の不安を解消し、和解成立に至ったケースです。

Episode15

原告（夫）は、被告が原告の妻と不貞行為を行ったと主張して、被告に対し、慰謝料の支払を求める訴訟を提起した。なお、原告は、代理人をつけずに訴訟を追行していた。裁判官は、争点整理が終わった段階で和解勧告をし、認容方向の暫定的心証を開示したところ、被告から思いのほか高額の和解金支払の提案があった。しかし、原告は、請求額よりはだいぶ低いことから、被告和解案を受けるべきかどうか迷っていた。

そこで、裁判官は、原告に対し、「不貞慰謝料訴訟での慰謝料は、本件のような事案では、だいたい○万円前後とする判決が多いですよ。もっと低い判決も少なくありません。今回の被告からの和解案は、決して原告にとっても悪い話ではないと思いますよ」と説明すると、原告は安心したように、「それではこの和解案をお受けします」と答え、和解が成立した。

当事者の中には、将来起こるかどうかわからない不確実な事象に対する不安があるために和解に踏み切れない人もいます。こういう当事者に対しては、和解を拒絶してもメリットは乏しいこと、それよりも和解を成立させて確実に得られるものを得たほうがよいと説得するとよいでしょう。「不確実なデメリット」よりも「確実なメリット」に目を向けてもらうのです。次の **Episode16** は、そのような説得が功を奏したケースです。

第 5 章　和解の技法

Episode16

　原告（賃貸人）は、被告（賃借人）に対し、期間満了および更新拒絶を理由に建物の明渡しを求める訴訟を提起した。主な争点は、更新拒絶の正当事由の有無であった。原告は、ある程度まとまった立退料を提供しているが、裁判官は、正当事由があるとまではいえず、判決になれば認容するのは困難であると考えていた。双方の関係がこじれていることなどから，明渡しが望ましい事案で、被告も、明渡しをしたほうがよいか迷っていたが、明渡し後に原告から不当に高額な原状回復費用を請求されるのではないかと不安に感じており、「原状回復費用を免除してもらうことが和解の条件である」として、なかなか譲らなかった。原告は、「明渡し前には原状回復費用がいくらかかるかもわからないのだから、免除することなどできない」と述べており、裁判官も、原告の言い分はもっともだと感じているため、何とか被告を説得したいと考えた。

　そこで、裁判官は、被告に対して、「原状回復費用を請求されるかどうか、いくら請求されるかどうかは、今現在は誰もわかりません。それよりは、原告から立退料をもらって明け渡したほうが得ではないですか。いま和解すれば、立退料は確実にもらえます。将来の原状回復費用のことは誰もわからないですし、万一不当な請求を受けたら、裁判で戦えばよいだけではないですか。いま和解を拒絶すれば、立退料はもらえませんが、原状回復費用は、いずれ明渡しをする段階で、また問題になります。いま和解を拒絶しても、いいことはないですよ」などと説明したところ、被告も納得し、原告から立退料を支払ってもらって明渡しをする（原状回復費用は明渡し完了後別途精算する）旨の内容の和解が成立した。

キ　常識や道義的責任を持ち出す

　裁判官として民事訴訟を担当していると、「常識」というのは人の数だけ存在するのではないか———そのような気持ちになることも少なくありません。もっとも、多くの人が異論なく受け入れている常識も数多くありますので、和解の説得においては、「世の常識」といわれるものを持ち出し、和解案が常識にかなったものであることを説明することが考えられます。次の *Example142* と *Example143* を見てみましょう。

VI 説得の技法 4 感情的説得

❖ *Example142*

　原告は、被告に対し、不法行為に基づく損害賠償を求める訴訟を提起した。被告は、自身に過失があることは積極的には争っていないものの、原告が主張する損害との因果関係がないと主張している。和解協議で、裁判官は、被告に対し、因果関係があるという前提での和解を試みている。

裁判官「あなたの○○という行為があったすぐ後に、原告に××という結果が生じていることからすると、原告でなくても、因果関係があると考えるのが世の中一般の素朴な感情ではないでしょうか」

❖ *Example143*

　原告は、不動産業者である被告から住宅を購入したところ、住宅の天井が崩落して原告が負傷したとして、被告に対し、損害賠償を求める訴訟を提起した。裁判官は、審理の結果、被告の法的責任を認めるのは難しそうだが、被告から原告に見舞金として数十万円程度の支払をしてもよい事案だとの心証に至った。和解協議の結果、和解金30万円を支払うことで双方ともおおむね合意に至ったものの、原告は被告の謝罪を求め、被告は「当社に非はない」として謝罪に応じようとしない。そこで、裁判官は、被告に対し、謝罪条項を受け入れるよう説得を試みている。

裁判官「天井の崩落自体に被告に責任がなくとも、被告が販売した住宅でこのような事故が起きたのですから、顧客に迷惑をかけたという趣旨で、謝罪の意を表するということはあってもおかしくないのではないでしょうか。客商売では、顧客の満足が重要ですから、顧客に不満が生じてしまったのであれば、ひとまずそのことについて謝罪をするということは、少なくともちゃんとした企業であれば、どこも行っていることではないですか」

　「道義的責任」といわれるものも、常識の一つといえるでしょう。「あなたには法的責任はないかもしれない。しかし、このような事情の下では、あなたの側にも今回の紛争について、道義的責任の一端があるのではないか」———こういった説明は、法律による一刀両断の解決とは異なる、バランスの良い解決をもたらすことも少なくありません。次の *Example144* を見てみましょう。

267

第 5 章　和解の技法

❖ *Example144*

　原告は、被告との間で原告所有地の売買契約が成立したと主張して、被告に対し、売買代金の支払を求める訴訟を提起した。裁判官は、審理の結果、被告が、原告所有地を買う意向があるかのようなそぶりを見せ、原告もその気になっていろいろな準備を進めたという事情は認められるものの、売買契約が成立したと認定するのは無理であり、契約締結上の過失理論での救済も難しいとの心証に達した。そこで、裁判官は、和解協議において、被告に対し、次のように説明して、原告主張の代金額には満たないものの、相応の和解金を支払うよう説得した。

裁判官「あなたの言うとおり、本件で原告所有地の売買契約が成立したと認定するのは難しいかもしれません。でも、あなたが、原告所有地を買わないと決めたのであれば、そのことをはっきりと原告に伝えていれば、原告も勘違いしなくて済んだのではないでしょうか。そういう意味において、今回の紛争については、少なくとも道義的責任の一端は、あなたにもあるのではないでしょうか」

　たとえ話や、四字熟語、ことわざ等は、「世の常識」の宝庫です。これらを引き合いに出すと、難しい理屈をいくら説明してもなかなか首を縦に振らない当事者も、裁判官の勧める和解案が「世の常識」にかなうものであることが理解でき、和解協議が大きく進展することもあります。このようなことわざの例としては、次のようなものがあります。

〔説得に使えることわざ〕

虻蜂取らず	雨降って地固まる	案ずるより産むが安し
急がば回れ	思い立ったが吉日	終わりが大事
郷に入っては郷に従え	虎穴に入らずんば虎子を得ず	
転ばぬ先の杖	去る者は追わず	三度目の正直
親しき仲にも礼儀あり	失敗は成功のもと	初心忘るべからず
備えあれば憂いなし	損して得取れ	短気は損気
鉄は熱いうちに打て	時は金なり	七転び八起き
二度ある事は三度ある	念には念を入れよ	残り物には福がある
始めが大事	人の振り見て我が振り直せ	

268

人は見掛けによらぬもの　　負けるが勝ち　　　　　　物は考えよう
物は試し　　　　　　　　　禍を転じて福と為す

「負けるが勝ち」を用いた説得方法として、次の*Example145*を見てみましょう。

❖ *Example145*
　裁判官が、「これ以上譲歩したくない」と主張する被告に対し、説得を試みている。
裁判官「負けるが勝ち、といいますが、ここであなたが一歩譲歩して和解をまとめることができれば、判決での敗訴リスクを避けることができ、長い目で見ると、結果的にプラスではないでしょうか」

次の*Example146*は、たとえ話を引き合いに出した説得方法です[207]。

❖ *Example146*
　原告は、被告に対し、貸金200万円の返還を求める訴訟を提起した。裁判官は、原告の請求は理由があり、判決になれば被告に200万円の支払を命じることになると考えているが、原告にも少し譲歩をしてもらいたいと考え、原告に説得を試みている。
裁判官「人は、100円の値打ちのある品物を80円で売ることがありますね。値打ちは、あくまで100円だけれども、今買ってくれるなら、80円にまけましょうという場合です。権利といわれるものについても、同じように考えることができるのではないでしょうか。権利は自分にある。しかし、特にいくらか譲歩しておこう。そういう発想をしてもバチは当たらないのではないでしょうか」

　民事紛争の中には、法律と「世の常識」が必ずしも一致していないことなどから、法律に従って判決をすると、社会の一般人がもつ公平の観念に必ずしもそぐわない結果となってしまうものもあります。そのような場合には、「世の常識」から和解に適用すべき規範を導き出して、これをテコに説得を図ること

207　今井・動かす263頁参照。

第5章　和解の技法

が考えられます。草野芳郎教授は、このような規範を「和解規範」と呼んでおられます[208]。次の**Example147**と**Example148**で、「和解規範」とこれを踏まえた説得方法を見てみましょう。

❖ *Example147*

　原告は、被告に対し、貸金300万円の返還を求める訴訟を提起した。被告にはめぼしい財産はなく、とても一括では返済できそうにないが、被告は、毎月の収入の中から分割で少しずつ返済していきたいとの意向を示している。裁判官は、「金を借りた債務者でも、債務超過になって苦しんでいる場合は、本人ができる範囲で誠意を示せば、それ以上に金をむしり取ることはすべきではない」との考え（和解規範）に基づき、原告に対し次のような説得を行った。

裁判官「判決では、原告の請求は全部認容されるでしょう。でも、被告は、お金がなく日々の生活にも困っています。そういう場合にまで全額に近い金額を払えというのは、いささか酷ではないでしょうか。被告にも生活があります。原告も多少は譲ってあげてもバチは当たらないのではないでしょうか」

❖ *Example148*

　原告は、Aに金銭を貸し付け、被告がこれを連帯保証したと主張して、被告に対し、連帯保証債務の履行を求める訴訟を提起した。Aは、これまでにも被告から多額の借金を重ねたうえ、被告に対し、「迷惑をかけないから」と懇願して被告に連帯保証人になってもらったが、結局貸金債務の返済ができず、行方不明になってしまった。裁判官は、「主債務者は債務の全額について責任を負うべきだが、保証人は合理的な範囲で責任を減じてやるべきである」「原告も被告も被害者である場合は、どちらか一方に損失を負担させるのではなく、損失を分担すべきである」との考え（和解

208　草野・技術論147頁参照。伊藤博裁判官も、裁判官が、和解手続において、法律判断以外の客観的に正当で合理的な行動基準をも含んだ「客観的基準」を折に触れて提供し、合意形成の過程を軌道修正することの重要性を説いておられます（伊藤博・実際38頁）。廣田尚久弁護士も、成文法以外のさまざまな規範（判例、和解等の解決例、学説、諸科学の成果、慣習、道徳等）が「紛争解決規範」として、紛争解決の指針となることを示しておられます（廣田・解決学140頁以下参照）。

規範）に基づき、原告に対し次のような説得を行った。

裁判官「法律では連帯保証人も全額支払う義務がありますが、1円も借り
　　　ていない保証人から全額搾り取るというのは、いかがなものでしょう
　　　か。お金を貸したのに返済が受けられないあなたは被害者かもしれま
　　　せんが、見方によっては、保証債務の履行をせざるを得ない被告も被
　　　害者かもしれません。ここはひとつ、損失をある程度分担するという
　　　考え方をしてもよいのではないでしょうか」

　このような和解規範としては、ほかにも次のようなものが考えられます（も
ちろんこのような考え方が常に妥当するというわけではありませんので、事案をよ
く見て、当該事案に適用するにふさわしいといえるかどうかを見極めることが大切
です）。

〔和解規範の例〕
① 「共同不法行為者といえども、実際に行った行為の寄与度（悪質さ）
　　に応じて、和解金の負担割合は異なってしかるべきだ」
② 「夫（妻）が第三者と不貞行為に及んだ場合、妻（夫）を裏切って不貞
　　行為をした夫（妻）のほうが、不貞相手よりも高額の和解金を支払うべ
　　きだ」
③ 「事故が発生してから何年も経ってから損害賠償を請求してきたため、
　　加害者側でも十分な反論資料を提出できない場合には、損害賠償請求権
　　が時効にかかっていないとしても、原告も相応の譲歩をするべきだ」

　このように「世の常識」を持ち出すことは、時に効果的な説得方法となり得
ますが、他方で、事柄によっては、何が「常識」なのか見解が分かれるものも
少なくありません（紛争になるのはえてしてそういう場合が多いものです）。裁判
官と当事者が「常識」をめぐって議論をしても平行線をたどるだけで非生産的
です。そこで、こうした不毛な議論に陥らないように、「こういう考え方が常
識的ではないでしょうか」などと投げ掛けたところ、反発された場合には、こ
の説得方法はあきらめて、別の説得方法を考えたほうがよいでしょう。

　　ク　発想を転換させる（リフレーミング）
　「リフレーミング」という思考方法をご存知でしょうか。これは、物事を見
る枠組み（フレーム）を変えることで、従来とは異なる視点から物事を考える

ということです。たとえば、水が半分入ったコップを見て、「半分しか入っていない」と悲観的なものの見方をする人もいれば、「半分も入っている」と肯定的なものの見方をする人もいるでしょう。前者の見方から後者の見方へと考え方の枠組みを変えること（リフレーミング）ができれば、同じ事実を前にしても、より積極的・肯定的な方向へと考えを向けることが可能となります。

　このリフレーミングは、和解における説得にも活用することができます。ある特定の考え方に凝り固まっている人に対し、別の見方もできるのではないかと、考え方の枠組みを変えてみてはどうかと促してみるのです。つまり、「自分とは別の考え方もある」ということに思い至るように働き掛けることです。

　たとえば、法律論や正論では納得しないタイプに対しては、次の*Example149*のような説得方法が考えられます。

❖ *Example149*
① 　裁判官「事故に遭ったという考え方もできるのではないでしょうか」
② 　裁判官「あなたのおっしゃることはわかりますが、法律というのはそういうものなのですよ」
③ 　裁判官「高い授業料だと思って、今後の教訓にしてはいかがですか」
④ 　裁判官「和解が成立すれば、原告と顔を合わせることもなくなりますよ。手切れ金だと思って少しくらい払ってみてはいかがですか」

　また、説得にあたっては、当事者双方に共通している事柄を挙げると効果的であるといわれています[209]。たとえば、次の*Example150*は、原告と被告の紛争が、両者間の事柄にとどまらず、近所の関心事でもあることを当事者双方に気付かせ、なるべく円満に解決したほうがよいことに気付かせることを狙った説明です。

❖ *Example150*
　原告が、隣人である被告に対し、被告の庭木の落ち葉が原告宅の庭に落ちてくるとして、損害賠償等を求める訴訟を提起した。裁判官は、和解協議において、双方に対し、次のように語り掛けた。
裁判官「この紛争は、ご近所同士の争いですから、お二人はもちろん、ご

209　今井・動かす198頁参照。

近所の方々にとっても、なるべく後味の良い解決にするのがよいのではないでしょうか」

　ただし、発想の転換を図るよう働き掛けることは、裁判官の考えを無神経に押し付けるようなものと受け止められるおそれがあることに注意が必要です。そこで、発想の転換を促すにあたっては、次のExample151のように、あくまで考え方の一つを提案するような言い方をして、考えを押し付けるようなニュアンスを和らげることが望ましいでしょう。

❖ **Example151**
裁判官「たとえば、○○という考え方もできるのではないでしょうか」

　また、いかに説得のためとはいえ、当事者の感情を無視するような考え方[210]を示すことは、当事者を傷つけ、かえって反発を招くおそれがあります。また、正当な権利者に対し、権利をあきらめたほうがよいと軽々しく説得すること[211]も、裁判所に対する信頼を損ねかねません。こうした説得方法は避けるべきでしょう。

ケ　権威を持ち出す

　人は権威には弱いものです。そして、当事者の中には、裁判官に対し一定の権威を感じてくれる人も少なくありませんので、裁判官が和解案を勧め説得を試みること自体、裁判官という権威を利用した説得方法にほかなりません。

　もっとも、残念ながら、近年では裁判官の権威も低下傾向にあるようで、裁判官が説得したからといって、すんなりそれに従ってくれる当事者は少なくなってきているように感じられます（本人訴訟の当事者の中には、裁判官から一

210　たとえば、子を亡くした親に対し、「死んだ人は生き返りませんから、将来に目を向けたらどうですか」などと軽々しく述べることは、親の感情を逆なでするようなものでしょう。同様に、「あなたの収入からすれば、この程度の和解金なら大したことないでしょう」「こんな小さな紛争にこだわるより、もっと大切なことがありますよ」などと、紛争を抱えた当事者の苦悩を過小評価するような発言も避けるべきです。
211　たとえば、原告が勝ち筋の事案で、被告が資力等を理由に僅少な和解金しか支払えないと述べている場合に、裁判官が原告に「事故に遭ったと思って被告案で和解しましょう」と軽々しく説得することは、原告の反発を招くおそれがあります。被告に資力がなく、判決をしても１円も回収できないことがほぼ確実という事案では、和解金が僅少でも和解したほうが判決よりも得だという場合もあるでしょうが、そのような場合でも、裁判官としては、そのような和解案を原告に受け入れてもらうことは決して望ましいとは思っていないことが伝わるような説明をする必要があるでしょう。

第 5 章　和解の技法

定の法的見解を示されても納得せず、「法律に詳しい人に相談してみます」と言う人もいるくらいです。裁判官は「法律に詳しい人」ではないのでしょうか……)。

そこで、裁判官が説得をするにあたっても、何らかの別な権威を持ち出し、説得を権威付けすることが効果的なことがあります[212]。このような「権威」としては、最高裁判例をはじめとする各種判例、著名な学者の見解、大規模庁専門部の書籍・論文等などがありますが、このほかにも、合議体（あるいは所属部）の裁判官全員で合議した結果であることを強調すること[213]や、自身の経験を披露することで、裁判官の説明により一層説得力が増すことが期待できます。次の*Example152*を見てみましょう。

> ❖ *Example152*
> ①　裁判官「○○地裁の裁判官が執筆した□□という論文では、△△という見解が採用されており、学説上も同様の考え方が通説のようです」
> ②　裁判官「本件のような事案では、最高裁の平成○年○月○日の判例がリーディングケースになっています。これに照らすと、本件でも請求を認容するのは厳しいかもしれません」

また、訴訟代理人がついている当事者に対しては、当該代理人の意見や見解が一つの「権威」として機能することがあります。つまり、代理人も裁判官の考え（和解案）に賛成しているのに、当事者が煮え切らない場合には、次の*Example153*のように、「代理人を信用しましょう」と、背中を押してあげるのです。

> ❖ *Example153*
> 裁判官「○○先生も、あなたのためを思って、裁判所和解案をお勧めしているのだと思いますよ。だったら、先生を信頼してみてはいかがですか」

このように、「権威」を持ち出して説得することは、効果的な説得技法の一

212　今井・動かす204～205頁参照。
213　田中敦・実践536～537頁〔田中敦発言〕参照。

つであるわけですが、先にも述べたように、最も効果的な「権威」は和解を担当する裁判官自身であることを忘れてはなりません。和解を担当する裁判官が、当事者から信頼を得ることができれば、裁判官からの説得によって、当事者を「この裁判官の言うことなら受け入れよう」という気持ちにさせることができるはずです。そのために、裁判官としては、徹頭徹尾公平性を保ちつつ、当事者のために最も良い解決は何かを真摯に考え、それを行動や発言で示すことが大切です。このような姿勢を欠いたまま、裁判官が「私の考えは○○地裁でも採用されています」などと居丈高に説得を試みようとしても、反発されるだけに終わるでしょう。

コ　今しかないと思ってもらう（締切効果）

「締切効果」という言葉を聞いたことがあるでしょうか。これは、締切を設定することにより、「締切までに行動しなければならない」という心理になり、行動や決断が促されるという効果をいいます。たとえば、同じ値段の商品でも、単に「セール中！」と表示されているよりは、「今週日曜日までセール中！」と、締切が表示されている方が、「今のうちに買わないと損だ」という心理になり、購買意欲がかき立てられるといわれています。

　これを和解の場面に応用すると、同じ和解案でも、「いつでも和解できる」と思うのと、「今しか和解のチャンスはない」と思うのとでは、和解をしたいという気持ちの程度に差が出てくるものと思われます。そこで、当事者に「今しか和解のチャンスはない」と思ってもらうことで、和解しようという気持ちを高めることが期待できます。たとえば、次の *Example154* のような説明が考えられます。

❖ *Example154*

裁判官「今回被告から提案された和解案は、裁判所も意外なほど原告に有利な案になっていると思います。ここで和解できないと、いつ被告の気が変わるかもしれません。今が和解のラストチャンスかもしれませんよ」

　勝ち筋の当事者は、「今焦って和解する必要はない」と鷹揚に構えて容易に譲歩しようとしないことが少なくありませんが、和解協議が決裂した後に負け筋の当事者が代理人を変えて新たな主張立証をしてきた結果、形勢が逆転してしまったということもあります。次の **Episode17** は、勝ち筋の当事者が和解

のタイミングを逸した結果、最終的に不利な内容の和解をせざるを得なかったというケースです。

> **Episode17**
> 　建物の賃貸人である原告は、賃借人である被告に対し、被告の無断転貸を理由に賃貸借契約を解除したとして、建物の明渡し等を求める訴訟を提起した。無断転貸の主張は成り立ちそうになく、争点整理にめどがついた頃に行われた和解協議でも、原告が相応の立退料を提供して明渡しを求める内容の和解案を提示したものの、被告は強気の姿勢を崩さず、この和解案を拒絶し、和解協議は決裂した。
> 　すると、原告は訴訟代理人を変え、新たに用法義務違反の主張を追加した。この主張は十分に理由があるもので、再び行われた和解協議では、一転して被告が不利な立場に置かれることとなり、結局、被告は、敗訴的和解を受け入れて建物を明け渡した。

　同様に、「年末効果」が期待できることもあります。つまり、「年内に解決しよう」と当事者に思ってもらうことです。これは、年末が近付いた時期の和解協議では、意外に効果があります。年末が近付いたら、たとえば、次の***Example155***のような説明をしてみましょう。

> ❖ ***Example155***
> 裁判官「そろそろ今年も残りわずかとなりました。本件は、何とか年内に
> 　　　解決したいですね」

　また、相続をめぐる争いや、被害者が死亡した事故をめぐる紛争等では、亡くなった人の命日が「締切」となることもあります。そのような命日が近付いてきたら、たとえば次の***Example156***のように語り掛けて、当事者の紛争解決意欲を高めてみましょう。

> ❖ ***Example156***
> 裁判官「あと2か月ほどで、亡○○さんの命日ですね。命日までに、この
> 　　　相続人間の紛争が円満解決できれば、亡○○さんも、あの世でさぞか
> 　　　しお喜びになるのではないでしょうか」

サ 小さな譲歩を勝ち取り、大きな譲歩へとつなげる（フット・イン・ザ・ドア作戦）

交渉戦術の一つに「フット・イン・ザ・ドア作戦（段階的要請法）」というものがあります。これは、最初は小さな要求をして承諾させ、段階的に大きな要求をしていき、最終的に目的である大きな要求をのんでもらうという戦術です[214]。たとえば、訪問販売員が、まず「話だけでも聞いてください」と小さな要求をして、顧客が玄関のドアを開けたら、片足をドアの中に突っ込んでドアを閉められないようにしたうえで、商品の説明をし、次に「パンフレットを見てもらえませんか」と次の小さな要求をしてパンフレットを渡して、さらに詳しい説明をし、「契約内容についてご説明したいので、中に入れてもらえませんか」とさらに要求をし、最後には契約を取り付けてしまうという戦術です。

この戦術は、和解にも応用することができます。たとえば、被告が和解金として低額の金額しか提示せず、そこからなかなか譲歩（増額）してくれない場合には、少し高めではあるものの、応じてもらえそうな金額を具体的に提示してみましょう。次の*Example157*を見てください。

❖ *Example157*

　原告は、被告に対し、1000万円の損害賠償を求める訴訟を提起した。和解協議で、原告は500万円まで降りてきたが、被告は100万円以上は出せないと頑張っている。裁判官は、最終着地点（落としどころ）として300万円前後を考えており、被告に和解金額を増額するよう説得をしている。

裁判官「被告が支払う和解金額をもう少し挙げてもらわないと、同じ土俵での交渉にはならないように思われます。原告が希望する500万円とは言いませんが、せめて200万円かそれ以上の金額の検討はできないものでしょうか」

この*Example157*で、被告が「わかりました、200万円までなら出しましょう」と言ってきたら、説得の第1ハードルを超えたようなものです。あとは、原告が少しずつ譲歩するのに合わせて、被告にも同様に徐々に譲歩を求めていくことで、200万円→250万円→300万円と、最終着地点まで金額を増額させることが期待できます。

---

[214] 小林・作法58頁、奈良・実務26頁〔宮坂英司〕参照。

第5章　和解の技法

　裁判官から和解金額の目安として一定の幅の金額を示すことも、この「フット・イン・ザ・ドア作戦」の応用と考えられます。次の**Example158**を見てください。

❖ **Example158**
裁判官「これまでの審理の状況等に照らすと、和解金額としては最大で
　　　400万円程度、最小で200万円程度がふさわしいように感じています。
　　　この幅の中で和解金額を検討することは可能でしょうか」

　この**Example158**では、被告としては、まずは200万円という小さな要求を受け入れるかどうかを検討すればよいので、さほど大きな抵抗感を抱かずに受け入れてもらえることが多いと思われます。実際にも、このように幅のある数字を示された被告は、「200万円なら支払います」と回答してくることが多いものです。被告が200万円を受け入れたら、徐々に200万円から和解金額を吊り上げていき、最終的な目標金額へと誘導するわけです。

　シ　最初に高めのボールを投げる（ドア・イン・ザ・フェイス作戦）

　「フット・イン・ザ・ドア作戦」は、最初に小さな要求をして徐々に要求を吊り上げていくやり方でしたが、これと逆に、最初に大きな要求をして、徐々に要求を下げていくやり方もあります。「ドア・イン・ザ・フェイス作戦（譲歩的要請法）」と呼ばれる交渉戦術です[215]。たとえば、原告が、和解金として500万円を被告から獲得することを目標に交渉する場合、最初の提案として目標より高めの金額（たとえば1000万円）を提示し、断られたら、「それでは800万円まで譲歩しましょう」「何とか700万円までなら下げられますが、もう下げるのは難しいですよ」などと、徐々に要求を引き下げていくやり方です。人は相手から提案されたものを断ると、罪悪感をもつという心理的傾向があるといわれており、「ドア・イン・ザ・フェイス作戦」は、これを利用した交渉術の一つです。最初に大きな要求をして断らせて罪悪感を抱かせたうえで、次に少し譲歩した要求をすれば、要求を受け入れてもらいやすくなるのです。また、最初に大きな要求を見せられた相手は、次にそれよりも低めの要求が出された場合には、「最初の提案よりも譲歩を引き出せた」と考え、2番目以降に出さ

215　小林・作法59頁、奈良・実務25頁〔宮坂英司〕参照。slam the door in the face（「相手の鼻先でドアを閉める」＝門前払いする）から来た心理学の用語といわれています（田村次朗『ハーバード×慶應流交渉学入門』183頁（中央公論新社、2014年）参照）。

れた要求に安易に応じがちになります。

　裁判官が当事者に和解案を説得する場合にも、この作戦を応用することができます。たとえば、裁判官が被告に和解金を支払わせようと説得する場合には、目標（落としどころ）の額よりも少し高めの金額を挙げておくと、後の譲歩を引き出しやすくなります。次の**Example159**を見てみましょう。

❖ *Example159*

　和解協議において、裁判官は、内心では和解金500万円が妥当だと考えて、原告、被告に対し説得を試みている。

　1　原告に対し

裁判官「これまでの審理の状況や被告の意向を踏まえると、被告はせいぜい300万円、最悪200万円くらいしか支払ってくれないかもしれません」

　2　被告に対し

裁判官「これまでの審理の状況や原告の意向等を踏まえると、せめて700〜800万円程度は出してもらえれば、原告を説得できると思うんですが」

　これに対し、裁判官が最初から被告に「500万円が相当だと思いますので、500万円払えませんか？」と、目標額を切り出してしまうと、被告としては、「裁判官の考える落としどころは、500万円よりも低いところにありそうだ。もう少し頑張れば和解金を引き下げることができるはずだ」と考え、500万円での和解にはなかなか応じてくれないと思われます。そうなると、うまくいくはずの説得も駄目になってしまうでしょう。

　なお、この「ドア・イン・ザ・フェイス作戦」を使う場合、最初の要求があまりに大きすぎると、「とんでもない要求をする人だ」「こちらを馬鹿にしている」などと思われ、以後の交渉がかえってこじれてしまうリスクがあるといわれています。裁判官が当事者を説得する場合でも、目標（落としどころ）の額からかけ離れた数字をいきなり挙げると、かえって「そんな金額は出せないので、和解を打ち切ってください」といわれるのが関の山です。やりすぎに注意しましょう。

ス　裁判では独りよがりは通らないことを理解してもらう

　訴訟上の和解は、当然のことですが、裁判所において、民事訴訟という手続

第5章　和解の技法

の中で行われる和解です。したがって、当事者が、いかに自分の考えや和解案が素晴らしいと思っていたとしても、反対当事者が納得しなければ和解は成立しません。

そこで、自説にこだわって譲歩しようとしない当事者に対しては、次の**Example160**のように、裁判では独りよがりは通らないこと、そのような姿勢では和解はまとまらないことを理解してもらうような説得を試みることが考えられます。

> ❖ **Example160**
> ①　裁判官「そのような考えでは相手方は納得しませんよ」
> ②　裁判官「裁判所があなたの考えを相手方に受け入れるよう説得することは、かなり難しいと思います」

セ　負の感情をテコにする

ここでいう「負の感情」とは、相手方に対する憎しみや恨み、敵対心といったものです。通常、当事者がこのような「負の感情」をもっている場合には、「相手方を絶対に許せないので、和解をするつもりはない」などと言われてしまい、なかなか和解がうまくいかないものです[216]。もっとも、この「負の感情」を逆手にとって、「そんなに嫌な相手なら、早くこの裁判を終わらせて縁を切りましょう」と持ち掛けることが考えられます。次の**Example161**を見てみましょう。

> ❖ **Example161**
> 裁判官「そんなに被告のことが嫌いなら、さっさと話合いでこの裁判を終わらせて、縁を切ったほうがよいのではないですか」

また、このような「負の感情」を抱いている当事者に対しては、判決よりも和解のほうがかえってその感情に沿う結果を実現できることもあるという説得も考えられます。たとえば、請求認容が見込まれるものの、被告に資力がなく、判決が出ても空手形になってしまう可能性が高い場合には、たとえ長期分割に

216　なお、このようなことを言う当事者は、「和解」という言葉を「仲直り」とか「許す」という意味でとらえていることが少なくありません。そのような誤解が見受けられた場合には、まず誤解を解くことが先決でしょう。

なっても和解金の支払を約束させたほうが、被告に支払の苦労を味わわせることができます（後出の **Episode26** も、原告が「できるだけ長期の支払を約束させることで、被告には、1日でも長く自分のしたことを認識してもらいたい」との希望を有していたことから、長期分割での和解が成立しました）。また、請求棄却が見込まれる場合には、被告に少しでも多くの和解金を支払わせるほうが、被告に苦痛を与えることができるでしょう。次の **Example162** を見てください。

❖ *Example162*

① 裁判官「そんなに被告が許せないというなら、むしろ和解で長期分割を約束させたほうが、被告に支払の苦労を味わってもらうことができるんじゃないでしょうか。このまま判決をして全額認容されても、被告には資力がないので、判決は絵に描いた餅ですよ。そうなると、一番喜ぶのは、あなたが許せないと思っている被告ですよ」

② 裁判官「判決ではあなたの請求は認められない可能性が高いと思っています。ここで和解をつぶして請求棄却の判決が言い渡されると、被告が笑うだけですよ。それよりは、多少なりとも被告に和解金を支払わせたほうが、被告にダメージを与えることができるのではないですか」

　もっとも、裁判官が当事者の「負の感情」を過度に煽り立てるような説得を行うのは考え物です。ましてや、当事者の極端な提案の尻馬に乗って、相手方に極めて不利で不公平な和解案を押し付けるようなことがあってはならないのは当然です。

ソ　白黒をはっきりさせる（筋を通す）

　和解の妙味の一つは、「玉虫色」の解決ができるという点にあります。判決であれば、どちらにどれだけの責任があったのか白黒をつけることになりますが、和解であれば、この点を曖昧にすることができるため、特に負け筋の当事者にとっては、「責任があると判決で公に宣言されるよりは、和解で終わらせたほうがよい」というインセンティブになるのです（前記3(2)オ参照）。

　もっとも、当事者によっては、「玉虫色」の解決を望まず、あくまで筋を通すことにこだわる人もいます。このような人に対しては、逆に、和解であっても、できる限り「白黒をつける」「筋を通す」方向での解決を目指すほうが、

第5章　和解の技法

和解が成立する可能性が高まるでしょう。

次の**Episode18**は、筋を通したいという当事者の意向をうまくくんで和解成立にこぎつけたケースです。

Episode18

　被告に雇用されていた原告は、被告に対し、未払賃金100万円の支払を求める訴訟を提起した。これに対し、被告は、原告に対し、原告の横領を理由として200万円の損害賠償を求める訴訟を提起した。両訴訟が併合審理された結果、裁判官は、双方の請求とも満額認められるとの心証を抱いた。そこで、裁判官は、双方に対し、その旨の心証を開示して、100万円の和解金を原告が被告に支払うとの和解案を提示した。ところが、被告は、「原告は横領した金銭を全額返還すべきである」の一点張りであった。

　そこで、裁判官は、「被告は未払賃金100万円の支払義務を認め、原告は損害賠償金200万円の支払義務を認める旨和解条項に盛り込み、実際の支払は相殺して原告から被告に100万円を支払うことでどうか」と持ち掛けた。双方ともこの案を了承し、その旨の和解が成立した。

　この**Episode18**は、「朝三暮四」の故事[217]を彷彿とさせるようなケースですが、「筋を通す」ことを重視する当事者には、このような説得方法で和解が成立することもあるのです。

　タ　よき理解者になる

　和解においては、当事者の一方が、客観的にみれば無理難題を要求することがあります。このような場合、感情的こだわりから、無理だと承知の上でそのような要求を出していることも少なくありません。特に、死亡事故にかかわる事案では、遺族である当事者は峻烈な感情をもっており、冷静かつ合理的な判断が難しいことも少なくありません。

　そのようなときには、当事者の「感情的こだわり」をうまくくみとって、和解に向けてそっと背中を押してあげることが有効です。その一つの方法が、裁判官が「よき理解者」としてふるまうことです。たとえば、次の**Example163**のような当事者の気持ちに寄り添う言葉を掛けてあげることが考えら

217　飼っていた猿に、「トチの実を朝に三つ、晩に四つ与えよう」と言ったところ、猿が怒り出したので、「それでは朝に四つ、晩に三つ与えよう」と言ったら、猿は喜んで了承したという故事です。

れます。

> ❖ *Example163*
> 裁判官「息子さんを亡くされたことで、さぞかしお辛いお気持ちでしょう」

　また、次の*Example164*のように、裁判官が、当事者の気持ちに対する共感姿勢を積極的に示すことも考えられます。

> ❖ *Example164*
> 　原告は、隣人である被告が原告宅の庭木を誤って伐採してしまったと主張して、被告に対し、損害賠償を求める訴訟を提起した。和解協議の結果、被告が原告に和解金30万円を支払う方向でほぼ話がまとまりつつあったが、土壇場で原告は、「この庭木は、亡くなった母が植えたもので、母の形見のように大事にしてきたものである」として、庭木をもとに戻してもらわないと和解できないと要求してきた。裁判官は、原告にこの要求を取り下げてもらいたいと思い、原告への説得を試みた。
> 裁判官「あなたが、この庭木をとても大切に思っておられることは、これまでの審理でよくわかりました。ただ、切ってしまった庭木をもとに戻すことは、現実には不可能です。あなたの庭木に対する思いは、裁判所から改めて被告に伝え、過失とはいえ被告のしてしまったことがいかに原告を傷つけたのかを、被告には理解してもらおうと思います。それで、矛を収めてもらうことはできませんか」

　このような説明をしたうえで、被告に原告の気持ちを伝えたところ、被告から真摯な謝罪の言葉が述べられた場合には、これを原告に伝えると一層効果的でしょう。これに対し、被告の態度が思いのほか冷淡である場合には、そのことをストレートに原告に伝えてしまうと、まとまるものもまとまらなくなってしまうので、嘘にならない程度に丸めて伝えるとよいでしょう。

チ　訴訟の限界を理解してもらう

　当事者の中には、裁判官から心証を示されると、「それは事実と異なる」として、強く反発する人もいます。その反発が、証拠に照らしても正当なものであれば、改めて検討し直せばよいでしょうが、客観的証拠もないのに「真実は○○である。私が体験したのだから、間違いない」などと、自身の体験（供述）

第5章　和解の技法

以外に証拠がない事実に強くこだわる人も少なくありません。

　このような場合には、まず大前提として、心証についての丁寧な説明（論理的説得）が必要ですが、それとともに、訴訟という制度の限界を説明して、理解してもらうのも一法です。つまり、訴訟で勝訴するには証拠、特に客観的証拠が重要であること、立証責任を負っている当事者は証拠によりその立証を成功させる必要があること、立証ができなければ立証責任を負っている当事者を負かせるしかないことなどをわかりやすく説明するのです。その際には、次の*Example165*のように、当事者の言い分を受け止めたうえで説得すると、なお効果的でしょう。

> ❖ *Example165*
> 裁判官「実際には、あなたがおっしゃるように○○という事実があったのかもしれません。でも、裁判官は神様ではないので、証拠がないことを認定することはできないのです。民事訴訟は、証拠で決めなければならないのです」

(3)　留意点

　前記(2)に紹介したのは、感情的説得の一例にすぎません。当事者の感情を動かすものは千差万別であり、それこそ「何でもあり」といってよいでしょう。もっとも、小手先のテクニックで当事者の感情を動かそうとしても、容易に見透かされてしまい、かえって「こんな裁判官の言うことには従えない」と反発され、説得を困難にしかねません。感情的説得を成功させるためには、裁判官が当事者の感情を受容することが不可欠です。繰り返しになりますが、人は理屈だけでは動かないのです。

　次の**Episode19**は、裁判官が当事者（原告）の感情をくみ取って和解を試みた具体例です[218]。

> # Episode19
> 　原告（両親）の息子が自殺した事件をめぐり、原告は、息子の自殺は被

218　山浦善樹ほか「座談会『お気の毒な弁護士』を読んで　第1回」判時2488・2489合併号181頁〔杉浦ひとみ発言〕（2021年）参照。

告（会社）での叱責が原因であるとして、被告に対し損害賠償を求める訴訟を提起したが、1審では請求棄却の判決であった。控訴審である高等裁判所の裁判官は「お父さん、お母さんが想像していることは多分真実なんだろうと思う。でも判決を書くだけの証拠がないのです。和解にしませんか。先方を説得します」と述べてくれた。

Ⅶ　和解案等の示し方

多くの和解協議では、遅かれ早かれ、裁判官が和解の方向性を示したり、あるいは和解案を示したりして、協議をリードしていくことが必要になります。ここでは、そうした和解案や和解の方向性（以下、この項では併せて「和解案等」ということがあります）をどのようにして作成していくか、そしてこれをいつ、どうやって当事者に示すのかを見ていくこととします。

1　和解案等をいつ示すか

和解協議の中で、裁判官が和解案等を示す時期としては、いつがふさわしいのでしょうか。この点は、事案により千差万別ではありますが、当事者の和解に対する意向や希望も聴かずにいきなり裁判官が和解案等を示しても、的外れなものになってしまう可能性が高いので、一般には、当事者双方から、和解に対する意向や希望を聴取し、できれば和解案を出してもらって和解協議を重ねた後に、裁判官から和解案等を示していくほうが、当事者の意向に沿った提案をすることができ、和解成立率も高まると思われます[219]。和解協議の序盤から方向性を定めてしまうと、その方向性が誤っていた場合に修正が効かなくなるというリスクがあることに注意しなければなりません[220]。

特に裁判官から具体的な和解案を出してしまうと、その内容や出し方にもよりますが、原則として、特段の事情のない限り、これを撤回、修正することは難しいと考えておくべきです。なぜなら、裁判官が「この和解案が最もふさわしい」として提示した和解案を、事後に、当の裁判官自身が安易に修正、撤回

219　田中敦・実践534頁〔山地修発言〕参照。
220　山田・技法437頁参照。

285

第5章　和解の技法

すると、当事者からかえって不信感を抱かれてしまうからです[221]。当事者間の和解協議が行き詰まった段階で、裁判官が一義的かつ明確な和解案を示す場合は、とりわけ修正や撤回は困難でしょう。逆に、和解協議の早期の段階で、目安やたたき台にすぎないことを断ったうえで案を示したり、ある程度の幅のある案を示したりするのであれば、多少の修正はあり得るものと考えられます。裁判官から和解案等を示す場合には、こうしたことを考慮して、提示する時期や内容を考える必要があります。

　もし和解協議の序盤でまだ裁判官から和解案等を示すには早いと思っているのに、当事者から「裁判所案を示してほしい」と言われたら、たとえば次の*Example166*のように説明して、まずは和解協議を先行してみるよう促してみるのがよいでしょう。

> ❖ *Example166*
> 裁判官「裁判所案は、和解協議がデッドロックに乗り上げたときの、最後の手段です。和解協議が十分行われていない段階で示しても、双方の希望や考えを十分に踏まえない、的外れなものになってしまう可能性が高いと思われます。したがって、裁判所としては、まずは双方で和解案を出し合って、お互いの意見をぶつけ合っていただきたいと思います」

　それでも、裁判所案を強く希望された場合には、裁判官に裁判所案の作成・提示という「汗」をかかせる以上は、当事者（代理人）にも「汗」をかいてもらうべきです。つまり、裁判所案を示したら、そのとおり和解すると約束するか、そこまでいかなくとも依頼者に裁判所案を受け入れるようできる限り説得を試みることを約束してもらうよう働き掛けてみるとよいでしょう[222]。当事者も真剣になって裁判所案を検討してくれるはずです。次の*Example167*を見てみましょう。

> ❖ *Example167*
> ①　裁判官「裁判所から和解案を示したら、そのとおり和解するというの

221　田中敦・実践59頁〔山地修〕、佐々木茂美編著『医事関係訴訟の実務〔新版〕』408頁（新日本法規出版、2005年）参照。
222　瀬木・要論308頁参照。

> であれば、お示ししますが、どうですか」
>
> ② 裁判官「裁判所案を受け入れてもらえるよう依頼者を全力で説得する
> とお約束いただけるのであれば、裁判所案をお示ししますが、お
> 約束いただけますか」

とはいえ、双方の意向等を聴取したところ、大きくかけ離れている場合には、共通の「土俵」を設定しないと、両者の溝がなかなか埋まらず、和解協議が漂流したり、早々に行き詰まったりしてしまう可能性が高くなります。そのため、このような場合には、和解の枠組みや方向性について早期の段階で示す必要があります[223]。

これに対し、裁判官からの具体的な和解案[224]は、原則として、和解協議がデッドロックに乗り上げるまで示さないほうがよいでしょう。特に、確定的かつ終局的な和解を書面で示すと、上記のとおり、後で撤回や修正をすることは困難となるので、タイミングを慎重に考える必要があります。

和解案等の示し方については、後記6を参照してください。

2　和解案等を示す前にすべきこと

裁判官から和解案等を示す前には、「こだわりポイント」を確認することが特に重要です。たとえば、交通事故訴訟で過失割合、休業損害、後遺障害など複数の争点が争われている場合には、当事者がどの部分に特に関心をもっているのかを確認する必要があります。また、逆にここは譲ってもよいという「非こだわりポイント」を確認することも有益です。「こだわりポイント」の確認の仕方等については、前記Ⅲ1(6)に記載しておきましたので、詳細はそちらを参照してください。

双方の和解に対する希望を聴取するのと併せて、それまでの交渉経過についても把握しておくことも重要です。これをしないまま和解案等を示しても、的外れなものになってしまう可能性が高くなってしまうからです[225]。

こうした確認は、それまでの期日で行っていることが多いと思われますが、

223　草野・技術論84頁、瀬木・要論306頁参照。
224　ここでいう「和解案」とは、裁判官が、「この和解案は双方が受け入れるにふさわしいものと考えます」と相応の確信をもって提示し、受諾を勧告するものを指します。これに対し、裁判官が、当事者に検討を促すための材料を提供する趣旨で、「たとえば○万円くらい支払うことはできませんか」と投げ掛けることは、和解協議の序盤から行って差し支えありません。
225　田中敦・実践564頁〔齋藤聡発言〕参照。

第 5 章　和解の技法

それが未了の場合には、期日間に直接代理人に電話して確認することも考えられます。特に、当事者の意向次第で和解の枠組みや方向性が大きく異なってくる場合には、まず意向を確認したうえで和解案等を検討すると、無駄を避けることができるでしょう（たとえば、解雇の有効性が争われている事案では、労働者が復職を希望するのか、退職を希望するのかで、和解の方向性は大きく異なってきます。裁判官が、それぞれの場合について和解案等を考えても、労働者から「退職するつもりです」といわれてしまうと、復職前提の和解案等は無駄になってしまいます）。

　裁判官が当事者にこうした確認作業をする場合には、あらかじめ和解案等の腹案をもっておくと、的確な質問ができますし、場合によっては腹案に賛成してもらえるよう説得活動を行うこともできるでしょう。こうした「地ならし」の作業の結果、当事者から腹案に対する好感触が得られれば、自信をもって和解案等を示すことができますし、逆に当事者から難色を示された場合には、必要に応じて腹案を修正したうえで和解案等を提示することも考えられます。

　事案によっては、和解案に盛り込むべき条件が多岐にわたるため、いきなり裁判官が全ての条件について一義的な内容の和解案を示すことが難しい（少なくとも適当ではない）ことがあります。このような場合、裁判官が一方当事者（多くは和解金を支払う側）と和解条件の調整を行い、その了承を得た和解案を反対当事者に裁判所和解案として提示するというやり方もあります。次の **Episode20** は、そのような作業を行った例です。

Episode20

　原告が、被告に対し、不法行為に基づく損害賠償を求める訴訟で、和解協議の結果、和解案の骨子として、①和解金の支払、②謝罪条項、③口外禁止条項を盛り込むことでおおむね意見の一致を見た。ところが、被告は、「和解金は一括では支払えず、長期分割となる。せいぜい頭金を入れるのが限界である」との意向であり、謝罪条項や口外禁止条項についてもこだわり（○○という謝罪条項なら和解金は○万円が限度である etc.）を述べていた。

　そこで、裁判官は、原告の同意を得たうえで、まず被告との間で、頭金や月々の分割金をいくらとするか、謝罪条項や口外禁止条項の具体的な内容をどうするかについて調整を行い、被告が了承した和解案を裁判所和解案として原告に提示した。

Ⅶ　和解案等の示し方　　3　和解案等を考える

3　和解案等を考える

(1)　心構え

和解案等を考えるにあたって重要となる心構えとしては、次のようなものが挙げられます。

〔和解案等を考えるにあたっての心構え〕
① 　適切な心証を形成すること
② 　当事者の立場に立って検討すること
③ 　それまでの和解交渉の内容を踏まえること
④ 　真の争点にふさわしいものであること
⑤ 　Win–Win の和解ができないか考えること
⑥ 　将来の苦痛を取り除くこと
⑦ 　法令はもちろん、正義、倫理、公平等にかなうものであること

ア　適切な心証を形成すること（上記①）

裁判官が和解案等を考える際に一番のよりどころとなるのは、自分自身の心証でしょう。特に心証中心型の和解協議を目指す場合には、裁判官が自らの心証を離れて和解案等を考えることは、まずないといってよいでしょう。したがって、裁判官が示す和解案等の説得力は、裁判官が適切な心証形成ができているか否かに大きくかかわってきます。心証を踏まえて和解案等を示す場合には、記録を徹底的に検討して、何か真相なのか、真実は何かをとことん追求する必要があります。

次の**Episode21**は、裁判官が適切な心証を形成することができた結果、和解成立に至ったケースです。

Episode21

　原告（会社）は、従業員であった被告が原告の金銭を横領したと主張して、被告に対し、約1000万円の損害賠償を求める訴訟を提起した。裁判官Ａは、争点整理の途中で和解勧告をし、「被告が横領をした疑いはあるが、決め手に欠く」との暫定的心証を明らかにしたうえで、被告が原告に和解金として請求額の１割程度を支払う旨の和解案を提示した。被告は、これを受

289

第 5 章　和解の技法

諾したが、原告が拒絶した。

　その後、後任の裁判官 B は、争点整理を終え、改めて記録を精査した
ところ、被告が横領したのでなければ説明がつかない不自然な金銭の動き
が複数あることに気付き、尋問終了後に、「使途不明金の大部分は被告が
横領したと認められる」との心証を明らかにして、被告に相応の和解金の
支払を検討するよう促した。被告は、これを受け入れ、被告が原告に請求
額の 7 割を支払う旨の和解が成立した。

イ　当事者の立場に立って検討すること（上記②）

　前記アのとおり、心証を踏まえて和解案等を検討することは重要ですが、そ
うしてでき上がる和解案等は、どうしても「裁判官目線」のものになりがちで
す。そこで、和解案等を考える際には、これを示される当事者の立場に立って
検討してみることも大切です（このような目線を変えた検討の詳細については、
後記 4(1)を参照してください）。事案によっては、当事者が、裁判官の心証に沿っ
た和解をしたくても困難なこともあります。そうした場合には、和解の支障と
なっている事情を取り除くような工夫ができないか検討してみる必要がありま
す。

　次の **Episode22** は、被告が同種訴訟の追加提訴を恐れて和解に踏み切れな
かったため、裁判官が、その懸念を取り除く方向での和解スキームを提案した
という事例です[226]。

Episode22

　詐欺被害者100人以上が訴えを提起した別件訴訟の係属中に、その被害
者のうち 2 名が詐害行為取消訴訟を提起した。被告（受益者）は、「解決
金を支払って和解してもよいが、他の被害者からさらに訴えを提起される
かもしれない」と和解を躊躇していた。詐害行為取消権の消滅時効が間近
だと思われたため、裁判官は、被害者らが詐害行為を知った時期を示す資
料と引換えに和解金を支払うというスキームを提案したところ、和解に
至った。

226　田中敦・実践598頁〔中武由紀発言〕に紹介されているエピソードです。

290

ウ　それまでの和解交渉の内容を踏まえること（上記③）

　和解案等を考えるにあたっては、それまでの和解交渉の内容も十分踏まえる必要があります。たとえば、被告が原告に支払う和解金の額を検討する場合で、従前の交渉において原告が「被告が1000万円を支払うなら和解してもよい」という提案をしていた場合には、よほどの事情がない限りは、裁判所案として1000万円を超える和解金額を提示しても、被告が受け入れることは見込めません。和解案等を作成する際には、心証を踏まえた検討をする一方で、当事者がそれを受け入れるかどうかという目配りも必要なのです。

エ　真の争点にふさわしいものであること（上記④）

　また、和解案を検討するにあたっては、何が紛争の真の争点かを把握し、それにふさわしい和解案や説得方法を考える必要があります。たとえば、**Episode 8**（Ⅳ 4 (1)ア(ア)）では、原告が隣人である被告に境界確定訴訟を提起した真の動機は、原告が被告宅のピアノの音がうるさいという不満を抱いている点にあることに裁判官が気付いたため、「原告は夜 8 時以降ピアノを弾かないことを約束する」との和解案を提示することができました。

オ　Win-Win の和解ができないか考えること（上記⑤）

　交渉には、「協力型交渉」と「敵対型交渉」があるといわれます[227]。「協力型交渉」[228]とは、双方が交渉する目的について了解があり協力的な関係にある交渉をいいます。「敵対型交渉」[229]とは、当事者双方が相手方に対して不信感をもっていたり、紛争状態にあったりする当事者間での交渉をいいます。「協力型交渉」は、当事者双方が満足する解決、つまり「パイを大きくする」解決を目指すものですが、「敵対型交渉」は、自分が得をする代わりに相手方が損をする解決、つまり「パイを奪い合う」解決となりがちです。和解も同じことがいえます。パイを大きくする Win-Win の和解もあれば、パイを奪い合う Win-Lose の和解もあります。多くの和解交渉は、「被告が原告にいくら支払うか」という、パイを奪い合う「敵対型交渉」であると思われますが、裁判官が和解案等を考えるにあたっては、パイを大きくする「協力型交渉」、すなわち Win-Win の和解の余地がないか、頭の片隅に置いておくとよいでしょう[230]。

---

[227]　草野・技術論49頁参照。

[228]　「統合型交渉」「問題解決型交渉」「Win-Win 交渉」などと呼ばれることもあります（ロースクール交渉学16頁〔鬼澤友直〕参照）。

[229]　「分配型交渉」「ゼロサム交渉」「Win-Lose 交渉」などと呼ばれることもあります（ロースクール交渉学16頁〔鬼澤友直〕参照）。

[230]　和解は「互譲」であるといわれますが、ともすれば、双方が少しずつ譲った結果、双方と

第5章　和解の技法

　次の**Episode23**は、原告、被告双方が満足のいく形で紛争を終えることができた好例です[231]。

Episode23

　原告は、被告法人において長年役員の地位にあったが、すでに高齢で病身であった。被告法人は、原告に退任を勧めていたが、原告が耳を貸そうとしなかったため、原告を解任した。これに対し、原告は、解任は無効であるとして、地位確認と慰謝料を求めて提訴した。1審は請求を棄却したが、控訴審では、「被告法人は原告の解任を取り消す。原告は任意に退任する。被告法人は原告に対し、長年の貢献に対する感謝状を出す」という内容で和解が成立した。

　この**Episode23**の和解では、被告法人は、原告に退任してもらうという目的を達することができました。原告も、解任という不名誉な結果を避けることができただけでなく、その貢献に対する感謝を形にしてもらうことができました。双方ともこの結果には満足しているのではないでしょうか。まさに Win-Win の解決であり、判決ではもちろん、被告法人が原告にわずかな和解金を支払う旨の和解では、到底実現できなかった形で紛争を終えることができたといえるでしょう。

　次の**Episode24**も、「協力型交渉」により Win-Win の解決が実現できた例です[232]。

Episode24

　原告と被告は、かつて二軒長屋に居住しており、双方の住居はお互いに接続していたが、原告は、二軒長屋を切り離して新規に建物を建築した。この際、被告の建物の一部が原告所有地にはみ出した形となったことから、原告と被告は、「将来被告が建物を新築する場合には、境界線から50cm以上離して建築する」との協定を結んだ。その後、被告が、自らの建物を大規模に改築しようとしたため、原告は、「被告の改築は実質的には新築で

も不満が残る解決になりかねません。「協力型交渉」による和解が成立すれば、単純に双方が
少しずつ譲る解決よりも、はるかに実りのある解決が実現できるでしょう。
231　民事実務読本IV34～36頁〔豊田愛祥〕に紹介されているエピソードです。
232　ロースクール交渉学18頁〔鬼澤友直〕に紹介されているエピソードです。

あり、協定違反である」と主張して、被告に対し、建物建築の差止めを求める訴えを提起した。

　和解協議では、原告が「被告の建物が原告所有地にはみ出していると、将来同地を売却する際に支障となる」と考えていることが判明したことから、①被告は、原告所有地のうち被告の建物がはみ出している部分を原告から時価で買い取る、②原告は、被告による建物の建築（改築）を認める、③被告は、将来建物を新築する場合には新たな境界線から50cm以上離して建築するとの和解が成立した。

　この **Episode24** も、原告は、将来原告所有地を売る際の支障がなくなるというメリットを享受し、被告は、建物の建築を続行することができるというメリットを享受することができています。

カ　将来の苦痛を取り除くこと（上記⑥）

　また、和解案等を考えるにあたっては、当事者の将来の苦痛を取り除くような案にすると、過去の点については譲歩が期待できるといわれています[233]。たとえば、原告が、被告に対し、貸金100万円の返済を求める訴訟を提起したとしましょう。原告としては、過去に100万円を貸し付けたわけですから、その全額を返してもらいたいと思う一方で、これを２万円ずつ50回に分割して支払うという和解案では、「将来被告はちゃんと弁済してくれるだろうか」という不安を抱くことになります。このような「将来の苦痛」をはらんだ和解案よりは、100万円よりは少ない額（たとえば70万円）でも、一括で支払ってもらう、それもできれば席上一括払いとしてもらうという和解案のほうが、受け入れやすくなるのです。

キ　法令はもちろん、正義、倫理、公平等にかなうものであること（上記⑦）

　最後に、当然のことですが、裁判官が示す和解案等は、法令にかなうことはもちろん、正義、倫理、公平等の観点から見て正当なものでなければなりません。たとえば、資力に乏しい被告に多額の和解金を一括で支払うことを内容とする和解案等を示しても、到底受け入れられず、かえって裁判官に対する信頼を失わせるおそれもありので、このような場合には、分割払での和解を提案するなどの配慮が必要となります。

233　草野・技術論61頁参照。

第5章　和解の技法

　また、法令の趣旨に抵触するよう条項を含んだ和解も相当とはいえません。たとえば、第3章でも触れましたが、建物の賃貸人（原告）と賃借人（被告）との間で成立した和解条項中に、「被告が1回でも賃料の支払を遅滞した場合には、何らの催告を要せず当然に賃貸借契約は終了するものとし、被告は、原告に対し、直ちに本件建物を明け渡す。」との条項（失権約款）がある場合、その有効性（文字どおり1回の賃料不払で賃貸借契約が終了したと解してよいか）については大いに疑義が生じますので（第3章Ⅲ5(2)参照）、このような条項は相当ではないと考えられます。

(2)　留意点

　裁判官が和解案等を示すには、以上のようなさまざまな検討をする必要がありますが、いったん裁判官が示した和解案等は、それが確定的かつ一義的なものでなく、ふわっとした内容のものであったとしても、当事者に与える影響は強力なものがあることを自覚する必要があります。

　「係留効果（アンカリング効果）」と呼ばれていますが、いったん金額が示されると、それが必ずしも合理的な根拠に基づくものでなくとも、一つの基準（目安）となり、当事者の考え方を事実上縛ってしまう効果が生じてしまいます[234]。たとえば、裁判官が、当事者双方に「和解金額は、だいたい100万円程度が相当ではないでしょうか」と述べた場合、たとえ「100万円」という金額にさしたる根拠がなかったとしても、当事者はこの金額を基準に和解の検討を行うことになるでしょう。したがって、裁判官が、後になって「やっぱり和解金は500万円程度が相当だと思います」などと、従前の数字と大きく異なる数字を出すことは、当事者の検討の前提を覆すことになってしまいますので、事実上難しいでしょう。仮にそのような従前の数字と大きく異なる数字を出しても、従前の数字にとらわれてしまった当事者が納得することは期待できません。和解案等を示すにあたっては、このことも十分踏まえておく必要があり、決してその場の思い付きで適当な数字を挙げることは避けなければなりません[235]。

234　小林・作法57頁、奈良・実務22頁〔宮坂英司〕参照。
235　ただし、当事者の感触を探るために、あえて「思い付き」のふりをして数字をぶつけてみることは、有用な和解技法の一つです。

(3) 和解の範囲

ア 訴訟物に限るか

和解の長所の一つとして、訴訟物にとらわれない解決ができるという点が挙げられます。したがって、当事者間に訴訟物以外にも紛争がある場合には、全ての紛争を取り込んで一括解決ができれば理想的でしょう。積極的に訴訟物以外の紛争を取り込むことで、交渉する論点が増えるため、さまざまなパターンを組み合わせた和解案を複数提示することが可能となるというメリットもあります[236]。

もっとも、交渉する論点が増えれば、その分交渉は複雑になるため、和解協議を主宰する裁判官としては、相当の力量が求められることになります。また、当事者が、交渉する論点を増やすことを望まないことも少なくありません。そこで、訴訟物以外の紛争も取り込んで和解協議を進めることでかえって収拾がつかなくなるおそれがある場合や、当事者がそれを望んでいない場合には、訴訟物に限定した和解を目指すことになります。

イ 一部和解

訴訟上の和解では、訴訟物の全部について和解を成立させ、訴訟自体を終了させるのが通常です。もっとも、訴訟物の全部について直ちに和解することが困難でも、訴訟物を分割してその一部について和解し、残りについて引き続き審理していくか、訴えの取下げとするというやり方も可能です[237]。

また、請求の一部については争いがない場合や、一部についてだけ仮差押えや仮処分がある場合には、この一部についてだけ早期に和解して、残りの部分については訴訟を続行することも考えられます[238]。

このような「一部和解」は、それだけでは訴訟が終了しないこともあってか実務上あまり用いられていませんが、複数の請求が争われている事案や当事者が多数の事案などでは、すべての請求や当事者について一挙に和解を成立させるよりは、少しずつ合意ができたところから順次和解を成立させたほうがうまくいくこともあるので、このようなやり方も念頭に置いておくとよいでしょう。

---

[236]　草野・技術論124頁参照。
[237]　草野・技術論126頁には、交通事故訴訟で医師の過剰診療が疑われる場合に、治療費分は訴えを取り下げてもらい、その余の請求についてのみ和解を成立させるというやり方が紹介されています。
[238]　草野・技術論127頁参照。

第5章 和解の技法

　ところで、一部和解と似たものとして、和解協議を請求ごとに行い、その合意を積み重ねていくという、「段階的合意」というやり方もあります。たとえば、原告が、被告に対し、貸金、売掛金および損害賠償金の支払を求めている事案で、まず貸金について和解協議を行い、合意が整ったら次に売掛金について和解協議を行い、最後に損害賠償金について和解協議を行い、すべての請求について合意が整ったら和解成立となるというものです。このようなやり方は、交渉論点の拡散を防ぐという意味では効果的ですが、各請求が密接に関連している場合には、結局最後の請求について合意が整わないと和解が一切成立しないというおそれもあるので[239]、和解協議の最初の段階で、当事者が絶対譲れないと思っている請求（論点）は何かを確認しておくことが不可欠です。

4　和解案等の検討の基本

(1)　基本的視点

ア　二つのアプローチ───ボトムアップ型とトップダウン型

　和解案等を考えるにあたっては、やみくもに検討しても、良いものはできません。和解案等の検討手順としては、「ボトムアップ型」と「トップダウン型」の二つのアプローチを考えることが有益です。

　「ボトムアップ型」とは、争点ごとに主張立証を踏まえた心証を形成し、それを積み上げていって和解案等を考えていくやり方です。たとえば、逸失利益は300万円、慰謝料は200万円認容できそうだという心証であれば、和解金額を500万円とする和解案となります。このアプローチは、和解案等を導く理屈や理論構成を重視する「積み上げ型」のアプローチであるといえるでしょう。心証中心型の和解協議を行おうとする場合には、このボトムアップ型アプローチが和解案の検討にあたって欠かせません。

　これに対し、「トップダウン型」とは、まず結論から考えるやり方です。原告の請求、双方の主張立証や和解協議での意見など審理に現れた情報を踏まえ、「和解金額はだいたい○万円くらい」という結論をまず直感的に導き、そのうえで、必要に応じて、その結論の理由づけを考えていくやり方です。たとえば、

239　たとえば、離婚訴訟では、離婚、慰謝料、親権、養育費、財産分与等の多数の論点が問題となりますが、ほとんどの論点で合意が整ったのに、最後に残った論点（たとえば財産分与）について話がまとまらずに、和解自体が不成立となってしまうことも少なくありません。

296

原告は訴状では1000万円を請求しているが、和解協議では「被告が800万円を支払うなら和解する」と言っており、他方で、被告は、請求を全面的に争っているものの、和解協議では「300万円までなら支払う」と言っているという事案で、和解金額を500万円前後と考えるやり方です。このやり方は、理屈や理論構成よりも、まず双方から受け入れてもらえそうな結論を重視するアプローチであるといえるでしょう。

　心証を踏まえない和解案等を示しても、納得性が低いものとなってしまうことが多いので、和解案等を検討するにあたっては、「ボトムアップ型」のアプローチを欠かすことはできません。もっとも、和解協議では、理屈として正しい案が必ず受け入れられるとは限りませんので、「ボトムアップ型」で和解案等を考えた後は、必ず「トップダウン型」のアプローチでレビューしてみることをお勧めします。つまり、和解案等を考える場合、まず、記録をよく検討して争点を正しく把握し、適切な心証を形成し、それを踏まえた和解案等を考えます（ボトムアップ型）。一応の和解案等ができ上がったら、「この和解案の結論を原告は受け入れるだろうか」「被告はどうだろうか」と、当事者ごとに当該和解案の受け入れ可能性や理屈付けを考えてみるのです（トップダウン型）。

　それでは、この二つのアプローチの具体的なやり方を見ていきましょう。

イ　ボトムアップ型

　ボトムアップ型は、争点ごとの心証を踏まえて積み上げていく方式なので、判決の結論を考える作業と共通する部分が多いといえます。もっとも、予想される判決と同じ結論を提示するだけでは、とりわけ金銭を支払う側（多くは被告）に和解のメリットをあまり感じてもらえないことが多く、和解を成立させることは困難でしょう。また、支払を受ける側（多くは原告）にとっても、和解で事件が終局すれば、早期解決や履行の確実性といったメリットを享受できるのですから、その分判決で予想される金額よりも割り引いた和解金で満足してしかるべきでしょう。したがって、ボトムアップ型のアプローチにおいても、単純に心証を踏まえて足し算をしていくだけでは足りず、双方が和解協議で提示した額のほか、心証の確度等を踏まえつつ、金額を調整する必要があります。ここでいう「心証の確度」とは、ほぼ間違いないという程度まで確信できるか、それとも今後の審理や控訴審で別の判断がされる可能性があるかということです。次の*Example168*を見てみましょう。

第5章　和解の技法

❖ *Example168*

　原告が被告に1000万円を請求している事案で、裁判官は、判決では700万円を認容できるとの心証を抱いた。

　① 　裁判官が、700万円認容はほぼ確実であると考えている場合には、その8～9割（560～630万円）程度を和解案とすることが考えられる。

　② 　裁判官が、今後の審理によっては心証が変わり、請求棄却となる可能性も相当程度あると考えている場合や、控訴審では別の判断がされる可能性もあると感じている場合には、たとえばその5割（350万円）程度を和解案とすることが考えられる。

　このように、心証の確度の高低に応じて、積み上げた数字を操作していくわけです（なお、「8～9割」「5割」といった数字は、あくまで感覚的なものなので、客観的な基準があるわけではありません）。

　心証の確度は「心証割合」と言い換えることもできます。そして、和解案等を考えるにあたっても、この「心証割合」を活用することで、より落ち着きがよく、説得力のある和解案等を作成することが期待できます。また、心証割合を活用すれば、心証が固まっていない場合でも、心証割合に応じた和解案等を示すことができますし、当事者としても、裁判官の心証割合が可視化されるので、理屈も示されないまま和解案等を示されるよりは、和解に応じやすくなるものと思われます[240]。

　次の*Example169*は、和解案の作成にあたって心証割合を活用した例です。

❖ *Example169*

　① 　請求額が100万円で、全部認容の可能性が6割、棄却の可能性が4割なら、和解金60万円を和解案とする。

　② 　請求額が100万円で、全部認容の可能性が5～6割、棄却の可能性が4～5割なら、50～60万円を和解案とする。

　③ 　請求額が100万円で、全部認容の可能性が4割、50万円認容の可能性が3割、棄却の可能性が3割なら、加重平均をとって、100万円×40%

240　田中敦・実践258頁〔小池明善〕は、「判断に自信がない場合は、明確な心証形成には至っていないとの留保を付して、認容と棄却の割合などその時点における心証を説明すべきである」としています。

＋50万円×30%＋ 0 円×30%＝55万円を和解案とする。

④　原告が800万円を請求している訴訟で、休業損害と逸失利益が争われ
ている。原告の主張がすべて認められれば、休業損害は300万円を、逸
失利益は500万円を認容することになる。休業損害については300万円が
認容される可能性は 7 割、逸失利益については500万円が認容される可
能性は 3 割との心証なら、300万円×70%＋500万円×30%＝360万円を
和解案とする。

　次の***Example170***は、当事者の利害得失を数量的に算定して和解案を作成
した例です[241]。

❖ *Example170*

　原告は、被告との間で、原告を注文主、被告を請負人とする建物新築工
事請負契約を締結したものの、完成した建物には、床面の凹凸等の契約不
適合があると主張して、被告に対し、7000万円の損害賠償を求める訴訟を
提起した。これに対し、被告は、請負残代金3000万円が未払であるとして、
その支払を求める反訴を提起した。

　審理の結果、原告が契約不適合と主張する種々の不具合は、被告が、原
告の強い要望で極端に短い工期で工事を完成させることを余儀なくされた
ことに起因する面が大きいこと、これらの不具合は、訴訟までに被告が補
修工事を行ったため、現時点では契約不適合とまではいえないものの、美
観等の面でなお問題が残されている部分が少なくないことが判明した。

　和解協議においては、当初、原告は、被告が3500万円を支払うことを求
め、被告は、原告が1500万円を支払うことを求め、隔たりが大きかったが、
裁判官が暫定的心証を開示しつつ説得を重ねたところ、双方とも徐々に要
求額を下げ、最終的に、原告が被告に和解金を支払う方向で意見の一致を
見ることができた。ところが、その金額については、原告は「100万円な
ら支払う」、被告は「1000万円を支払ってもらいたい」というところまで
たどり着いたものの、そこから双方とも一歩も譲歩しようとせず、裁判所

241　この Example170は、廣田・解決学391頁以下に紹介されている中央建設工事紛争審査会の
事例をアレンジしたものです。同書には、調停の開始から終了までの経緯が詳細に記載されて
おり、調停案の提示に至るまでの検討過程も含めて、大変参考になるものですので、一読する
ことをお勧めします。

第5章　和解の技法

和解案を示してほしいと要望した。そこで、裁判官は、次のような検討を行った。

「被告の工事に契約不適合があるとはいえないものの、美観等の面の問題は残ってしまっているから、この点を考慮して残代金の3分の1相当額は被告に負担してもらうのが相当である。他方で、原告は、通常なら間に合わないような短期間で工事を完成させてもらうというメリットを享受しているのであるから、この点を考慮して残代金の3分の1相当額は原告に負担してもらうのが相当である。したがって、残りの残代金3分の1の範囲内が原告が被告に支払う和解金額の幅となる。現時点で、原告は100万円、被告は1000万円を提示し、その差額は900万円であるところ、その3分の1は300万円であるから、残代金額（和解金額）は、最低額が100万円＋300万円＝400万円、最高額が1000万円－300万円＝700万円となる」。

このような検討の結果、裁判官は、原告が被告に支払う和解金額は400万円から700万円までの幅の中で決めるのが相当であるとの和解の方向性を双方に提示した。

　このExample170については、ある程度民事訴訟の経験のある裁判官が当該事案を担当すれば、400～700万円程度の幅の和解案を直感的に思いつくことは、さほど難しいことではないかもしれません。しかし、裁判官が、当事者に、「根拠はないですが、和解金の目安は400万円くらいから700万円くらいでしょうか」と述べるのと、上記のように一定の根拠を踏まえて計算された金額をその理由とともに提示するのとでは、当事者に対する説得力はだいぶ違うのではないでしょうか[242]。

　なお、ボトムアップ型のアプローチで金額を積み上げた後に金額を調整する場合、通常は、判決で予想される金額よりも減額をすることになりますが、認容か棄却か悩ましい場合や、被告側が判決を避け和解で終局させたいという強い要望をもっている場合や、被告の悪質性が高く被告に道義的責任を取っても

---

[242]　もっとも、Example170における「美観面等の問題につき残代金の3分の1」などという数字は、計算して出てくるものではなく、まさに裁判官の「直感」によるものなので、この「直感」に説得力を感じない当事者に対しては、かえってやぶ蛇になってしまうおそれもあります。Example170でも、たとえば、原告が「美観等の問題と、工期の利益とが、同じ3分の1で評価されるのは納得いかない」などと言いだすと、和解はまとまらないでしょう。そのようなおそれがある場合には、あえて具体的根拠を示さないで、「直感」のみで出した数字を示す「トップダウン型」のほうが効果的なこともあります（当事者の個性を見極めたうえで臨機応変に説明を変えるというのも一法でしょう）。

300

らう必要があると考えられる場合など、事案によっては、判決で予想される金額よりも高い金額を和解案として提示することも考えられます[243]（このように、心証から離れた和解を協議の俎上に載せることについては、第6章のＱ9「心証から離れた和解をする場合」を参照してください）。

このように、ボトムアップ型のアプローチは、心証を踏まえた和解案等の作成を指向するものであるため、いわば「裁判官目線」の和解案となりがちです。しかし、それだけでは和解案等の検討としては十分ではありません。よい和解案等を作成するには、心証を踏まえるだけでなく、「当事者目線」、つまり、当事者の置かれた立場や実情、感情などにも十分配慮した検討が必要です。そこで、トップダウン型のアプローチを併用することが有益です。

次の**Episode25**は、心証を踏まえたボトムアップ型のアプローチと、双方が受け入れ可能な金額はいくらかというトップダウン型のアプローチを併用した和解案を提示した結果、和解成立に至ったという事案です。

Episode25

Aは、被告に雇用されて工事現場での作業に従事していたところ、落下してきた資材の直撃を受け、死亡した。Aの相続人である原告は、被告に対し、安全配慮義務違反の不法行為を理由として7000万円の損害賠償を求めた。

事実関係におおむね争いはなく、争点はAの過失割合に絞られた。裁判官は、争点整理がおおむね終了した時点で和解勧告をし、個別に和解に向けた意向を確認したところ、被告は、Aの過失を7割として2100万円を支払うとの意向を示した。併せて、代理人限りの感触として、4000万円までなら応じられるかもしれないとの発言があった。

これに対し、原告は、Aの過失を3割程度として5000万円の支払を希望し、併せて「Aの過失が5割以上となる和解案は受けられない。4割なら原告本人を説得できるかもしれない」と述べた。

裁判官は、被告に対し、さらに増額提案ができるかどうか検討を促して

---

[243] このような場合、和解が成立せずに判決になると、裁判官が示した和解案の金額よりも少ない額しか認容されないということになります。裁判所和解を原告が拒絶した場合には、最後の一手として、「判決では和解案よりも低額になる予定です」と告げて、再考を促してみるとよいでしょう。一方、当事者側としても、裁判所和解は判決の内容を約束するものではなく、判決では裁判所和解よりも不利になる可能性もあるという認識に立ったうえで、裁判所和解案を受諾するかどうかを検討すべきでしょう。

301

期日を続行したものの、期日間に被告から「これ以上の譲歩案を示すことはできない。裁判所から和解案を示されれば検討する」との意向が示された。

そこで、裁判官は、同種事案の裁判例（被害者の過失4割）も踏まえつつ、Aの過失は、この裁判例の被害者の過失と同等もしくは多少大きいと思われたことから、判決では過失4割（認容額4200万円）～5割（認容額3500万円）が考えられるところ、それまでの和解協議で示された双方の意向等を踏まえ、過失5割と4割の平均値（3850万円）よりやや原告に有利な金額である4000万円を和解案として提示した。そのうえで、裁判官は、双方に対し、個別に、同種事案の裁判例では被害者の過失は4割とするものが多いこと、Aの過失はそれと同等か、やや重いと思われることなどから、4割と5割の平均値を丸めて切りの良い数字にしたと説明した。その結果、双方とも裁判所和解案を受け入れ、和解が成立した。

この**Episode25**は、心証をベースに「ボトムアップ型」で和解案を検討したうえで、双方の意向等を踏まえて微調整をした結果、双方とも受け入れ可能な和解案を作ることができた好例といえるでしょう。単に「ボトムアップ型」で、「判決だと過失5割なので、3500万円を和解案として提示します」では、おそらく原告が和解案を受け入れることはなかったのではないでしょうか。

ウ　トップダウン型

すでに述べたように、トップダウン型のアプローチは、双方が受け入れ可能な内容はどのようなものか、というところから検討を始めます。もっとも、心証を離れて全くの「つかみ」で和解金額をひねり出しても、当事者が受け入れてくれないでしょう。そこで、トップダウン型においても、和解案等を検討する際には、心証を手掛かりとすることが少なくありません。たとえば、「原告の請求はまず認められそうにないから、被告が和解に応じるとしても、せいぜい数十万円程度しか払わないだろう」といった考え方です。また、心証が十分に固まっていない段階でも、「被告には請求額の半分程度は払ってもらわないと原告は納得しないだろう」などと、ざっくりとした金額を出すことは可能です。

そして、トップダウン型のアプローチで作成した和解案等に説得力を与えるためには、何らかの合理的な理屈（さらにいえば「もっともらしい理屈」）をつけることです。

次の**Example171**は、裁判官の「直感」による数字に、公的施設の取扱い
という理屈をつけたことで、裁判所和解案の説得力が増したという事例です。

❖ *Example171*

　原告は、霊園業者である被告との間で、永代使用料として300万円を一
時払いして墓地使用契約を締結したが、契約から１か月後、墓地使用前に
契約を解約したとして、被告に対し、永代使用料の返還を求めた。被告は、
使用料は理由の如何を問わず返還しないとの契約条項を盾に返還を拒絶し、
同条項が消費者契約法等に反し無効か否かが争われた。

　裁判官は、事案のスジやスワリからして８割程度は返還してもよいよう
に感じ、その理屈付けとして、書証として提出されていた各種公営霊園の
使用規定に着目した。これらの規定では、施設によって額は異なるものの、
未使用で墓地を返還しても既払金の２～３割は返還されない旨定めるもの
が多かった。

　そこで、裁判官は、当事者双方に対し、「公営霊園でも、既払金の７～
８割は返還するけれども、２～３割は返還しない例が多いようです」と、
既存の具体例を挙げたうえで、被告が原告に永代使用料の７～８割程度を
返還するという和解案を提示した。

次の**Example172**は、まず裁判官の頭に浮かんだ和解金額について、理屈
付けをしたうえで当事者に説明した例です。

❖ *Example172*

　原告は被告に対し、２件の契約（Ａ契約、Ｂ契約）の不履行を理由に損
害賠償を請求している（請求額はＡ契約につき600万円、Ｂ契約につき800万円）。
裁判官は、和解金は合計500万円前後が相当であると考えている。
①　説明その１（心証を踏まえた説明）
裁判官「判決になれば、Ａ契約については200万円前後、Ｂ契約について
　　　は400万円前後が認容される可能性が高いように思われます。和解で
　　　は早期解決等のメリットが原告にありますので、和解金は500万円が
　　　相当と考えます」
②　説明その２（事案のスジやスワリを踏まえた説明）
裁判官「被告は、原告から両契約で合計1000万円の報酬を受け取っていま

すが、本件紛争の発生については、双方とも同程度の責任があるように思われます。そうすると、被告が受領した報酬の半分である500万円を原告に返還して、痛み分けとしてはどうでしょうか」

なお、当然のことですが、まず結論（和解金額）があり、それを後から理屈付けるといっても、嘘を許容するという趣旨ではありません。**Example172**の①でいえば、裁判官がA契約ではせいぜい100万円、B契約ではせいぜい150万円しか認容できないと思っているのに、上記のような説明をすることは、不誠実な説得とのそしりを免れないでしょう（そのような場合は、そもそも和解案自体を見直してみる必要があります[244]）。

前記イのとおり、ボトムアップ型で検討した和解案も、「この和解案の結論を当事者が受け入れるだろうか」と、トップダウン型で検討してみることが有益です。検討の結果、必要であれば、和解案を調整してみましょう。**Example173**は、このような調整の具体例です。

❖ *Example173*
① 被告に法的責任がないため請求棄却の心証ではあるが、原告に何らかの損害が生じているため、それではスワリが悪いと感じられる場合には、証拠上確実に認められる損害額の2〜3割程度を和解案とする。
② 心証を踏まえて和解案を検討すると、かなり大きな額を被告が支払うことになるが、被告の資力が乏しいため、そのような和解案を示しても被告が受け入れそうにない場合には、大幅減額や長期分割を和解案に取り込んで調整する。
③ 既払金が多いため裁判官の心証によると損害の全部が塡補されており請求棄却となってしまう事案や、消滅時効が認められるため請求棄却となってしまう事案でも、被告が原告に解決金として若干の金員を支払う内容の和解案とする。

---

244 Example172で、裁判官が「A契約では100万円、B契約では150万円」との心証を抱いているのであれば、和解案は250万円よりやや少ない金額とすることが通常と思われます。それでも裁判官が500万円との和解案を提示することがあるとすれば、被告が心証開示を受ける前にすでに500万円に近い金額の支払を提示しているという場合くらいでしょうか。その場合、原告に対して心証を開示して説得する場合には、心証を具体的に告げたうえで、「判決だと250万円どまりですから、被告和解案のほうが絶対に得ですよ」などと説得することになるでしょう。

場合によっては、「和解限り」ということで、判決よりも原告（被害者側）に有利な金額を算定することが可能な場合もあります[245]。次の**Example174**を見てみましょう。

> #### ❖ *Example174*
>
> 　不法行為に基づく損害賠償請求訴訟において、原告は治療費として150万円を主張しているが、その全額が既払となっている。裁判官は、治療費は100万円が相当であるとの心証を抱いたが、和解に限って治療費を150万円と計上した和解案を提示した。

次の**Example175**も、判決の結論から一歩離れて和解案を考えたほうが和解がうまくいくという例です。

> #### ❖ *Example175*
>
> 　原告（賃貸人）は、被告（賃借人）に対し、用法義務違反を理由に建物賃貸借契約を解除したとして、建物の明渡しを求める訴訟を提起した。被告は、「9か月後に明け渡すが、現状有姿および敷金全額返還を条件にしてほしい」と希望しているが、原告は、「被告の原状回復は契約上の義務である。また、明渡しも完了していないのに、敷金全額の返還を約束する和解を成立させることはできない」と難色を示している。裁判官は、判決になれば明渡しを命じることになるとの心証を抱いており、この心証からすると原告の言い分はもっともだと思いつつ、他方で、被告が現状有姿を希望しているのは、まとまった資力がないため原状回復費用を出せないためではないかと思った。そこで、裁判官がその点を被告に確認したところ、案の定そのとおりであった。
>
> 　そこで、裁判官は、双方に対し、現状有姿での返還を前提に、まずは原状回復費用の見込み額を業者に査定してもらって、敷金額からその査定額を控除した残額を原告が被告に返還することとしてはどうかと提案した。双方とも、この提案に賛同し、双方の協力の下、原状回復費用の査定が業者によって行われた。

---

[245]　田中敦・実践200頁〔濵本章子〕参照。

第 5 章 和解の技法

　この***Example175***では、判決になれば、被告は明渡しの義務を負うことは
もちろん、原状回復義務も負うことになります。また、敷金は、原状回復費用
等の債務を控除した残額しか返還されないことになります。裁判官が、このよ
うな「判決になった場合の結論」だけを踏まえて説得を試みようとすれば、被
告に対し、「判決になれば、明渡義務も原状回復義務も免れませんよ。敷金だっ
て原状回復費用等を控除した残額しか返還されませんよ」と述べて、被告に翻
意させることになるでしょうが、それではまとまるものもまとまらなくなって
しまいます。判決の結論から一歩離れて、Win–Win の解決ができないか、と
考えてみることが、和解への近道になることも少なくないのです。

(2)　大きな（重要な）事項から小さな（細かな）事項へ

　和解案等を考える場合、すべての事項をいっぺんに解決できるような内容を
一度に考えるのはさすがに無理があるでしょう。そこで、裁判官から和解案等
を示す場合、まずは大きな（重要な）事項に限った和解案等を示すことが通常
です。大きな事項について合意が得られれば、細かな事項については裁判官か
ら和解案等を示さなくとも合意に至ることが多いようです。ここでいう「大き
な事項」としては、たとえば金銭の支払を求める事件では和解金額、建物の明
渡しを求める事件では建物を明け渡すか否か、解雇の有効性が争われている事
件では復職するか退職するか、といったものです。
　ただし、当事者の中には、それ自体は「小さな事項」に見えるものでも、「大
きな事項」とセットで検討したいという意向をもっている人もいます。実務上
よくある例として、和解金額と口外禁止条項というものがあります。和解金額
が「大きな事項」であり、口外禁止条項は「小さな条項」と考えるのが通常で
しょうが、中にはこの二つをセットで考えることを求めてくる当事者もいます。
たとえば、被告が和解金100万円の支払と口外禁止条項を提案してきた場合に、
原告が「口外禁止条項を入れないなら100万円で和解するが、口外禁止条項を
入れるなら200万円でないと和解しない」と言うことがあります。このような
場合には、別々に検討するよう当事者への説得を試みることも考えられますが、
当事者の意思が固い場合には、両者をセットで検討するしかありません。
　このように「大きな事項」から「小さな事項」へというのが、和解案等を検
討する際の基本となるわけですが、例外的に、まずは「小さな事項」について
和解案等を提示して合意を得るというアプローチもあります。たとえば、当事
者の対立が激しく、検討すべき事項も多岐にわたる場合には、まず小さな事項

306

について合意を得て、和解の機運を高めていくアプローチが有効なことがあります（詳しくは第6章Q11の③参照）。

(3) 和解案等は一つとは限らない

裁判官が和解案等を示す場合、確定的な金額を示す場合はもちろん、幅のある金額を示すような場合でも、和解案等自体は一つであることが多いと思われます。これは、その時点で裁判官がベストと考えるものを提示する以上は、当然のことといえるでしょう。

とはいえ、裁判官が「和解の引き出し」を一つしかもっていなければ、提示した和解案等が拒絶されれば、とたんに和解協議は行き詰まってしまいます。そこで、和解案等を検討するにあたっては、できる限り複数の案を考えてみることをお勧めします[246]。被告が原告に和解金を支払うという単純な事案でも、次の *Example176* のように、和解金額や支払条件を変えるだけで、複数の和解案ができ上がります。

❖ *Example176*

① 和解案1

和解金 1000万円

支払方法 毎月100万円ずつ10か月にわたり支払う。

② 和解案2

和解金 800万円

支払方法 和解成立後1か月以内に一括で支払う。

このように複数の和解案等を考えた場合に、それを同時に示して当事者に選択してもらうか、それともまずはそのうちの一つを示して、うまくいかないなら次の和解案等を示すこととするかは、当事者の考えや和解協議の状況等を見て柔軟に考えればよいでしょう。あるいは、まずは説得が難しそうな当事者に先にそのうちの一つを示し、その様子をうかがって第2案、第3案を提示するやり方[247]や、双方の意向を確認して、受け入れやすいと思われる和解案等（場合によっては当初和解案等を修正したもの）を示すやり方[248]も考えられます。

---

246 草野・技術論88頁参照。
247 田中敦・実践582頁〔福田修久発言〕参照。
248 田中敦・実践583頁〔濱本章子発言〕参照。

(4) 留意点

ア　請求（訴訟物）を漏れなく把握すること

和解案等を考えるにあたっては、当事者の請求をすべて俎上に載せて検討する必要があります。反訴がある場合には、当然、反訴請求についても考慮する必要があります。場合によっては、まだ請求はされていないものの、いずれ請求されてもおかしくないものについては、併せて検討対象に含めたほうがよい場合もあります。

Episode 2 のように、一部の請求について検討を失念したまま和解案等を作成してしまうと、和解協議が進んだ段階で、それまで協議の対象になっていなかった請求が持ち出されて、それまでの協議がご破算になってしまうことがあります。こうしたリスクを避けるために、和解案等を検討するにあたっては、訴状や反訴状、訴え変更申立書等をくまなく点検することを忘れないようにしましょう（普段から、訴訟物を手控えに記録しておくことが一番です）。

イ　和解金額のベースの妥当性を確認すること

裁判官が和解案等を作成する際には、「原告が請求（主張）している金額の〇割」と計算して和解金額を算出することが少なくありません。もっとも、その場合、原告の請求（主張）額が妥当かどうかを確認する必要があります。特に損害賠償請求事件では、およそ全額の認容は困難であると思われる過大な数字が請求されていることや、実損害以外の費目（約定違約金等）が計上されていることもあります。このような数字をベースに和解案等を作成しても、被告が受け入れてくれることは期待できないでしょう。次の**Example177**のように、和解案等のベースとする数字からは、そのような過大な部分を排除する必要があります。

❖ *Example177*

　原告は、被告に対し、1000万円の損害賠償を求める訴訟を提起した。裁判官は、請求認容の心証を抱いている。

【悪い例】

　1000万円の7割である700万円を被告が原告に支払うとの和解案を提示する。

【よい例】

　1000万円のうち実損害は300万円で、残り700万円は約定違約金であるか

ら、実損害を被告に負担してもらう趣旨で300万円を被告が原告に支払う
との和解案を提示する。

ウ　誰が誰に支払うのかを取り違えないこと

和解案等では、一方当事者（多くは被告）が他方当事者（多くは原告）に対し、
和解金を支払うこととするのが一般的です。ところが、本訴・反訴が提起され
ている場合など、双方が金銭請求をしている事案では、双方の金額を差し引き
したうえで、差額のみを支払うこととすることが多いと思われます。このよう
な事案では、金額はもちろん、「誰が誰に支払うのか」を明確にすることを忘
れないようにしましょう。これを失念して、「裁判所は、和解金を200万円とす
る和解を勧告します」などと提示しても、原告は「被告が原告に200万円を支
払う」という和解案と理解し、被告は「原告が被告に200万円を支払う」とい
う和解案と理解してしまい、誤解を解くのに苦労する羽目になります。また、
そもそも反訴を失念して和解案等を作成してしまうと、重要な前提を欠くこと
になるので、当事者から反発を受けることは必至です。

エ　既払金の有無を確認すること

また、和解案等を検討するにあたっては、既払金の有無および額を正確に把
握しておくことが重要です[249]。これを怠って既払金を考慮しない和解額を提
示してしまうと、被告（和解金を支払う側）から反発されてしまい、和解の成
立はおぼつかなくなります。このような場合、既払金を考慮した和解案等を再
度提示するしかないのですが、そうなると今度は、最初の和解案から減額を余
儀なくされる原告（和解金を受け取る側）が失望したり反発したりして、和解
協議が困難になってしまうおそれもあります。

このようなことのないように、和解案等を検討する際には記録をよく見直す
ことが重要なのはもちろんですが、和解案等を検討、提示する前に当事者から
和解についての考えをよく聴取しておくことも有益です。既払金があれば、必
ず当事者（特に支払った側）からその旨の指摘があるでしょう（場合によっては、
記録に現れていない既払金が判明することもあります）。

オ　訴訟救助事案に注意すること

訴訟救助が付与された事件で和解が成立すると、手数料の納付の猶予が終了
し、これを納付する義務が生ずることになります。事案によっては、その額が

---

[249]　田中敦・実践202頁〔濵本章子〕参照。

第5章 和解の技法

無視できないほど高額になる場合もあるので、救助を受けた当事者（原告）に対しては、この点をあらかじめ指摘しておくことが望ましいでしょう[250]。

⑸ 和解案等のチェック項目

和解案等を作成した場合には、それが適正妥当なもので、当事者が受け入れてくれそうなものかどうかを点検する必要があります。たとえば、次のような観点からチェックすることが考えられますので、参考にしてください[251]。

〔和解案等のチェック項目〕

① 請求（訴訟物）や主張立証を十分に踏まえたものか
② 合理的かつ説得的な理由を説明できるか
③ 双方の希望や意見を踏まえているか
④ 履行可能性はあるか
⑤ 代案との比較検討は十分か
⑥ 紛争の解決に資するものか
⑦ バランスはとれているか

ア 請求（訴訟物）や主張立証を十分に踏まえたものか（上記①）

当然のことですが、請求額を超えた和解金を被告に支払わせる和解案等は、訴訟物以外の請求も取り込んで一挙に解決するというのでもない限り、これを被告が受け入れることは考えられないでしょう。しかし、たとえば、既払金を失念して和解金額を算定してしまった場合などに、このようなことが起こり得ます。また、請求の拡張や減縮がされている場合には、これを踏まえて和解案等を考える必要があります。そこで、和解案等を作成する際には、記録に当たって、常に最新の請求額を確認しなければなりません。

同様に、当事者の重要な主張を見落として和解案等を作成してしまうことも、絶対に避けなければなりません。そのような和解案等を作成しても、その理由（心証）を当事者に説明した途端に、「当方の○○という抗弁についてはどのように考えたのでしょうか？」などという反問にあってしまい、たちまち和解案等の前提が崩壊してしまうでしょう。そこで、争点整理手続においては、双方

---

250 田中敦・実践202頁〔濱本章子〕参照。
251 今井・動かす180頁以下のチェックリストを参考にしました。

310

の主張をしっかりと踏まえて争点整理を行い、それを手控えに残すなど記録化しておくことが、和解手続においても重要になります。

イ　合理的かつ説得的な理由を説明できるか（上記②）

　裁判官は、和解案等を示す以上は、その理由を説明できなければなりません。特に、暫定的心証を踏まえた和解案等を示す場合には、心証の結論を述べるだけでなく、その理由を説明する必要があります。したがって、和解案等を作成する際には、当事者の主張立証を踏まえ、争点ごとに心証の理由を説明できるかどうかを検討すべきです。

　もっとも、このことは心証が固まっていない限り和解案等を示してはならないということを意味するものではありません。和解案等の内容によっては、心証が固まっていなくとも、率直に「こういう理由で悩んでいます。よって、これくらいの額でどうでしょうか」などと説明すれば、当事者としても検討がしやすくなるでしょう。

ウ　双方の希望や意見を踏まえているか（上記③）

　当事者間の和解協議が行き詰まったため、裁判官が和解案等を示す必要に迫られた場合、裁判官としては、「判決ならどうなるか」という心証を踏まえた検討を行い、和解案等を作成することが多いと思われます。そのこと自体は特に問題はないのですが、このような検討の結果作成される和解案等は、ともすると単に心証を押し付けるだけの「裁判官目線」のものになりがちです。当事者（特に負け筋の当事者）がこのような和解案等を受け入れる可能性は決して高くはないでしょう。

　そこで、いったん和解案等を作成したら、「この和解案を各当事者が受け入れる可能性はあるだろうか」と自問自答してみることが有益です。特に、心証を踏まえて金額を積み上げて和解案等を考えるやり方（ボトムアップ型）だと、当事者の希望や意見を無視した和解案等になってしまうこともあるので、和解案等を一応作成したら、当事者に提示する前に、「この和解案を原告は受け入れるだろうか」「被告は受け入れるだろうか」と、当事者ごとに、その立場に立って考えてみること（トップダウン型）が不可欠です。心証はもちろん、双方の希望や意見を踏まえつつ、双方が折り合うことのできるギリギリの線を見つけることが大切です。

エ　履行可能性はあるか（上記④）

　せっかく和解案等を示しても、その履行可能性が乏しければ、和解の成立はおぼつきません（何かの間違いで和解が成立しても、後々の紛争の種になるだけで

第5章　和解の技法

す）。たとえば、資力のない被告に、多額の和解金を一括で支払う内容の和解
案等を示しても、原告も被告も受け入れないでしょう。被告は、払えない金額
を支払うとの約束はしたくないでしょうし、原告も、和解が成立した後和解金
の支払が不履行になることが確実であれば、譲歩をしてまで和解をするメリッ
トがないからです。

　そこで、和解案等を作成する際には、履行可能性があるかどうかを常に念頭
に置いておく必要があります。被告に資力が乏しければ、分割払にするなど履
行可能性のある内容にするなどの工夫をすべきです（なお、分割払も、あまりに
長期だと現実味がなくなり、原告から拒絶されることが多いのですが、次の**Epi-
sode26**のように、中には、長期分割でもよいから和解したいという原告もいるので、
長期分割だから現実性がないとは必ずしもいえません）。

Episode26

　原告は、被告に対し、不法行為に基づき約1億円の損害賠償を求める訴
訟を提起した。審理の結果、裁判官は、全額認容の心証を抱いたが、被告
は年金暮らしで資力はなかった。しかし、原告は、「被告には、毎月少し
ずつでもいいから支払ってもらい、少しでも長い間、自らの行為の責任を
感じてもらいたい」との意向を示した。そこで、裁判官が双方の希望条件
を調整した結果、被告が原告に1億円の支払義務を認めたうえで、毎月1
万円を15年間支払えば、その余の債務を免除するとの内容で和解が成立し
た。

オ　代案との比較検討は十分か（上記⑤）

　和解案等を一つしか検討しないと、どうしても検討は浅いものになってしま
うでしょう。そこで、複数の和解案等を作成して、それらを十分に比較検討し、
ふさわしい和解案等を一つまたは複数提示することが望ましいと考えられます。

　特に、和解案等をボトムアップ型で検討する場合、どの争点についても心証
が一義的で揺らぎがないということはあまりなく、争点ごとに心証の確度も異
なっていることが多いと思われます。そのような場合には、心証割合に応じて
複数の和解案等を作成することができるので、それらを一覧表にするなどして
対比し、受け入れてもらえる可能性が高い和解案等を取捨選択することが有益
です。たとえば、交通事故訴訟で被害者の過失割合について「30〜50％」など
と心証にある程度幅がある場合には、過失割合30％、40％、50％で計算した和

解案等を作成してみるとよいでしょう。

カ　紛争の解決に資するものか（上記⑥）

裁判官の示した和解案等のとおりに和解が成立して事件自体は終了しても、紛争の解決につながらないのでは、和解の意義は半減してしまいます。双方の対立が激しくて抜本的な合意を一度に成立させることが困難であるなど特段の事情がある場合には、暫定的な内容での和解や、紛争の抜本的解決を将来に委ねることになる和解もあり得るでしょうが、和解が単なる一時しのぎにすぎず、将来の紛争の種をまくようなものであっては、和解を成立させる意味がないといっても過言ではありません。

そこで、裁判官が和解案等を示す場合には、それが紛争の解決に資するものか、将来の紛争の原因にならないかという観点からの検討も不可欠です。

キ　バランスはとれているか（上記⑦）

和解案等は、それ自体適正かつ妥当な内容であることもさることながら、あらゆる面から見てバランス（均衡）のとれたものであることが望まれます。つまり、予想される判決内容、それまで当事者間で提示された和解案等、和解協議における裁判官の説明内容、同種案件での相場、関連事件での和解や示談の内容、他の当事者や関係者の負担額・割合等を踏まえ、バランスの取れた和解案等にすべきであるということです。

たとえば、それまで当事者同士が互いに提示していた和解案等からかけ離れたものを裁判官がいきなり示しても、よほど説得力のある理由を伴うのでない限りは、当事者にこれを受け入れてもらうことは難しいでしょう。同様に、裁判官が、それまで「和解金はだいたい数百万円程度でしょう」という話を当事者双方にしておきながら、いきなり裁判所和解案として数十万円の和解金を提案しても、被告はともかく、原告が受け入れることはないでしょう。

また、共同不法行為事案など複数の者が賠償責任を負う場合には、合理的な理由もないのに被告らの和解金額に差をつけることは相当ではありません。すでに一部の加害者については先行して別途和解や示談が成立している場合もあるでしょうが、その場合には、その和解金（示談金）の額とバランスをとるべきかどうかも考える必要があります。同一の不法行為で加害者がAとBの2人であるという事案において、別件訴訟で加害者Aが和解金50万円で和解を成立させているのに、本件訴訟で被告（加害者B）が支払うべきものとして裁判官から示された和解金は100万円だった———というのでは、なかなか被告（加害者B）は納得しないでしょう。

313

第5章　和解の技法

　もっとも、ここで重要なのは、「形式的均衡」ではなく「実質的均衡」です。和解金（示談金）の額は、予想される判決の内容、和解（示談）成立の時期や被告の資力等によっても大きく異なり得ますので、これらを踏まえたうえで、先行する和解（示談）と内容面で差をつけたり、過失の軽重に応じて被告間に和解金の差をつけたりすることは、実質的な均衡を実現するものであって、当事者の理解も得やすいものと思われます。上記の例でも、たとえば、加害者Ｂの和解金を100万円とした理由について、「加害者ＡとＢの過失割合（責任割合）を１：２とみるのが相当であると考えました」旨の説明があれば、被告（加害者Ｂ）の納得も得やすくなるでしょう[252]。

5　和解案等の具体例

　ここでは、具体的な和解案等をできるだけ多く紹介したいと思います。事案や当事者の個性をよく見て、適切な場面で適切な和解案等を提示できるかどうかが和解の成否を左右することになります。「和解の引き出し」は多いにこしたことはありません。

(1)　金銭を支払う和解

　和解協議で圧倒的多数を占めるのが、金銭の支払をめぐるやり取りです。原告が「500万円を支払ってほしい」と述べ、被告が「100万円しか支払えない」と述べ、双方ともなかなか歩み寄らないという場面をよく目にするでしょう。このように、和解金額をめぐって双方の意見が対立している場合の調整方法としては、以下のようなやり方があります。

〔金銭を支払う和解での調整方法〕
①　総額を調整する。
②　一括または分割とする。
③　分割金額を調整する。

252　ただし、先行する和解や示談があるからといって、必ずその内容を前提にした和解案等を作成しなければならないというわけではありません。先行する訴訟では、担当裁判官から請求棄却の心証が示されたため低額の和解金で和解が成立したものの、これとは異なる心証（請求認容の心証）を抱く場合もあるでしょうから、そのような場合には、自らの心証を踏まえた和解案等を示すことになります（もっとも、先行する和解とかけ離れた内容の和解案等を示すのであれば、その理由も丁寧に説明する必要があるでしょう）。重要なのは、先行する和解や示談がある場合には、必ずその内容を意識したうえで和解案等を作成することです。

④	支払期限または支払期間を調整する。
⑤	一部完済後免除型とする。
⑥	条件を付する。

ア　総額を調整する（上記①）

　和解金額をめぐる交渉では、被告（支払う側）は低めの金額を、原告（支払を受ける側）は高めの金額をまず提示するのが通常です。そして、金額に開きがあるままでは和解は成立しませんので、通常は、和解金額を調整する作業が行われることになります。たとえば、被告が100万円の支払を提示したところ、原告がこれを拒絶し、「300万円でどうか」と提案したり、原告が1000万円の支払を求めたところ、被告が「200万円しかしか払えない」と述べたため、原告が「500万円でどうか」と提案したりすることは、和解協議においてごく一般的に見られることです。このように、和解金額をめぐる交渉では、まず和解金額を調整して、双方折り合える金額を探ることが基本となります。

　草野・技術論86頁では、「1対2の理論」という考え方が紹介されています。これは、双方の希望額が1対2以内（たとえば被告は100万、原告は200万を希望している場合）であれば、大体真ん中のところ（両者の数字の平均値）で案を出せば決まるので、それ以上に離れている場合には、まず1対2に収まるよう説得をすることが大事であるという考え方です。もっとも、1対10以上に離れている場合に、双方に「もっと譲歩できませんか」と言うだけでは、なかなかこの開きは埋まらないので、裁判官が落としどころと考える数字を示す必要があります。

　とはいえ、心証をもとに一義的な額を示すことができる事案ならともかく、心証を固めきれず「認容も、棄却もあり得る」と悩む事案もあるでしょう。このような事件ほど、原告は満額に近い額を求め、被告はごくわずかな額しか提示しないものです。

　このように双方の希望額が大きく離れており、心証を踏まえても明確な数字を出しにくい場合に、裁判官としてはどのような数字を和解案等として示せばよいでしょうか。単純に足して2で割ることも考えられますが、和解協議の序盤でいきなり裁判官から「双方の希望額はだいぶ離れていますから、足して2で割った金額でどうですか」などと勧められても、裁判官が手抜きをしていると思われるだけで、まず当事者は受け入れないでしょう。そこで、一工夫が必要になります。

第 5 章　和解の技法

　草野・技術論87頁では、このような場合の工夫として、次の方法が提唱されています[253]。筆者はこの方法を「2分2乗方式」と呼んで、和解金額を示す場合の参考にしています。

〔2分2乗方式──双方の希望額が大きく離れている場合の目安額の算出方法〕

　大きい額を半額に、小さい額を倍額にし、数字が逆転するまでこれを繰り返す。数字が逆転したら、「逆転前の額の平均値」と「逆転後の額の平均値」を上限および下限とする範囲の額を一応の和解の目安額とする。

　2分2乗方式の具体例を次の***Example178***で見てみましょう。

❖ ***Example178***

　和解金額として、原告が1000万円、被告が100万円を提案している。

1　大きい額を半額に、小さい額を倍額にする（1000万円→500万円、100万円→200万円）。

2　まだ数字が逆転しないので、再び大きい額を半額に、小さい額を倍額にする（500万円→250万円、200万円→400万円）。

3　数字が逆転したので、逆転前の平均値（350万円）と逆転後の平均値（325万円）の範囲（325〜350万円）を和解の目安額とする。

　上記のとおり、「足して2で割る」というやり方は、安易に用いてもうまくいかないものですが、和解協議を重ね、双方ができる限りの譲歩をしたものの、これ以上歩み寄りができなくなり、和解協議がデッドロックに乗り上げたという最終的な局面では、「足して2で割る」が効果的なことが少なくありません[254]。このような局面では、双方ともできる限りの譲歩をし、裁判官も考えられるだけの説得を尽くし、やれることはやり尽くしていますので、双方とも

253　なお、草野・技術論175頁では、もっと簡便に双方の妥協点となる数字を算出する方法として「ルート理論」という計算方法が提唱されています。これは、双方の額の開きがn倍である場合には、「低い方の額×$\sqrt{n}$」を落としどころとするものです。これによると、Example178のケース（100万円と1000万円）では、100万円×$\sqrt{10}$＝約316万円が落としどころとなります。

254　草野・和解の技術310頁参照。なお、浅沼ほか・和解㈠120頁〔富田郁郎発言〕は、地代増減額訴訟でお互いが有利な査定書を出してきた場合にも、足して2で割って説得することを提唱しています。

に等しく譲歩を求める「足して2で割る」という考え方が、公平で納得を得やすい解決策に見えるものです。

ところで、金銭請求がされる事案では、併せて遅延損害金も請求されることが通例ですが、裁判官が和解案等を提示する場合には、早期解決という観点から、基本的には遅延損害金を計上しないで計算することが多いと思われます[255]。同様に、不法行為に基づく損害賠償請求では、損害額の1割を弁護士費用として計上することが通例ですが、裁判官が示す和解案等では弁護士費用を計上しないことも少なくありません[256]。被告としては、判決になれば遅延損害金や弁護士費用も支払わなければなりませんが、和解であればこれらを支払わなくてよいというのであれば、それ自体が和解成立に向けたインセンティブになります。一方、原告としても、遅延損害金や弁護士費用を譲歩しても和解が成立し、早期かつ確実に和解金が支払われるのであれば、判決よりも和解のほうがメリットが大きいということができます[257]。もっとも、交通事故訴訟などでは、弁護士費用は計上しないものの、弁護士費用を除いた実損害に対する遅延損害金相当額の一部を調整金として加算したうえで、切りのいい数字を和解金額とすることが多いといわれています[258]。

このほか、草野・技術論108頁では、和解金額を考える際の工夫例として、次のようなものが提唱されています。

1　債権の存在に疑問がある場合、身元保証人のような場合、原告も被告も被害者である場合などには、債務を全額履行させるよりも、一部減額させるほうが実質的正義にかなうことが多い。

2　保証人に対しては、保証した状況、主債務者との関係、保証人の資力

---

[255] 実務上、和解金額を算定するにあたって遅延損害金を計上しないことが多い理由としては、解決に時間がかかった原因が被告にあるとは限らないこと、判決と同じく遅延損害金まで計上するのでは被告に和解のメリットが乏しく被告が和解に応じる可能性が低くなること、原告も早期解決のメリットがあるのでその分譲歩してしかるべきことなどが挙げられます。この趣旨からすれば、被告の責めに帰すべき事由で解決に時間がかかった場合（たとえば、被告が提訴前に資料をなかなか開示しなかった、原告に誤った情報を提供した等）には、原告の意向も踏まえつつ、遅延損害金を一定程度加味することも考慮してよいでしょう。

[256] 実務上、和解金額を算定するにあたって弁護士費用を計上しないことが多い理由としては、双方に弁護士がついている場合にはお互い様であること、判決と同じく弁護士費用まで計上するのでは被告に和解のメリットが乏しく被告が和解に応じる可能性が低くなることなどが挙げられます。

[257] 民事実務読本IV148～149頁〔加藤新太郎〕参照。

[258] 田中敦・実践202～203頁〔濱本章子〕参照。

第5章　和解の技法

に応じて、責任を合理的な範囲に限定する。
3　債務超過が著しい多重債務者の場合、和解金額は支払が可能な範囲とし、残額は免除させる。

イ　一括または分割とする（上記②）

和解金は、一括で支払われることが多いのですが、被告（支払う側）が和解金を一括で支払えない場合には、多数回の分割払として、1回当たりの支払額を支払可能な金額に抑えるやり方もあります[259]。

一方、これとは逆に、一括で支払うので総額は分割払よりも少なくしてもらうというやり方も考えられます。特に、和解金を席上交付とする場合には、金額については大幅な譲歩が期待できることが少なくありません。

一括にするか分割にするかは、当事者の意向や資力を踏まえ、柔軟に対応してみるとよいでしょう。

ウ　分割金額を調整する（上記③）

分割払でも、毎回の支払額や支払期間を変えることで、和解金の総額は変わらなくとも和解案に対する魅力が大きく変わることがあります。たとえば、総額1000万円の和解金の分割払でも、毎月10万円の100回払と、毎月200万円の5回払とでは、原告（支払を受ける側）にとっては、その意味は大きく異なります。当然、原告としては、どちらか選ぶとしたら、迷うことなく後者の案を希望するでしょう。他方で、被告（支払う側）としても、毎回の支払額があまりに大きいと分割でも支払えないけれども、これを小さくすることで、総額を変えずに無理なく支払うことができることもあるでしょう。

そこで、分割払では、和解金額の総額を動かさずに、毎回の分割金額を増減させることで、双方が折り合いの着く金額を調整することが考えられます。

また、分割払では、定期的（たとえば毎月）に同額を支払っていくのが通常ですが、最初にまとまった金額をいわば「頭金」として支払い、残額を定期的に分割して支払っていくやり方も考えられます。長期の分割払となる場合には、支払を受ける側としては、「最後まで支払われるだろうか」という不安を抱くものです。そこで、最初に大きな金額を支払うことができれば、不履行に対する不安を和らげることができるので、長期分割案も受け入れやすくなることが期待できます。

259　草野・技術論106頁参照。

このほか、最初の分割金を少なくして傾斜的に将来増額させる方法や、ボーナス時に積み増しをさせたりする方法も考えられます[260]。「少しでも多くの和解金を、少しでも早く支払ってもらいたい」という原告のニーズと、「毎回の支払額をできるだけ抑えたい」という被告のニーズをうまく調和させる組み合わせを考えてみましょう。

エ　支払期限または支払期間を調整する（上記④）

被告の収入や資力に照らして毎回の支払金額を上げることが難しい場合には、支払期間の調整を検討してみることになります。被告が、給与など定期的な収入を支払原資とする場合には、毎回の分割金額を上げることは難しくても、支払期間を延ばすことで、和解金額の総額を上積みすることができるでしょう。被告の事情によっては、支払の開始時期を遅らせることも考えられます[261]。

ところで、分割払では、和解金の総額と毎回の支払額（支払期間）の双方が問題となるわけですが、一般に、原告は、「和解金は総額300万円、支払期間は長くても1年（毎月25万円ずつ）」などと、支払額をできるだけ多くして支払期間はできるだけ短くすることを希望し、他方で被告は、「和解金は総額240万、支払期間は2年（毎月10万円ずつ）」などと支払額をできるだけ少なくして支払期間はできるだけ長くすることを希望するものです。このような場合に裁判官が示すべき和解案等としては、双方の希望の間をとる（上記の例でいえば和解金を270万円、支払期間を1年6か月とする）ことも考えられますが、他方で、双方の希望を一つずつ採用する方法も考えられます。上記の例でいえば、「和解金額は、原告の希望どおり総額300万円とするが、毎月の支払額は、被告の希望どおり毎月10万円ずつとする」という和解案等が考えられます。

オ　一部完済後免除型とする（上記⑤）

被告が原告に支払う和解金の額をめぐり、双方がある程度の金額まで歩み寄ったものの、双方ともそれ以上は譲らないという場合があります。このような場合には、「一部完済後免除型」の和解案が有効です[262]。これは、原告の希望額（またはそれに近い金額）の支払義務を被告に認めてもらったうえで、被告がそのうちの何割かを分割で支払ったら、その余は免除するというものです。

たとえば、原告が300万円、被告が200万円まで歩み寄ったものの、それ以上双方とも譲歩しないと述べ、和解協議が行き詰まった場合には、「被告が300万

260　草野・技術論107頁参照。
261　草野・技術論107頁参照。
262　草野・技術論110頁参照。

円の支払義務を認め、そのうち200万円を毎月10万円ずつの分割で支払ったら原告は残額を免除するが、もし被告が分割金の支払を怠り、その額が20万円に達した場合には、期限の利益を喪失し、300万円全額（プラス遅延損害金）を支払わなければならない」という和解案を提示してみることが考えられます。被告としては、200万円はきちんと支払うつもりであれば、「判決または和解で300万円を支払うことになるよりはずっと得だ」という心理になるでしょうし、原告としても、200万円が確実に支払われるなら譲歩してもよいと考えているのであれば、「被告は300万円を支払うことにならないよう必死になって200万円を支払うだろう。万一被告が200万円の支払を怠っても、300万円全額について債務名義を得ることができるから、それほど損ではない」という安心材料を得ることができるでしょう。

このように、「一部完済後免除型」の和解案は、特に原告が面子（被告の希望額まで譲歩して和解したのに、それを反故にされるのは許せないという気持ち）を重視し、被告が実利（支払金額を少しでも抑えたいという気持ち）を重視する場合には、双方にとってメリットが感じられるので、和解金額をめぐって膠着状態となった場合の打開策としては、かなり有効です[263]。

この「一部完済後免除型」の和解案は、資力のない被告に多額の債務を認めさせてもなかなか全額は回収できないという場合にも活用することが考えられます。この場合、被告に債務の全部または一部の支払義務を認めてもらい、そのうち何割かを分割で支払えば残額を免除するという和解案を提示してみるのです。前出の **Episode26**（4(5)エ）も、被告に資力が乏しかったものの、一部完済後免除型により和解に至ったケースです。

一部完済後免除型の活用例として、次の **Episode27** と **Episode28** を見てみましょう[264]。

Episode27

判決をすれば1000万円超の認容が見込まれる交通事故訴訟で、被告が原告に毎月5万円ずつ14年間支払うという内容で双方合意した。ただし、履行に不安があったため、1000万円の支払義務を認め、そのうち840万円を月5万円ずつ14年間の分割で支払えば残額免除、その前でも300万円を一

---

263 草野・技術論110〜111頁、田中敦・実践582頁〔福田修久発言〕参照。
264 浅沼ほか・和解㈡71頁および73頁〔笠井昇発言〕に紹介されているエピソードを若干修正したものです。

度に支払えば残額全部免除という内容で和解が成立した。

Episode28

　被告が原告に10年近く毎月15万円を支払うという内容で和解がまとまりつつあったところ、原告が「10年も先では貨幣価値が下がるので、途中から支払額を上げてほしい」と要求したが、被告は、支払えなくなる可能性があるとして難色を示した。そこで、「何年か後で分割金の増額を協議する」旨の道義条項を入れて和解を成立させた。

　このように、「一部完済後免除型」の和解案は、かなり使い勝手のよい、便利な考え方ですが、これを最初から和解案として示してもうまくいかないことが多いようです。和解協議を重ね、双方にできる限りの譲歩をしてもらって、それ以上の譲歩を引き出すことが困難となったという場面で初めて使用すると、その効果を発揮することが期待できるでしょう[265]。

　ところで、「一部完済後免除型」の和解案の和解条項としては、被告が期限の利益を失うことなく支払った場合、原告は、残額を「免除する。」との文言を用いることが一般的です。もっとも、当事者（被告）の中には、「免除」という文言について、原告が被告に恩恵を施すような印象を与えるなどとして難色を示す人もいないわけではありません。そのような場合には、被告が支払を怠った場合には、「違約金」として支払う旨の条項にすることも考えられます[266]。先ほどの例でいえば、分割払をする和解金額を200万円としたうえで、その支払を怠った場合には違約金としてさらに100万円を支払う旨の条項にするわけです（詳細は、第3章Ⅲ5(3)を参照してください）。

　もっとも、いずれの条項にするにせよ、一部完済後免除型の和解案の内容を代理人がついていない本人にわかりやすく説明するのは、思いのほか難しいものです。先ほどの例で、被告に対し、「あなたには300万円の支払義務を認めてもらいます。ただし、そのうち200万円を毎月10万円ずつの分割で支払えば、残りの100万円は免除されます。万一、分割金の支払が2回以上遅れ、その額が20万円以上に達した場合には、300万円全額払わなければなりません」など

265　草野・技術論111頁参照。
266　草野・技術論112頁参照。

第5章　和解の技法

と条項どおり説明しても、「私が支払うのは200万円でよいのでしょう。そうしたら、なぜ300万円を認めなければならないのですか」などと言われてしまって、一部弁済免除型のキモをなかなか理解してもらえないことも少なくありません。「あなたが支払うのは200万円でよいのですが、万一支払われなかった場合のことを考えて、いわば違約金（ペナルティ）として100万円を計上しておくということです」などと説明することも考えられますが、当事者間に感情的な対立がある場合にこのような説明をすると、被告が「私はちゃんと200万円を支払うと言っているのに、原告は、私が支払わない場合に備えて、この私にペナルティを用意しておこうというのか！」などと立腹してしまうこともあります。したがって、当事者間の感情的対立にも配慮しつつ、当事者本人の理解度に応じて一番わかりやすい説明を試みることが大切です。

カ　条件を付する（上記⑥）

　和解金の総額を条件に応じて変えることも考えられます。「被告が○○してくれたら、和解金を○○円とする」などと、一定の条件が満たされる場合と、そうでない場合とで、和解金額を変えるやり方です。「謝罪条項が入るなら和解金は200万円でよいが、入らないなら和解金は300万円を希望する」などと、謝罪条項や口外禁止条項と和解金額を結び付けて交渉が行われることも少なくありません。判決では実現できない内容を和解条項に盛り込むことで、判決よりも当事者の希望にかなった紛争解決を図ることも期待できます。

　もっとも、裁判官が当事者の臨む条件を適切に設定することは必ずしも容易ではありません。謝罪条項や口外禁止条項についても、いわゆる道義条項（第3章Ⅱ2⑵参照）であって実体法上の効力を有しないにもかかわらず、裁判所和解案として示されると、当事者があらぬ期待をして、和解成立後に失望するという事態を招くおそれもありますので、当事者が謝罪条項や口外禁止条項を入れることを希望しているのでない限り、裁判官が積極的にこれらの条項を入れ込んだ和解案を提示することには慎重であるべきでしょう。

　実務上、大いに活用することが考えられるのは、債務を履行した場合のインセンティブ、いわば「ボーナス」を用意することです。たとえば、「被告は、原告に対し、○月○日までに本件自動車を原告に引き渡した場合には70万円を、引き渡さなかった場合には100万円を支払う。」といった和解案であれば、被告は、「引き渡せば30万円得するぞ」と考え、引渡しを実現しようと努力するでしょう。原告としても、引渡しを受けることを強く希望している場合には、30万円程度の譲歩であれば受け入れる可能性が高いでしょう。したがって、この

ような和解案は、履行の可能性を高める効果が期待できるのです。同様に、同じ債務でも、より早く履行した場合に「ボーナス」を用意することも考えられます。次の*Example179*を見てください[267]。

❖ *Example179*

　原告が、被告に対し、建物の明渡しを求める訴訟を提起した。被告は、立退料500万円と引換えに明渡しには応じる構えを見せているが、明渡しは1年後とすることを希望している。原告はもっと早く明け渡せないかと難色を示している。

　そこで、裁判官は、「1年後に明け渡した場合の立退料を500万円とするが、明渡しを1か月早くするごとに50万円ずつ立退料を増額し、1か月遅滞するごとに100万円ずつ損害金を支払う」という和解案を提示した。

---

(2)　不動産等を取得させる和解

　所有権確認訴訟や共有物分割訴訟など、不動産を当事者のどちらが取得するかが争われる類型の訴訟があります。このような訴訟では、次のような和解案等が考えられます。

〔不動産の取得が争われる訴訟での和解案等〕
① 不動産を当事者のうちのどちらかに取得させ代償金を支払わせる。
② 不動産を現物分割する。
③ 不動産を当事者の共有とする。
④ 不動産を任意売却し代金を分配する。

ア　不動産を当事者のうちのどちらかに取得させ代償金を支払わせる
（上記①）

　不動産の帰属をめぐって争われる訴訟では、問題となっている不動産を当事者のうちのどちらかに取得させ、その当事者に代償金を支払わせるというやり方が基本となります[268]。この手の訴訟では、当事者双方とも当該不動産に対

267　草野・技術論117頁参照。同書では、このような和解案を「早期履行増額型」と呼んでいます。
268　草野・技術論118頁参照。

第5章 和解の技法

する執着心があるのが通常でしょうから、不動産を任意売却して、売得金を分配するという和解案等が受け入れられる可能性は一般には低いと思われます。また、不動産の形状等によっては現物分割が難しいことも少なくないでしょう。このように、現物分割や任意売却等の手段がとれない場合には、判決の見通し（判決になればどちらが取得することになるか）のほか、これまでの利用状況、当事者の意向等を踏まえて、より紛争の解決として望ましいほうに当該不動産を単独取得させ、代償金を支払ってもらうとの和解案等を提示することになります。この和解案等は、不動産の帰属をめぐる紛争では最も基本的な考え方ですが、他の和解案等を試みてうまくいかない場合に再度試みると、より一層効果的です[269]。

　この和解案等では、不動産の額について折り合いをつけられるかどうかが和解の成否のカギを握ります。草野・技術論122頁では、額を決めるやり方として、①競売型と、②不動産の取得を希望している側に金額を提示させるやり方の2つが紹介されています。

　①は、不動産の取得を希望する当事者に値段をつけてもらい、より高い値段をつけた当事者が当該不動産を取得するとともに、自らがつけた値段を反対当事者に支払うというやり方です[270]。②は、不動産の取得を希望する当事者（たとえば原告）に、できるだけ反対当事者（たとえば被告）に支払う金額を引き上げるように交渉して合意にもっていくやり方です。②のやり方では、原告が提示する金額が被告の希望額と折り合えばよいのですが、そうならないで行き詰まってしまうことも少なくありません。草野・技術論122頁では、そのような場合の打開策として、次の *Example180* が紹介されています。

> ❖ *Example180*
> 　原告は、被告と共有している不動産（持分各2分の1）を単独取得することを希望している。原告は、被告に支払う代償金として、100万円までなら支払うと述べたが、被告は200万円でないと承知しないと述べ、交渉は行き詰まった。裁判官が、原告に「もう少し支払ってはどうか」と促しても、原告の考えは変わらない。
> 　そこで、裁判官は、原告への説得はやめ、被告に対し「原告に100万円

269　草野・技術論122頁参照。
270　草野・技術論95頁以下参照。

324

を支払ってこの不動産を単独取得してはどうか」との和解案を提示した。

　この **Example180** では、原告としては、100万円以上は出せないと頑張った以上は、この不動産の持分２分の１の価値を100万円と見ているはずです。そうすると、被告から100万円を支払って原告の持分２分の１を取得したいといわれれば、少なくとも金額面では不満はないはずです。被告としても、200万円の支払を要求しているということは、この不動産の持分２分の１の価値を200万円と評価しているはずです。そうすると、100万円で原告の持分が手に入るのであれば、決して悪い話ではありません[271]。こうして、当初の原告単独取得から被告単独取得に切り替えることで、和解が成立することがありますので、似たような事案を扱う場合には、検討してみるとよいでしょう。

イ　不動産を現物分割する（上記②）

　当事者双方が不動産を取得することを強く希望し、互いに譲らない場合には、不動産を現物分割することが考えられます。土地については、土地の面積や形状にもよりますが、分割してもなお利用価値がある場合には、分割も有力な選択肢になるでしょう。これに対し、建物については、現物分割をすることは通常は困難ですが、中には構造上分割することができるものもありますので、建物についても、現物分割を選択肢の一つとして頭の片隅に入れておくとよいでしょう[272]。

　不動産を現物分割しようとする場合にまず問題となるのは、「どのように分割するか」ということです。当事者双方が互いに好き勝手な分割方法を提案して話がまとまらないことも少なくありません。また、分割方法については合意を見ても、どちらの不動産を取得するかをめぐってもめることもあるでしょう。草野・技術論119頁では、二人の当事者が一つの不動産を現物分割する方法として、「ケーキの分配による応用的選択型」というやり方を提唱しています。これは、要するに次のような分割方法です[273]。

---

[271]　もちろん、被告がこの不動産に利用価値を全く見出していない場合には、そもそも取得を希望しないと言われてしまうこともあります。

[272]　草野・技術論119頁参照。なお、共有物の分割事件ではありませんが、中本敏嗣「和解についての雑感」法苑197号３頁（2022年）には、兄弟間で不動産の所有権の帰属が争われた訴訟において、和解がほぼまとまりかけた最終段階で石灯籠などの帰属をめぐって再び意見が対立したため、どちらがどの動産を取得するかを「あみだくじ」で決めたという、ユニークなエピソードが紹介されています。

[273]　これは一つのケーキを二人で分ける方法として古くから使われている方法を和解に応用したものです。一つのケーキを二人で分ける際に、一人がケーキを切った後に、もう一人がどち

第5章　和解の技法

〔不動産の現物分割方法の一例―――ケーキの分配による応用的選択型〕
1　当事者双方に、自分が妥当だと思う分割案を作成させる。
2　裁判官は、当事者案のいずれかを分割方法として採用する。
3　分割案が採用されなかった当事者は、分割後の不動産のいずれか好き
　　なほうを選択する。

　もっとも、実際の紛争では、広い更地を二つに分けるという単純なケースばかりではありません。土地の一部に一方当事者の家が建築されているなど、単純に2分割するわけにもいかないケースでは、当該不動産を当事者が現実にどのように利用しているのかという利用形態を踏まえて分割案を考えることが重要になってきます。特に、宅地については、進入路を確保する必要があるので、必要であれば現地を見分したうえで、進入路が確保できるようさまざまな工夫をして当事者双方の希望を最大限取り入れた分割案を作成する必要があります[274]。

　また、複数の不動産を分割する場合に、特定の不動産に当事者双方の希望が集中し、和解協議が行き詰まってしまうことがあります。このような場合、この不動産をどちらかの単独所有にすることができないのであれば、費用が掛かってもこの不動産を現物分割して平等に分けると双方の納得が得られやすいと思われます[275]。

ウ　不動産を当事者の共有とする（上記③）

　不動産を当事者双方の共有とする和解が成立すると、いずれは共有物分割の手続が避けられませんし、対立当事者同士が同じ不動産を共有し続けることで、将来の紛争の火種を残すことになりかねません。したがって、不動産を共有とする和解は、できれば避けたいものです。

らを選ぶかを決めることとすれば、どちらにも公平な手続であると納得してもらえると考えられます（ハーバード流交渉術148頁参照）。もっとも、当事者の中には、これを悪用して、分割案を作成した当事者には選択権はないなどと言い張る人もいるようですが、ケーキを分ける場合のように客観的な分割方法が見当たらないのであればともかく、不動産鑑定士などの専門家が関与して、どちらも等価になるように作成された分割案であれば、分割案を作成した当事者に選択権がないなどという考え方は相当ではないと思われます（平柳・前掲（注183）175頁参照）。

[274]　草野・技術論120〜121頁参照。廣田・前掲（注16）13頁以下には、共有物分割調停事件で、あっと驚くようなアイデアで調停をまとめた例が紹介されていますので、一読することをお勧めします。
[275]　草野・技術論121頁参照。

もっとも、例外的に、区画整理や土地改良の換地で将来面積が減少するとか、後で整備して形状が変更する場合には、むしろ共有にして原告と被告の持分割合を定め、それに沿った形で区画整理等をしてもらい、その完了後に分割するほうがスムーズにいくこともあります。このような場合には、共有のままにしておく和解が望ましいといえるでしょう。また、対象となる物件が多数あるものの、当面急いで解決しなければならない物件が限られている場合には、解決を急がない不動産は共有の状態にしておくことも考えられます[276]。

エ　不動産を任意売却し代金を分配する（上記④）

上記①〜③のいずれの手段によることもできない場合には、不動産を任意売却してその代金を分配するやり方も考えられます。また、当事者双方とも不動産の取得に固執しない場合も、金銭で分配する和解案が受け入れられやすいといえるでしょう。

(3)　和解以外の手続による実質的和解

和解以外の手続で訴訟が終了する場合の中には、実質的には和解成立と同視してよいようなものもあります。ここでは、そのような手続や、その趣旨をとり入れた和解の例を見ていくこととします[277]。

ア　訴えの取下げ

和解条項の中で、原告が訴えを取り下げ、被告がこれに同意するということを盛り込むやり方もあります。これは、厳密な意味での「訴えの取下げ」ではありませんが、訴訟上の和解という形にすれば、他にもさまざまな内容を和解調書に盛り込むことができるというメリットがあります[278]。

このような和解を成立させる場合に注意しなければならないのは、訴えを取り下げた当事者が再訴をすることが原則として禁止されないということです[279]。そこで、再訴によるトラブルを防ぐためには、再訴しない旨の条項を入れるか、訴訟物を問わず一切清算する旨の条項を入れる必要があります。実務上よく用いられる「本和解条項に定めるほか何らの債権債務のないことを

276　以上につき草野・技術論121頁参照。
277　ここで紹介するやり方は、草野・技術論128頁以下の内容をまとめたものです。詳細については、同書を参照してください。
278　草野・技術論131頁参照。
279　訴え取下げ条項を含む和解が成立したとしても、訴訟の終了事由は「和解」であって、「訴えの取下げ」ではありません（仮に訴えの取下げがあったとみたとしても、法262条2項によれば、本案判決があった後の訴え取下げに限り再訴が禁止されることになるため、その前の訴え取下げの場合には、再訴は禁止されません）。

第 5 章　和解の技法

相互に確認する。」との清算条項では、「訴訟物については取下げのみを合意したものであって、再訴は禁止されない」と解釈されるおそれあるので、注意が必要です[280]。

イ　休止満了

当事者双方が口頭弁論等の期日に欠席し、または弁論等をしないで退廷・退席した場合には、1か月以内に期日指定の申立てをしないと、訴えの取下げがあったものとみなされます（法263条前段）。このように、双方が期日に欠席等をし、その後次回期日が指定されないままの状態となることを実務上「休止」と呼んでいますが、この制度を活用して、双方合意のうえで訴訟を終了させることが考えられます。つまり、双方とも口頭弁論等の期日に出頭しないこと、その後期日指定の申立てもしないことを合意し、裁判所は期日を開くものの休止として、1か月の経過により訴えの取下げ擬制を待つというやり方です[281]。

このような休止の活用を検討すべき場面としては、次のように、訴えの取下げで処理するという方向性に双方ともおおむね異存はないものの、正式に訴えの取下げと同意という形をとりたくないという事情がある場合が考えられます。

① 　事件の進行が当事者の当初の予想に反し行き詰まったものの、原告が諸事情（面子にこだわる、代理人が本人と連絡がとれない等）で取下げができない場合

② 　被告が訴え取下げに明示的な同意を示したくない場合[282]

③ 　原告が訴えを取り下げるかどうか迷っている場合

事件によっては、訴外で話がまとまったことなどから、当事者が訴訟追行の意思を失ってしまうことがあります。そのような場合、原告から裁判所に電話で「訴えを取り下げます。明日の期日には出頭しません」などと連絡がくることもあります。このような場合、原告から訴えの取下書が提出されればよいのですが、その提出がないまま期日を取り消してしまうと、取下書が提出されなかった場合に訴えの取下げ擬制の効果を生じさせることができなくなってしまいます。その段階で改めて期日を指定して休止満了を狙うことも考えられます

280　草野・技術論133頁参照。

281　草野・技術論133頁参照。

282　もっとも、訴えの取下げがされた場合、被告が取下書の送達等から2週間以内に異議を述べなければ、訴えの取下げに同意したものとみなされるので（法261条5項前段）、被告が、「明示的な同意はしたくはないが、訴えの取下げで訴訟が終了することには反対しない」というのであれば、原告に訴えを取り下げてもらって2週間の経過を待つほうが、より早く訴訟を終了させることができます。

が、呼出状を送達しなければならないなど手間がかかるうえ、取下げ擬制が成立するまで時間を要するという問題があります。そこで、このような場合には、期日を取り消さずに開いて、双方不出頭であれば休止としたほうが望ましいでしょう。同様に、原告から取下書が出てきたものの、被告から「出頭しない」という連絡がきた場合にも、期日を取り消さずに休止としたほうがよいと思われます[283]。期日を取り消して、取下書を被告に送達し、同意書を提出させることも考えられますが、送達の手間がかかるうえ、同意書がすんなり提出されるとは限らないからです[284]。

ウ 請求の認諾

被告が請求原因事実を認めて何らの抗弁も提出しない場合には、いわゆる調書判決により請求全部認容の判決をすることが通常であると思われます。「お金を借りて返済していないことは認めますが、返済するお金がありません」という場合が典型的です。もっとも、このような場合でも、請求全額を認めてもらう和解を成立させることができれば、控訴期間の満了を待たずに判決が確定したのと同様の効果を得ることができ、原告にも一定のメリットがあります。また、被告としても、訴訟費用を各自負担とすることでその分は判決よりも有利になります。そして、裁判所としても、判決を送達する手間が省けるというメリットがあります[285]。

エ 請求の放棄

当事者が請求を放棄する旨の条項を入れて和解することもあります。実務上よく見られるのが、原告が本訴を、被告が反訴を提起している場合で、双方とも請求を放棄するというパターンです。この場合、文字どおり「請求を放棄する。」との文言の条項にすることが多いようですが、「当事者双方は互いに裁判上の請求をしない。」との文言の条項で和解を成立させることも考えられます[286]。また、本訴と反訴のように、当事者双方が互いに訴えを提起している場合には、双方とも「訴えを取り下げる。」とすることもあります[287]。

---

283 草野・技術論134頁参照。

284 ただし、取下書を送達してしまえば、2週間以内に被告から異議が述べられなければ、訴え取下げに同意したものとみなされるので（法261条5項前段）、訴え取下げは時間の問題となります（とはいえ、このような被告は、所在不明や長期不在になっていることもあり、取下書の送達がなかなかうまくいかないことも少なくありません）。

285 以上につき草野・技術論129頁参照。

286 草野・技術論130頁参照。

287 このように、双方とも訴えの取下げまたは請求の放棄をして金銭のやり取りをしない旨の和解を、実務では「なしなし和解」とか「ゼロゼロ和解」ということがあります。

329

第5章　和解の技法

　また、訴訟上の和解ではありませんが、事案によっては、原告が事実上和解金の支払を受けることで請求を放棄してもらうというやり方も考えられます[288]。

⑷　道義条項（紳士条項）の活用

ア　口外禁止条項（秘匿条項）

　当事者が、和解に応じる気持ちになっているものの、和解の内容等が第三者に知れるのではないかと不安に思って和解に踏み切れないことがあります。このような場合、口外禁止条項（秘匿条項）を設けることで、このような不安を一定程度解消することが期待できます。

　もっとも、口外禁止条項を入れても、その違反に対して損害賠償請求等の法的手段をとることは、少なくとも事実上かなりの困難を伴います。また、絶対に第三者に知られないことが保証されるわけでもありません。したがって、裁判官としては、和解案として口外禁止条項を提案するとしても、このような限界があることも併せて説明しておくべきです。

　また、口外禁止条項を設ける場合でも、およそ一切第三者に口外してはならないというのは、非現実的です。当事者が第三者に相談しながら訴訟を進めてきた場合や、当事者に支援者等がいる場合には、こうした人たちに顛末を報告したいという希望が出されることも少なくないので、口外禁止の例外としては、「正当な理由なく公表しない。」といったものにとどめるのが相当でしょう[289]。通常用いられる口外禁止条項は、次の*Example181*のようなものです。

> ❖ *Example181*
>
> 　「原告及び被告は、本件及び本和解の内容を、第三者に正当な理由なく公表しないことを相互に約束する。」

288　草野・技術論130〜131頁には、事実上の和解ともいえる請求の放棄の例として、被告本人が認知症で出頭もできないという場合に、被告に代わって支払ってもよいという人（配偶者等）に事実上の利害関係人として裁判所に出頭してもらい、裁判官の面前で原告に和解金を支払ってもらい、同時に原告に請求の放棄をしてもらうという工夫例が紹介されています。

289　鶴岡・和解659頁参照。もっとも、当事者の希望で「監督官庁への報告を除き」「原告の親族及び原告が相談をしていた者への報告を除き」などと、具体的に想定される例外事由を明記することもあります。その他、口外禁止条項（守秘義務条項）については、研修委員会民事部会編「成功例・失敗例から見る調停技法（第5回）—守秘義務条項—」調停時報191号26頁（2015年）参照。

VII 和解案等の示し方 5 和解案等の具体例

　ところで、口外禁止条項をめぐっては、当事者の一方がこれを入れることを
強く求め、他方がこれを入れることに強く反発して、紛糾してしまうことがあ
ります。そのような場合、口外禁止条項に反発する当事者に対しては、次の
*Example182*のような説明をして、口外禁止条項を受け入れるよう説得を試
みることが考えられます。

> ❖ *Example182*
> 裁判官「正当な理由なく公表しないというのは、正当な理由があれば公表
> 　　　してよいということですから、支援者に報告することは妨げられませ
> 　　　んよ」

　一方、口外禁止条項を入れることを求める当事者に対しては、次の*Example183*のような説明をして、口外禁止条項を断念するよう説得を試みること
が考えられます。

> ❖ *Example183*
> ①　裁判官「口外禁止条項を入れても、人の口に戸は立てられませんよ。
> 　　　　　口外禁止条項にこだわって和解を不成立にしてしまうのは、もっ
> 　　　　　たいないことです」
> ②　裁判官「和解が不成立となり判決となると、口外禁止を命じることは
> 　　　　　できません。そうであれば、口外禁止にこだわって和解を流して
> 　　　　　しまうのは、余り得策ではないように思います」

　こうした説得や条項の調整が功を奏しない場合には、和解不成立となるのも
やむを得ないでしょう。もっとも、「口外しない。」という直接的な文言を避け
ることで、和解が成立することもあります。次の**Episode29**を見てください。

> **Episode29**
> 　自殺したＡの両親（原告）は、Ａの勤務先であった被告（会社）に対し、
> 不法行為に基づく損害賠償請求訴訟を提起した。原告は、Ａの死を無駄に
> したくないとして、Ａの死に関するさまざまな社会運動を展開しており、
> 本件訴訟についても、和解の経緯、内容等を含めて広く社会に訴えたいと
> いう意向を有していた。一方、被告は、有責前提の和解金の支払に応じる

第5章　和解の技法

姿勢を見せていたものの、和解の内容について口外禁止条項を入れることを強く求めていた。

　裁判官は、双方の説得を試みたものの、原告も被告もスタンスを変えなかったため、双方が納得できる条項を裁判官が検討することになった。その前提として、裁判官が被告から個別に意向を聴取したところ、被告としては、和解成立後に原告が支援者向けの集会等で不当な中傷や攻撃を行うことを危惧していること、明確に「口外しない。」という文言が入らなくともその趣旨が現れていれば和解に応じる余地があるとのことであった。

　そこで、裁判官は、「原告及び被告は、本和解の内容を第三者に開示するときは、信義誠実の原則にのっとって行う。」との条項を提案したところ、双方ともこれを受け入れ、和解が成立した。

イ　責任不追及条項

「一切の債権債務がないことを確認する。」旨の清算条項を入れた和解が成立すると、訴訟の当事者間では、過去の行為を理由に再訴されることは事実上できなくなります。もっとも、訴訟の当事者以外の者に対して訴えを提起することは妨げられないので、このような第2の訴訟を慮って和解に踏み切れない当事者もいると思われます。

　そこで、このような当事者に対しては、第三者（たとえば、法人の役職員、当事者の親族等）に対しても民事、刑事等の責任を追及しないことを約束する旨の条項（責任不追及条項）を入れることを提案して、和解を後押しできることがあります。たとえば、次の*Example184*のような条項を設けることが考えられます。

❖ *Example184*

　「原告は、本和解により、本件に関する紛争の一切が解決されたことを確認し、今後、被告会社及びその役職員に対し、民事、刑事、行政を問わず、責任追及をしないことを約束する。」

もっとも、このような約束をしたからといって、約束に反して提起された訴えが不適法になるわけではないので、約束を反故にすることが見込まれるような場合には、少なくとも裁判官から責任不追及条項を勧めるのは適当ではないでしょう。

ウ　哀悼条項

被害者が死亡したケースであっても、被告に法的責任が認められるとは限りません。そのような場合でも、被告に道義的責任があるといえるようなときには、額は僅少でも被告に和解金（いわゆる「見舞金」）を支払ってもらうとの和解を勧めることが相当でしょう。

これに対し、道義的責任すら認め難い場合には、被告が被害者に対する「哀悼の意」を表する旨の和解を提案してみることが考えられます。生前の被害者と一定のかかわりのあった被告が、哀悼の意をささげることで、少しでも原告の気持ちが和らぐのであれば、単に請求棄却の判決をするよりは、双方当事者にとって満足度の高い解決になると思われます。

もっとも、哀悼条項での和解が成立するためには、双方とも裁判官の心証に納得することが前提となります。特に、原告としては、請求棄却の心証に納得しなければ、被告から哀悼の意を表されても到底和解を受け入れる気持ちにはなれないでしょうから、裁判官は遺族である原告の心情や立場に十分配慮して、丁寧な説得を心掛ける必要があるでしょう。

(5)　その他

以上のほかにも、和解案にはさまざまな工夫の余地があります。ここでは、草野・技術論137頁以下に紹介された具体例を中心に、和解案の工夫例を見ていくこととします。

ア　前文を設ける

当事者の一方がある和解条項を希望したところ、他方から反対され、意見がまとまらないことがあります。たとえば、原告がいわゆる謝罪条項を入れることを求め、被告がこれに強く抵抗するような場合です。このような場合、謝罪（的）文言を和解条項として盛り込むのではなく、和解条項の前文に盛り込むことで、双方とも折り合いがつくことがあります。また、和解に至るさまざまな経緯や背景事情を和解条項の前文に残すことで、双方とも和解に合意する気持ちになってもらえることも少なくありません。さらに、和解条項の解釈の指針となる記載を前文に盛り込むことも考えられます。

このように、「和解条項の本文には入れられないが、和解調書には残しておきたい」という内容を前文に入れることで、暗礁に乗り上げた和解協議が進展することがあるので、和解条項をめぐって意見が対立した場合には、「前文方式」を提案してみるのも一法です[290]。

第5章　和解の技法

　たとえば、当事者が自分から積極的に和解を望んだわけではないことを和解調書に残したいという希望をもっている場合には、次の**Example185**のような前文を設けることが考えられます。

> ❖ *Example185*
> ① 「当事者双方は、裁判所の（不法行為の成立を前提とした）和解勧告により、次のとおり和解する。」
> ② 「当事者双方は、裁判所による和解勧告の趣旨を真摯に受け止め[291]、次のとおり和解する。」
> ③ 「当事者双方は、本件事案に鑑み、被告が原告に一定の和解金を支払うべき旨の裁判所の和解勧告を尊重し、次のとおり和解する。」

　次の**Example186**は、被告に一定の責任または落度があることを和解調書に残す趣旨の前文です。

> ❖ *Example186*
> 　「当裁判所は、被告病院における一連の医療行為に万全とはいえない部分があったとの所見を前提として和解を勧告したところ、原告と被告は、これを受けて調整のうえ、次のとおり合意した。」

　原告が「被告に法的責任があることを認める趣旨の条項を設けるべきだ」と主張し、被告が「そのような条項は入れられない」と強く反対しているなど、条項化をめぐって双方の主張が対立している場合には、当該条項を設ける代わりに次の**Example187**のような前文を設けることが考えられます[292]。

290　草野・技術論137頁、田中敦・実践182〜183頁〔野田恵司〕、242〜243頁〔福田修久〕参照。橋本・要諦303〜311頁（初出・判時2534号128〜130頁）には、同種の工夫例が複数紹介されています。

291　「趣旨を踏まえ」や「趣旨を理解し」とすることも考えられます。

292　田中敦・実践242〜243頁〔福田修久〕、浅沼ほか・和解㈠102頁〔浅沼武発言〕参照。なお、Example187の②の条項は、花岡事件（太平洋戦争中に強制連行され鉱山で過酷な労働に従事させられたとして中国人労働者が企業を被告として損害賠償を求めた事件）における実際の和解条項をもとにしたものですが、被告は、「被告に法的責任がないことが合意された」と理解し、原告は、「被告に法的責任がないことまで認めた趣旨ではない」と理解しているとのことです（田中敦・実践243頁〔福田修久〕参照）。あえて玉虫色の条項にすることで、和解の成立に至った例といえるでしょう。

334

VII　和解案等の示し方　5　和解案等の具体例

> **❖ *Example187***
> ①　「原告は○○と主張し、被告は××と主張したが、ここに次のとおり
> 　　和解する。」
> ②　「被告は、企業として責任があると認識するものの法的責任を認める
> 　　趣旨ではないと主張し、原告はこの主張を了解した。」

　一方、文章にしづらい内容などについては、あえて書面化せず、期日で双方
が口頭で確認することで済ませることも考えられます。もちろん、この口頭で
の約束が反故にされた場合、書面化されていない以上は、後日約束違反を理由
に法的手段を講じることはかなり難しくなりますので、裁判官から提案するに
しても、「被告は、和解が成立すればすぐに○○をするといっていますから、
それで納得してはどうですか」などと促すにとどめるのが相当でしょう。

イ　和解調書に残す

　当事者が合意した内容の中には、和解条項の本文はもちろん、前文としても
盛り込むことに当事者の双方または一方が難色を示すものもあります。また、
内容的に和解条項の本文や前文としては不相当なものもあるでしょう。このよ
うな場合には、和解調書の経過欄（当事者等の陳述欄）に記載しておくことが
考えられます[293]。次の***Example188***を見てみましょう[294]。

> **❖ *Example188***
> 　原告（労働者）が被告（会社）に再就職のあっせんを希望し、被告が、「約
> 束はできないが、代理人としては努力する」と述べた場合の調書の記載例
> 　「原告　労働者の再就職のあっせんを希望する。
> 　　被告　代理人としては努力する。」

　この方法は、和解条項の解釈を明らかにしておきたい場合にも活用すること
が考えられます。次の***Example189***を見てみましょう[295]。

293　草野・技術論138頁、瀬木・要論310頁参照。
294　草野・技術論138～139頁参照。
295　瀬木・要論310頁参照。

335

第 5 章　和解の技法

❖ *Example189*

「双方　和解条項第○項に関する当事者の一致した解釈は、以下のとおりである。」

ウ　合意書（念書）を別途作成する

当事者間の合意事項の中には、和解調書に盛り込むのが不相当である、または当事者が調書化を望まないようなものがあります。そのような場合には、当事者間で別途合意書や念書といった書面を作成してもらうことが考えられます[296]。この場合、別途作成する書面の内容についても事実上裁判官が調整することもあれば、完全に訴外での当事者間のやり取りに任せてしまうこともあります。また、「原告と被告は、○○については、本和解成立後速やかに協議を行い、その内容を合意書にまとめるものとする。」などと、和解調書に記載する和解条項に別途書面を作成する（した）ことを明記することもあれば、このような記載を全く残さないこともあります。

もし、別途作成する書面についても裁判官が調整したうえで和解するのであれば、その書面と和解調書とで内容が矛盾することのないように注意する必要があります。

エ　連帯債務者が負担部分を支払ったら残額を免除する

複数の連帯債務者に対して請求がされている訴訟では、すべての連帯債務者は、自己の負担部分にかかわらず全額の支払義務を負うのが原則です。とはいえ、和解においてもこの原則を貫こうとすると、連帯債務者側から難色を示されることがあります。「自分の負担部分を支払うのはいいが、他の連帯債務者が支払わずに、自分だけが全額支払うことになるのは避けたい」というわけです。このような場合には、連帯債務を認めてもらったうえで、自分の負担部分に相当する金額を支払ったら残額を免除する旨の条項にすると、連帯債務者の上記のような懸念は払拭できるでしょう[297]。

このような和解案は、共同不法行為の事案で、関連がない者を何人も共同被

---

[296]　草野・技術論137〜138頁参照。

[297]　草野・技術論113〜114頁参照。もっとも、この和解案は、原告が、負担部分を支払ってもらったら残額を免除することに同意しないとまとまらないので、原告の理解をいかに得るかもポイントといえるでしょう。原告に対しては、「もらえるうちにもらえるものはもらっておきましょう」などと説得することが考えられます。

告にして請求してきた場合にも活用できます。それぞれの被告に対し、上記条項を提案し、これを受け入れた被告との間で順次和解を成立させていけば、残った被告についても、他の被告の分までも負担させられたら大変だということで、和解に応じてもらえることが期待できます[298]。

オ　自然債務とする

親族間の紛争等では、原告は給付訴訟を提起したものの、強制執行してまで回収するつもりはないというケースがあります。このようなケースでは、被告も、債務の存在を認識しつつも、弁済する資力がない等の事情から争っていることもあります。このような場合には、被告が債務の存在を認め支払を約束する一方で、原告は強制執行をしないことを約束する旨の和解案を提案すると、双方とも受け入れてくれることがあります[299]。

また、原告（債権者）が、債権の放棄をしてもよいと考えているものの、諸般の事情から放棄できない場合にも同様に、被告が債務の存在を認めて債務を弁済する旨約束する一方で、原告は強制執行しないことを約束する旨の和解案を提案することが考えられます[300]。

もっとも、原告が「強制執行はしない」との約束まではできないということもあるでしょう。そのような場合、給付条項を定めずに、確認条項だけにとどめることも考えられます[301]。このような和解案は、被告が、「債務の存在を認めてもよいが、資力がなくて払えないので、給付条項を入れることには同意できない」という場合にも活用が考えられます。

カ　暫定的な合意をする

訴訟上の和解が成立すると、当該訴訟は終局することになりますが、その前段階に暫定的な合意をすることがあります[302]。たとえば、次の*Example190*と*Example191*を見てください[303]。

> ### ❖ *Example190*
> 　会社と労働組合とが激しく争っている労働争議事件において、会社は、組合側が早出・残業をしないことから困っていた。そこで、裁判官は、双

298　草野・技術論114頁参照。
299　草野・技術論115頁参照。
300　草野・技術論116頁参照。
301　草野・技術論116頁参照。
302　草野・技術論140頁参照。同書では、このような合意を「暫定和解」と呼んでいます。
303　草野・技術論141〜142頁参照。

第5章　和解の技法

方に「和解手続中に限り、早出・残業をする」という暫定的な合意をする
よう提案した。

❖ *Example191*

　原告は、被告に対し、貸金100万円の返還を求める訴訟を提起した。請
求原因には争いがなく、原告は月10万円の分割払を希望し、被告は月5万
円の分割払を希望して、これ以上双方とも歩み寄ろうとしなかった。そこ
で、裁判官は、被告に対し、「遅かれ早かれ債務を支払わなければならな
いことには変わりないのだから、正式な和解が成立する前にでも月5万円
を支払ったらどうか」と促した。

---

　*Example190*では会社が、*Example191*では原告が、暫定的な合意により、
和解成立前にもかかわらず、一定の利益を享受することができます。当事者の
一方（組合、被告）がこのような譲歩をすると、双方の間に宥和的なムードが
生まれ、以後の和解協議が円滑なものとなることが期待できます。

キ　担保取消しに同意する

　被告が和解金の支払に応じる姿勢を見せているものの、資力等の関係から長
期分割にならざるを得ないことがあります。このような場合、原告としては、
一括または短期の分割に比べてかなり条件が悪くなるので、難色を示すことも
少なくありません。

　このような場合に、原告が担保を立てて仮差押えを事前にしているときには、
仮差押えはそのままにして、被告に担保取消しに同意してもらうことが考えら
れます[304]。こうすれば、原告は、仮差押えを維持したまま、担保として供託
した金銭を早期に取り戻すことができるので、和解に応じようというインセン
ティブになります。

ク　当事者に裁量を与える

　当事者の一方がある行為をする必要があるものの、それには裁量の幅があり、
その具体的中身まで合意することが困難であるという場合があります。このよ
うな場合には、大きな幅や条件について合意し、その裁量の範囲内で具体的な
行為をすることを義務付け、それを履行しないときは違約金の支払を約束する

304　草野・技術論114頁参照。

Ⅶ　和解案等の示し方　　5　和解案等の具体例

旨の和解案を示すことが考えられます。次の**Example192**を見てください[305]。

❖ *Example192*
　労働組合が、会社は組合員の給与を非組合員と比べて不当に低くしていると主張して、会社との間で争っている労働紛議事件において、給与差別の解消のため、組合員10名のうち３名を昇給させることについてはおおむね意見の一致を見たものの、和解条項の中ではこの３名を具体的に決めるのは困難であった。そこで、裁判官は、「組合員の中から３名を昇給させること。これを怠った場合は１日10万円の違約金を組合に支払うこと」との和解案を提案した。

ケ　発想の転換により和解に至った例
　和解協議が行き詰まった場合には、発想の転換をすることで局面を打開することができることがあります。次の**Episode30**を見てみましょう[306]。

Episode30
　原告（夫）が、被告（妻）が第三者と不貞行為を行ったと主張して、被告に対し慰謝料を求める訴訟を提起した。事実関係に争いがなく、判決では一部認容が確実であったため、裁判官は、被告に対し、金銭を支払う方向で和解するよう持ち掛けた。ところが、被告は「自分は悪くない。かえって慰謝料をもらいたいくらいだ」「あの人（原告）が裁判を起こしてくるのは、私を苦しめるためだ」と述べて、金銭の支払に応じようとしなかった。裁判官は、和解を打ち切って認容判決をすることも考えたが、そうしても、原告は被告からますます憎まれるだけで、何の解決にもならないと思い、金銭の支払とは違う方法での解決ができないかと考え、原告に訴えを取り下げてもらうことを思い付いた。そこで、裁判官は、被告に「私は、原告に訴えを取り下げるよう頼んであげましょう。もし、原告が取り下げると言ったら、あなたは心から感謝して、原告はあなたを苦しめるためにだけ裁判をやっているのではないとわかってください」と言って、原告に訴えを取り下げるよう依頼したところ、原告は快く承知してくれ、これを

305　草野・技術論139頁参照。
306　草野・技術論81頁に紹介されているエピソードです。

第5章　和解の技法

> 聞いた被告も「私が悪かった」と涙を流して謝罪した。

　この**Episode30**で原告（夫）が裁判官の依頼に応じて訴えの取下げを承知した理由は定かではありませんが、おそらく裁判官は、原告（夫）の真意が、被告（妻）から慰謝料がほしいとか、被告（妻）を苦しめてやろうという点にあるのではなく、被告（妻）の心からの謝罪がほしいという点にあるのではないかと見抜いたのでしょう。そうだとすると、仮に被告（妻）が金銭の支払に応じて和解が成立したとしても、原告（夫）の気持ちが満たされることはなかったと思われます。こうした当事者の真意は、その当事者自身も明確に意識していないことがありますが、本エピソードは、裁判官がこれを見抜くことで、単なる金銭的解決ではなく、真に当事者の気持ちに沿った解決が図れたという好例でしょう。

　次の**Episode31**を見てみましょう[307]。

> ## Episode31
> 　夫が妻に離婚を求めた訴訟で、夫婦共有財産である不動産をどちらに帰属させるかが問題となった。妻は、「夫との離婚はやむを得ないが、離婚をして不動産が夫の名義になると、夫が再婚したら後妻に相続されてしまうかもしれない。死後は子に不動産を残したいので、離婚には応じられない」として離婚に応じなかった。そこで、裁判官は、不動産の名義は夫とするが、子宛に不動産を死因贈与し、仮登記をつける旨の和解案を提案した。

　この**Episode31**のように、夫婦間の財産分与が争われているケースでは、夫婦共有財産を夫婦のどちらかに帰属させる方向で当事者の一方を説得することが多いと思われますが、Episode31では、妻が不動産の取得を希望する理由が、「自分が使用したい」というのではなく、「子に相続させたい」というものであったことから、「不動産を夫と妻のどちらに帰属させるか」という単純な発想を捨てて、双方のニーズに応える和解案を提示した好例といえるでしょう。

　次の**Episode32**と**Episode33**も、通常は、被告が原告に一括または短期分割で金銭を支払うという和解が考えられるところですが、発想を転換して、こ

307　Episode31は、草野・技術論82頁に紹介されているエピソードをもとにしたものです。

340

れとは異なる解決策（和解案）を提示した例です[308]。

Episode32

　原告は、息子が被告の運転する自動車にはねられて死亡したとして、被告に対し、多額の損害賠償を求める訴えを提起した。被告に事故の責任が認められる事案であり、通常は、被告が原告に一括または短期分割で和解金を支払う旨の和解を勧めることが考えられる事案であったが、被告は破産免責を受けており、判決では請求棄却とせざるを得ない状況であった。そこで、裁判官は、被告が毎月命日限り相当長期の分割払をする旨の和解案を提案した。

Episode33

　原告は、被告がSNS上で投稿した記事によって名誉を毀損されたとして、被告に対し、損害賠償を求める訴えを提起した。裁判官は、被告が原告に和解金を支払う旨の和解案ではなく、被告が原告に対しSNS上で謝罪をする旨の和解案を提案した。

6　和解案等をどう示すか

(1)　和解案を示すか、和解の方向性を示すか

ア　具体的な和解案を示す際の留意点

　当事者間の交渉を中心に進められてきた和解協議が行き詰まり、裁判官がこの局面を打開する必要がある———このようなときに裁判官は、和解の方向性を示すだけにとどめたほうがよいのでしょうか。それとも、具体的な和解案を示したほうがよいのでしょうか。この点は、事案の内容、当事者の個性、和解協議の成熟度等によってケース・バイ・ケースというほかありませんが、多くの事案に共通する留意点をご紹介しましょう。

---

[308]　Episode32とEpisode33は田中敦・実践599〜600頁〔福田修久発言〕に紹介されているエピソードをもとにしたものです。

第5章 和解の技法

　一義的な数字を伴った具体的な和解案を示すと、抽象的な和解の方向性を示されるよりは説得力があるので、一気に和解に持ち込むことが期待できることも少なくありません。他方で、裁判官がこのような一義的な数字を和解案で示してしまうと、それに縛られてしまい、その後の説得が困難になるというリスクや、裁判所和解案が当事者の考えていた落としどころとかけ離れたものである場合には、成立できたはずの和解を不成立にしてしまうというリスクがあることは否定できません。次の*Example193*を見てください。

> ❖ *Example193*
> 　原告は、被告に対し、不法行為に基づき1200万円の損害賠償を求める訴訟を提起した。原告は、和解協議での個別面接において、1000万円を支払ってもらえれば和解してもよいとの意向を述べたが、内心では500万円までなら譲歩してよいと思っていた。一方、被告は、個別面接において、300万円なら支払ってもよいとの意向を述べていたが、内心では600万円までなら譲歩してよいと思っていた。双方の内心を知らない裁判官は、和解金700万円との和解案を提示したところ、原告はこれを受諾したが、被告は拒絶したため、和解は不成立となった。

　この*Example193*では、裁判官の和解案が500〜600万円の間に収まっていれば、和解が成立したはずであり、残念な結果となってしまいました。このような結果を避けるには、裁判官としては、具体的な和解案を示す前に、双方の意見をよく聴きながら本音ベースの数字を把握するよう努力することが重要です。

　*Example193*の場合には、裁判官が和解案を示す前に双方にさらに譲歩を促せば、たとえば原告は700万円、被告は400万円まで譲歩してきたかもしれません。仮にここで双方とも「これ以上は譲歩できない」と宣言したため、和解協議がデッドロックに乗り上げても、裁判官としては、400〜700万円の幅の中で和解案を示せばよいので、当初の当事者案（300〜1000万円）を前提とした和解案よりは、はるかに成立可能性の高い和解案を示すことができるでしょう。

イ　和解についての考えを示す順番

　そこで、裁判官が和解協議を進展させるために考えを示す場合、次の順番で示していくとうまくいくことが多いと思われます[309]。

342

VII 和解案等の示し方　6　和解案等をどう示すか

> 〔裁判官が和解についての考えを示す順番〕
> ①　大きな方向性を示す。
> ②　幅を示す。
> ③　具体的かつ一義的な案を示す。

㋐　大きな方向性を示す（上記①）

上記①の「大きな方向性を示す」とは、和解協議の枠組みや指針を示すことです[310]。いわば和解の「土俵」を設定することだといってよいでしょう。たとえば、次の*Example194*のようなものが考えられます。

> ❖ *Example194*
> ①　裁判官「本件では、請求認容を前提とした和解を検討していただく必要があると考えています」
> ②　裁判官「原告が被告会社を退職することを前提に、被告会社が原告に和解金を支払うという枠組みでの和解が望ましいと考えています」

また、具体的な数字を示す場合でも、次の*Example195*のように和解協議を進展させるための「呼び水」であることがわかるような形で示すことで、当事者の反応を探ることも考えられます。これも方向性の示し方の一つといってよいでしょう。

> ❖ *Example195*
> ①　裁判官「今から申し上げる数字は、裁判所和解案というほど詰めたものではなく、和解の検討にあたって参考にしていただきたいということで申し上げるものなのですが、裁判所としては、たとえば被告には100万円前後は支払ってもらってもよいのではないかという気がしているのです」
> ②　裁判官「これは全くの感覚的な数字にすぎないのですが、たとえば

309　草野・技術論85頁参照。
310　草野・技術論95頁参照。

343

第5章　和解の技法

> 100万円くらい支払っていただくわけにはいきませんでしょうか」

(イ)　幅を示す（上記②）

上記②の「幅を示す」とは、次のExample196のように、和解金のおおよその目安について、幅をもった数字で示すことです[311]。

> ❖ **Example196**
>
> 裁判官「和解金としては200万円前後から400万円前後が考えられます」

また、次のExample197のように、上限または下限の一方だけを示すやり方もあります。

> ❖ **Example197**
>
> 裁判官「被告には最低でも請求額の半分くらいは支払ってもらう必要があると考えています」

このように幅をもたせた和解案を示すと、まずは原告は幅の上限に応じられるかを検討し、被告は幅の下限に応じられるかを検討することになるので、いきなり具体的な数字（たとえば300万円）を示されるよりは、双方とも検討がしやすいのです。そして、原告も被告もこの幅の上限、下限に応じる決断がつけば、その後の譲歩も期待できるので、一度に大幅な譲歩を求められるよりは、和解も成立しやすいものと思われます[312]。

幅を示す場合に重要なことは、裁判官が着地点（落としどころ）と考える数字を踏まえたうえで幅を設定することです。理想としては、裁判官の落としどころが当事者にも透けて見えるような幅を設定することが望ましいでしょう。たとえば、裁判官が落としどころを300万円と考えている場合に、「和解金は200〜400万円」という幅を示せば、当事者も、「裁判官は和解金300万円を落としどころとして考えているな」と理解することが多いと思われます。一方、裁判官が示した幅が「和解金は300〜600万円」というものであれば、当事者が裁

311　田中敦・実践138頁〔宮﨑朋紀〕、司法研究189頁参照。

312　田中敦・実践582頁〔福田修久発言〕参照。この技法は、当事者双方にまず小さな譲歩をさせ、最終的に落としどころの数字まで譲歩させるというものなので、いわば「フット・イン・ザ・ドア作戦」（前記Ⅵ4⑵サ参照）を和解に応用したものといえるでしょう。

344

判官の落としどころが300万円にあると見抜くことはできないでしょう。特に原告は、このような幅を示されれば、300万円以上の和解金を期待してしまうでしょうから、300万円という落としどころに落着させることは困難でしょう。

もっとも、このことは、最終的に裁判所和解案を示す場合に、示した幅の平均値を必ず採用しなければならないことを意味するものではありません。たとえば、200〜400万円という幅を示して和解協議を行ったものの、それでもなお隔たりが残った場合に、最終案として250万円の裁判所和解案を示すことは、許容範囲と思われます[313]。もっとも、多くの当事者は、200〜400万円という幅が示された場合、「裁判所は300万円を落としどころと考えているな」と受け取るでしょうから、これと異なる裁判所和解案を示す場合には、次の***Example198***のように、その前に幅をさらに限定するような説明をしておくことが望まれます。

❖ ***Example198***
裁判官「その後さらに検討してみましたが、本件では300万円を超える和解金を被告に支払ってもらうのは難しいかもしれないという考えになりつつあります」

こうした説明を省いていきなり250万円という和解案を示しても、当事者（この場合は原告）が受け入れないでしょう。

(ウ) 具体的かつ一義的な和解案を示す（上記③）

上記③は、「被告が原告に和解金300万円を支払うとの和解案を提案します」といった具体的かつ一義的な内容を伴った和解案を示すことです。このような和解案を示す場合には、まさに裁判官の最終案として、相応の重みをもって示す場合が多いと思われます。このような和解案を示す場合には、その理由も付記した書面で示すことも少なくありません。

和解協議を重ねていると、当事者から、裁判官から和解案を示してほしいという要望を受けることがあります。これに応じるかどうかは、まさにケース・バイ・ケースなわけですが、和解協議の初期の段階においては、上記のリスクがあるので、次の***Example199***のような説明をして、やんわりと断るのがよ

---

[313]　裁判所和解案を示す前に、当事者の一方がより多く譲歩して、幅の平均値とは異なる額で和解がまとまることもあります。

第5章　和解の技法

いでしょう。

❖ *Example199*

原　告「これ以上和解交渉が長期化することは耐えられないので、裁判所から具体的な案を示してください。それで和解が成立しないなら判決をしてください」

裁判官「裁判所がいきなり案を示して、それが当事者の考えとかけ離れていた場合には、まとまるものもまとまらなくなってしまいますので、裁判所としては、できるだけ双方に譲歩できるところまで譲歩していただき、それでも差が埋まらない場合には、裁判所から案をお示しすることも考えたいと思います」

もっとも、事案によっては和解協議を長引かせても和解がまとまる見込みがないとか、ある時期までに和解協議がまとまらないと当事者に大きな不利益が生じかねないといった事情があることもあるでしょう。また、裁判官が促しても、双方が具体案を出さなかったり、全く譲歩しようとしなかったりすることもあるでしょう。そのような場合には、あくまでも和解成立の見込みがあることが前提ですが、和解案等を示すべきでしょう。

⑵　書面で示すか、口頭で示すか

和解案等の示し方としては、書面で示す方法と、口頭で示す方法があります。それぞれのメリット、デメリットは以下のとおりです[314]。

ア　書面で示す方法

和解案等を書面で示す方法の最大のメリットは、裁判官の考えを正確に伝えることができるという点にあります。特に、争点が多岐にわたる事案においては、争点ごとに裁判官がどのように考えて和解案等を導いたのかを明確にすることができます。加えて、和解案等を記載した書面は、判決書よりもその内容やスタイルを自由に決められるため、判決書では通常盛り込まないような内容（たとえば、法的判断には影響しないものの事案の落ち着きとして裁判官が重視している事情）を盛り込むことができるので、判決書のダイジェストのような書面（結論に至るための法的根拠だけが記載されているもの）よりも説得力のある書面

---

[314]　草野・技術論93〜94頁参照。

とすることも可能です。

　また、当事者も和解案等が書面で示されれば、この書面を見ながら検討を行うことができるので、検討がしやすくなるというメリットもあります（代理人が本人に裁判官作成書面を見せながら説明を行ったり、法人内部の決裁に裁判官作成書面を活用してもらうことも期待できます）。

　さらに、裁判官作成書面は、判決に準じた重みがあるので、結果的に裁判官の考えを受け入れてもらいやすくなるという効果も期待できます。そして、双方に同じ書面を示すことにより、公平感や透明性を確保することができ、当事者の和解手続に対する満足感や納得感が得られることも期待できます。

　一方、和解案等を書面で示す方法の最大のデメリットは、いったん示してしまうと撤回や修正がしづらくなることです。書面で和解案等を示した後で、その書面とは異なる内容で当事者を説得するわけにはいかないでしょうし、和解が成立せず判決となった場合にも、書面と異なることを判決に書きづらくなってしまうでしょう。

　また、書面を作成するには一定の時間と労力が必要となるという点も、口頭で示す場合と比べた場合のデメリットとして挙げられるでしょう。もっとも、判決とは異なり、和解案等を書面で示す場合には、詳細な理由付けまでは不要であることが多いため、結論だけを記載するとか、理由の骨子だけを示すことにより、判決起案よりは時間と労力を省くこともできます。

　さらに、和解案等を書面で示す場合には、双方に同じ書面を示すことになるため、口頭で和解案等を示す場合とは異なり、個別面接の場でニュアンスを変えたり、それぞれの弱みを強調して説明したりして双方から譲歩を引き出すということが難しくなってしまいます。もっとも、書面を示すとともに、個別面接の場で和解案等を補足して説明する場を設け、それぞれにふさわしい説明をすることで、このデメリットをある程度解消することは可能でしょう。たとえば、*Example200*や*Example201*[315]のように、個々の当事者に個別に異なった口頭説明を付加することが考えられます。

> ❖ *Example200*
> 　裁判官は、判決で予想される金額の7割を和解金とする和解案を書面にまとめたうえで、その補足説明を個別に行おうとしている。

315　田中敦・実践583頁〔田中敦発言〕参照。

第5章　和解の技法

> 裁判官「(原告に対し) この和解案では、いま判決をしたら認容されるであ
> ろう額をベースに和解金額を算定しました。もっとも、○○という点
> を考えると、控訴審では請求棄却の判断がされないとも限りませんの
> で、原告に3割程度の譲歩をしていただくのが適当であると考えまし
> た。請求棄却という最悪の事態が避けられるという観点から、この和
> 解金額は原告にとって一定のメリットがある案だと考えています」
> 裁判官「(被告に対し) この和解案では、いま判決をしたら認容されるであ
> ろう額の7割を和解金としました。このように、判決よりは3割も被
> 告に有利な内容になっています。加えて、△△という点を重視すると、
> 控訴審では全額認容される可能性もないとはいえません。したがって、
> 請求の全額または大部分が認容されるという最悪の事態が避けられる
> という観点から、この和解金額は被告に一定のメリットがある案だと
> 考えています」

> ❖ *Example201*
> 　裁判官は、「被告は、原告に対し、本件事故が発生したことについて遺
> 憾の意を表明する。」との和解条項を盛り込んだ和解案を書面にまとめた
> うえで、その補足説明を個別に行おうとしている。
> 裁判官「(原告に対し) この条項は、原告としては、被告が責任を認めたに
> 等しい条項だと理解してはいかがでしょうか」
> 裁判官「(被告に対し) この条項は、被告としては、自身の法的責任を認め
> た条項ではないと理解してはいかがでしょうか」

イ　口頭で示す方法

　口頭で和解案等を示す方法のメリットは、書面で示す方法のデメリットの裏
返しとなります。つまり、同じ和解案等でも、それぞれの当事者にとって和解
案等がもつメリットを説明するなど、双方にニュアンスを変えて説明すること
ができる点が、口頭で示す方法の最大のメリットといえるでしょう。また、口
頭で示す場合、「和解金の目安としては100万円前後から200万円前後ではない
でしょうか」「だいたい○万円前後でしょうか」などと、幅をもった和解案等や、
含みをもたせた和解案等を示しやすいというメリットもあります。口頭で示す
方法では、このように幅や含みをもった説明ができるため、「どちらかといえば、

348

請求認容の方向での和解を検討していただくことになるでしょうか」などと、ふわっとした和解の方向性を示すのにも適しています。また、当事者の意向や反応を見ながら説明ぶりを臨機応変に変えることができるというメリットもあります[316]。

　一方、口頭で示す方法のデメリットとしては、正確に内容を伝えることが困難な場合があることが挙げられます。特に、争点が多岐にわたる事案では、和解案等を導くに至った理由を全部口頭で説明していると、複雑すぎてうまく当事者に伝わらないおそれがあります。また、書面で示すよりは重みに欠けるため、当事者に与えるインパクトが弱く、裁判官から和解案等を示してもなかなか当事者が応じてくれないこともあるでしょう。

ウ　書面、口頭どちらがよいのか

　それでは、書面で示す方法と口頭で示す方法のどちらが適当なのでしょうか。この点は、和解協議の進展状況や当事者の個性等を踏まえて、裁判官が最も効果的だと思う方法を選べばよいと思われますが、一般論を述べれば、和解の方向性を示すにとどめる場合や、幅や含みをもった和解案等を示す場合には、口頭で示したほうが望ましい場合が多いと思われます。これに対し、一義的な内容を伴った具体的な和解案を示す場合で、当該和解案を導くに至った検討過程も併せて正確に当事者に伝える必要があるときには、書面で示したほうがよいでしょう。もっとも、このような必要が特にない場合や、具体的な理由を示すとかえって紛糾しかねない場合[317]には、口頭で示すのがよいでしょう。まず、和解案等を口頭で示し、当事者の反応を踏まえて書面で示すという段階的な提示をすることも考えられます[318]。また、書面で示す場合でも、全ての条項を書き切るのではなく、問題のない条項は明確な文言にする一方で、金額のみ争いがあるような場合は金額欄だけ空欄にして案を提示することも考えられます[319]。

　書面、口頭のいずれにするか迷うようであれば、当事者に意見を聴いてみることも考えられます（もっとも、意見を聴く以上は、それを尊重する覚悟が必要と

316　裁判官から和解案等の説明を受ける弁護士からも、裁判官が双方同席の場で同じ内容を話すよりも、個別に当事者の意向を打診しながら説明をしてもらったほうがよいとの意見が述べられています（浅沼ほか・和解(二)90頁〔小林宏也発言〕参照）。

317　たとえば、過失割合が激しく争われている事案では、具体的な過失割合を和解案中に示してしまうと、そのことに当事者が反発して和解が壊れてしまうこともあります。

318　田中敦・実践58頁〔山地修〕参照。

319　草野・技術論95頁参照。同書では、このようなやり方を「虫喰い型」と呼んでいます。

第5章　和解の技法

なります。双方とも「書面で和解案を示してほしい」という意見を述べたのに、裁判官が、合理的な理由も示さずにこれを拒絶すると、当事者からの信頼を失いかねません）。

(3)　同時に示すか、時間差で示すか

　和解案等を書面で示す場合には、当然のことですが、同時にこの書面を双方に提示するのが原則です。また、口頭で示す場合も、個別面接で示すときは若干の時間差が生じるものの、同じ期日で示すことが多いでしょう。このように、書面であれ、口頭であれ、和解案等は双方当事者に同時に示すのが通常です。

　もっとも、あえて時間差で示すこともあります。たとえば、双方の意見の隔たりが大きいため、裁判官が和解案等を示して局面を打開する必要があるものの、これを同時に示すだけでは和解成立の見込みが低いため、個別に説得しなければならない場合があります。このような場合には、「個別撃破作戦」が考えられます。これは、たとえば、まず原告に和解案等を示し、原告に受諾してもらったうえで、被告に和解案等を示し、「原告がこの和解案を受諾すると言っているので、被告も受諾してほしい」と説得する方法です。このようなやり方では口頭で和解案等を示すことが望ましい場合が多いと思われますが、書面で示すことも考えられます。その場合は、「二番手」となる当事者に対しても、そのやり方はもちろん、場合によっては和解案の内容も説明して、その了承を得ておく必要があります。次の**Episode34**は、被告代理人の希望で「個別撃破作戦」を採用したケースです。

Episode34

　原告は、ペットホテルを運営する被告に飼い犬を預けたところ、被告の過失により犬が死亡したとして、被告に対し、不法行為に基づく損害賠償を求める訴訟を提起した。裁判官は、被告の法的責任を認めることは難しいとの心証を抱いていたが、被告の対応にも不十分な点があり、飼い犬を失った原告が憤慨するのももっともだと思ったことから、被告に見舞金程度の和解金（数十万円程度）を支払ってもらう形の和解が望ましいと考えた。裁判官は、個別面接の場で、双方に対し、上記の心証および考えを明らかにしたうえで、和解協議を行ったものの、原告は「請求棄却前提の和解には応じられない」と述べ、被告は「支払えるとしてもせいぜい数万円である」と述べ、協議は行き詰まった。

そのため、裁判官は、和解案を書面で示して最終決断を迫るほかないと考え、その旨双方に打診したところ、被告代理人からは、「裁判所案を書面でもらってしまうと、被告本人にこれを示さざるを得ない。そうすると、即座に拒絶されてしまう可能性が高い」との懸念が示された。そこで、裁判官は、双方代理人の承諾を得たうえで、まず原告にのみ和解案を書面で示し、被告には代理人限りとして和解案の内容を口頭で説明した。そして、原告が裁判所和解案を受諾した後、被告に対しても書面で和解案を提示したところ、被告本人もこれを受諾したことから、無事和解が成立した。

⑷　留意点

ア　書面、口頭に共通するもの

　和解案等を示す場合、その和解案等を妥当と考える理由を丁寧に説明するのが原則です[320]。暫定的心証に基づく和解案等であれば、心証形成の理由を説明していくことになります。もっとも、事案によっては、「これまでの双方の提示金額に照らすと○万円くらいが穏当な和解金ではないでしょうか」といった説明しかできない場合もあるでしょうから、事案に応じた適切な理由を説明すればよいでしょう。

　そして、理由を説明する際には、当事者の「こだわりポイント」を把握したうえで、適切な理由を選択することが大切です。同じ和解案等でも、説明の仕方によって、受け入れられたり受け入れられなかったりすることがあります（もっとも、代理人が信用できるなら、「代理人限り」として、より本音ベースの説明をすることも考えられます）。次の**Example202**を見てみましょう。

❖ *Example202*

　原告は、被告に対し、不法行為に基づく損害賠償を求める訴訟を提起した。主な争点は過失相殺であるが、原告は、「自分に過失はない」と強く主張して、過失の有無や過失割合を強く争っている。裁判官は、裁判所和解案として800万円を示そうと考えている。

① 説明その1

裁判官「損害額を合計すると1000万円となりますが、早期解決等のために

320　田中敦・実践58頁〔山地修〕参照。

第5章　和解の技法

　　原告にも多少の譲歩をしてもらうのが相当と考え、800万円を和解案
　　とします」
②　説明その2
裁判官「損害額を合計すると1000万円となりますが、原告の過失は2割と
　　考えますので、800万円を和解案とします」

　この①、②のうち、原告が受け入れそうな説明はどちらでしょうか。②の説
明は、暫定的心証をそのまま説明したものであり、理論的には明快ですが、原
告が過失の有無や過失割合を強く争っていることからすると、「原告の過失は
2割」とはっきり明示してしまうと、原告がこれに反発し、和解案を拒絶する
可能性が高いように思われます。そのような懸念がある事案では、①の説明の
ほうが原告に受け入れやすいでしょう。これに対し、原告が裁判官の心証を具
体的に知りたいという希望を強く有している場合や、原告の感情的反発を懸念
しなくてよい場合[321]では、端的に②の説明をしてもよいでしょう。ここでも
悩む場合には、次の*Example203*のように、当事者（代理人）から感触をとっ
てみることをお勧めします。

❖ *Example203*
裁判官「裁判所から和解案を示そうと思っているのですが、過失割合につ
　　いてもはっきりさせたほうがよいでしょうか。過失割合を示してか
　　えって反発されないか気になるものですから」

　また、和解案等では、誰が誰に支払をするのかを明確にすることも大切です。
前記4(4)ウのとおり、本訴・反訴が提起されているなど双方が互いに請求をし
ている事案では、和解金を誰が誰に支払うのかは極めて重要です。この点が曖
昧だと、特に口頭で説明した場合に誤解のもととなりやすいので、特に注意し
ましょう。

イ　書面で示す場合
　書面で和解案等を示す場合には、前記(2)アのとおり、いったん示してしまう
と撤回や修正がしづらくなることから、書面の作成にあたっては、内容の正確

---

[321]　たとえば、原告がそれなりの規模の法人であれば、「原告の過失は2割」と示されたからと
　　いって感情的に反発する可能性は低いと思われます。

性、言葉遣いなどの点で、判決と同様に細心の注意を払う必要があります。金額の誤りはもちろん、当事者名の誤りや事実誤認などがあると、和解案等に対する信頼が一気に失われてしまうので注意しましょう。

書面に、結論だけを記載するか、理由も記載するかは、和解の成立の可能性を考えて事案ごとに選択するとよいでしょう。交通事故訴訟など比較的定形的な事案では、結論（和解金額）だけでなく、その理由（和解金額の算出過程）を記載したほうが、説得力が増すでしょう。これに対し、裁判官自身が心証を固めきれていない場合や、理由を正直に書くと当事者の感情を害し、かえって和解成立の障害になるおそれがある場合は、理由の記載を省略するか、記載する場合でもごく簡単にとどめたほうがよいでしょう。詳細に理由を記載したために、かえって代理人が本人の説得に苦労する羽目になることもあるので、迷ったら、書面にどの程度の理由を書いたらよいかを代理人に尋ねて、意向を確認することも考えられます[322]。

書面に理由の記載をしない場合でも、和解案等を導くに至った思考過程（和解金額の算出過程など）は、手控えに残しておくべきです。和解の期日で当事者から尋ねられることがありますし、いったん和解を打ち切って後日再度和解勧告する際にも役に立ちます。

なお、書面で和解案等を示す場合には、同じ書面を双方に示すことが大原則ですが、当事者ごとにニュアンスや力点を変えたい場合には、あえて当事者ごとに異なる書面を示すことも考えられます。もっとも、この方法で和解案等を示す場合には、あらかじめ当事者にそのことを告げて了承を得ておく必要があります（そうでないと、後日書面の内容が異なることを知った当事者から「二枚舌を使った」と裁判官が非難されるおそれもあります）。また、どちらに示した書面なのかが書面だけからわかるよう、「裁判所和解案（原告用）」などと、タイトルなどに明記しておくとよいでしょう。

ウ　口頭で示す場合

口頭で和解案等を示す場合としては、大きく分けると、幅（あるいはふくらみ）のある数字を示す場合と、一義的な数字を示す場合があります。一義的な数字を示す場合でも、今後の和解協議のスタートラインになる金額を示す場合と、落としどころと考える金額（いわば裁判官の最終案）を示す場合とがあります。次の***Example204***を見てみましょう。

---

[322]　田中敦・実践584頁〔濵本章子発言〕参照。

第 5 章　和解の技法

> ❖ *Example204*
>
> 　**1　スタートラインの金額を挙げる場合**
>
> ①　裁判官「せめて 3 桁（＝100万円）には乗ってもらえませんか。それで初めて双方が共通の土俵に乗ることになります」
>
> ②　裁判官「本件の証拠関係からすれば，最低でも〇万円がスタートラインではないでしょうか。ここからどこまで上積みできるかが和解できるかどうかの分かれ目と思われます」
>
> 　**2　落としどころに近い金額を挙げる場合**
>
> ③　裁判官「たとえば，〇万円くらい払うことは考えられませんか。それくらいなら原告も納得するかもしれません」
>
> ④　裁判官「〇万円くらい払ってもらえれば、原告を説得できるかもしれません」

　当事者が裁判官の考えている金額とはかけ離れた数字を出してくる場合には、*Example204*の 1 －①、②のように、「最低でもこれくらいですよ」と、スタートラインの金額を挙げる必要があります。まずは、ここで小さな譲歩をしてもらって「和解の土俵」に上がってもらい、その後徐々に譲歩を重ねてもらって、目標とする金額へと近づけていくのです。

　また、和解の方向性を示したいけれども、露骨に心証を示したくない場合には、双方の主張に言及したうえでふわっと方向性を示すことが考えられます。次の *Example205* を見てください。

> ❖ *Example205*
>
> 裁判官「被告は〇〇と主張していますが、他方で原告は××と主張していることからすると、和解のためには、被告が原告に、ある程度の金銭を支払う方向が考えられるように思うのですが、いかがですか」

　裁判官が最終的な和解案を口頭で示す場合、双方同席の下で説明することも考えられますが、裁判所和解案は、原告、被告のいずれにとっても、自分の希望よりは多かれ少なかれ不利になっているのが通常ですので、なぜ不利になっているのかを説明するためには、交互面接方式で個別に説明したほうがよいでしょう。そうすれば、裁判官が、個々の当事者に直接、「この点をこのように

354

考慮したので、このような和解案になっています」ということを説明することができ、和解案について当事者の理解が一層深まることが期待できます。併せて、個別の説明では、その和解がその当事者にとってどのようなメリットがあるのかを理由とともに説明するとよいでしょう。次の**Example206**を見てください。

> ❖ **Example206**
>
> 　裁判官は、判決であれば認容額は最低70万円、最大130万円となるとの心証を抱いており、裁判所案として和解金100万円を提示した。
> 裁判官「(原告に対し) 判決では、最悪の場合、70万円しか認容されない可能性もありますが、これまでの審理経過や双方の意見などを踏まえ、30万円程度は被告に譲歩してもらってもよいだろうと考え、30万円を上積みして、和解金を100万円としました」
> 裁判官「(被告に対し) 判決では、最悪の場合、130万円まで認容される可能性もありますが、これまでの審理経過や双方の意見などを踏まえ、30万円程度は原告に譲歩してもらってもよいだろうと考え、30万円をカットして、和解金を100万円としました」

　もっとも、双方同席の場で裁判所和解案を口頭告知するというやり方は、手続の透明性を確保できるというメリットがあるので、個別説明の前、または後に、双方同席の場を設け、裁判所和解案の内容だけでも改めて告げるとよいでしょう。

　ところで、口頭で和解案等を示したところ、当事者が沈黙してしまうことがありますが、そのような場合でも、沈黙をおそれず、30秒くらいはずっと黙って待ち続けるとよいでしょう。当事者は、和解案等を耳にして、その内容を吟味し、どうしようかと考えています。その思考を中断しないほうがよいのです。

　口頭で和解案等を示した場合には、その思考過程(和解金額の算出過程など)を必ず手控えに残しておくべきです。書面で示す場合と異なり、何らかの形で記録化しておかないと、時間の経過とともに記憶が薄れてしまい、後からその思考過程がわからなくなってしまいかねないからです。そうなると、後日当事者から和解案等の根拠を聞かれたときに立ち往生してしまいますし、何よりも判決となった場合に苦労することになります。

第5章　和解の技法

⑸　回答をどうもらうか

ア　基本型

　裁判官から和解案等を示した場合、当事者はこれを踏まえて和解するか否か
を検討することになります。したがって、和解案等を示す場合には、その回答
を当事者からどのように伝えてもらうかについても併せて指示しておく必要が
あります。

　当事者から回答を得る方法としては、おおむね次のようなものがあります。

㈠　口頭で回答してもらう方法

　まず、口頭で回答してもらう方法が考えられます。和解の期日での個別面接
の場において口頭で回答してもらうのでもいいでしょうし、期日間に裁判官や
裁判所書記官に対し電話で回答してもらうというやり方もあります。

　このように、口頭で裁判官だけに回答してもらうという方法は、当事者から
その場で、和解案等に対する考えや意見を聴取できるというメリットがありま
す。また、反対当事者に伝えるのに差しさわりがあるような情報を聴き出せる
ことも期待できるでしょう。

㈡　書面で回答してもらう方法

　次に、書面で回答してもらう方法が考えられます。この場合、期日間に回答
してもらうことが多いでしょう。その場合でも、裁判所だけに回答書面を送付
してもらう方法と、反対当事者にも同じ回答書面を送付してもらう方法があり
ます。

　書面での回答のメリットとしては、内容を正確に伝えることができるという
点が挙げられます。特に、回答の内容が複雑多岐にわたる場合には、裁判官や
反対当事者が内容を正確に理解するためにも、口頭よりは書面で回答しても
らったほうがよいでしょう。

　一方、書面で回答する場合は、裁判所だけでなく反対当事者にも書面を送付
してもらうことが通常であるため、書面の内容を見て反対当事者が心情を害し、
その後の和解協議が難航するというリスクもあります。そのような懸念がある
場合には、まず裁判所だけに書面を送付してもらい、反対当事者に対しては裁
判官から口頭で内容を説明したり、内容に問題がないことを確認したうえで反
対当事者にも送付してもらったりすることが考えられます。

　回答が書面で裁判所に送付されてきた場合には、これが反対当事者にも送付
されているかどうかを確認する必要があります。この確認を怠り、「反対当事

者にも送付されているだろう」と軽信してしまうと、反対当事者に検討の機会を与えないまま期日を迎えてしまい、1期日が無駄になりかねませんので、注意しましょう[323]。

イ 投票型

草野・技術論102頁以下では、裁判所和解案に対する回答を投票により行う「投票型」という方法が紹介されています。これは、裁判所和解案に賛成するか、反対するかを裁判所だけに書面で回答（投票）してもらい、双方とも賛成票を投じた場合にのみ和解成立となるというやり方です。次の**Episode35**は、同書に紹介された投票型を用いたエピソードです。

Episode35

原告は、電気製品からの発火により家屋が全焼する被害に遭ったとして、製造元である被告に対し、損害賠償を求める訴訟を提起した。被告は、和解交渉により金額を吊り上げられることを警戒して、「和解はよいが、和解金額の交渉には応じない」との態度をとっていた。

そこで、裁判官は、和解案を書面で示したうえで、これを承諾するか否かを投票用紙に○×で記入してもらって投票箱に投票するという方法（投票型）を提案した。結果、双方とも○を投じ、和解が成立した。

この「投票型」では、開票結果は公表されず、和解の成否だけが公表されるため、自分が賛成票を投じた場合に限り、相手方の投票内容が判明することになります。自分が賛成票を投じて和解が成立した場合には、相手方も賛成票を投じたことがわかりますし、自分が賛成票を投じたのに和解が成立しなかった場合には、相手方は反対票を投じたことがわかるわけです（これに対し、自分が反対票を投じて和解が成立しなかった場合には、相手方も反対票を投じたのか、それとも賛成票を投じたのかはわかりません）。

この「投票型」を活用すべき場面としては、**Episode35**のように当事者が具体的な交渉に応じない場合や、双方とも建前だけを主張して本音を言わないような場合など、交渉をうまく進めることができないケースが挙げられています[324]。「自分の手の内を知られたくない」という当事者の心理を巧みに利用し

---

[323] 当事者としても、和解の検討結果を書面で回答する場合には、反対当事者にも送付しているのか、それとも裁判所限りなのかが書面それ自体からわかるような記載を心掛けることが望まれます。

第 5 章　和解の技法

た技法といえるでしょう。

　もっとも、投票型が成功するには、その前に地道な努力の積み重ねが必要であるとされています。裁判所和解案を示して賛否を問うわけですから、双方ともできる限りの譲歩をしてもらい、これ以上は譲歩できないというところまできて裁判所和解案を示す必要があるわけです。

　なお、「投票型」といっても、実際に投票用紙や投票箱を用意する必要はありません。草野・技術論104～105頁には、略式化した方法として、①和解案を示したときに、当事者双方に、相手方に対しては和解案についての諾否は伝えず、裁判所にだけ諾否を伝えてもらい、双方とも同意があったときだけ和解を成立させるという方法や、②和解案を示して和解を打ち切り、弁論に戻すものの、和解案に同意する場合には裁判所にだけ連絡してもらうことにし、双方から同意の連絡が得られれば、和解期日を指定するという方法が紹介されています。

　投票型を活用してうまくいく場面は限られていると思われますが、選択肢の一つとして頭の片隅に置いておくとよいでしょう。

7　和解案等に難色を示されたら

　裁判官が和解案等を示した場合、双方当事者ともこれを受け入れてくれればよいのですが、常にそうなるとは限りません。和解案等の受諾を拒絶されたり、難色を示されたりすることもあるでしょう。その場合にまずしなければならないのは、当事者が裁判所和解案等を拒絶する理由を確認することです。和解案等の前提となっている心証に納得できないのか、それとも裁判所和解案等では盛り込まれていないもの（相手方の謝罪等）を求めているのかといった点について、本音を探る必要があります。そのためには、たとえば、次の*Example207*のような質問を当事者に投げ掛けてみることが考えられます。そのうえで、拒絶理由に応じた対応を考えるとよいでしょう。

> ❖ *Example207*
> **裁判官「裁判所からお示しした和解案のどこがひっかかっていますか」**

　そして、裁判官としてとるべき対応は、当事者に示したのが最終的な和解案

324　草野・技術論102頁参照。

なのか、そうではなく、和解の大きな方向性や幅あるいは選択肢の一つを示しただけなのかによって、異なってきます。

(1) 最終的な和解案を示した場合

裁判官から当事者に、最終的な和解案を示した場合には、当事者から拒絶されたからといって、これと大きく異なる別の修正案を示すことは相当ではありません。そのようなことをすれば、裁判官に対する信頼を失いかねないからです（逆にいえば、そのような和解案を示すときは、当事者が受諾しなければ和解を打ち切る覚悟をもつべきです）。そのようないわば「最終案」ともいえる裁判所和解案が拒絶されたときは、裁判官としては、当事者にその理由を確認し、なお説得の余地があるのであれば、裁判所和解案を受け入れてもらえるよう説得を試みるしかないでしょう。

もっとも、裁判所和解案を微修正した内容で和解が成立することもあるので、裁判所和解案では和解できないと言われて、すぐにあきらめてしまうのは、得策ではありません。たとえば、双方から裁判所和解案に対する考え方を聴取したところ、若干の修正をすれば双方とも受諾してもらえそうだという感触が得られることがあります。このような場合には、裁判所和解案を微修正したうえで和解を成立させるのがよいでしょう。また、当初の裁判所和解案とは別の和解案ではあるものの、その趣旨が同一といえる同種の代替案を示すことも考えられます。次の*Example208*を参考にしてください[325]。

> ❖ *Example208*
>
> 　裁判官が、「被告が原告に和解金1100万円を一括で支払う」との裁判所和解案を示したところ、被告が1000万円の即金しか応じないとして、裁判所和解案を拒絶した。そこで、裁判官は、和解金の総額を1100万円とし、うち1000万円を即金にし、100万円を1年後に支払うとの修正案を提示した。

また、裁判所和解案を拒絶した当事者から対案（修正案）が提出されることがあります。たとえば、裁判所和解案として「被告が原告に和解金100万円を支払う」との和解案を提示したところ、原告から「100万円では和解できないが、

---

[325] 草野・技術論92頁参照。

第5章　和解の技法

120万円なら和解できる」と提案があるような場合です。このような場合には、反対当事者がこの対案を受け入れてくれて和解が成立することもあるので、駄目もとで反対当事者にこの対案を伝えてみるとよいでしょう。とはいえ、いくら和解を成立させたいからといって、「裁判所も実はこの修正案が最善の案だと考えていました」などと言ってしまうと、裁判所和解案を撤回・修正するに等しく、当事者の信頼を失いかねません。せいぜい「早期解決を重視するのであれば、この修正案を受諾するというのも一つの選択肢だと思います」等の言葉を添えるのが限界と思われます。

　ところで、裁判所和解案を示したところ、たとえば原告がまだ諾否を明らかにしていない段階で、被告から裁判官だけに「裁判所和解案は受けられないが、○○という条件が盛り込まれれば、受けられるかもしれない」等の連絡がされることがあります。これを原告に伝えるかどうかが一つの問題ではありますが[326]、仮に原告に伝えて検討してもらうのが適当であると考えたとしても、すぐに伝えることはやめたほうがよいでしょう。なぜなら、原告は裁判所和解案を受けるかどうか検討している段階なのに、それとは別の情報である被告修正案を示されると、検討対象がぼやけてしまい、和解の検討を打ち切ってしまう可能性が出てきてしまうからです。そもそも、原告が裁判所和解案すら受けようかどうか迷っているのに、それよりもさらに原告に不利な被告修正案を受けるはずがありません。そこで、被告から上記のような連絡を受けた場合には、ひとまず裁判官預かりとして、原告の検討を待ち、原告が裁判所和解案を受けると回答してきた段階で、原告に伝えてみるとよいでしょう（もちろん、原告が裁判所和解案を受け入れないと回答してきた場合には、被告修正案を受け入れる可能性は乏しいので、伝えても意味がないことが多いでしょう）。裁判所和解案と被告修正案とがそれほど離れていない場合には、原告としても、多少の違いは飲み込んで和解に応じてくれることも少なくありません[327]。

(2)　和解の大きな方向性や幅等を示したにすぎない場合

　裁判官から当事者に示したものが最終的な和解案ではなく、大きな方向性や

---

[326]　被告修正案がそれなりに魅力的なもので、原告としても受けられそうだという場合には、原告に伝える価値はあるでしょう。これに対し、被告修正案が裁判所和解案からかなりかけ離れている場合には、原告に伝えてもかえって逆効果なので、まずは被告に修正案を撤回して裁判所和解案を受ける説得を行うべきでしょう。

[327]　このように、まず裁判所和解案を受諾させ、次いでそれよりやや不利な被告修正案を受諾させるというのは「フット・イン・ザ・ドア作戦」の応用です。

360

幅などにすぎない場合や、一つの選択肢にすぎない場合には、これが当事者から拒絶されたからといって直ちに和解を打ち切る必要はありません。当事者に、拒絶の理由を確認するとともに、当事者の希望や考えを聴取して、さらに別の和解案等を考えてみるべきです。

もっとも、双方の希望がかけ離れていて、これをうまく調和させる和解案等も思いつかない場合には、和解の打ち切りを検討せざるを得ないでしょう。

8 実践例

次の**Episode36**は、裁判官から少しずつ方向性を示して双方の歩み寄りを促し、最終的に和解が成立したケースです。

Episode36

原告は、被告がネット上の掲示板に投稿した記事によって名誉を毀損されたと主張して、被告に対し、慰謝料200万円を求める訴訟を提起した。被告は、代理人をつけずに応訴していた。裁判官は、争点整理にめどがついた段階で和解勧告をした。裁判官が裁判例を調査したところ、本件と同様の投稿での慰謝料の相場は、低いもので10万円、高いもので100万円と、かなり幅があったが、多くの裁判例は数十万円程度に収まっていた。そこで、裁判官は、本件でも、被告が原告に数十万円程度の和解金を支払う旨の和解が相当であるとの方針を立てて、和解の期日に臨んだ。

裁判官は、まず被告と個別面接を行い、和解の意向を尋ねたところ、被告は、「早くこの訴訟を終わらせたい。そのためには、いくらか支払わなければならないことはわかっているが、相場がわからない。原告から提案があれば、検討したい」との意向を述べた。

そこで、裁判官は、次に原告と個別面接を行い、被告の意向を伝えたところ、「100万円を支払ってもらえれば和解する。併せて、同様の投稿を二度と行わないと誓約する旨の条項を入れてほしい」との意向を述べた。裁判官は、「100万円は、裁判例の相場に照らして高すぎる。これをそのまま被告に伝えて受諾するよう説得することは、被告が代理人をつけていないことも踏まえると、相当ではない。とはいえ、原告案を被告に伝えずに握りつぶすのも、原告との信頼関係を損ねるおそれがあるから、被告に原告案を伝える必要はあるだろう。ただし、原告が過大な期待を抱かないよう、この段階で裁判所がイメージしている金額を原告に伝えて、もっと譲歩が

第5章　和解の技法

必要であるという認識をしっかりともってもらう必要があるだろう」と考え、原告に、次のとおり説明した。

　　裁判官「原告が100万円の支払と誓約条項を希望していることは、被告にお伝えはしてみますが、100万円という額は、裁判例に照らしても、かなり高額であると思います。判決になった場合の結論まで詰め切れているわけではありませんが、現時点の心証としては、本件の事案と裁判例の相場を照らし合わせると、判決でも慰謝料は20～30万円程度が限界であるように感じています。10万円という裁判例もありますので、被告から逆提案があったときは、改めて金額を検討していただきたいと思っています」

　すると、原告が、「最悪、和解金は2桁（＝100万円未満）でもやむを得ないとは思う」と述べたため、裁判官は、「100万円という金額は、第1弾の提案として高めのボールを投げてきただけだな。原告はさらに譲歩するつもりなのだろう」と感じた。

　裁判官は、再び被告と個別面接を行った。裁判官は、被告に「原告からは、和解金として100万円を支払ってほしい、二度と同様の投稿をしないという誓約条項を入れてほしいという要望があった」と伝えた。被告は、誓約条項については了承したものの、和解金については、「私には相場がわからないので、裁判所から目安を示してほしい」との要望を述べた。裁判官は、「被告は、きちんとした相場観に基づく和解案であれば、支払に応じてくれそうだ」と感じ、次のような提案をした。

　　裁判官「本件のような投稿が問題となった裁判例を見ると、100万円という高額の慰謝料が認められたものもありますが、多くは数十万円程度に収まっているようです。そこで、本件でも、被告から、たとえば30～40万円程度支払ってもらえるなら、原告を説得してみたいと思いますが、いかがですか」

　すると、被告は、「30万円なら支払う」との意向を述べたため、これを原告に伝えたところ、原告は「50万円なら和解する」との新たな提案をしてきた。裁判官が、被告にこれを伝えたところ、被告は「30万円以上の支払には応じられない」の一点張りであった。そこで、裁判官は、被告に対し、次のような提案をした。

　　裁判官「たとえば、30万円を約束どおり支払えば30万円で済むが、約束どおり支払わなかった場合には、20万円を上乗せして50万円を支

362

払ってもらうという案はどうでしょうか」

　被告は「それでもいい」とこれを了承した。そこで、裁判官は、原告に対し、上記の案を提案したところ、原告は「やはり50万円は支払ってもらいたい」などと難色を示した。そこで、裁判官は、次のように述べて、原告の説得を試みた。

　裁判官「被告は誓約条項を入れることを承諾しています。誓約条項が入った和解が成立すれば、これは判決では得られない成果ではないですか。今ここで原告が金額にこだわって和解の成立を先延ばしにしてしまうと、いつ被告の気が変わるとも知れませんよ。決断するなら今がベストですよ」

　その結果、原告も裁判官の提案を了承し、「被告は和解金50万円の支払義務を認め、うち30万円を期限内に支払えばその余は免除」との内容で和解が成立した。

　この**Episode36**については、裁判官から和解案や方向性を示すという観点から押さえておきたい重要ポイントが4点あります。

　まず第1に、裁判官が、和解協議を始めるにあたり、裁判例を調査して、「相場観」をつかんだうえで、「和解金は数十万円程度」との「着地点（落としどころ）」を頭の中に形成していたことです。本ケースは慰謝料額が問題となる事案でしたが、事実認定が問題となる事案や、法律解釈が問題となる事案においても、事前に十分な調査・検討を行い、一定の心証を踏まえたうえで、どのあたりを「着地点（落としどころ）」とするのかを考えておくことは、和解協議をまとめるうえで、非常に重要です。

　第2に、当事者の意向や希望を尊重しつつ、単に当事者間のキャッチボールを仲介するにとどまらず、「着地点（落としどころ）」に向けて、積極的な働き掛けを行った点です。当初、原告からは、100万円という、裁判官の「着地点（落としどころ）」（＝数十万円）とはかなりかけ離れた提案がされました。ここで「そんな金額は被告に伝えられませんので、再考してください」と突っぱねることも可能でしたが、いきなりそのような強硬姿勢をとってしまうと、原告が反発して、その後の和解協議がぎくしゃくしたものになってしまう可能性が高いでしょう。そこで、裁判官は、100万円という案を被告に伝えることを約束しています。他方で、原告には更なる譲歩が必要であるとの認識をもってもらうために、釘を刺すことも忘れてはいません。

第 5 章　和解の技法

　第 3 に、各当事者に、幅をもった数字、それもやや厳しめの数字を伝えていることです。裁判官は、原告に対しては、「20〜30万円」という金額を、被告に対しては「30〜40万円」という金額を伝えています。このような数字を伝えられた場合、原告としては、「最悪20万円か。30万円払ってもらえれば御の字だ」と感じ、被告としては、「最悪40万円か。30万円の支払で済めば御の字だ」と感じるものです。双方がこのような考えをもってくれれば、30万円という数字で和解をまとめるのは、さほど難しいことではないでしょう（同様の説得例として、前出の**Example117**（Ⅵ 3 ⑵ア）も参照してください）。

　第 4 に、双方の提案を踏まえた折衷案を提示していることです。本ケースでは、原告は50万円、被告は30万円から歩み寄りをなかなか見せませんでした。そこで、裁判官は、「50万円の支払義務を認め、30万円を支払えばその余免除」という、双方の提案を折衷させた和解案を示し、和解にこぎつけました。金額の調整が行き詰まった場合には、別の観点から新たな提案をすることで、局面を打開できる好例といえるでしょう。

　本ケースは、裁判官から和解の方向性や和解案を示すにあたっては、裁判官自身が「着地点（落としどころ）」というゴールをしっかりともったうえで、双方の意向や尊重を踏まえつつ調整を図っていくことの重要性を改めて認識させる事例といえるでしょう。

364

Column 4　裁判官を拘束せよ⁉～和解手続論とは～

「裁判官を拘束せよ」とは、何やら物騒なタイトルですが、もちろん「けしからん裁判官は拘置所に閉じ込めておけ」という話をしようというわけではありません。ここでは、裁判官による和解手続の進め方について、何らかの法的規制を及ぼすべきではないか、という議論があることを紹介したいと思います。

我が国の民事訴訟法における和解手続の法的規制のあらましについては、第2章でご紹介しましたが、これをご覧になった皆様の中には、裁判官による和解手続の進め方については、ほとんど法的規制が存在しないことに気付かれた方も少なくないものと思います。裁判官は、いつでも和解を試みることができる。受諾和解や裁定和解もできる。こういったことが民事訴訟法には定められている一方で、「裁判官は○○をしてはならない」とか「裁判官は○○をしなければならない」といった規制は、ほとんど存在しないのが我が国の民事訴訟法なのです。このような法的規制が極めて緩やかな状況の下では、裁判官は、和解手続の進め方について、極めて広汎な裁量を有していることになります。言い換えれば、和解手続の進め方は、裁判官の胸先三寸次第といえるかもしれません。このことは、各裁判官が、各自の発意と工夫によって、効果的で納得性の高い和解手続を実現することができるというメリットがある一方で、手続的規制がほとんどないことから生ずる問題点を指摘する声も聞かれるところです。そして、現在の交互面接方式を主体とする和解手続の運用を批判的に見る立場からは、裁判官による和解手続の運営に対し、（解釈論または立法論として）一定の手続的規制を及ぼすべきであるという見解が唱えられています。このような見解は「和解手続論」と呼ばれています。その具体的内容は、論者によってさまざまですが、「和解協議は、対席方式を原則とすべきである」「裁判官は、和解案を提示する場合には、当事者から求められれば心証を開示しなければならない」といったものが唱えられています。

このような「和解手続論」が提唱される背景には、我が国の民事訴訟では、判決をする裁判官が和解手続も担当するのが常態であるため、当事者が敗訴を恐れて、不本意でも裁判官の和解勧告に従わざるを得ないという事実上の強制力が働いているのではないか、交互面接方式の下、裁判官は、どちらにも「あなたが敗訴します」と告げるなど、双方に相反することを説明して、無理やり和解をまとめようとしているのではないか、といった懸念や疑念があるものと

第 5 章　和解の技法

考えられます。

　これらの批判には、耳を傾けるべき点が少なくないと思われ、和解手続を主宰する裁判官としては、いささかも疑念をもたれることのないよう中立かつ公平で、納得性の高い手続運営を目指す必要があります。

　とはいえ、原則として対席方式を義務付けるとか、必ず当事者に心証を開示しなければならないといった法的規制を及ぼすこととなれば、手続の柔軟性が失われ、結果的に和解をまとめることが困難となるケースも出てくるでしょう。特に、交互面接方式については、裁判官が、一方当事者と向き合って思い切った説得を試みることができるというだけでなく、当事者にとっても、相手方のいない場で本音を裁判官に語ることができる貴重な機会となっています。当事者サイドのこうしたニーズは根強いものがあり、筆者の経験でも、交互面接方式での和解協議を拒絶されたことは、これまで一度もありません。交互面接方式の下、当事者が、「裁判官に自分の言い分を思う存分伝えることができた」という満足感を得ることができれば、和解の成立率が高まることが期待できるだけでなく、仮に和解が成立しなかったとしても、当事者の手続に対する満足度を高めることにもつながるものと思われます。こうしたことから、今の実務を大きく変えて、規制を強化する方向へと舵を切ることは、決して容易なことではないように思われます。

　とはいえ、裁判官がその広汎な裁量権を濫用するような手続運営をすることがあってはならないのは当然です。現行の民事訴訟法が、和解手続を主宰する裁判官に広汎な裁量権を与えているのは、裁判官による手続運営が適正に行われることを信頼しているからにほかなりません。こうした信頼を裏切ることのないよう、裁判官には、交互面接方式の下でも「二枚舌」を使って当事者を丸め込むことはしない、和解案を提示する際にはできる限り心証を丁寧に説明するといった、公平性や中立性を確保する配慮が欠かせません。

第6章

和解Q＆A

第6章　和解Q&A

　ここでは、和解協議を主宰する裁判官が実務上しばしば直面する場面を取り上げて、具体的な方策を考えてみたいと思います。すでに述べたことと重複する点も含まれますが、具体的な場面ごとにあらかじめ準備をしておくことが重要ですので、おさらいをするつもりで読んでいただければと思います。

1　当事者がなかなか決断してくれない場合

Q　原告から和解案が示され、被告も、原告案にまんざらでもない様子なのですが、「この点をこうしてくれないか」などと、細かな点についていろいろな条件を付け、その度に原告が修正案を出すものの、被告はそれに対しても、「やっぱり将来のことを考えると受け入れられない」などと言って、なかなか決断してくれません。被告は、和解をする気はあるようなので、何とか和解成立にこぎつけたいのですが、被告に決断をしてもらうためにはどうしたらよいでしょうか。

A　和解をする気はあり、提示された和解案に対しても決して消極ではないものの、決断をしてくれない———こうした当事者は、和解手続でしばしば目にするものです。いわば「決断できない当事者」です。こうした当事者は、なぜ決断できないのでしょうか。その理由は千差万別であり、当事者の事情や個性に合わせた対応が必要となります。そのための方策としては、次のようなものが考えられます。

①　当事者の不安を解消する

　なかなか決断できない当事者は、和解をすることに不安を抱いていることが多いように思われます。「この和解案を受け入れたら、かえって不利にならないだろうか。もっとよい和解案や解決策があるのではないだろうか」などと、不安を募らせ、現状を変更する和解に踏み切れないのです。そこで、このような当事者に決断を促すためには、その不安を把握して、解消することが必要となります。

　そのためには、まず、その和解案が審理の結果を踏まえても妥当であること、判決よりも種々の面でメリットがあることを丁寧に説明する必要があります。そのうえで、和解を拒絶してもメリットは乏しいことを丁寧に説明するとよいでしょう。将来の不確実な事象に対する不安にとらわれて

いる当事者に対しては、将来のことは誰にもわからないこと、「心配事の9割は起こらない」と言われるように、心配していたことが起きないことも多いこと、それよりも和解を成立させることで確実に得られるものを得たほうがよいことを説明してあげると、納得してもらえることが少なくありません。

② **理想の和解案はないことを理解してもらう**

和解は、判決と異なり、双方が合意すれば原則としてどのような内容も和解条項に盛り込むことができます。そのためか、当事者の中には、「あれも、これも」とばかりに、さまざまな要望を盛り込んだ和解案を提示し、そこから一歩も動こうとしない人もいます。そのような和解案を反対当事者が受け入れてくれればよいのですが、そのようなことはめったにありませんので、どこかで譲歩（妥協）をする必要が出てきます。

そこで、このような当事者に対しては、たとえば次の *Example209* のように告げて、理想の和解案はないことを理解してもらうことで、地に足の着いた検討をしてもらうきっかけをつくってみるとよいでしょう。

> ❖ *Example209*
>
> 裁判官「（原告に対し）被告が満額支払ってくれるなら一番いいのですが、実際には被告はあまりお金がなさそうですし、判決でも満額認容は難しいと思います。原告としては、どこまでなら譲歩できるとお考えですか」

③ **参考例（先例）を提示する**

和解をするか否かで迷っている当事者は、何を基準に決断をしたらよいのかわからないという人もいるでしょう。特に、代理人をつけずに訴訟をしている当事者は、よほど裁判慣れしている人ならともかく、初めての裁判で、どうしたらよいのか途方に暮れている人も少なくないものと思われます。

そこで、このような当事者に対しては、参考例（先例）を提示することをお勧めします[1]。同様の事件ではどのような解決がされることが多いのかといった一般的な説明をしたり、同様の事件で和解で終局した事案を

1　今井・動かす240頁参照。

第6章　和解Q＆A

紹介したりすると、当事者に「自分一人ではないのだ」という安心感を与えることができ、和解に向けて背中を押すことができるでしょう。

④　仮定の条件の下で考えさせる

なかなか決断できない当事者は、思考の範囲も狭くなり、頭の中で同じところをぐるぐると回っているだけになっていることが少なくないようです。このような当事者に、別の視点から考えてもらうためには、「仮に……としたら」「たとえば……としたら」という仮定の条件を与えてみることが効果的です（第5章IV4(4)、*Example35*、*36*参照）。このような仮定条件の下に検討をさせてみると、それまでとは違った観点から検討するきっかけになるうえ、「仮に」の話なので、当事者としても「最終決断をする」というプレッシャーから解放され、検討が進展することが期待できます。

同様に、当事者が、「あれもこれも」とさまざまな希望を出してくるため、一向に和解協議が収斂していかない場合には、次の*Example210*のような質問をしてみるとよいでしょう。

❖ *Example210*

裁判官「仮に優先順位をつけるなら、一番外せないものはどれですか」

このような質問も、重要な条件に目を向けてもらい、些末な条件については最終的に断念してもらうためのきっかけになります。

⑤　決断を促す出来事を活用する

人は、何かきっかけがないと、なかなか決断できないものです。逆に言えば、きっかけを与えられれば、決断に向けて動き出す可能性が高いということです。そこで、決断のきっかけとなるような出来事があった場合には、それをとらえて決断を促すことも考えられます[2]。たとえば、老朽化した建物の共有物分割をめぐって長期間和解協議を続けていたところ、比較的大きな地震が発生したという出来事があった場合には、次の*Example211*のような説得をしてみることが考えられます。

2　山田・技法414頁参照。

Q1 当事者がなかなか決断してくれない場合

❖ *Example211*

裁判官「今度もっと強い地震が来た場合には、建物が倒壊して、最悪の場合通行人が巻き込まれる事故にならないとも限りません。早くこの建物をめぐる争いを解決して、そのようなリスクを解消しましょう」

⑥ 背水の陣を敷くように仕向ける

和解交渉では、双方が少しずつ譲歩を小出しにして徐々に歩み寄っていくということが少なくありません。もっとも、すぐに合意しようという意欲が当事者に乏しいためか、毎回の譲歩があまりにも小さくて、なかなか差が埋まらないという場合もあるでしょう。

このような場合には、「背水の陣」を敷くように仕向けることが効果的です。つまり、もっと思い切った譲歩をしてほしいと要請し、要請に応じられないなら和解を打ち切ることもあり得ると警告するのです。その際には、「100万円台まで降りられないものでしょうか」などと、「思い切った譲歩」のイメージ（具体的な数字や幅）を示すと、より効果的です。

また、裁判官が和解案を示す際にも、「この和解案で和解が成立しないなら、和解を打ち切ります」と宣言することも考えられます。当事者の一方が「この和解案以上の譲歩できません」として提示した和解案を反対当事者に示す際にも、同様の宣言をすることも考えられるところです。もっとも、このような宣言をした以上は、当事者のどちらかがその和解案を拒絶した場合には、和解を打ち切らざるを得ませんので、宣言のタイミングは慎重に検討しましょう。余りにも早期に宣言をしてしまうと、和解できるはずの事案で和解をつぶしてしまうことにもなりかねません。

なお、当事者の中には、具体的な和解案が反対当事者や裁判官から示されているのに、言を左右にして諾否を明らかにしようとしない人もいます。そのような場合には、拒絶されることを恐れずに、和解案を受け入れるか否かをしっかりと聞くことが大切です。大した理由もないのに決断を先延ばしにしようとする当事者に対しては、「今日この場で決断してください。決断できないなら、和解を打ち切ります」と通告して、その場で決断を迫ることも考えられます[3]。

---

3 佐藤・控訴審209頁は、具体的な理由もないのに「一度家に帰って考えさせてほしい」と述

371

第6章　和解Q&A

⑦　期限（締切）を設定する

なかなか決断しようとしない当事者の中には、「締切」や「期限」に対する意識が薄い人もいます。このような人は、「いつか決断すればいいや」と思っているため、急いで決断しようという切迫感に欠けているのです。このような人に対しては、「今年中（年内）には解決しましょう」「次回には考えをまとめてもってきてもらえますか」などと、一定の期限（締切）を設定して、それまでに行うべき内容を具体的に指示することをお勧めします（第5章Ⅵ4⑵コの「締切効果」も併せて参照してください）[4]。

また、次回期日までの検討事項（いわゆる「宿題」）を指示してもすっぽかすことを繰り返す当事者に対しては、期限を設定するだけでなく、宿題をやってこなかった場合には和解を打ち切ることもあり得ると警告することも考えるべきでしょう。もっとも、このような警告は、そもそも和解の意思が乏しい当事者に対してはほとんど効果が期待できないので、「和解の意思はある」と言いながら、遅々として検討が進まない当事者に対して用いるとよいでしょう。

⑧　急かさない

⑦の「期限を設定する」というやり方は、切迫感に欠けた「のんびり屋」の当事者に対しては有効ですが、あれこれと不安をかかえて頭がいっぱいになっている当事者に対して、「次回までに決めてきてください」などと期限を設定すると、過大なプレッシャーとなり、かえって決断ができないという結果になりかねません。最悪の場合、「もうそれなら和解は結構です」などと、和解の打ち切りを求められるおそれもあります。

そこで、このような「負の感情」で頭がいっぱいになっている当事者に対しては、急かさないことが結果的に和解に導く近道であったりします。このような当事者は、気持ちの整理に一定の時間を要するため、じっくりと考える余裕を与える必要があるのです。とはいえ、検討をしてほしいというメッセージは伝える必要はあります。そこで、たとえば、次の**Example212**のような言葉を掛けたうえで、検討する時間を与えてみましょ

べる当事者は、単に決断を先延ばしにしたいだけなので、当事者の要請に応じて期日を続行すると、十中八九逆戻りしてしまうとして、どの点のどういうところに納得がいかないのか等を確認したうえで、その場での決断を求め、それでも決断を引き延ばそうとする当事者に対しては、いったんは和解を打ち切るという姿勢で臨むほうが、総合的に見て妥当な結果を招くとしています。

4　山田・技法413頁参照。

372

う。

> ❖ *Example212*
>
> 裁判官「真剣に考えているからこそ、迷われているのだと思います。最終
> 　　　的に決めるのはあなたです。急ぐ必要はありません。少し日を置いて
> 　　　おきますから、その間にじっくりと考えてみてください」

　そして、このような当事者に対して決断を促す場合には、「そろそろ決断してください」などと、急かすような口調は避け、次の*Example213*のような自主的な判断を尊重した言い方をしてみましょう。

> ❖ *Example213*
>
> 裁判官「もうこの辺りで一歩踏み出してもよい時期ではないでしょうか」

⑨　自信をもって和解案を勧める

　優柔不断な当事者に対しては、自信をもって和解案を勧めることで、決断を後押しすることが期待できることもあります。裁判官が自信なさそうな態度をとっていると、和解案自体にも不信感を抱かれるおそれがあるので、「この和解案は、あなたにとってベストのものだと考えています」という姿勢が伝わるように心掛けましょう。そのためには、たとえば、背筋をしっかり伸ばして相手の目を見る、ゆっくり、はっきりと話す、語尾をはっきり切るといったことに注意してみてください。

2　当事者が強硬な態度や感情的な態度をとる場合

> **Q**　強硬な態度をとって裁判官の言葉に耳を貸そうとしない当事者や、感情的になって反論してくる当事者への説得は気が重いものです。このような当事者に対して、うまく説得する方法はありますか。

A　当事者の中には、自論を一切曲げようとせず、裁判官が言葉を尽くして説得しようとしても、耳を貸そうとしない人もいます。また、裁判官が、相手方の意見や裁判官自身の意見を伝えたところ、感情的になって、「そ

第6章 和解Q&A

れはおかしい」「○○と考えるのが当たり前でしょう！」などと強い口調で反論してくる人もいます。

こういう当事者に対して説得を試みるためには、まず、「難しい当事者に当たることもある」とあらかじめ心構えをしておくことが大切です。難しい当事者への説得は骨が折れるものですが、他方で、和解や説得の技法を磨くうえでは絶好の教材ともなるのです。「自分にとってもよい経験になる。このような当事者を説得することで、和解のスキルをアップすることができる」と前向きに考えてみましょう。

そして、和解協議の場で当事者が感情的な態度をとってきた場合には、冷静に対処する必要があります。慌てて感情的に反撃しようとすると、かえってこじれてしまうでしょう。また、「正論」をぶつけて論破しようとするのも望ましくありません。仮にうまく反論できてその場はやり込めることができたとしても、当事者が心から納得したのでなければ、その心の中にはわだかまりが残り、その後の和解協議がぎくしゃくしたものになってしまいます。

裁判所での和解協議という公式の場ですら感情的な態度をあらわにする当事者というのは、反対当事者に対する強い嫌悪の情を抱いているものです。こうした感情を押さえつけるのではなく、発散させることで、冷静さを取り戻してもらう必要があります。このような当事者には、遠回りのようでも、心理的調整から始めるのがよいでしょう。

そのためには、第一に、当事者の気持ちを受容する姿勢を見せることです。そのための具体的技法は第5章Vで説明しましたが、中でも、「繰り返し」（第5章V2(2)イ参照）が有効です。感情的な言葉をぶつけてきた当事者に対し、「あなたとしては、相手方の意見はおかしいと感じておられるということなのですね」などと、その言葉を繰り返してそのままお返ししてみましょう。当事者に対し、「あなたの話を聴いています」というメッセージを伝えることで、当事者にクールダウンしてもらうきっかけをつくることができます。また、裁判官の側も、当事者の言葉を繰り返すという単純なステップを挟むことで、自分自身もクールダウンすることができます。感情的な言葉をぶつけられると、頭が真っ白になって何を言ったらいいのかわからなくなってしまったり、感情的になって言い返したりしてしまいがちですが、それでは説得がうまくいくはずがありません。そのようなことにならないよう、裁判官は、常に冷静に対処する必要があります。

そのうえで、当事者に、自分の考えや気持ちを存分に語らせ、これを傾聴す

374

るという姿勢が重要です。そうすることで、当事者のわだかまりが解けて、徐々に裁判官に対する信頼感が生まれてくることが期待できます。

このように「受容」の姿勢を示したら、次に「反論」へと移っていきます。といっても、手のひらを返したように論理的説得の一点張りでは、せっかく当事者が心を開こうという雰囲気になったのに、それを台無しにしてしまいますので、あくまで当事者の考えを尊重する姿勢を見せつつ、それでは和解が難しいことを説明していくのがよいでしょう。ここでも「受容」と「反論」のバランスが大切です（第5章Ⅲ1(5)参照）。その際には、当事者の「こだわりポイント」を探りつつ、それにふさわしい説得を試みることが大切です。「この人が真に求めているのは何か」「何がこの人をこんなに感情的にさせているのだろうか」などと考えてみることです。たとえば、当事者が心証に納得していないなら、論理的説得、つまり、なぜそのような心証を抱いているのかを丁寧に説明してあげるとよいでしょう。当事者が損得で動く人なら、功利的説得、つまり、和解に応じたほうが得であると強調するのがよいでしょう。併せて、必要に応じて、感情的説得、つまり、感情に訴え掛ける説得を織り交ぜるとより効果的です。

ところで、感情的になっている当事者は、裁判官の考えや説明に対し、揚げ足を採るような発言をしてくることもあります。そういうときは、ついついカッとなって理詰めで反論しがちですが、ここはぐっとこらえて、「そういう考えもあろうかと思いますが」と、ふんわりと受け止めるべきです。場合によっては、「私の説明が舌足らずだったかもしれません」「誤解を与えたとすれば，申し訳ありません」と、非を認めてから説得を試みたほうが、その後のやりとりはスムーズに進むでしょう。

3 当事者が反対当事者に対する強い不信感を抱いている場合

Q 当事者が、反対当事者に対する強い不信感を抱いているため、裁判官からの説得を受け付けようとしません。このような当事者に対してはどう対処したらよいでしょうか。

第6章 和解Q＆A

A 訴訟の当事者は、多かれ少なかれ、反対当事者に対する不信感を抱いているものです。もっとも、その不信感があまりに強すぎて、和解の芽がない（当事者も和解の意思がない）という場合には、和解は断念せざるを得ないでしょう。

問題なのは、当事者には和解の意思があり、和解協議にも熱心に乗ってくるものの、具体的な条件の検討に入ろうとすると、反対当事者に対する不信感をあらわにして、説得に耳を貸そうとしないという場合です。このような当事者に対しては、論理的説得、功利的説得、感情的説得を総動員して、和解へと誘導していく必要があります。

もっとも、当事者の反対当事者に対する不信感が、誤解に基づいているということも少なくありません。そのような場合には、誤解を解くことができれば、和解に向けた大きな一歩となるでしょう。とはいえ、「それは誤解ですよ」「思い過ごしではないでしょうか」と説得しようとすると、「裁判官は相手方の肩をもっているのか」「裁判官はわかってくれない」と思われるだけです。

そこで、まず、当事者が誤解している原因を考えてみることです。そして、その原因が、「この人が誤解するのもやむを得ない」というようなものであれば、次の *Example214* のように、当事者の感情に共感を示しつつ、誤解を解くための情報をできるだけ多く提供してみましょう。無理に誤解を解こうとするのではなく、必要な情報を提供して、当事者自ら誤解を解いてもらうことに期待するのです。

❖ *Example214*

裁判官 「（原告に対し）お話をお聴きしていると、あなたがそう思い込むのももっともな面があると思います。他方で、被告に話を聴いてみたところ、今回のトラブルの遠因として……ということがあったとのことです。裁判所には、真相まではわかりませんが、もし、あなたが考えていることが真実なら、被告はとっくに取引を打ち切っているでしょうが、いまだに取引を続けているというのは、被告にもあなたとの取引を続けたいという思いがあるからではないでしょうか」

もちろん、このような情報を提供したからといってすぐに誤解が解けるというものではないでしょうが、適切な情報を提供することができれば、当事者が考え方を修正するきっかけになるでしょう[5]。

また、反対当事者が、反省の弁を述べたり、和解に向けて関係改善を図っていきたいなどと、融和的な態度や考えを示したりしている場合には、それを伝えてあげるとよいでしょう（第5章Ⅵ4(2)ア、**Episode13**参照）。

これに対し、当事者が、自分が体験した事実に基づいて一定の認識（誤解）を形成している場合には、誤解を解くのはより一層困難な作業になります。こういう当事者は、「いや、私は誤解などしていない。被告は、私に対し、『もうおたくとは取引したくない』と言ったんです」などと、自分が体験した事実を持ち出して、自分の認識をかたくなに守ろうとします。それまでの審理を踏まえて、そのような事実が証拠上認め難いというのであれば、そのことを丁寧に説明することが考えられますが、往々にしてこういう当事者が持ち出す「事実」というのは、争点とは関係ないため証拠上存否がはっきりしないものであることが少なくありません。そのような場合に、事実を実際に体験したわけではない裁判官が、「そのような事実が本当にあったとは思えません」などと、事実があったこと自体を否定しようとしても反発されるだけですので、たとえば次の**Example215**のように、当事者の言う事実があったことは争わずに、評価を争うことが考えられます[6]。つまり、「別の見方もできるのではないか」という投げ掛けをしてみるのです（これは、第5章Ⅵ4(2)クで紹介した「リフレーミング」の一つです）。

❖ *Example215*

裁判官「売り言葉に買い言葉と言いますが、つい口が滑って『もう取引したくない』と言ってしまったという可能性はないでしょうか」

これに対し、当事者の発言が、犯罪を予告するようなものなど、過激に過ぎて社会的相当性を逸脱しているような場合には、決してその発言内容に共感の姿勢を示してはいけません。「裁判所は、あなたの考え方には賛同できません」ときっぱり伝えることが大切です[7]。ただし、この場合も、追い詰めすぎるとかえって暴発しかねないので、逃げ道は用意する必要があります。併せて、当事者の感情に対しては、共感の姿勢を示してみましょう。そうすることで、当事者が冷静さを取り戻すことが期待できます。たとえば、次の*Exam-*

5 　今井・動かす241～243頁参照。
6 　今井・動かす243～244頁参照。
7 　草野・技術論72頁参照。

第 6 章　和解 Q & A

*ple216*のような投げ掛けをしてみることが考えられます。

> ❖ *Example216*
>
> 裁判官「あなたとしては、そこまで被告を憎んでいるのですね。しかし、
> だからといって、そのようなことをすれば、警察沙汰になってしまい
> ます。被告のために、あなたの一生を棒に振ることもないでしょう。
> ここはひとつ冷静になって、何が望ましい解決なのか、裁判所と一緒
> に考えてみませんか」

4　勝ち筋の当事者が強気でなかなか譲歩してくれない場合

Q　当事者を説得する際に、負け筋の当事者については、暫定的心証を説明することで譲歩を引き出せることが多いのですが、勝ち筋の当事者については、暫定的心証を説明すると強気になってしまい、なかなか譲歩してくれません。勝ち筋の当事者に対してはどのように説得すればよいでしょうか。

A　勝ち筋の当事者に対する説得方法を考える前提として、勝ち筋の当事者に対する心証開示については心得ておくべき点があります。それは、勝ち筋の当事者に対し、何の留保もつけずに勝訴見込みであるとの心証を伝えてしまうと、その後の和解協議はかなり難しくなることが多いということです。勝ち筋の当事者にしてみれば、和解を断って判決をもらっても何も損することはないのであれば、和解のために譲歩する必要はないからです。

事案の性質やそれまでの審理等に照らして、当該当事者の勝訴が間違いないといえるほど確定的であり、譲歩してもらうべき事情がおよそなく、当該当事者も和解をさほど望んでいない場合[8]は、説得は難しいので、早々に判決へと進むほかないでしょう。

8　典型例としては、貸金業者が提訴した貸金返還請求訴訟や、建物の賃貸人が賃料不払を理由に賃貸借契約を解除したとして提訴した建物明渡請求訴訟が挙げられます。

378

これに対し、勝訴間違いなしといえるほど明白な事案ではない場合には、勝ち筋の当事者に対しても、心証を伝えるにあたって、適切な留保を付すことが不可欠です。「今のところの暫定的な心証では」「証拠調べを経ると心証が変わるかもしれませんが」「控訴審では別の判断がされる可能性もありますが」といった留保を付して、判決になると全部認容で決着がつくとは限らないというニュアンスを伝えてみましょう（*Example46*（第5章Ⅳ5(2)）、*100*（第5章Ⅵ2(2)ア）参照）。そのうえで、勝ち筋の当事者に対しては、次のような観点から説得を試みることが考えられます。

① **和解のためには互譲が必要であること**

和解が成立するためには、当事者がお互い譲歩することが必要です。「和解は希望するが、自分から譲歩するつもりはない」という態度では、和解の成立は望めないでしょう。当事者が、多少なりとも和解したいと思うのであれば、自らも譲歩するのが筋であるということを説明してみましょう。

また、法的には請求や主張に理由がある場合でも、紛争に至る経緯において、勝ち筋の当事者にも一定の落ち度や道義的責任が認められることも少なくありません。そういう事案では、その点を指摘して、勝ち筋の当事者にも譲歩を求めるべきでしょう。

② **判決にはリスクがあること**

裁判には「絶対」はありません。裁判官の心証は、判決書に署名するまでは、全て「暫定的心証」であり、和解協議で開示される心証は、判決の内容を約束するものではありません。したがって、審理を進めていったところ、勝敗が180度逆転してしまうほど心証が変化することもあり得ますし、そこまでいかなくとも、決して少額とはいえないレベルで認容額が変わることは少なくありません。ましてや、第1審で勝訴しても、控訴審で勝訴できるかどうかは、第1審裁判官の保証するところではありませんので、判決を選択する限り、上級審で不利な判決を受けてしまうリスクは残ります。

また、交通事故訴訟などの不法行為事案では、被告の責任は明らかでも、損害額については、原告の主張どおり認められるとは限らないことが少なくありません。慰謝料のように裁判所が裁量的に決める費目が問題となる事案もあれば、過失相殺や素因減額が認められるべき事案もあります。このような事案では、判決になると、予想外に低額しか認容されないとか、原告側にも相当の過失（落ち度）があったことが判決で認定されてしまう

第6章　和解Q&A

というリスクがあります。

　仮に請求認容判決を得たとしても、その回収が確実であるとはいえません。被告が財産隠しをして一銭も払おうとしないかもしれませんし、資力があると思っていた被告が突然倒産して無一文になってしまうかもしれません。早期に和解しておけば、任意の履行が確実に得られたのに、判決を選択した結果、債権回収が困難となり、かえって損をしてしまった───判決にはこうしたリスクがあることを忘れてはなりません。

　このように、たとえ勝ち筋の当事者であっても、判決へと進むことについては、何らかのリスクがあるのが通常であるといってよいでしょう。特に、証拠調べ（尋問）前では、その結果次第では心証が大きく変わるというリスクがあることは否定できません。したがって、勝ち筋の当事者に対しては、当該当事者の主張立証の弱点を強調しつつ、判決になると一定のリスクがあること、和解ではこうしたリスクを避けることができることを説明し、理解を得るようにしましょう[9]。

③　和解にはメリットがあること

　第5章Ⅵ3で詳しく説明しましたが、和解には判決にないさまざまなメリットがあります。中でも、紛争を早期に解決することができることや、任意の履行が期待できることは、どのような事件でも和解のメリットとして挙げることができるでしょう。勝ち筋の当事者に対しても、和解のメリットを説明して、メリットを享受する以上は一定の譲歩をするべきであると説得することが考えられます。

5　一方当事者が和解の意思はあるが、自分は譲歩しようとしない場合

Q　和解勧告をしたところ、原告はかなり柔軟な姿勢を見せて譲歩してくれているのですが、被告がなかなか譲歩しようとしません。このような当事者をうまく説得する方法はありますか。

9　もちろん、勝訴見込みの心証を抱いているのに、「あなたは敗訴する可能性が高い」などと心証と真逆のことを告げることは、説得方法として許される限度を超えていますので、相当ではありません。

380

Q5　一方当事者が和解の意思はあるが、自分は譲歩しようとしない場合

A　　第5章Ⅵで詳しく述べましたが、説得には、論理的説得、功利的説得、感情的説得の3類型があります。どのような当事者であれ、説得は、この三つの説得方法をいかにうまく活用するかにかかってきます。とはいえ、「譲歩するのは相手方であって、自分ではない」とばかりに、相手方の譲歩ばかり求めて自分は一向に譲歩しないという当事者も見られるところです。このような当事者が、そもそも和解の意思自体乏しく、裁判官の説得にも翻意しようとしないのであれば、和解を打ち切らざるを得ないでしょうが、和解の意思はあるのになかなか譲歩しないという当事者であれば、説得方法次第で和解へと導けることもあります。ここでは、なかなか譲歩しようとしない当事者に対する「感情的説得」のあり方について見ていくこととしましょう。

　当然のことですが、このような当事者に対しては、和解は「互譲」であること、つまり双方が譲歩しなければ和解は成立しないことを理解してもらう必要があります。自分の言い分だけを押し通しても、相手方が受け入れなければ和解にはならない———この当たり前の事実を認識してもらう必要があります。このような当事者の中には、「譲歩をすると、負けを認めたような気持ちになる」という思いから、譲歩をかたくなに拒む人もいるのですが、そのような当事者に対しては、譲歩は負けを認めることではなく、むしろ紛争の円満解決に向けた立派な行動であることや、ここで譲歩して和解を成立させることで、長い目で見ると得である（いわば「損して得取れ」「負けるが勝ち」）ということを説明してみることも考えられます。

　場合によっては、「どういう説得をすれば相手方を説得できるか、何かよい知恵はないですか」と、ボールを当事者に投げてみる手もあります。こういう当事者は、自分中心に物事を考えているので、裁判官や反対当事者の立場に立って物事を考えようとしません。当然、このようなボールを投げられても、「そんなことは私にはわかりません」などと拒絶するでしょうから、それを逆手にとって、「あなたにもわからないことが、裁判官にわかるはずないでしょう」などと告げると、自分中心の考え方から脱却してもらうきっかけになるかもしれません。

　また、このような当事者は、裁判官の説得にも耳を貸そうとせず、「これ以上は譲歩できません」「どうぞ判決で判断してください」などと、開き直った態度を見せることもあります。その場合に、「本当に判決しますよ。いいんですか？」などと、売り言葉に買い言葉のような対応をしてしまうと、かえってうまくいかないでしょう。このような当事者の態度は、交渉の手段としての発

381

言であったり、面子を維持するための発言であったりすることも少なくありません。「あなたとしては、これ以上は譲歩できない、譲歩できるところは十二分に譲歩したということなのですね」などと発言を繰り返すなどして、さらりと当事者の感情をかわし、本音を把握することに努めましょう。そのうえで、上記の三つの説得方法を駆使して説得に努めましょう。その際には、「あなたのためを思っているからこそ和解をお勧めしているのです」と感じてもらえるような話しぶりを心掛ける必要があります。「判決になれば大損ですよ。それでもいいんですか？」などと、突き放すような言い方では、当事者がかえって心を閉ざしてしまいます。

　そして、当事者が譲歩の姿勢を見せ始めた場合には、「よく考えていただきました」「大変助かります」「これで和解に向けて一歩前進しましたね」などと、譲歩したことに対する「是認」の言葉（第5章Ⅴ2(2)オ参照）を掛けてみましょう。当事者が、自尊心の強い人であれば、「さすがよくお考えですね」などとプライドをくすぐるような言葉も有効でしょう（第5章Ⅲ2(3)参照）。

6　判決で白黒をつけてほしいと言われた場合

Q　和解手続で当事者の説得を試みたところ、「判決で白黒をつけてほしい」と言われてしまうことがあります。裁判所は、文字どおり裁判（判決）をする所なので、そう言われてしまうと、反論に窮してしまいます。どうしたらよいでしょうか。

A　和解は判決と並んで民事訴訟の車の両輪のような役割を果たしていますが、当事者をその意に反して和解させることはできませんので、判決が裁判所の本来的役割であることは否定できません。それだけに、当事者から「和解はしたくない。判決で白黒をつけてほしい」と言われた場合、それが正論であるだけに、なかなか反論しづらい面があるように思います。

　しかし、このような場合でも、当事者への説得は可能です。その切り口としては、次のようなものが考えられます。

①　判決になると和解よりも不利な結果となる
　「判決で白黒をつけてほしい」と要望する当事者の中には、和解するよりも判決のほうが有利な結果が得られると思っている人もいます。ところ

が、裁判官は、必ずしもそうは思っておらず、判決になるとむしろ当該当事者にとって不利な結果となってしまうと考えていることもあります。

そのような場合には、次の*Example217*のように、そのことを率直に説明して、当事者の誤解を解く必要があります。

❖ *Example217*

裁判官「（原告に対し）現在の暫定的心証では、本件は、原告の請求を認容するのが難しい事案だと感じています。もっとも、事案の性質などに照らすと、被告には多少なりとも金銭を支払ってもらってもよい事案だと思いますので、和解を勧めているのです」

「心証中心型」の和解では、こうした裁判官の心証に基づく説得が主たる説得方法となるでしょう[10]。

② **和解でも白黒をつけることは可能である**

訴訟が和解で終了すると、原告の請求（訴訟物）についての裁判所の判断が判決という形で示されることはないため、白黒をつけないままの解決となるのが通常です。もっとも、和解であっても、双方が同意すれば、白黒をつけた解決をすることは可能です。

たとえば、和解条項に「原告と被告は、○○の事実を認める。」とか、「被告は、○○について責任があることを認める。」といった内容を盛り込むことで、事実や責任の存否について明確に残すことができます（もちろん、当事者双方がこうした条項に同意する必要がありますが）。また、被告が原告に支払う金銭の名目を「和解金」「解決金」といった無色透明なものではなく「損害賠償金」などとすることで、被告が賠償金を支払う約束したことを明確にすることも可能です。そこで、「白黒をつけてほしい」という当事者に対しては、次の*Example218*のような説得が考えられます。

❖ *Example218*

① 裁判官「和解でも、相手方が同意すれば、事実関係を認める旨の条項を入れることができますよ」

10　もっとも、心証を捻じ曲げて、実際には認容の心証であるのに、原告に対して「棄却の可能性が高いです」などと言うことは、説得の方法として適当でないことは言うまでもありません。

第 6 章　和解 Q & A

② 裁判官「和解でも、被告がよければ、金銭の名目を『損害賠償金』に
　　　　することもできますよ。そうすれば、被告に賠償義務があり、その
　　　　弁済として支払をしたことは明らかでしょう」

　和解条項にこうした条項や文言を盛り込むことが難しい場合でも、たと
えば原告の請求額に近い額の和解金を支払う旨の和解のように、和解金の
額からおのずとその趣旨が理解できるということもあります。そこで、そ
のような場合には、次の**Example219**のような説明をしてみましょう。

❖ *Example219*

裁判官「名目は和解金ですが、500万円を請求して、400万円も和解金とし
　　　　て支払ってもらうのですから、あなた（原告）の言い分に分があるこ
　　　　とは第三者から見ても一目瞭然ではないでしょうか」

③　**判決ですべてに白黒がつくとは限らない**

　当事者の中には、判決をすると、訴訟で争いとなっていた事柄のすべて
について、裁判所が白黒をつけてくれると期待している人もいます。しか
し、裁判所は、原告の請求（訴訟物）の当否や、主要事実の存否、さらに
は主要事実にかかわる重要な間接事実の存否については判断をすることに
なるものの、それ以外の点については、いくら訴訟の中で当事者が争って
いても、判断を示すとは限りません（むしろ、争点に関係のない「事情」に
わたる事実については、判断を示さないのが通常だといってもよいでしょう）。

　そこで、当事者がこのような誤解をしている場合には、次の**Example220**のような説明をして、その誤解をただすことによって、和解へと
目を向けてもらうことが考えられます。

❖ *Example220*

裁判官「○○という点を判決ではっきりさせてほしいとのことですが、判
　　　　決では、結論を導くのに必要な限度でしか判断されませんので、○○
　　　　という点について判決で判断されるとは限りませんよ」

④　**判決で白黒をはっきりさせることが必ずしも望ましいとは限らない**

　判決で白黒をはっきりさせると、かえって当事者としては困った事態に

なってしまうこともあります。それは、その当事者にとって都合の悪い事実があらわになってしまう場合です。たとえば、不法行為に基づく損害賠償請求訴訟では、原告は、被告に責任があることをはっきりとさせたいと思うことが少なくありませんが、判決では、事故の発生について、被告の責任だけでなく、原告にも責任があるとして、過失相殺が認められてしまうこともあります。場合によっては、原告の過失のほうが大きいと判断され、事故の発生の主な責任は原告にあると宣言されてしまうこともあります。これでは、何のために判決を求めたのかわからないことになってしまいます。また、判決の結論や事実認定が、当該事案にとどまらず、他の事案へと波及してしまうことも考えられます（**Episode12**（第5章Ⅵ3(2)オ）参照）。

そこで、判決で白黒をはっきりさせることにこうしたデメリットがある場合には、そのことをわかりやすく説明するとよいでしょう。

7 和解金を支払ってもいいが、法的責任を認めたかのように受け止められるのが嫌だと言われた場合

> 被告に対し、和解金を支払うよう説得を重ねたところ、ようやく被告が支払に前向きな姿勢を示すようになったのですが、被告からは、「金銭を払う和解に応じることで、自分が法的責任を認めたかのように第三者から受け止められるのは困る」と言われてしまい、暗礁に乗り上げてしまいました。被告を説得するうまい方法はないものでしょうか。

不法行為に基づく損害賠償請求訴訟が典型ですが、被告としては、責任は認めたくないと思いながらも、しぶしぶ和解に応じることも少なくありません。このような被告は、和解で終わらせたいという気持ちと、責任を認めたと第三者から思われたくないという気持ちの間で葛藤を抱えており、なかなか和解を決断してくれないものです。

このような当事者は、和解成立後にその内容が第三者に知られてしまうことを心配しているので、この心配を解消してあげる必要があります。そのための方法としては、和解条項の中に口外禁止条項を入れることが考えられます[11]。

第6章　和解Q&A

それでも、当事者の心配が払拭されない場合には、和解条項自体を工夫することが考えられます。以下に、一例を挙げます。

①　金銭の名目を「見舞金」「解決金」とする。

②　条項または前文に「被告に法的責任がないことを前提に」等の文言を入れる。

③　和解調書の期日における被告の陳述として、「和解条項○項は，被告の法的責任がないことを前提とするものである。」等を記載する（これに加えて、原告の陳述として「原告としてはこの点は争わない。」と記載できると、なおよいでしょう）。当事者の陳述という形でなく、裁判所の陳述として、上記被告の陳述と同旨を記載することも考えられます。

④　給付条項に「早期解決のため」等の文言を挿入する。

また、和解成立の過程で、裁判官から、被告に法的責任がない旨の見解を表明することも考えられます。たとえば、裁判官が和解条項案を示して和解勧告する場合に、書面または口頭で、「和解条項○項は、被告の法的責任がないことを前提とするものです」旨の説明を付加することが考えられます。

8　争点整理と和解協議を並行して行う場合

Q　争点整理と和解協議を並行して行ったほうがよい場合はあるのでしょうか。その場合、どのような点に留意すればよいでしょうか。

A　第5章Ⅲ1(11)でも述べましたが、争点整理と和解協議は、原則として峻別して行うのが基本です。争点整理と和解協議を峻別しないと、個別面接の場における当事者の陳述等から裁判官が心証を採ってしまうというおそれがあるうえ、争点整理と和解協議のどちらもおろそかになってしまうおそれがあるからです。

もっとも、事案によっては、争点整理と和解協議を並行して行うことも考え

11　また、2022年（令和4年）の法改正により、和解調書は、口頭弁論期日において和解が成立した場合を除き、原則として当事者および利害関係を疎明した第三者しか閲覧できないことになりましたので（改正法91条2項。2026年（令和8年）5月24日までに施行予定）、改正法の施行後は、この点を説明して、和解内容が第三者に知られる可能性は高くないことを理解してもらうことも大切です。

386

られます。たとえば、原告が被告に損害賠償を求める訴訟では、被告に生じた
実損害の半分程度を和解金として支払ってもらうことを前提に、実損害に関す
る争点整理を行って双方から主張立証をしてもらいつつ、その主張立証を踏ま
えて和解協議も行うことが考えられます。このような場合でも、本来であれば、
実損害に関する争点整理を終えてから、和解協議に切り替えるのが望ましいの
ですが、実損害に関する争点整理に多大な労力と時間を要することが見込まれ
る場合には、和解協議に必要な限度で主張立証をしてもらい、その成果を踏ま
えて和解協議を行うことも考えられるところです。

　このように、争点整理の結果が和解協議にも活用できる場合には、争点整理
を行いつつ、当事者に和解に向けた検討も並行して行ってもらい、和解協議も
随時行うという方法を採用してもよいでしょう。

　争点整理と和解協議を並行して行う場合には、次の点に留意が必要です。

①　和解の枠組みや進め方について合意を取り付けたうえで行う

　　争点整理と和解協議を並行して行う場合には、和解協議の序盤において、
　和解の枠組みや進め方について、当事者の合意を取り付けておくことが望
　まれます。そうでないと、長期間にわたり和解協議を行い、並行して当事
　者から多数の準備書面や書証が提出されたにもかかわらず、土壇場で和解
　の枠組み自体に異論を述べられ、それまでの協議が水泡に帰してしまうリ
　スクがあります。和解協議と並行して行っていた争点整理の結果をその後
　も活用できればまだましですが、純粋に和解のためだけに多数の書証が提
　出されていた場合には、その書証をその後活用することもできず、全くの
　時間の無駄になってしまいます。

　　次の**Episode37**は、和解の枠組みについての認識の一致のないまま争
　点整理と和解協議を並行して行ってきたため、土壇場で枠組み自体に異論
　を述べられ、結局和解に至らなかったというケースです。

Episode37

　原告は、被告に倉庫を賃貸していたところ、契約終了後に返還された倉
庫の中に大量の産業廃棄物が残置されていたとして、その処分費用約5000
万円のほか、種々の損害を主張して、被告に対し、合計約１億円の損害賠
償を求めた。被告は、倉庫は取壊しが予定されていたため、産業廃棄物を
残置することは原告も了承済みであったなどと反論した。

　裁判官は、原告が主張する損害のうち、産業廃棄物の処分費用に限り被

第6章　和解Q＆A

告が負担するとの和解が相当であると考え、双方に和解勧告をしたうえ、処分費用について主張立証させた。原告も被告も、専門業者に依頼するなどしてその処分費用に関する資料を多数提出し、約1年半にわたって争点整理と和解協議が並行して進められた。

　結局、裁判官は、被告が主張する処分費用よりやや高額な費用を処分費用と認め、これを被告が原告に支払うとの和解案を提示したところ、原告が、「処分費用以外にも約5000万円の損害が生じており、そもそも和解金を処分費用に限定すること自体納得いかない」と述べ、裁判所和解案を拒絶した。

　この**Episode37**のケースでは、できれば和解協議（および処分費用に関する主張立証）に入る段階で、「処分費用相当額を和解金とする」との枠組みについて、双方の合意を取り付けておくことが望ましかったと思われます（調書に残しておくと、より効果的です）。それをしないまま、裁判官主導で争点整理と和解協議を並行して進めた結果、土壇場で原告の離反を招いてしまったものと思われます。幸い、処分費用に関する主張立証は、その後の審理にも活用できるものでしたが、根底の部分で意見の一致を見ないまま和解協議を1年半も続けてしまったのは、審理期間の不必要な長期化を招くものといわざるを得ません。

② **目的をはっきりさせる**

　特定の事項に関する主張立証をしてもらったうえで、これを踏まえて並行して和解協議を行うような場合には、何のためにその主張立証をしてもらうのかをはっきりさせ、認識を当事者と共有することが必要です。争点整理が主目的であり、仮に和解ができなくともその主張立証が無駄にならないのであればともかく、判決をするうえでは必ずしも必要ではない主張立証のために時間と労力を費やすことは、和解が成立しなかった場合のことを考えると、できれば避けたい事態です。

　そこで、こうした主張立証を当事者に促す場合には、それが争点整理のためなのか、それとも主として和解協議のためなのかをはっきりさせるとともに、和解協議のための主張立証を促す場合には、不必要に長期化しないようコントロールしていく必要があります。

③ **手続を漂流させない**

　争点整理と和解協議を並行して行うと、毎回の期日が争点整理のためな

388

のか、和解協議のためなのか、次第にはっきりしなくなるおそれがあります。そうなると、裁判官だけでなく当事者も、争点整理に身が入らず、かといって和解成立に向けて汗をかく気持ちも失せてきて、手続が漂流しがちになります。②のとおり、目的をはっきりさせて手続を進めるとともに、その目的が達成できないようであれば、漂流を避けるために、速やかに手続を切り替えることが必要です（通常は、和解を打ち切って、争点整理に注力することになるでしょう）。

9　心証から離れた和解をする場合

Q　和解手続での説得は、心証に基づいた説得が原則になると思われますが、あえて心証から離れた（心証とは異なる）説得を試みるべき場合はあるのでしょうか。

A　説得方法の３類型（第５章Ⅵ参照）のなかでも、「論理的説得」は、和解手続における説得の中心を成すものです。とりわけ「心証中心型」の和解運営を行う場合には、心証に基づいた説得が不可欠です。そして、心証に基づいた説得であるからには、当然のことですが、心証と真逆のことを言って丸め込むことは厳に慎まなければなりません。双方に「あなたは負けます」と言って説得することは、不誠実な説得方法です。

とはいえ、心証から離れた和解案を協議の俎上に載せる場合がないわけではありません。そのような場合としては、次のようなものが考えられます。

①　**認容か棄却か結論が微妙な事案**

事件によっては、ある争点についてどちらの結論をとるのかによって、認容か棄却かの結論が大きく分かれてしまうものもあります。たとえば、不法行為に基づく損害賠償で、被告に過失があると判断されれば請求認容となるが、過失がないと判断されれば請求棄却になるという場合です。このような事案で、どちらの結論をとるのか悩ましい場合には、たとえ裁判官が「自分は請求棄却の判決を書くつもりだ」と思っていても、「別の裁判官だったら全部認容するかもしれない」「控訴審では全部認容になるかもしれない」と思えば、決して少なくない額の和解金（たとえば認容額の５割前後）を支払う旨の裁判所和解案を提示することがあります。

389

第6章　和解Q&A

この場合には、心証について当事者に誤解されないよう、「自分として
は請求棄却だと思っているが、控訴審では認容になる可能性がある」など
と率直に説明したうえで、和解案を示すことが重要です。そうしないと、
判決が当事者双方に肩透かしとなり、和解手続や判決への不信感をもたれ
かねません（予想よりも有利な判決をもらった被告には不満はないかもしれま
せんが、予想よりも不利な判決をもらった原告は納得できないでしょう）。

② 　被告に道義的責任を取ってもらいたいと考える場合

判決では請求棄却が見込まれるものの、被告には道義的責任があると思
われる事案があります。このような場合としては、たとえば、被告が不法
行為を行ったものの、消滅時効が完成しているため、判決では請求棄却と
ならざるを得ない場合や、個人が被告となっているものの、審理の結果、
法的責任を負うのは個人ではなく、その個人が代表者を務める法人である
と認められる場合などが挙げられます。そのような場合は、原告も棄却前
提の僅少な金額では納得しないことが多く、また、事案の解決としても被
告に相応の負担をさせることが社会的正義にかなうと考えられることから、
相応の金額を被告が支払う旨の裁判所和解案を提示することがあります。

この場合にも、心証について誤解されないよう、「判決では請求棄却が
見込まれるが、被告には道義的責任がある」などと説明したうえで、和解
案等を示すことが重要です[12]。

③ 　法的な構成を改めれば認容の余地があるのに、原告がそれに気付いてい
ない場合

原告が選択した訴訟物や法的構成が不適切であるため、このままでは請
求棄却とならざるを得ないものの、適切な訴訟物や法的構成を選択すれば
請求認容が見込まれるという場合があります。たとえば、被告が被相続人
の預金から無断で出金をして領得したこと理由とする金銭請求をする場合
で、不法行為構成であれば消滅時効で請求棄却が避けられないものの、不
当利得構成であれば認容が見込まれるという場合があります。このような
場合には、和解においては、紛争の実相に照らしてあるべき結論を想定し
て解決案を提示することは許されると考えられます[13]。

この場合において裁判官が示す和解は、現在の法的構成のままでは棄

12　田中敦・実践574頁〔齋藤聡発言〕参照。
13　田中敦・実践575頁〔齋藤聡発言〕参照。

却となることからすると、認容を前提とすることは難しいと思われます。訴訟の段階や双方の立証の程度等にもよりますが、適切な法的構成を採用した場合の認容予想額の2～3割程度を和解金とするのが限度であることが多いと思われます。

この場合、原告に対しては、棄却の心証であることを告げて、和解して被告から多少の和解金を支払ってもらうほうが得であることを告げ、被告に対しては、現在の法的構成では棄却の心証だが、別の法的構成に変えれば認容の余地があること、ここで和解できなければ、原告が法的構成を変えてくるかもしれないこと（特に控訴審で新たな代理人をつけて法的構成を変えてくる可能性があること）を告げて、今のうちに和解したほうがよいと説得することになるでしょう[14]。

④　当事者から心証とかけ離れた和解案が示された場合

和解協議では、裁判官が心証開示をする前に当事者から和解案が示されることが少なくありませんが、そのような段階での和解案が、裁判官が内心で思っている心証や和解案とかなりかけ離れていることもあります。たとえば、裁判官は内心では請求棄却の心証をもっているものの、これを開示せずに和解協議を始めたところ、被告から予想外に高額の和解金の提案があったという場合です。

和解は当事者双方の合意を基礎とする手続であることからすれば、当事者が提示した和解案が、裁判官の目から見て「かなり譲歩した案を出してきたな」と感じられるようなものであったとしても、その一事をもってその和解案をベースに和解協議を進めることが不当であるとはいえないでしょう[15]。裁判官としては、そのような和解案が示された場合には、相手方には「思いのほか被告が高額の提案をしてきました。これを逃す手はないですよ」「判決では、被告案よりも下がる可能性が高いですよ」などと説明して受諾を促すよう説得することになるでしょう。

もっとも、当事者が重大な勘違いをしてそのような和解案を提示してい

14　ロースクール交渉学40頁〔鬼澤友直〕参照。
15　田中敦・実践573頁〔福田修久発言〕には、①不貞慰謝料請求事件で、原告（元妻）は、元夫から十分な離婚給付を得ていたため、棄却事案であったが、被告（不貞相手）が、原告（元妻）からの後難を恐れて200万円を支払ったという事例、②マンションの賃貸借契約終了に基づく明渡請求事件で、裁判官の心証は請求認容であったが、原告は「被告とは縁を切りたい」と思っていたため、被告にマンションを取得させる代わりに管理費も被告が支払うという和解をしたという事例が紹介されています。

第6章　和解Q&A

ることもあるので、そのような疑いが感じられるときには、「これまでの主張からすると、ずいぶんと譲歩なさった和解案のように見受けられますが、何か事情でもあるのでしょうか」などと、その真意について念のため確認するとよいでしょう。もっとも、紛争の解決は当事者の選択に委ねられるべきものですので、裁判官があまり深く立ち入ることも相当ではないでしょうから、当事者から和解案について一応納得のいく説明が得られた以上は、その和解案をベースに協議を進めていくことになるでしょう。

なお、心証から離れた和解案といっても、大きな方向性としては心証と合致している和解案については、特段の配慮は不要です。たとえば、裁判官が、事前の見立てとして、和解金は300万円前後が相当であろうと考えていたところ、被告が、予想に反して400万円を提示してきたような場合です。この場合は、むしろ裁判官の見立てが適切ではなかったことが多いでしょうから、裁判官としては、この和解案を原告に伝えて、これを受け入れてもらうよう説得を試みれば足ります（場合によっては、「実は、裁判所の事前の見立てでは、300万円前後での和解が相当であると考えていたのですが、被告から予想外に高額の提案がされました。これを断る手はないですよ」などと、事前の見立てを明かしたうえで説得を試みると、一層効果的でしょう）。

10　当事者本人への説得を試みたい場合

Q 代理人を通じて説得を試みているのですが、うまくいきません。本人に直接説得を試みようと思うのですが、留意すべき点はありますか。

A 代理人がついている事件では、まずは代理人を通じて説得を試みることが多いと思われますが、間に代理人を挟むため、どうしても裁判官の考えがダイレクトに本人に伝わりにくいという難点があります。また、代理人の裁判官に対する説明が、必ずしも本人の真意を十分に反映していないこともあります。そこで、代理人を通じた説得ではうまくいかないものの、裁判官が直接説得すれば本人が和解に応じる可能性がある場合や、本人から直接話を聴いてその真意を確認したい場合には、裁判官が本人から直接話を聴き、説得を試みることが考えられます。

その場合には、代理人の了承を得ることが大前提となります。また、その際

392

に「代理人と話してもうまくいかないので、本人を連れてきてほしい」などと言ってしまうと、代理人を怒らせてしまうおそれもあります[16]。そこで、代理人の立場を尊重しつつ、本人を同行してもらうよう働き掛ける必要があります。たとえば、*Example221*のように、裁判官の理解の促進のために連れてきてほしいと依頼するとよいでしょう。

❖ *Example221*

裁判官「本人のお考えを直にうかがいたいと思っています。それによって、もっとよい和解案が思い浮かぶかもしれません」

代理人に「本人を連れてきてほしい」と依頼しても、本人が「仕事が忙しい」「時間がない」などとあれこれ理由をつけて、裁判所に来るのを渋ることがあります。このような場合には、次の*Example222*のような説得が考えられます。

❖ *Example222*

① 裁判官「重要なことなので、時間を作ってもらえませんか」

② 裁判官「裁判所は、ご本人にとってよりよい解決を目指しています。直接お話しすることで、少しでもよい解決案が見つかるかもしれません」

なお、双方の代理人および裁判官が事件について共通の見通しをもっている場合には、裁判官と双方代理人だけで和解について議論して和解案をつくり、その和解案について代理人から本人に対する説得を試みてもらい、説得できなかった当事者のみを裁判官が再度説得するというやり方もあります[17]。

それでは、代理人が本人を同行してきた場合には、どのように期日を進めたらよいでしょうか。

和解協議の場に代理人が本人を同行してきた場合には、交互面接方式においても、本人とその代理人を同席させて話をするのが原則となります。この際に、裁判官が代理人と本人のどちらに対して話をするべきかについては、ケース・バイ・ケースといってよいでしょう。一般的には、裁判官と積極的にコミュニ

---

16 浅沼ほか・和解㈡56頁〔浅沼武発言〕参照。
17 草野・技術論42頁参照。

ケーションしようとしてくる人を対話の相手とすればよいと思いますが、あまり差がない場合には、本人に向けて対話をしたほうがよいでしょう[18]。もっとも、その場合でも、代理人の頭越しに本人と話をしているような印象を与えてしまうと、代理人の心情を害するおそれがあるので、注意が必要です[19]。

本人が同席している場合に問題となるのは、心証開示のあり方です。交互面接方式でも、代理人と本人が同席している場で、はっきりと敗訴の心証を告げることに抵抗感を覚える代理人は少なくありません。とはいえ、心証をはっきり告げる必要がある場合もあるでしょう。そのような場合には、代理人の面子をつぶさないような配慮が必要です[20]。たとえば、代理人の訴訟活動が悪いために敗訴になるのではないということを強調するとか、本人の退席を求めて代理人にだけ話をするといった工夫が考えられるところです。

また、裁判官の説得に対し、本人はまんざらでもない様子なのに、代理人が抵抗を示す場合があります。この場合には、代理人を説得することが先決になります。代理人が和解の機運を台無しにしようとしていると感じられるときには、代理人を退席させて本人に直接説得したいという衝動に駆られることもあるでしょうが、そのようなことをすると、代理人との信頼関係が損なわれるので、代理人が積極的に同意しているなど、よほどのことがない限り相当ではありません[21]。

逆に、代理人は裁判官の考えに納得しているのに、本人が抵抗している場合には、裁判官と代理人とで協力して本人の説得を試みるのがよいでしょう。もっとも、裁判官と代理人がタッグを組んで本人を説得するような姿勢を示すと、本人と代理人の関係に悪影響を及ぼすおそれもありますので、裁判官と代理人が阿吽の呼吸で互いの発言をフォローしつつ、和解の方向へと本人を導いていくことが望まれます[22]。

18　草野・技術論43頁参照。
19　田中豊・実務121頁参照。
20　浅沼ほか・和解(二)65頁〔浅沼武発言〕参照。
21　草野・技術論42頁参照。同書には、会社の争議行為をめぐる訴訟で、双方代理人の同意を得たうえで、裁判官と会社社長、組合委員長と三人でトップ会談を重ねて和解を成立させた例が紹介されています。このように、代理人が、代理人抜きでの説得に同意している場合には問題ないでしょうが、多くの場合は、代理人抜きで本人を説得しようとしても、代理人が抵抗を示すでしょう。
22　阿部・実際272頁参照。

11 和解協議が行き詰まった場合

> **Q** そもそも当事者が和解に乗ってこない事案や、当事者の態度がかたくなで説得に苦労する事案で、和解協議が行き詰まってしまった場合は、どのように和解協議を進めていったらよいでしょうか。

A まず、双方の考えの対立が激しく、和解が容易に成立しそうにない事件を和解で解決するには、何よりも裁判官の強い熱意や気迫が必要となります[23]。和解できないなら、いつでも判決する用意があるという不退転の覚悟を示すことで、当事者の気持ちを揺り動かすことができることもあります[24]。

そのうえで、和解の障害を取り除き、和解の環境を整える必要があります。そのための方策としては、次のようなものが考えられます[25]。

① **当事者のニーズ（真の「欲求」）を把握し、和解の障害がどこにあるのかを考える**

第一に、当事者が真に求めているもの、いわば「ニーズ」や「こだわりポイント」を把握することです。そのうえで、当事者が和解を拒絶する真の理由を考えてみましょう。その際には、当事者の立場に身を置いて考えることが不可欠です。「この当事者が一番求めているものは何か」「この当事者が最も困っていることは何か」「どういう案なら受け入れてもよいという気持ちになるか」等々について、その当事者の立場から考えてみましょう。

そのためには、当事者の本音をうまく引き出すことが重要です。そのための一つのコツとして、「仮に、…としたらどうですか」「たとえば、…としたらどうですか」と、仮定の話を振って反応を見ることも有益です（第5章Ⅳ4(4)、*Example35、36*参照）。このような質問をしてみたところ、当事者の態度に変化が現れたら、そこがツボである可能性が高いでしょう。

---

23 草野・技術論149頁参照。
24 浅沼ほか・和解㈡101頁〔小林宏也発言〕には、1000万円を請求する死亡交通事故において、裁判官が、被害者の過失を6割として400万円の和解案を提示したところ、被告は資力がないとして和解に応じようとしなかったため、裁判官が「払わなくても結構です。裁判所はこの割合で判決します」と強く述べ、結局、裁判所案で和解が成立したというエピソードが紹介されています。
25 田中敦・実践55頁〔山地修〕、571頁〔山地修発言〕参照。

また、当事者のニーズを把握するには、記録を再検討してみることも有益です。紛争の原因（歴史的、経済的、社会的原因等）にまで立ち入って記録を読み直してみると、思いがけないヒントが見つかることもあります。

② **当事者のニーズや和解の障害を踏まえた和解案や説得方法を考える**

当事者のニーズや和解の障害が見えてきたら、ニーズを満たし、和解の障害を取り除くような和解案を考えてみましょう。たとえば、不法行為に基づく損害賠償請求訴訟においては、原告が再発防止を願って提訴しているということが少なくありません。そのような場合には、原告としては、和解金の額よりも再発防止策に強い関心があるので、この点を和解条項に盛り込むよう調整を行うことが重要となります。

和解交渉の場面では、「○○という条項を入れてほしい」「入れられない」といった、のむかのまないかの交渉が行われることが少なくありません。裁判官も、ついそのような交渉に引きずりこまれて、「○○という条項を入れるか否か」の二者択一的な発想になりがちです。しかし、そのような硬直的な発想では、暗礁に乗り上げた和解協議を進展させることはできません。二者択一的な発想から脱却し、第三、第四の選択肢がないかを考えてみるとよいでしょう[26]。たとえば、建物明渡請求事件で、立退料の額をめぐって交渉が行き詰まってしまった場合には、立退料を減らす代わりに、明渡し時期を延ばしてもらうといった別の条件と組み合わせて選択肢をいくつも用意することが考えられます。また、和解条項の本文に盛り込めなくとも、前文に盛り込むのはどうか（第5章Ⅶ5(5)ア参照）、期日調書の陳述欄に盛り込むのはどうか（同イ参照）、といった別パターンを提案してみるのも、局面を打開するのに効果的なことがあります。

また、和解案の内容を工夫するだけでなく、説得方法も工夫が必要です。当事者のニーズや和解の障害を踏まえて説得方法を工夫してみましょう。たとえば、代理人を介した説得でうまくいかなければ、本人に出頭してもらって直接説得することが考えられます。また、親族間紛争など当事者の多い事件で、なかなか全員の歩調が合わない場合には、一番強硬派と思われる人と直接交渉して理解を得ることができれば、その後の和解協議が一

26　田中敦・実践56頁〔山地修〕は、口外禁止条項を入れるか入れないかで激しく対立した場合には、仮に入れたとする前提で、口外禁止の対象を何にするか、例外をどのように設けるか等の協議をしてみると、双方が合意に達することもあるとしています。

気に進むことが期待できます[27]。

　当事者の中には、「和解はしません」の一点張りであるという人もいます。このような当事者に対しては、「仮に和解するとしたら」「仮に被告が○○という条件を飲むとしたら」等の仮定条件の下で検討させると、和解の方向に目を向けさせることが期待できることもあります（第5章IV 4(4)、**Example35、36**参照）。

③　小さな合意を目指す

　当事者の対立が激しい事案で和解を目指す場合には、まず小さな合意を獲得することが、その後の和解協議を円滑に進めるうえで有益なことが少なくありません。

　一般に、和解協議では、和解の大きな枠組み（いわば「総論」に当たるもの）や重要な条件（たとえば和解金額）について合意を得てから、個々の条件（いわば「各論」に当たるもの）や細かな条件の協議へと進むことが多く、そのような進め方がオーソドックスであるといえます。もっとも、「総論」で意見が対立して先に進まない場合には、「各論」から入って小さな合意を積み重ねると、和解の機運が高まることが期待できます。特に、関係者が多数に上る大型事件や、いくつもの複雑に絡み合った条件をクリアしていかなければならないような難しい事件では、この方法が有益であるといわれています[28]。

　このような小さな合意の対象としては、事件とは直接関係なくとも、当事者双方が現在一番困っている問題を取り上げると効果的であるといわれています[29]。

④　時間を置く

　「急いては事を仕損じる」という言葉があります。和解でも同じです。

27　浅沼ほか・和解㈡54頁〔松野嘉貞発言〕参照。
28　草野・技術論150頁参照。同書151頁には、複数の対立がある労働事件では、いきなり本論に入ろうとしても無理なので、たとえば、会社側に「組合側が期日に出頭する場合には，有給休暇を取らなくても済むよう、特別休暇を与えてやってほしい」と依頼するという工夫例が紹介されています。このような小さな合意を成立させると、会社としては小さな譲歩であっても、労働者はありがたいと思ってくれ、その後の和解手続に際して裁判官の指導力に良い影響を与えるとのことです。
29　草野・技術論153頁では、一例として、解雇者全員の復職を求める労働側と、それを拒否する経営側との対立が続き、和解がデッドロックに乗り上げた際に、解雇労働者全員に1か月試験的に現場復帰をしてもらって、実際に勤務をしてもらうという「テスト就労」を行ったという工夫例が紹介されています。テスト就労により、双方が現実に復職可能かどうかを肌で体験できるため、その後の和解交渉が実質的な事項に及ぶことが可能となるとのことです。

いくら説得しても動かない事件は、焦らずじっくりと取り組むことが大切です。特に、当事者の感情が高ぶって、合理的で冷静な検討をしてもらう環境が整っていないと感じられる場合には、時間をおいてみるのが効果的です[30]。

たとえば、和解の期日の途中で休憩を入れてみると、その間に当事者が冷静さを取り戻すことが期待できます。日を改めれば、さらに冷却効果が期待できますので、「今日はここまでとしたいと思います。次回までに、この点について双方とも考えてきてください」などと告げて、次回期日までに検討してもらうのもよいでしょう。特に、当事者が、大筋で合意しているのに、些細な点にこだわって熱くなっている場合には、日を改めてクールダウンさせると効果的です。

それでもうまくいかない場合には、いったん和解を打ち切って手続を進めてみることです。たとえば、争点整理の途中で和解協議に入ったもののうまくいかなかった場合には、争点整理が終了した段階で改めて和解勧告をしてみる。争点整理が終了した段階で和解協議に入ったもののうまくいかなかった場合には、証拠調べ終了後に改めて和解勧告してみる———といったように、次の段階へと進み、その段階が一段落した際に改めて和解勧告してみるとよいでしょう。

⑤　とりあえず和解条項案をつくってみる

和解にあたって検討を要する条件が多岐にわたる場合には、個々の条件ごとに双方から和解案や意見を出してもらっても、細かな点をめぐって応酬が重ねられるだけで、一向に協議が進展しないことがあります。このような場合には、個々の条件についてすべて盛り込んだ和解条項案を作成してみると、協議が一気に進展することがあります。和解案の全体像が可視化されることで、当事者の気持ちが、細かい点へのこだわりから、早く和解を成立させようという方向に向くためだと思われます。

このような和解条項案は、裁判官がたたき台をつくってみることも考えられますが、当事者の一方（たとえば、当事者の一方が多岐にわたる和解条件を希望している場合には、この当事者）に作成をお願いしてもよいでしょう。

30　草野・技術論79頁、田中敦・実践55頁〔山地修〕、570頁〔濵本章子発言〕参照。

12　謝罪条項をめぐってもめた場合

> 不法行為に基づく損害賠償請求事件での和解協議で、原告が謝罪条項を求めたところ、被告が拒否して、和解協議が暗礁に乗り上げてしまいました。このように、謝罪条項をめぐってもめた場合には、どのような対応をすればよいでしょうか。

　和解協議では、原告が謝罪条項を希望し、被告が断固として拒否するという場面がしばしば見られるところです。和解金の額については合意に達したのに、謝罪条項で合意が得られずに和解が不成立となるのは、非常にもったいない話ですので、何とか謝罪条項について双方の一致点を見出したいところです。

　原則としては、裁判官の心証が「被告には責任がない」というものであれば、原告に対し、謝罪条項をあきらめてもらうよう説得を試みることになるでしょう。その説得方法としては、心証を明らかにしたうえで、たとえば、「謝罪条項にこだわって和解できず、判決になると、被告に責任がないという判断がされてしまいますよ」などと説明して、判決では和解以上に原告の希望に沿わない結果となることが予想されることを強調することが考えられます。

　これに対し、「被告には責任がある」という心証の場合には、被告に対し、謝罪条項が入れられないかを打診してみることが考えられます。その際には、①謝罪条項が入らないと和解できないかもしれないことや、②謝罪条項を入れることで和解金の額を抑えることができることを説明することが考えられます。また、被告が「謝罪する。」等の直接的な文言に対する抵抗感を示した場合には、謝罪の文言を抽象化することで対処することが考えられます。たとえば、謝罪する旨の文言の代わりに「遺憾の意を表明する。」「真摯に受け止める。」「重く受け止める。」等の文言にしたり、不法行為を行ったことを認める旨の文言の代わりに「落ち度があったことを認める。」「不十分な点があったことを認める。」「配慮が行き届かなかったことを認める。」「行き違いがあったことを認める。」等の文言にしたりすることが考えられます[31]。それでも被告が謝罪条項に抵抗

31　鶴岡・和解657頁、田中敦・実践521頁〔神山義規〕参照。なお、サリドマイド訴訟では、被害者と国、製薬会社との間で「確認書」が取り交わされ、これに基づいて和解が成立しているところ、「確認書」では、国（厚生大臣）および製薬会社は、安全性の確認等につき「落度があっ

第6章　和解Q&A

する場合には、次の*Example223*のように説明して説得することが考えられます。

❖ *Example223*
① 裁判官「この文言は、抽象的な内容にすぎませんよ」
② 裁判官「判決では、あなたのしたことがはっきり認定されてしまいますよ。そうなると、判決は公文書なので、かえって世の中に広く知れ渡ってしまいますよ。最悪、ネットで公開されてしまうかもしれません」
③ 裁判官「企業がクレームを受けた場合、自社に落ち度はなくとも、まずは顧客に不快な思いをさせたことに対して謝罪するということはよくあることです。そういうものだと思って受け入れてみませんか」

それでも被告が、有責前提の和解金の支払には応じる姿勢を見せるものの、謝罪条項は受け入れられないというのであれば、逆に、原告に対し、次の*Example224*のような説得を行うことが考えられます[32]。

❖ *Example224*
① 裁判官「被告がこれだけの金額を支払うということは、実質的に責任を認めているのと同じですよ」
② 裁判官「謝罪条項にこだわって和解が不成立になってしまうと、和解によるさまざまなメリットが失われてしまいますよ。せっかく被告が、謝罪条項以外の点は受け入れてくれているのですから、ここで和解をまとめたほうがよいですよ」

それでも、被告が謝罪条項を和解条項に入れることに抵抗し、原告も謝罪がなければ和解できないとの態度を崩さない場合には、期日または期日外で原告の面前で謝罪してもらうとか、和解条項外で被告作成の謝罪文を交付してもらうといった対応も考えられます[33]。もっとも、面前での謝罪は、うまくいけば

たことに鑑み」責任を認める旨の条項が設けられています（森島昭夫「サリドマイド和解と民事法上の問題点」ジュリ577号35頁（1974年）参照）。
32　田中敦・実践179頁注15〔野田恵司〕参照。

400

Q 13　訴訟費用の負担をめぐってもめた場合

効果的ですが、謝罪がおざなりだなどとして、かえって原告が態度を硬化させてしまうこともあるので、被告が真摯に謝罪したいと申し出ている場合を除いては、避けたほうがよいでしょう。

13　訴訟費用の負担をめぐってもめた場合

Q　和解条項では、訴訟費用は各自の負担とすることが多いと思われますが、そのような処理が適当ではない場合としては、どのような事案があるのでしょうか。

A　訴訟を追行するにあたっては、一定の訴訟費用が必要となります。たとえば、訴え提起の手数料、訴状や準備書面の作成費用、文書を裁判所に送付する費用、期日に出頭するための旅費等などです（民事訴訟費用等に関する法律2条参照）。こうした訴訟費用については、多くの場合さほど額が大きくならないこと、訴訟ではお互いおおむね同程度の費用を支出していることが多いことなどから、和解が成立する場合、各自の負担とすることが通例です。

しかし、事案によっては、訴訟費用がかなり高額になることもあります。たとえば、鑑定[34]が行われた場合には、鑑定費用は訴訟費用となります。通常は鑑定を申請した当事者が鑑定費用を予納しますが、その額は時に100万円を超えることもあります。このような場合に、訴訟費用は各自の負担とすることとしてしまうと、多額の鑑定費用を予納した当事者から不満が述べられることがあります[35]（最悪の場合、和解成立後に、「こんなはずではなかった」として和解の無効を主張されることすらあり得ます）。そこで、訴訟費用が多額に上る場合には、①訴訟費用分も考慮して和解金額を決める、②鑑定費用など多額となる訴訟費用を一方当事者が負担している場合には、当該費用は別枠とする（たとえば、「鑑定費用は原告と被告が等しく負担することとし、その余の訴訟費用は各自の負担と

33　田中敦・実践179頁注16〔野田恵司〕、福田剛久ほか「東京地裁医療集中部20年を迎えて──その到達点と課題(2)」判タ1497号32頁〔宮澤潤発言〕、33頁〔五十嵐裕美発言〕（2022年）参照。

34　ここでいう「鑑定」とは、裁判所が行う鑑定（法212条以下）をいい、当事者が私的に専門家に依頼して行われる鑑定（いわゆる「私的鑑定」）は含みません。

35　特に注意しなければならないのは、鑑定を申し立てた当事者が訴訟救助を受けて鑑定費用の予納を猶予されている場合です。この場合に、訴訟費用は各自負担とする和解が成立すると、当該当事者は鑑定費用の全額を納付しなければならなくなります（田中敦・実践182頁〔野田恵司〕参照）。

401

第6章　和解Q&A

する。」）など、配慮が必要となります。

　ところで、訴訟費用が高額に上るわけでもないのに、「原告が不当訴訟を起こしたのだから、訴訟費用は原告に負担させるべきだ」などと、訴訟費用を各自負担とすることに不満を示す当事者もいないわけではありません。このような場合には、次の*Example225*のような説得が考えられます[36]。

> ❖ *Example225*
> 裁判官「和解は勝ち負けなしだから、自分の使ったものは自分の負担ということでどうでしょうか。裁判所の和解では、ほとんど例外なく皆さんそうしていますよ」

36　浅沼ほか・和解㈡88頁〔浅沼武発言〕参照。

402

第7章

物語で理解する
和解の技法
～判事補工藤の和解の行方～

はじめに

最終章である本章では、これまで述べてきた技法等を実際の現場でどのように用いるべきかについて、一つの「物語」によって振り返ってみたいと思います。物語の主人公の工藤裁判官は、和解に苦手意識を抱いていましたが、先輩裁判官である渡辺部長からのアドバイスを実践することで、少しずつ苦手意識を克服していきます。読者の皆さんも、「もし自分が工藤裁判官の立場だったら、どのように和解協議を進めていくだろうか」と考えながら物語を読んでいき、一つでも参考になる技法をつかみとっていただければと思います（なお、この物語はフィクションです）。脚注では、物語に出てくるさまざまな技法について、前章までの解説部分を参考として掲記しました。1回目は、物語を通読して和解協議の大きな流れをつかんでいただき、2回目以降にこれらの脚注に掲記された解説部分を適宜読み直してみると、より一層効果的でしょう。

〈登場人物〉

工藤　孝行（くどう・たかゆき）
　TK地裁第14民事部の特例判事補

渡辺　舞子（わたなべ・まいこ）
　TK地裁第14民事部の部総括判事

細川　陽子（ほそかわ・ようこ）
　TK地裁第14民事部の裁判所書記官。工藤の立会係

大谷金次郎（おおや・きんじろう）
　「大谷ビル」1階の賃貸人。建物明渡訴訟の原告

香田　一郎（こうだ・いちろう）
　建物明渡訴訟の原告代理人

狩田寿々子（かりた・すずこ）
　「大谷ビル」1階の賃借人。イタリアンレストラン「トカチーノ」経営者。
　建物明渡訴訟の被告

大津　利通（おおつ・としみち）
　建物明渡訴訟の被告代理人

I 工藤と渡辺

「どうして和解しないんですか！」

TK地裁第14民事部準備手続室[1]から、工藤の大声が響いた。書記官室の細川が、「またか」という顔を見せ、ため息をつく。工藤は、先ほどから準備手続室にこもりきりだ。大詰めを迎えた損害賠償請求訴訟。請求額はざっと5000万円。原告にとっても、被告にとっても、勝つか負けるかで天と地だ。「ぜひとも和解させてやる」。そんな闘志を胸に秘め、判事補の工藤は和解室に被告を迎え入れた。しかし———。

30分ほど経っただろうか。当事者双方が準備手続室からそそくさと退室し、最後に工藤がゆっくりと姿を見せた。「はぁ」。工藤は、大きくため息をつくと、書記官室の細川の下へと近寄って言った。

「和解は打ち切りましたよ。やれやれ、物わかりが悪い代理人には困りものですよね」

「……ええ、最近の弁護士は、本人への説得もおざなりな人が多いようですからね」

細川は、工藤の顔色をうかがいながら、言葉を濁した。

工藤は、裁判官室へと戻り、法律書で埋め尽くされた自席の椅子に勢いよく腰を下ろした。部総括の渡辺が声を掛ける。

「工藤君、和解はどうだった？」

「ぜーんぜん、駄目ですよ。どう見ても4000万円は固い事案なので、和解金4000万円を提案したら、原告はまんざらでもなかったんですけど、被告のほうが頭が固くて」

工藤の吐き捨てるような言葉を受けて、渡辺が問い掛けた。

「被告には、なんて説明して和解案を示したの？」

「判決だったらこうなりますよ、ってはっきり説明しましたよ。そうしたら、被告代理人が怒り出しちゃって、全然話にならないんですよ。和解協議が始まったと思ったら、もう打ち切りですよ」[2]

1　地方裁判所では、弁論準備手続が行われる「準備手続室」が和解室を兼ねているのが通常です。

2　事案にもよりますが、当事者の考えも聴かずに、和解案をいきなり示しても、うまくいかず、このケースのように、かえって当事者から反発を受けてしまうことが少なくありません（第5

405

第7章　物語で理解する和解の技法～判事補工藤の和解の行方～

「そう……、それは大変だったわね」

渡辺は、少し顔を曇らせながら答えた。

「やれやれ、これだから日本の弁護士のレベルは低いって言われちゃうんですよ」

工藤が、苦虫を噛み潰したような表情でつぶやく。

「でも、工藤君も、もう少し当事者の話も聴いてあげると、ひょっとしたら違った展開もあったかもしれないわね」

渡辺が、諭すように述べた。

「そんなことないですよ！　僕には僕のやり方があるんですから、部長は安易に口出ししないでください！」

工藤は、そう吐き捨てながら、足早に裁判官室を出て行った。入れ替わるように、細川が裁判官室に顔を見せた。

「工藤さん、また和解、駄目だったみたいですね」

細川が、同情とも失望とも受け取れるような複雑な表情で渡辺に声を掛けた。

「そうなのよね。工藤君は、判決を書かせるとピカイチなんだけど、和解はどうも苦手科目らしいのよね」

渡辺がつぶやく。

「工藤さんって、ドイツにも留学していたんですよね。しかも、特例[3]がついたばかりで民事単独事件も担当しているんですから、相当優秀な方だと思うのですが」

「そうなのよねぇ。優秀なのは間違いないんだけど、和解は、頭がよければいい、っていう話でもないのよね」

渡辺がため息をつく。

「その点、渡辺部長は、和解の名人ですよね。TK地裁の中でも、和解率はトップクラスで、『和解の女王』と呼ばれているとか」

「それ、私が自称しているわけじゃないのよ。和解率だって、結果としてそうなっているだけだし。20年も民事裁判官として生きてきたんだから。和解は、当事者のために、という思いがないと、絶対にうまくいかないわ。もっとも、それだけでどんどん和解ができるというわけでもないんだけどね」

章Ⅶ2参照）。

3　特例判事補のこと。判事補は、原則として単独で訴訟事件を担当することはできませんが、任官して5年以上経って最高裁判所から指名を受けると、特例として単独で訴訟事件を担当することができます。要するに、任官6～10年目の若手裁判官です。

渡辺の言葉に、細川が返した。

「渡辺部長から、工藤さんに、和解のノウハウなどを伝授されてはいかがですか？」

渡辺は、少し口ごもりながら「……そうねぇ、私も折に触れてアドバイスはしているんだけどねぇ」。そう答える渡辺の顔は、どこか寂しげであった。

* * * * *

それから1か月ほどが経ったある日———。工藤が、暗い顔をして裁判官室に戻ってきた。

「どうしたの？」

渡辺が工藤に声を掛ける。

「和解勧告したんですけどね……」

工藤が消え入るような声で答えた。聞けば、和解協議がうまくいっていないというのだ。

「売買代金請求事件なんですけどね。争点整理は一通り終わったんですけど、どうにも結論が微妙で、認容したらよいのか、棄却したらよいのか迷っているんです」

「それで、どうやって和解協議を進行したの？」

「進行も何も、争点整理も終わったので和解はどうですか、と水を向けてみて、まず被告に和解案はないのか聞いてみたら、何も考えていない、裁判所から和解案を示されれば考えるっていうんですよ」

「へぇ、何も考えていないの」

「それで、原告にも聞いてみたら、同じく、何も考えていない、裁判所から和解案を示されれば考えるっていう答えでした」

「あら、原告も何も考えていないのね。それで、工藤君はどうしたの？」

「心証が形成できていない以上は、裁判所が心証を開示して和解協議をリードするわけにもいかないですから、裁判所に聞かれても困ります、双方とも次回までによく考えておいてくださいって、指示しておきました」[4]

工藤が疲れたようにつぶやいた。

「あら、それはお疲れ様でした。でも、次回までに考えてください、だけだと、また同じような返事しかもらえないかもしれないわね」

---

[4] 争点整理がひととおり終わった段階での和解協議では、裁判官が明確な方針をもたないまま、当事者の和解案を交換するだけでは、和解協議が漂流してしまうことが少なくありません（第4章Ⅳ3(1)、第5章Ⅱ4参照）。

407

第7章　物語で理解する和解の技法〜判事補工藤の和解の行方〜

「まあ、そうでしょうね。でも、それならそれで、しょうがないでしょう。日本の民事訴訟は当事者主義ですから。当事者がもっと主体的に検討してくれないと、和解なんかできっこないですよ」

工藤は吐き捨てるように言って、疲れたように裁判官室を出て行った。

「どうしたものかしらね……」

渡辺は深いため息をついた。

＊＊＊＊＊

「建物は、絶対に明け渡しません！」

狩田の声が法廷に響いた。工藤が、少し顔をゆがめ、狩田の怒りに満ちた顔を見つめる。被告代理人の大津が、「まあまあ」と狩田をなだめる。

「被告としては、原告による賃貸借契約の解除は無効であり、明渡義務はない。そのような趣旨のご主張ですね？」

工藤が、法壇の上から大津に尋ねる。

「そのとおりです」

大津の返答を受け、工藤が続けた。

「それでは、本件は争点整理が必要ですので、次回から弁論準備手続に付したいと思いますが、双方ともよろしいですね？」

原告代理人の香田がうなずく。大津も、「結構です」と早口で述べ、狩田に小声で手続の説明をした。

＊＊＊＊＊

「それで、どんな事件なの？」

閉廷後に裁判官室に戻ってきた工藤に、渡辺が問い掛けた。

「まあ、単純な建物明渡請求事件ですよ。原告の大谷金次郎さんが、『大谷ビル』の1階部分を被告の狩田寿々子さんに賃貸し、狩田さんがそこで『トカチーノ』っていうイタリアンレストランを営業していたんですが、狩田さんが契約条件に違反したとか何かで、大谷さんが賃貸借契約を債務不履行解除した、っていう話です。解除事由が今一つはっきりしないので、弁論準備手続で争点を整理することにしました」

「そうなの。被告の狩田さんって、わざわざ今日の第1回弁論にも来られたわけね」

「そうなんですよ。どうもかなり感情的になっているようで、ちょっとやりにくいタイプの人ですね。でも、次回からの弁論準備手続は代理人に任せるということで、争点整理は淡々と進められそうです」

408

———争点整理をさっさとこなして、早く和解、そうでなければ、ちゃっちゃと判決だ。

工藤は心の中でつぶやいた。

＊　＊　＊　＊　＊

「まったく、どいつもこいつも…」

裁判官室に戻ってきた工藤が不愉快そうにつぶやいた。渡辺が問い掛ける。

「どうしたの？　工藤君」

「駄目だったんです。和解。この間お話しした、柳亭建設と六花月製菓の請負代金請求事件で、300万円くらいが落としどころじゃないですかって打診してみたんですけど、原告も被告も渋い顔で……。取り付く島もないといった感じだったので……」

工藤の声は、いつになく弱々しかった。

———工藤さん、8連敗なんですよね。

渡辺は、工藤の立会書記官である細川から先日聞いた話を思い返していた。8件連続で、和解に失敗しているというのだ。細川の話では、工藤の和解は、「勧める」というより、「押し付ける」ともいうべき物の言い方で和解案を提示し、ことごとく断られているというのだ。他方で、事件によっては、ただ、「被告はこう言っていますが、原告はどうですか？」「原告はこう言っていますが、被告はどうですか？」というキャッチボールを繰り返すだけで、和解協議が漂流してしまっているものもあるらしい。工藤の和解率は、経験未熟な判事補であることを考慮しても、余りに低い。

「工藤君、ちょっと疲れているみたいね。今日は、早く帰って、気分転換でもしてみたら？」

渡辺はねぎらいの言葉を掛けた。

「そうですね……。ちょっと最近事件も立て込んでますし…」

工藤は小さくつぶやいた。渡辺は、工藤の未済事件が増加の一途をたどっていることも気がかりであった。和解ができないから事件がたまる、事件がたまるから一つひとつの事件を十分に検討する時間が足りなくなる、検討する時間が足りなくなるから和解もうまくいかない———そんな「負のスパイラル」に工藤が陥ってしまっているのではないか。渡辺は、そんな思いを胸に抱きながら、消え入るように帰宅していった工藤の後ろ姿を見送った。

第 7 章　物語で理解する和解の技法〜判事補工藤の和解の行方〜

■ここがポイント■
　工藤裁判官は、和解は「苦手科目」のようです。そのやり方を見ると、自信をもって心証を形成できた事件では、当事者の意向や希望も聴かずにいきなり和解案を示し、心証に自信がもてない事案では、当事者任せの「漂流型」和解になってしまっているようです。これでは、和解が成立するはずがありません。工藤裁判官は、「負のスパイラル」からうまく抜け出せるのでしょうか。

II　和解の技法

　「教えてほしいんです。和解の技法を」
　工藤は、渡辺にそう切り出した。「9連敗」の翌日、工藤は、前日とは打って変わったように真剣な表情をしていた。
　「一晩、自分なりに考えました。このまま和解下手の裁判官で終わってしまうのは嫌だ、と。このままでは民事裁判官としてはやっていけないと思いました。そこで、厚かましいお願いですが、渡辺部長の和解の技法を教えていただきたいんです」
　「厚かましいだなんて、全然そんなことないわよ。そう言ってくれるのは、大歓迎よ」
　渡辺は、顔をほころばせて言った。
　「でもね、工藤君。和解の技法っていっても、和解がうまくいく魔法のようなテクニックがあるわけじゃないのよ。むしろ、テクニックだけで当事者を説得しようとしても、うまくいかないことが多いわ」
　「じゃあ、どうすればいいんですか。テクニックは必要ないということですか？」
　「そういうことじゃないわ。和解がうまくいくためには、最低限必要なテクニックは知っておく必要があることは間違いないわ。でも、和解がうまくいくためには、もっと重要なことがあるのよ」
　渡辺が、謎かけをするような笑みを浮かべた。
　「……それって、一体なんですか？」

410

工藤がいぶかしげに尋ねる。

「それはね、この事件は和解で解決することが、何よりも当事者にとって、ベストの解決になる、っていう強い思いなのよ」

「当事者にとって……ですか」

「そう。工藤君が、もし裁判の当事者になったとして、担当裁判官が、いかにも『判決を書きたくない！ 楽をしたい！』っていう顔をして和解勧告してきたら、どう思う？」

「そりゃあ、腹立ちますね。絶対和解なんかしないでしょうね」

「当事者は、裁判官の一挙手一投足にすごく敏感だから、裁判官が、当事者のためを思ってではなく、自分が楽をしたいから、っていう思いで和解勧告をすれば、すぐに感づかれるわ。和解は、あくまでも当事者にとって、判決よりも望ましい解決である。そういう信念をもって勧めないと、うまくいかないのよ」

渡辺の言葉に、工藤は黙っていた。

———まだ合点がいっていないようね。

そう感じた渡辺は、言葉を継いだ。

「工藤君は、『スキルとマインド』っていう言葉を聞いたことある？」

「ええ」

「今の話は、いわば『マインド』ね。マインドはとても重要。でも、マインドと併せて、『スキル』、つまり和解の技法も、もちろん重要よ。正しいスキルがないと、和解できたはずの事件も和解できずに終わってしまうことになりかねないわ」[5]

「ですから、そのスキルを伝授していただきたいんです」

工藤は早口で言った。

「伝授っていっても、和解は、人の物まねではうまくいかないものよ。和解のやり方は、人それぞれ。経験を重ねながら、試行錯誤して、自分に合うやり方を身に付けていくの」

渡辺は、ゆっくりと、諭すように述べた。

「でも、工藤君は、初任は刑事部、その後２年間ドイツに留学、帰国したら倒産事件の集中部に配属されたんだったわね？」

「はい、そうです」

5　和解における「スキルとマインド」については、第４章Ⅰ３参照。

第7章　物語で理解する和解の技法～判事補工藤の和解の行方～

「それだとなかなか和解のスキルを身に付ける機会はなかったかもしれないわね。よし、いい機会だから、少しアドバイスするわね」

それから、渡辺の詳しい話が、しばらく続いた。工藤は、いつになく神妙な面持ちで、渡辺の言葉に耳を傾けていた。

＊＊＊＊＊

「それでは、始めたいと思います」

工藤の声が準備手続室に響いた。大谷が、建物賃借人にしてイタリアンレストランのオーナーの狩田を訴えた建物明渡請求事件の弁論準備手続期日。争点整理を重ね、ようやく目途がついたため、前回の期日で工藤は和解を勧告した。そして迎えた今日の期日。工藤は、渡辺のアドバイスを頭に叩き込み、満を持して和解協議に臨もうとしていた。

準備手続室には、原告側からは、原告本人の大谷と代理人の香田、被告側からは、被告本人の狩田と代理人の大津が、長机に向かい合わせに座っている。工藤は、両者を左右に見渡す位置に着席した。大谷も、狩田も、慣れない裁判所の雰囲気に、表情が硬い。

「本日は、お忙しい中、裁判所までご足労いただき、ありがとうございます。本件は、これまで弁論準備手続で争点整理を重ねてきましたが、争点整理は前回で目途がつきました。そこで、この段階で、和解による解決ができないか、ご相談したいと思っています」[6]

工藤は、一つひとつの言葉をかみしめるように述べた。それまでの工藤だったら、こうした回りくどい挨拶などカットして、いきなり本題に入っていっただろう。工藤が、さらに言葉を継いだ。

「もちろん、和解するかどうかは、皆さんの判断です。裁判所は、決して和解を無理強いすることはいたしません。ですが、本件は、判決をするよりも和解で解決したほうが、双方にとって、ずっと望ましい結果になると考えています。裁判所としては、そのためのお手伝いができればと考えています」[7]

心なしか大谷と狩田の表情が、少し和らいだように見えた。

「これからの和解協議につきましては、個別にお話をおうかがいする形で進めていきたいのですが、よろしいでしょうか」[8]

6　和解協議を始めるにあたっては、手続の趣旨や流れ等を説明しておくとよいでしょう（第5章Ⅳ2参照）。特に代理人をつけていない当事者本人に対しては、丁寧な説明が望まれます。
7　和解を無理強いしないことを説明することで、当事者に安心感を与えようとしています（第5章Ⅳ2、Example23の②参照）。

工藤が双方の顔を交互に見ながら尋ねると、香田と大津が、ほぼ同時に「結構です」と答えた。

　「それでは、まず被告からお話をうかがいたいと思います。原告は、後でお話をお聞きしますので、それまで待合室でお待ちください」

　工藤がそう述べると、大谷と香田が準備手続室からそそくさと出て行った。残された狩田と大津に向かって、工藤が切り出した。

　「裁判官の工藤です。確か、第1回弁論の時に裁判所にお見えになって以来ですよね」

　「そうです」

　「本日は、わざわざ遠いところから裁判所までご足労いただき、ありがとうございます」[9]

　工藤が狩田の労をねぎらう言葉を掛けた。

　「いえいえ、大事なことですからね」

　狩田が、工藤の言葉に笑みを浮かべた。張りつめていた準備手続室の空気が少し和んだ。

　「さて、本件は、争点整理に目途がつき、今後尋問の手続が予定されています。ですが、先ほども申し上げましたが、本件は和解での解決が最も望ましいのではないかと裁判所としては考えております。そこで、まずは、本件について、どのような解決を希望しておられるのか、あるいは、どのような観点からでも結構ですので、裁判所にこれだけは伝えておきたい、ということがあれば、おうかがいしたいのですが、いかがでしょうか」[10]

　工藤は狩田の顔をじっと見つめながら尋ねた。狩田は、少し険しい顔をして答えた。

　「もう、私としては、なんて理不尽な裁判なんだろうと、毎日毎日思っているんです。そもそも私がこの建物を借りたのは15年前。そのときの賃貸人は、今の金次郎さんのお父様でした。お父様は、それはそれは人柄の立派な方でいらっしゃって……」

　狩田の言葉が途切れることなく続く。狩田は、15年前に本件建物を借りて以

8　交互面接方式で進めることの同意を取り付けています（第5章Ⅳ2参照）。
9　いきなり本題に入らずに、アイスブレイクのための言葉を掛けています（第5章Ⅳ3⑵参照）。
10　被告の和解に対する希望等を聴取しています。今後の協議の進め方を考えるにあたって非常に重要な質問です（第5章Ⅳ3⑷参照）。

第7章　物語で理解する和解の技法〜判事補工藤の和解の行方〜

来、「トカチーノ」というイタリアンレストランを経営してきたこと。お店は、
信頼している占い師からも「運気がいい」と太鼓判を押された良物件であるこ
と。店の内装は、夫と二人で話し合って決めたものであり、特にカウンターは
夫が選んだ特注品であること。「トカチーノ」という名称は、狩田の出身地で
ある北海道十勝地方の農産品をふんだんに使用した料理を提供したいという思
いからつけたものであること。夫と二人三脚で店を切り盛りしてきたが、夫が
5年前に他界してからは、狩田一人で店を支えてきたこと。大谷がこの訴訟で
契約違反だと主張している大型室外機や看板の設置は、集客のために必要不可
欠であること。本件建物にはさまざまな不具合が出てきているのに、大谷が一
向に修繕してくれないこと等々……。

　───結局、和解に関する希望や、裁判所に伝えたいことは、どこにいった
のだろう。

　工藤の頭に、ふとそんな疑問が去来したが、狩田はかまわず一方的に話を続
け、延々と大谷に対する不満の言葉を積み重ねた。工藤は、狩田の顔をじっと
見続けながら、いつ終わるとも知れない話に耳を傾けていた[11]。メモを取り[12]、
時折、「へえ、そうですか」「なるほど」などの相づちを打ちながら[13]、辛抱強
く聞き続けた。

　「ですから、このお店、私の『トカチーノ』は、私にとって人生そのものな
んです！」

　狩田が少し高いトーンで述べたタイミングを逃さず、工藤は、切り出した。

　「狩田さんがこの建物で営業しているイタリアンレストランの『トカチーノ』
は、まさに狩田さんにとって人生そのものなんですね。そうすると、仮に本件
で和解をするとしても、建物から立ち退くというのは、選択肢としては考えに
くいということになるでしょうか」[14]

　「そうです！　立ち退くなんて、とんでもありません！　この店は、私と主人
の思い出の詰まった場所ですから！」

　狩田は一層高いトーンで返答した。

11　当事者が感情や気持ちを語り出したときは、たとえ和解協議と直接結びつかなくとも一通り
　　しゃべらせて、気持ちを発散してもらうと、後のやり取りがスムーズになります（第5章Ⅴ2
　　(1)参照）。
12　当事者の話を聴く際には、メモを取ると、真剣に話を聴いているという姿勢を示すことがで
　　きます（第5章Ⅳ3(5)参照）。
13　「相づち」は、傾聴のための基本的な技法です（第5章Ⅴ2(2)ア参照）。
14　話の切れ間ができた瞬間を狙って、「要約」と「焦点づけ」で本題に入ろうとしています（第
　　5章Ⅴ4(1)参照）。

II 和解の技法

「わかりました。狩田さんとしては、このまま本件建物を借り続けることができるのであれば、和解に応じてもよいというお考えとお聞きしてよろしいでしょうか」

「そうです！」

狩田は即答した。代理人の大津が補足した。

「本人が今述べましたように、『トカチーノ』の営業を続けていくことが、被告にとっては最重要です。したがって、明渡しには応じられないというのが、和解にあたっての最低条件となります。一方、賃貸借を続けることが前提であれば、原告から問題視されている大型室外機や看板の設置については、一定の譲歩も可能だと考えております」

工藤は、大津の言葉をメモに取りながら思った。

———明渡しには応じられない、か。これは困ったな。原告はきっと明け渡してもらわないと和解できないと言うだろうし。

「一定の譲歩、とおっしゃいましたが、現時点で具体的に考えていることはありますか」[15]

工藤が大津に尋ねた。

「いえ、本日ではそこまで具体的な検討はできていません。原告の考えや、裁判所の考えをうかがったうえで、必要であればさらに検討したいと思っています」

「わかりました。ほかに、現時点で和解に向けたお考えとして、おうかがいできることがあればお聞きしたいのですが、何かありますか」[16]

「いえ。今申し上げたとおり、被告としては賃貸借を継続する方向での和解を希望します」

———なるほど。現時点ではこの程度の検討か。あとは、原告が立退きを強く求めてきた場合に、立退き、継続のどちらの方向で話を進めていくべきか、方向付けをしないといけないな。

工藤は、今後の進め方を頭に思い浮かべながら、狩田と大津に告げた。

「それでは、今度は原告からお話をお聞きしたいと思います。恐縮ですが、

---

15 被告の和解条件が曖昧であったため、できる限り具体化することを求めています（第5章IV 4(1)ア参照）。

16 最後にこのような質問をしておくと、重要な情報を聞き漏らすおそれを減らすことができます（第5章IV 3(5)、Example27参照）。また、当事者も、言いたいことを言うことができたという満足感を得られるでしょう。

415

第7章　物語で理解する和解の技法〜判事補工藤の和解の行方〜

しばらく待合室でお待ちください」

───原告側をだいぶ待たせてしまったな。事情を説明しておかないと[17]。

工藤は、大谷の反応が気になっていた。

* * * * *

「明渡し以外にあり得ません」

大谷の口から、無機質な言葉が発せられた。準備手続室の空気が重くなった。代理人の香田は、大谷の左隣で、すました顔をしてうなずいている。

工藤は、原告の大谷からも、和解に向けた希望を尋ねてみた。その答えは、つれないものだった。

大谷は、狩田のように長々と話をすることはせず、結論だけを端的に述べた。被告が本件建物を明け渡す内容の和解以外は受け入れられない、と。

───やっぱりな。これで、双方の和解の方向性が、真逆であることが判明した。さて、これからどう和解にもっていくか……。

工藤は思案した。

───まずは、大谷さんの考えをよく聴くことだ。そこから始めよう。

そう考えた工藤は、大谷に尋ねた。

「狩田さんには、本件建物を明け渡してほしいということですね。もう少し、そのあたりを詳しくお聞かせいただけますか」[18]

不機嫌そうな大谷の顔が、さらに不機嫌になった。

「詳しくも何も、明け渡すのは当然でしょう。向こうは何をしたか、裁判官もご存知でしょう。大型室外機の設置。造作の取付けは事前の書面による承諾が必要だって、契約書にも書いてあるでしょう」

大谷は、苛立ちを押し殺すように早口で述べた。

───やりにくいな、こういうタイプは。

工藤はそんなことを思いながら、反論を試みた。

「まあ、でも、契約書に書いてあるからといって、どんな場合でも解除できるわけではないのですよ。信頼関係破壊法理といいまして……」

「信頼関係は破壊されていますよ！　破壊されていないっていうんだったら、

17　交互面接方式では、なるべく双方の面接時間が平等になるようにしたいものですが、当事者の話が長くなったり、説得に時間を要したりすると、反対当事者を長時間待たせることになってしまうことも少なくありません。そのような場合は、事情を説明したうえでお詫びの一言を添えるとよいでしょう（第5章Ⅳ5⑴、Example42参照）。

18　結論だけでなく、その理由を尋ねることで、和解への糸口が見つからないか試みています（第5章Ⅳ4⑴ア参照）。

416

その証拠を見せてください！」[19]

　大谷が語気鋭く言い放った。

　―――まずい。つい理屈で説得しようとしてしまった。渡辺部長にも言われたっけ。まずは傾聴に徹すること。いったんは当事者の言い分を受け入れることだ[20]。

　「あっ、失礼しました。決して、大谷さんのおっしゃることがおかしいというわけではないのです。裁判所としては、双方納得できる形で和解がまとまるとよいと思っていますので、大谷さんのお気持ちやお考えを、もう少し詳しくおうかがいできればと思っている次第です」[21]

　「私の考えは、先ほど述べたとおりです。即時明渡し。これ以外にはあり得ません」

　―――困ったな。これでは和解にならないな。でも、大谷さんは、なぜここまで即時明渡しにこだわるのか。3か月程度の明渡猶予も認められないのかな。

　「即時明渡しということですが、もちろん狩田さんがそのような条件を受け入れてくれれば問題ありません。ただ、一般的には、すぐに明け渡せと言われても難しいので、転居先を見つけたり、原状回復工事をしたりする時間を考慮して、3か月後とか、半年後とか、少し先の明渡しにすることが多いように思われます。そのあたりはいかがですか」

　「被告は、契約条件に違反したのだから、すぐに出ていくのが当然でしょう。違いますか？」

　大谷が逆に質問をしてきた[22]。自分の考えは100％正しく、裁判所も自分の考えに全面的に賛成すべきである―――大谷はそう言いたげな表情であった。

　―――理屈で反論するのは難しそうだ。とりあえず、ここは大谷さんの話を聴き置いて、別の機会に説得することにしよう[23]。

　工藤は、大谷との全面対決を避けるため、代理人の香田に話を振ってみるこ

19　感情的になっている当事者に対しては、理屈で反論しようとしてもうまくいかないことが多いようです。

20　裁判官が和解協議を進めていくにあたっては、受容と反論のバランスをとることが重要ですが（第5章Ⅲ1(5)参照）、いきなり反論から入るのではなく、まずは受容から入るとよいでしょう。そのためには、まずは当事者の話を傾聴することから始めるのが基本です（第5章Ⅳ3(3)参照）。

21　裁判官が一歩引くことで、原告の感情を落ち着けようとしています。

22　当事者から、同意しかねるような内容について同意を求められても、安易に同意しないようにしましょう（第5章Ⅴ4(5)参照）。

23　説得がうまくいきそうにないときは、いったん時間を置くほうが、当事者のクールダウンが期待できますし、裁判官もさまざまな戦略を立てることができます（第6章Q11の④参照）。

417

第7章　物語で理解する和解の技法～判事補工藤の和解の行方～

とにした[24]。

「代理人としては、和解での解決について、どのようにお考えでしょうか」

「本人が述べたとおりであり、明渡しが受け入れられないのであれば、和解は難しいと思います」

香田が事務的に答えた。

―――やれやれ。代理人から本人を説得することは期待できそうにないな。ひとまず、被告は明渡しを考えていないことを原告に伝えておかないと。

工藤はそう考え、長期戦を覚悟した。

「先ほど被告からお話をうかがいましたが、被告としては、本件建物の賃貸借を継続したいという意向でした。その場合の……」

「あり得ません」

大谷が工藤の話の腰を折るように、口を差し挟んだ。

「賃貸借を継続する。あり得ません。被告がそんなことを言うのであれば、和解は無理です。判決してください」

大谷は、一層早口で一気に述べた。

―――そんなに性急に結論を出すものではないですよ。お互い譲歩しませんか。

工藤は、そんな言葉が喉まで出かかったが、ぐっとこらえて言った[25]。

「大谷さんが、明渡しを強く望んでおられるということはよくわかりました[26]。一方[27]、被告側としては、賃貸借を継続したい、その場合には大型室外機や看板については、一定の譲歩が可能であるということでした」

「話になりませんね。被告がしなければならないのは、譲歩じゃなくて、室外機や看板を撤去して、一刻も早く明け渡すことですよ」

―――狩田さんの提案は、一瞬で大谷さんに拒絶されてしまったな。まあ、予想されたことだが……。

「本日のところは、被告に本件建物をできるだけ早く明け渡してほしいとい

24　本人と話をしてもうまくいかないときは、代理人と会話をしてみるのも一法です（逆に、代理人と話をしてうまくいかないときに、本人に振ってみることも考えられます）。

25　感情的対立が激しい場合に「お互い譲歩しませんか」というだけでは、うまくいかないことが多いと思われます。

26　原告の言葉を要約することで、原告の気持ちをいったんは受け止めています（第5章Ⅴ2(2)ウ参照）。

27　ここで「しかし」とか「ですが」といった逆接の接続詞を使いたくなるところですが、あえて逆接の接続詞を避けて、原告の反発を和らげようとしています（第5章Ⅲ1(7)参照）。

418

うことですね[28]。ほかに何か希望する条件などはありますか」

　工藤が尋ねると、代理人の香田が「いえ、ありません」と短く返答した。

　「それでは、また被告とお話ししたいと思いますので、原告側は、先ほどの待合室でお待ちください」

　大谷と香田が退室した。一人残された準備手続室で、工藤は大きくため息をついた。

　───やはり双方の意見は真っ向から対立してしまったな。これからの和解協議をどう進めたものか……。

＊　＊　＊　＊　＊

　「すぐに明け渡せですって!?　なんてひどいことを！」

　狩田の甲高い声が準備手続室に響いた。工藤が、原告側の希望を被告側に伝えたところ、狩田が、興奮して声を上げたのだ。

　「原告としては、賃貸借契約の解除は有効だと考えているので、できるだけすぐに明け渡してほしいというお考えでした」

　工藤としては、大谷の希望をオブラートに包むように伝えたつもりだった[29]。が、それでも原告側の希望内容自体が、狩田からすれば受け入れ難いものであったようだ。

　「先ほども申し上げましたが、明渡しは考えられません。和解するとすれば、賃貸借契約の継続が絶対条件です」

　狩田はそう告げた。

　───困ったな。どうすればいいんだ……。工藤の頭は混乱していた。落ち着け、落ち着け。

　「賃貸借を継続する方向での和解を希望する。その点は、変わらないということですね」[30]

　工藤は、狩田の言葉を繰り返して、その考えを確認した。

　「もちろん、そうですわ」

　狩田が答えた。

　「うーん、そうですか……。それでは、改めて原告にお話ししてみましょう」

28　原告の希望を要約しています。

29　原告の言葉をダイレクトに伝えると角が立ち、無用な感情的対立を招くおそれがあるので、あえてオブラートに包むような伝え方をしています（第5章Ⅲ1(4)、Example11参照）。

30　「繰り返し」により被告の意向を再確認しています。「繰り返し」により、当事者の考えを確認するという効果はもちろん、裁判官自身にとっても、冷静さを取り戻す効果が期待できます（第5章Ⅴ2(2)イ参照）。

419

第 7 章　物語で理解する和解の技法～判事補工藤の和解の行方～

工藤は、力なく答えた。

＊　＊　＊　＊　＊

「先ほどと同じですよ。即時明渡し。これがない限り和解はあり得ません」

工藤が、狩田の返答を伝えたところ、大谷の返答は予想どおりであった。

「うーん、そうですか……。それでは、和解は難しいですかね……」

「原告としても、任意の明渡しが受けられれば、それに越したことはないと思っており、和解での解決が望ましいとは思っています。明渡し前提であれば、明渡しの時期や原状回復については、ある程度考慮することができるかもしれません」

香田が助け舟を出すように言った。

———そうか。大谷さんとしても、和解での解決が望ましいと考えているということか。それなら和解の芽はあるかもしれない。でも、被告が明渡しを受け入れるとは思えないな……。少し頭を整理して、作戦を練り直すためにも、期日を続行したほうがよさそうだ。

＊　＊　＊　＊　＊

「双方の考えをおうかがいしたところ、原告は明渡しを希望しているのに対し、被告は契約の継続を希望しています。このままでは意見の一致を見るのは困難ですので、裁判所のほうで今後の進め方について検討させていただきたいと思います」[31]

工藤は、準備手続室に狩田と大津を入室させ、期日の続行を宣言した。次回期日は 2 週間後。工藤が検討のボールを握ることになった。

———さて、どうしたものか……。

工藤は、双方が退室した準備手続室で一人ため息をつくと、重い足を引きずって裁判官室へと戻った。

＊　＊　＊　＊　＊

「それで、結局どうしたの？」

「どう進めたらよいのかわからなくなったので、とりあえず引き取らせてほしいと言って、続行しました」

渡辺から尋ねられ、工藤はそう答えた。渡辺も、工藤にアドバイスをした手前、今日の和解協議がどうなったのか気になっていたのだ。

31　期日の終わりに、その日の協議の概要（到達点や次回までの宿題）を確認すると、手続の透明性や当事者の納得感を得るうえで効果的です（第 5 章 IV 8 参照）。

420

「そう。それはお疲れ様でした。大変だったと思うけど、粘り強く当事者双方の話を聞けたみたいね。最初の期日は、それで十分よ」

「でも、つい反論したくなっちゃって……」

「それはそうよね。裁判官は、理屈でものを考える人種だから。和解で当事者を説得する場合、理屈はもちろん重要よ。でも、理屈は使い方を注意しないといけないの。理屈はカミソリみたいなものなの。使い方を間違えると、当事者を傷つけたり、立腹させたりして、まとまるものもまとまらなくなるわ」

「渡辺部長から、そうお聞きしていたので、今日はぐっとこらえました」

「さすが、工藤君。その調子よ」

渡辺の言葉に、工藤の暗い顔が少し明るくなった。

「でも、これからどうしたらいいのかわからないんです。原告は絶対明渡し、被告は絶対明け渡さない。これじゃあ、一致点なんて見つかりませんよ」

「争点整理は目途がついたわけでしょう。工藤君の心証では、認容なの？ 棄却なの？」

渡辺が問い掛けた。

「うーん、それが悩んでいまして……。原告は、被告が無断で大型室外機や看板を設置したことが契約違反だと主張して、だから契約解除は有効だと主張しています。確かに、この室外機はかなりの大きさで、原告の言い分では、騒音がかなりひどいようです。おまけに、設置にあたっては、本件建物の壁に相当大きな穴を開けてしまっています」

「それはちょっとやりすぎかもね」

「看板の件も、大きく『イタリアンレストラン　トカチーノ』と書かれた看板が本件建物の外壁に設置されています。しかも、これは条例違反の広告物に当たるということで、被告は行政からも撤去を求められているんですけど、被告は一向に聞く耳をもたないそうです」

「なるほど。室外機も、看板も、原告に無断で設置してしまったというわけね」

「そこがもう一つの争点なんです。被告は、いずれも事前に原告に伝えて承諾を得たと主張しています。原告は、承諾などしていないと反論していますが、室外機も、看板も、店舗外からすぐに気が付くようなものなのに、設置から何年も、原告が異議を述べていないようなのです。原告は、被告と顔を合わせる都度、早く撤去しろと言っていたと主張しているのですが、証拠上、はっきりと異議を述べたと認められるのは、この訴訟の提訴直前の内容証明郵便くらい

421

第 7 章　物語で理解する和解の技法〜判事補工藤の和解の行方〜

しかないんですよ」

「だったら、少なくとも黙示の承諾があったといえるんじゃないかしら」

「そうはいっても、室外機も、看板も、かなりビルのイメージを損なっていることは間違いないと思うんです。そんなものを原告が承諾するでしょうか？」

「そうなの。そこは悩ましいわね。尋問で双方から話を聴けば、だいぶクリアになるかもしれないけどね。仮に、承諾がなかったという認定になった場合には、解除は有効だというのが工藤君の考えなの？」

渡辺が問い掛ける。

「うーん……。そこが、また一つ悩みどころでして……。契約違反といっても、信頼関係を破壊するほど重大なものといってよいのか……。たかが室外機と看板。そういう見方もできるのかなと」

「なるほど。ほかに理由は？」

「被告の狩田さんは、15年間も本件建物を借りて、トカチーノを経営しています。かつては旦那さんと二人三脚だったようですが、数年前に旦那さんが亡くなって、今は女手一つで狩田さんが店を切り盛りしています。固定客もついて、安定した収入が得られているようですが、もし明渡しということになると、収入がなくなり、狩田さん一家は経済的に相当困ったことになりそうです。狩田さんには、現在、高校生の息子さんと中学生の娘さんがいるそうで……。それに、家賃はこれまで一度も遅れることなく支払っているそうです」

「そうねえ。確かに、微妙と言っちゃ微妙よね。でも、そのイタリアンレストランって、別に本件建物でなければ絶対に経営できないっていうものでもないんじゃないかしら？　被告としては、判決で負けて、何も得ないまま立ち退きを余儀なくされるっていうのが、最悪の結末だと思うの。仮に勝訴しても、原告と被告の関係はだいぶこじれちゃっているから、また同じような紛争が起きるかもしれないわね。そうなら、被告としても、いっそのこと、もらえるものをもらって、さっさと立ち退いて、別天地でレストランを開くっていうのも一つの考えじゃないかしら」

「もらえるもの……」

「要するに、立退料よ」

渡辺が笑みを浮かべた。

「でも、今日の原告の態度からすると、原告が立退料を支払うとは思えませんけどね」

422

「そこは、交渉次第だと思うわ。仮に判決で勝訴しても、明渡しの強制執行をやるとなったら、相当のお金が必要よ。ましてや敗訴してしまったら、今後も大谷さんは狩田さんと付き合っていかなければならないんだから」

　渡辺は、明るく工藤に語り掛けたが、工藤の表情は硬かった。

　「でも……、明渡しを前提とするか、契約継続を前提とするか。どちらをベースに今後和解協議を進めていったらいいのか……。はっきり心証が固まっているときは、これまでも『判決だったら認容になります』とかきっぱり心証を開示して、心証どおりの和解案を示していたんですけど、本件のように心証が固め切れない場合はどうしたらいいのかわからず、ただ双方の提案を相手方に伝えるだけで、すぐ和解協議が行き詰まっちゃうんです」

　「そうね。確かに心証が固め切れていないと、裁判所がいきなりバンッと和解案を示すというのはできないわね。でも、和解の進め方って、それだけじゃないのよ。心証が固め切れていない場合には、双方に率直に悩みを打ち明けて、『こういう点を重視すれば認容になり、こういう点を重視すれば棄却になります。本件は、どちらの点を重視するかで結論が変わり得る微妙な事案なので、和解金としては、これくらいの幅のどこかで折り合えませんか』って説得するやり方もあるのよ」[32]

　工藤は、渡辺の言葉に、軽い衝撃を覚えた。

　―――そうか。心証を固め切れていなくとも、率直にそのことを打ち明けてみるというやり方もあるのか。

　「でも、本件の場合、明渡しか継続かのどちらかの方向性を決めないまま『悩んでいます』と伝えても、原告も被告も、『じゃあ、こちらが折れます』とは言ってくれないわよね。もう少し、判決の方向性を考えてみたらどうかしら。私の個人的な感覚からすれば、被告にはいわゆる用法違反が二つもあり、その程度も決して軽微とはいえないうえ、現在もその状態が是正されていないというのは、かなり被告にとってマイナス材料な気がするわ。裁判例は調べてみた？」

　「用法違反の裁判例を数件見てみたのですが、本格的な調査はまだでした」

　「それなら、裁判例を調査してみると、もう少し心証がはっきりしてくるかもしれないわ」

　「わかりました！　早速調べてみます！」[33]

32　心証が固まっていない場合には、そのことを率直に説明することで、双方の希望の間を取った和解が成立することも少なくありません（第5章Ⅶ4(5)イ参照）。

33　判例や学説をしっかり踏まえておくと、和解協議での説明に説得力が増してきます（第5章

第 7 章　物語で理解する和解の技法〜判事補工藤の和解の行方〜

工藤は弾んだ声で答えた。

> ■ **ここがポイント** ■
>
> 　工藤裁判官は、渡辺部長から和解の「スキルとマインド」を学んだことで、これまでとは異なるスタイルで和解手続を進めることになりました。そのベースにあるのは、当事者の気持ちを受容し、当事者の意思を尊重する態度です。狩田さんと大谷さんは、裁判官の説得にすんなり応じるタイプではなさそうですが、工藤裁判官は、それぞれのタイプに合わせながら、徐々に和解協議を進めているようです。当事者の説得は、短時間で一気にできるものではありませんので、一度説明して抵抗されたら、いったんは引いて、別の機会をうかがう―――こうした姿勢が、無理なく和解協議を進めるためのコツです。

Ⅲ　心証開示

　「前回の期日では、明け渡すか否かをめぐって、双方の意見が真っ向から対立していることがわかり、裁判所で対応を検討することになりました。本日は、その検討結果を踏まえて、個別にご相談したいと思います」

　工藤の力強い声が準備手続室に響いた。今日は、和解協議の 2 回目。前回でボールを握った工藤が、これを打ち返す番だ。工藤は、まず原告側から話をすることにした。

　工藤は、被告側が退席した準備手続室で、大谷に向かって語り掛けた。

　「前回、大谷さんからは、被告に本件建物を明け渡してもらう方向での和解を希望するとうかがいましたが、そのお考えに変わりはありませんか」

　「もちろんです」

　大谷が短く答えた。そこで、工藤は、現時点の見立て、つまり暫定的心証を説明することにした。

　「現時点の暫定的な心証、つまり尋問前の段階のとりあえずの心証[34]として

Ⅱ 3 参照）。

34　心証を開示する際には、「暫定的」なものであることがわかるよう強調しておくとよいでしょう（第 5 章Ⅵ 2 (2)ア、Example102参照）。

424

は、大谷さんの主張のとおり、契約解除が有効であると認められる可能性は、それなりにあると思っています。とはいえ、被告が、大谷さんから室外機の設置や看板設置の承諾を得たと主張していることはご存じのとおりです。この点は、尋問次第では、承諾があったという判断がされる可能性もないとはいえないように思われます」[35]

「承諾？　意味がわかりませんね。私がいつ承諾をしたっていうんですか。そんなことを言うんだったら、証拠を出してください」

大谷が怒気を含んだ言葉を工藤にぶつけた。工藤は、慌てず、やんわりと切り出した。

「裁判所は、決して、『大谷さんが承諾した』と現時点で判断しているわけではありません。その点がわからないので、尋問で決着をつけよう。そういう段取りになっているのです。そして、尋問になると……」

「決着？　決着をつける必要なんかありませんよ。被告は嘘を言っている。それだけの話です」

大谷が工藤の説明を途中で遮った。工藤が続ける。

「大谷さんとしては、被告が嘘を言っている。そういうお考えなのですね」[36]

「もちろんですとも」

「その点を尋問という形で立証していただく。それが、判決で大谷さんに軍配を上げるためには必要なのです」

「そんな必要ないでしょう。裁判所は、嘘つきの味方なんですか？」

　　　──まいったな。大谷さんは、ああ言えばこう言うタイプだな。実にやりにくい。しかし、狩田さんが嘘つきかどうかを議論しても始まらない。ここは、大谷さんの土俵に乗ってはいけない。

「裁判所は、証拠を踏まえて判断するのが仕事です。そして、尋問を経ないと、最終的な結論を申し上げることはできないと考えているのです」[37]

工藤は、大谷の挑発には乗らなかった。工藤は、続けた。

「大谷さんが、狩田さんに本件建物を明け渡してほしいということは、よくわかっています。だからこそ、できるだけ早く狩田さんに本件建物を明け渡してもらえるための方策を考えてみませんか」[38]

35　暫定的心証を開示して「論理的説得」を試みています（第5章VI 2参照）。

36　いきなり反論せずに、原告の言葉を繰り返しています。この「繰り返し」は、その後に続く反論のクッションの役割を果たしています（第5章V 2(2)イ参照）。

37　原告の挑発的な言葉には乗らず、冷静に対処しようとしています（第5章III 1(7)参照）。

第7章　物語で理解する和解の技法〜判事補工藤の和解の行方〜

「それはそうですね。私としても、早く本件建物を明け渡してもらえるのであれば、別の人に貸すことができますから」

「そうですよね。さすが大谷さん、話が早い」[39]

工藤は大谷を持ち上げた。大谷の険しい表情が少し緩んだ。

「できるだけ早く明渡しをしてもらうには、狩田さんに転居先を見つけてもらわないといけませんね。また、転居のための費用、つまり立退料も必要になるでしょうね」[40]

工藤は、ついに立退料に言及した。

「立退料？　そんなものは支払えませんよ」

大谷の表情が再び険しくなった。

「繰り返しますが、被告は、契約違反をして、契約を解除されているのです。即刻、本件建物を明け渡すべきであって、立退料を要求できる立場にはないと思います。裁判官も、そう思いませんか？」

またも大谷は工藤を挑発してきた。しかし、工藤は、大谷の質問には答えず、逆に問い返した。

「立退料を支払うことはできないということなのですね」[41]

「そうですよ」

———手ごわいな。すんなり立退料を支払うとは思わなかったが、ゼロ回答では厳しい。

「大谷さんのお立場は、よくわかりました。もちろん、判決になれば、大谷さんのおっしゃるとおりに明渡しを命じる判決が出るかもしれませんので、大谷さんが、立退料の支払に応じられないと考えることは、ごもっともな面があるかと思います」[42]

工藤の言葉に、大谷もまんざらではないようであった。

「ですが、先ほども申し上げましたが、裁判所としては、本件は、大谷さんの言い分が通ることが100％確実であるとはいえないように感じているのです。もし、請求棄却の判決になれば、狩田さんは、今後も本件建物を使い続ける権

38　原告の気持ちを受け止めたうえで、前向きな解決に目を向けるよう誘導しています。

39　原告を持ち上げ、自尊心に訴え掛けることで、さらに和解の方向に気持ちを向けさせようとしています（第5章Ⅵ4(2)ウ参照）。

40　原告から反発を受けそうな話題（立退料）については、他の説明を順に行ってから最後に持ち出しています。

41　原告の言い分を繰り返すことで、原告の挑発をうまくかわしています（第5章Ⅴ2(2)イ参照）。当事者との無用な議論を避けるための工夫です（第5章Ⅲ1(7)参照）。

42　ここでもいきなり反論するのではなく、いったんは原告の気持ちを受け止めています。

利があるということになります。それでは、大谷さんもお困りになるのではないでしょうか」[43]

「……まあ、それはそうでしょうね。被告が今後も本件建物に居座る。考えただけで、ぞっとしますよ」

———なるほど。大谷さんは、とにかく狩田さんには出て行ってもらいたいという気持ちが強いようだな[44]。

工藤は、そう考え、言葉を続けた。

「そうであれば、なおのこと一刻も早く狩田さんに出て行ってもらう方策を考えませんか」

工藤は、先ほどの言葉を繰り返した。

「また、判決はさておくとしても、被告が立ち退くには、先立つものが必要です。この手の建物明渡請求訴訟では、たとえ判決になれば明渡しが命じられることが予想される場合でも、円滑に立ち退いてもらうために、立退料として幾らかの金銭を支払うことは、珍しくありません[45]。逆に、話合いがまとまらなければ、判決に向けて手続を進めることになりますが、尋問を経て第1審判決が出るまでには、最短でもあと3、4か月は必要と思われます。仮に認容判決が出ても、被告が控訴をすれば、控訴審での審理が待っています。控訴審の判決にも納得できなければ、上告審での手続が必要になります。こうした経過を経て、ようやく判決が確定しても、被告が任意に明け渡さなければ強制執行の手続が必要になり、さらに時間と費用が必要になります」[46]

工藤は一気にたたみかけた。その言葉に、大谷があっけにとられたような顔を見せた。

「もちろん、裁判所としても、和解ができなければ、できるだけ迅速に審理を進めたいと思っていますが、それにも限界があります。これに対し、和解であれば、被告側との合意が必要ですが、たとえば、立退料をはずむかわりに、速やかに立ち退いてもらう、といった条件の調整が可能になります」

「うーん、なるほど……」

大谷の顔に、逡巡の色がうかがわれた。工藤が、さらにたたみかける。

---

43 和解したほうが得であるという「功利的説得」を試みています（第5章Ⅵ3参照）。
44 原告と対話を重ねることで、原告の「こだわりポイント」が見えてきました（第5章Ⅲ1(6)参照）。
45 立退きを求めるなら立退料を支払うのが通常ですよ、と暗に示唆しています。
46 和解よりも判決のほうが得であるという「功利的説得」です。

427

第7章　物語で理解する和解の技法〜判事補工藤の和解の行方〜

「ここで和解できなければ、判決で敗訴してしまうリスクもゼロとはいえません し、仮に勝訴しても、実際に明渡しが実現するまで、今から1年以上かかってしまうかもしれません」

「そんなことになったら、大損だ！　とんでもない！」

大谷が声を荒らげた。

———大谷さんは、とにかく狩田さんに一刻も早く出て行ってもらいたい、なるべく経済的損失を避けたいという思いが強いようだな[47]。

工藤が続けた。

「やはりそう思いますよね。そんなことになるよりは、ある程度の立退料を支払って、被告に任意に明け渡してもらうほうが、長い目で見ると得だと思いますよ」

工藤の説得に、大谷が代理人の香田に問い掛けた。

「香田先生、私はどうすればよいのでしょうか」

「まあ、大谷さん次第ではありますが、期日間に、立退料の支払ができるかどうか考えてみましょうか」

香田がそういうと、大谷は「そうしてください」と返答した。

「それでは、原告側には、被告に本件建物を明け渡してもらうために、立退料の提供ができるか期日間に検討していただきましょう。もっとも、被告が立ち退く気持ちになってもらわないと、和解はまとまりませんので、被告の意向を改めて確認してみましょう」

工藤の宣言に、大谷と香田がうなずいた。

＊　＊　＊　＊　＊

「判決では、私が負ける。そういうことですか!?」

狩田の甲高い声が準備手続室に響いた。

「そうだと決まったわけではありません。ただ、これまでの争点整理の結果や、同種事案の裁判例に照らすと、本件は、狩田さんにかなり分が悪い訴訟ではないだろうか。そういうことを申し上げたいのです」

「でも、大谷さんは、室外機の設置も、看板の設置も了承していたのですよ。それなのに……」

工藤の心証開示に、狩田の声が小さくなった。

「そこが本件の悩みどころの一つなのです。室外機や看板の設置を原告が了

47　原告の「こだわりポイント」がさらに見えてきました。

承していたか。これが本件の争点の一つであり、尋問で立証していただくべき点であると認識しています」

「私は嘘を申し上げるつもりはありません。大谷さんが嘘をついているのです」

「狩田さんの言い分は、これまでの審理で十分に把握しているつもりです。問題は、その点を尋問でうまく立証できるか、ということです。本件では、承諾があったという客観的証拠はありませんので、尋問勝負になりますが、裁判所としては、尋問では、原告も被告も、お互いが認識するところを語るだけで、結局水掛け論になってしまうのではないかと心配しているのです。そうなると、原告の承諾を得ないまま室外機や看板を設置したということになってしまうのです」

「そんな……」

狩田は、信じられない、というような表情を浮かべた。工藤が続ける。

「納得できない面もあろうかと思いますが、裁判例を調べてみると、本件のような事案で、解除を有効としたものもあります。また、いわゆる用法違反による解除が争われた裁判例を見ると、過去に用法違反があったものの、その後是正したというケースでは、解除を認めないものも見られるのですが、賃貸人から指摘されたにもかかわらず、一向に是正しないというケースでは、解除が有効であると判断するものが多いように思われます」[48]

「納得できませんわ！」

じっと工藤の話に耳を傾けていた狩田が、金切り声を上げた。工藤は、一瞬たじろいだ。

———狩田さん、怒ってるな。無理もない。ここは、狩田さんの気持ちを受け止めて、凝り固まった感情を解きほぐさないと。

「明渡しには納得できないということなのですね」[49]

工藤は、穏やかな口調で語り掛けた。

「裁判所としても、結論を決めてしまったというわけではありませんので、狩田さんが、どうしても明渡しの方向での和解には応じられないというのであれば、無理強いするつもりもありません」[50]

48　これまでの審理を踏まえた暫定的心証を、理由付けとともに説明して、「論理的説得」を試みています（第5章VI 2参照）。

49　被告の言葉を繰り返すことで、その感情を受け止めています（第5章V 2(2)イ参照）。

50　固くなった被告の気持ちを解きほぐすために、あえてこのような言葉を掛けています。

第7章　物語で理解する和解の技法～判事補工藤の和解の行方～

工藤は、狩田の顔をまっすぐに見据えながら、言葉を続けた。

「とはいえ、狩田さんにとって、最悪のシナリオは、判決で明渡しが命じられてしまい、直ちに明け渡さざるを得なくなるということだと思います。その可能性が、それなりにあることを十分に踏まえて、和解するか、判決にするか、お考えいただきたいと思っているのです」

「前提が間違っています！　裁判所の考えは、到底承服いたしかねます！」

狩田が興奮した口調で述べた。狩田の頬が、怒りで震えていた。

「到底承服しかねる、ということなのですね」

工藤が、狩田の言葉を繰り返した。狩田はうなずいた。

———狩田さんは、かなりカッカしているな。ここで理屈で攻めても、逆効果だろう。いったんクールダウンさせる必要があるな。

「狩田さんのお考えはわかりました。裁判所は、和解を無理強いするつもりはありませんし、明渡し前提でないと和解手続を進めないというつもりもありません。もっとも、先ほど原告からお話をお聞きしたところ、やはり原告は、狩田さんに本件建物を明け渡してほしいという希望をおもちで、立退料としていくら支払えるか考えてみたいということでした。まずは、その提案を見てから考えていただくこととしても、遅くはないように思われますが、いかがですか」[51]

「先ほど本人が申したとおり、被告としては、明渡しは考えていないところです。ただ、本日裁判所から心証の開示もいただきましたし、原告から提案があるというのであれば、それをお待ちすることはやぶさかではありません」

代理人の大津が割り込んできた。工藤は、狩田の顔を見つめた。不満そうな表情がありありと浮かんでいたが、大津からの促しもあり、狩田は、短く「はい」と返事をした。

＊　＊　＊　＊　＊

「残念ながら、被告からは、明渡しの方向で和解を検討するというお約束まではしていただけませんでした。ですが、被告からは、原告から提案があるのであれば、それを見て考えたいという話をいただきましたので、期日間に原告で検討していただけますか」

工藤は、先ほどの被告側とのやり取りを大谷と香田に説明した。そして、こう付け加えた。

---

[51] 感情的になった被告にクールダウンしてもらうため、間を置くこととしています。

430

Ⅲ　心証開示

「被告は、やはり明渡しにはかなり抵抗感が強いようです。それなりにまとまった金額を示さないと、明渡しの方向では考えてもらえない可能性が高いように感じました」[52]

「承知しました。どこまでのご提案ができるかは現時点で何とも言えませんが、検討してみたいと思います」

代理人の香田が答えた。

工藤は、準備手続室に狩田と大津を入れ、今回の期日でのやり取りをまとめて説明した。そして、原告に対し、立退料を支払う代わりに明け渡してもらう方向での和解案を検討するよう指示した。

＊＊＊＊＊

「期日間に、原告から、立退料として100万円を支払う代わりに和解成立から３か月後に明渡しをしてもらうという内容の和解案をいただきました。そこで、本日は、まず、この原告案について、被告側のご意見を個別にうかがいたいと思います」

原告側と被告側が同席する準備手続室で、工藤が述べた。今日は、３回目の和解協議。前回期日後、原告から、和解案の提示があったのだ。立退料100万円。それが原告の回答だった。

「さて、今回原告からこのような提案があったわけですが、これについてのお考えはいかがでしょうか」

大谷と香田が退席した準備手続室で、工藤は狩田と大津に尋ねた。

「原告案が示されてから、本人と打合せをしました。本人としては、やはり明け渡したくないという気持ちが強いところでしたが、先日の裁判官からのお話も踏まえて検討したところ、条件次第では明渡しを考えてもよいというところまで、本人の気持ちが傾きつつあるところです。まだ、完全に明け渡す方向で気持ちが固まったわけではありませんが……」

代理人の大津が述べた。狩田は、大津の横で小さくなっていた。

———明け渡してもいいということなのか、そうではないのか。どっちなのかな。本人に聴いてみるのが一番早いな。

工藤はそう思い、狩田に尋ねた。

「狩田さんの今のお気持ちは、いかがですか」[53]

52　あえて厳しめの見通しを伝えることで、原告に対し、「もっと譲歩が必要だ」という認識をもたせようとしています（第５章Ⅳ５⑵参照）。

53　「明け渡すのか、明け渡さないのか」という二者択一（クローズド・クエスチョン）ではなく、

第7章　物語で理解する和解の技法〜判事補工藤の和解の行方〜

「私としては、明渡しはできないという気持ちです。亡くなった主人との思い出の場所ですし、トカチーノを閉店することなど考えられないんです。でも、判決をもらったら、強制的に立退きを迫られるとなると、それも困るという気持ちもあって……」

狩田が言葉を濁した。

「明渡しはできない。そう思う一方で、強制的に立退きを迫られるのも困る、と」[54]

工藤は、狩田の言葉を繰り返した。

「そうなんです。先日、裁判官からのお話をお聞きして、大津先生からも、最悪の場合には強制執行もあり得ると言われたものですから……」

狩田は戸惑いの表情を浮かべた。

「先ほど大津先生がおっしゃったことでは、条件次第では明け渡してもよいということでしたが、そういう気持ちだということでしょうか」[55]

工藤は、明渡しを前提とした質問を狩田にぶつけた。

「ええ……、強制執行になるよりは、きちんと立退料や移転先について話合いをしたうえで、丸く収めたほうがいいのかな、とも思うんです。だけど、やっぱりこの建物を明け渡すことには納得がいかないという気持ちもあって……」

狩田の言葉が止まった。

「ところで、いま、移転先とおっしゃいましたが、もし明け渡す方向で解決するとしたら、狩田さんとしては、トカチーノを別の場所でオープンさせることになるのでしょうか」[56]

工藤は、慎重に狩田を明渡しの方向へと誘導していく。

「それはそうですね。トカチーノを閉じることは考えられません。15年も営業を続けて、なじみのお客様もたくさんできましたから」

狩田の表情が少し和らいだ。

「裁判所として一番避けたほうがよいと思うのは、判決で狩田さんが敗訴して、いきなり立退きの強制執行になってしまうことなんです。それでは、常連

オープン・クエスチョンを投げ掛けることで、率直な考え（本音）を引き出そうとしています（第5章Ⅴ3(2)参照）。

[54] 被告の言葉（感情）を要約することで気持ちを受け止めている場面ですが、あえて「強制的に立退きを迫られるのも困る（＝敗訴判決を受けるのは困る）」という部分を最後にもってくることで、敗訴判決を避ける方向へと話題を誘導しています（第5章Ⅴ2(2)ウ、Example74参照）。

[55] この質問も、任意の明渡しの方向へと誘導するためのものです。

[56] 移転先に関する話題を持ち出すことで、さらに任意の明渡しの方向へと誘導しています。

432

III　心証開示

客の皆様も悲しみますよね」[57]

「それはそうでしょうね」

「だったら、なおのこと、少しでもよい解決を考えてみませんか。たとえば、原告から、立退料としてまとまったお金を受け取り、近隣に別の場所を借りて『トカチーノ』を再オープンする。そんな考え方もあるように思うのですが、いかがですか」[58]

「近くに良い物件が見つかり、それなりの立退料をいただけるのであれば、考えられなくもないですが……」

「たとえば」という工藤の質問に、狩田が乗ってきた。

「でしたら、立退料としていくら必要なのか。移転先として適切な場所があるのか。そういった検討を今後進めていってはいかがですか。判決で最悪の結果となるよりは、ずっと納得のゆく解決ができると思いますよ」

工藤は、さらに狩田を明渡しの方向へと誘導した。

「裁判官もこうおっしゃっていますし、ここはひとつ、明渡しの方向で考えてみましょうか」[59]

代理人の大津も狩田に語り掛けた。

「……わかりました。原告から、納得のゆくお支払があり、適切な移転先が確保できるのであれば、明渡しを前提に考えてみます」

狩田が答えた。

「それでは、今回原告から提案のあった和解案について、今一度検討をお願いします。被告からも、立退料はこれくらい払ってほしいとか、明渡しの時期はいついつにしてほしい、といったご要望があれば、対案を出していただけると助かります」

工藤は、そう告げると、原告側と交代してもらうよう依頼した。

＊　＊　＊　＊　＊

「ようやく、被告側は、明渡し前提での和解を検討してみることになりました」

工藤の明るい声が準備手続室に響いた。工藤は、原告側に、先ほどの被告側

57　「なじみのお客様」という被告の言葉を活用して、感情面に訴え掛ける説得（感情的説得）を試みています（第5章VI4参照）。

58　迷っている被告に一定の決断をしてもらうために、「たとえば」という形で、具体的な方向性（任意の明渡し）を提案しています（第6章Q1の④参照）。併せて、考えを押し付けるようなニュアンスを出さないよう、「こういう考え方もある」という言い方にしています。

59　代理人からもこのようなアシストがあると、裁判官の説得もより効果的なものとなります。

433

第7章　物語で理解する和解の技法〜判事補工藤の和解の行方〜

とのやり取りをかいつまんで説明し、被告が改めて原告案を検討することになったことを伝えた。そして、双方同席の下で、改めてこの日の協議の概要を要約して説明した。

■ **ここがポイント** ■

　工藤裁判官は、双方の意見の対立が激しいことから、暫定的心証を示したうえで、明渡しの方向へと誘導を試みています。もっとも、工藤裁判官自身、結論に悩んでいることから、どちらか一方に軍配を上げるのではなく、どちらの結論もあり得ることを前提に、それぞれの当事者に「ウィークポイント」を指摘して、譲歩を検討させています。その際には、当事者の「こだわりポイント」を適切に把握し、これを意識した説得を試みています。このように何が「こだわりポイント」なのかを当事者ごとに意識して、それに合わせた説得を行うことは、当事者の気持ちを動かすうえで非常に大切です。

IV　狩田の抵抗

「えっ？　やっぱり明渡しはできないですって⁉」

　工藤の大きな声が裁判官室に響いた。書記官の細川が、困惑の表情を浮かべながら続けた。

「ええ……。大津先生の話では、前回期日が終わってしばらくした後、狩田さんから先生の所に電話があって、『やっぱり明渡しはしないことにした』と連絡してきたとのことです」

「どうして……。前回、あれほど説得して、本人も明渡し方向で考えると納得した様子だったのに」

　部総括の渡辺は、何事かと、工藤と細川のやり取りを見つめていた。工藤は、机の受話器を握りしめると、大津の事務所の番号をプッシュした。

「裁判官の工藤です。大津先生ですか？　いま、細川書記官からうかがったのですが、狩田さんが、明渡しをしないと言い出したとか。ええ、ええ……。そうなんですか？　それは困りましたね……。ああ、そうですか……」

　工藤は、受話器を置くと、ため息をついた。

「細川さんの言うとおり、狩田さんは心変わりしてしまったようです。何でも、

明渡しの準備をするために、お店の整理をしていたところ、亡くなったご主人との思い出の品々が出てきて、やっぱり明け渡したくない、という思いが募ってきてしまったそうなんです」

「それは残念ね」

渡辺が工藤に声を掛けた。

「あーあ、もう和解は無理ですね。さっさと和解は打ち切って判決するしかないようですね。狩田さんみたいな人は、判決をもらわないと目が覚めないんでしょうから」

工藤が吐き捨てるように言った。

「確かに、せっかく工藤君が苦労して説得して、いい方向にもっていけそうだったのに、振出しに戻っちゃった感はあるわね。でもね、工藤君。和解は、断られてから始まるともいうのよ。簡単にあきらめてしまっては、和解できるものもできなくなってしまうわ」[60]

「それはそうですが……」

「それに、狩田さんは、もう和解しないと言っているの？」

「いえ、賃貸借契約を継続する方向での和解なら、検討したいということです」

「工藤君は、契約継続方向での和解もありだと考えているのかしら？」

「うーん、それは難しいと思うんですよね。室外機等の設置について、大谷さんの承諾が認められれば別ですが、そうでなければ、裁判例の傾向などを踏まえると、狩田さんに分が悪い事案であることは否定できないように思うんです。それに、大谷さんが継続方向での和解を受け入れるとはとても思えないですし……」

「だったら、もう一度、狩田さんに、明渡し方向での和解を検討してもらうよう、説得してみたらいいんじゃない？　当たって砕けろ、の気持ちよ！」

「だけど、前回と同じように、心証を開示して、だから判決よりも和解のほうが得ですよ、と説明しても、また同じようなことになるような気がするんです。きっと狩田さんは、その場では、『わかりました。明渡しの方向で考えてみます』と言うんでしょうけど、時間が経てば、また元の気持ちに戻ってしまうんじゃないんでしょうか」

60　「和解は断られてから始まる」と言われるとおり、和解協議が障害に突き当たっても、簡単にあきらめないようにしましょう（第5章IV11(2)参照）。

435

第7章　物語で理解する和解の技法〜判事補工藤の和解の行方〜

「それはそうかもしれないわね。狩田さんの気持ちが、『思い出の詰まった本件建物から離れたくない』ということだとしたら、その気持ちに応えつつ、明渡しも実現するという、うまい解決策があればいいんだけどね」

渡辺の言葉に、工藤は黙ってうなずいた。

———狩田さんの気持に応える、か……。

＊　＊　＊　＊　＊

「それでは、本日も個別にお話をうかがいたいと思います。まず、被告側からお願いします」

工藤はそう告げると、大谷と香田に退室を促した。準備手続室には狩田と大津が残った。4回目の和解協議だ。

———何としても、狩田さんに翻意してもらって、明渡し方向で検討してもらわなければ。とはいえ、狩田さんの変節をとがめたり、判決になるとひどい目に遭うぞなどと脅したりするのは逆効果だ[61]。

そう考えた工藤は、穏やかな口調で切り出した。

「大津先生からおうかがいしたのですが、前回期日後、やっぱり明渡しはしたくないというお気持ちが強くなったとのこと。差し支えなければ、そのあたりのお考えをお聞かせいただけますか」

「申し訳ありません。前回、明渡しを前提に考えてみます、なんて言っておきながら……」

狩田は、そう詫びると、前回期日後の顛末をぽつぽつと語り出した。明渡しに向けて、荷物を整理していたら、亡き夫とともに購入した調理器具や食器が出てきこと。店内のカウンターにそれらを並べて、一つひとつ手に取ってみたら、夫とともに苦労して店を開業した当時のことが思い出され、涙が止まらなかったこと。

———この人は、よほど亡くなったご主人を愛していたんだろうな。そして、お店、イコールご主人なんだろう。狩田さんの心の中では。

工藤は心の中でつぶやきながら、狩田に語り掛けた。

「亡くなったご主人と苦労しながら、トカチーノを守ってきたんですね」[62]

61　当事者の意向が二転三転するなどして和解協議が難航する場合、つい感情的な言葉を投げ掛けたくなることもあるでしょうが、そのようなことをしても和解協議がこじれるだけです。冷静に構えることが肝要です（第5章Ⅲ1(3)参照）。

62　当事者の言葉を要約することで、「あなたの気持ちを受け止めていますよ」というメッセージを暗に伝えています。この後も、しばらく裁判官が当事者の言葉を繰り返したり要約したりするシーンが続きますが、いずれも当事者の気持ちを受け止める姿勢を示すことで、心を開い

狩田の目には涙があふれていた。

「そうなんです……。だから、私、ここから出て行くことが、どうしても耐えられなくて……」

「耐えられないほど、お辛い気持ちにあるということなんですね」

「ええ」

「苦労してつくり上げたお店ですものね。そういうお気持ちになること自体は、もっともだと思いますよ」

工藤は、狩田の気持ちに共感してみせた。そのうえで、こう切り出した。

「狩田さんとしては、この裁判をどのように解決したいとお考えですか。ご承知のとおり、大谷さんは、狩田さんに明渡しを求めておられます。大谷さんの請求が認められるかどうかは、今後の審理次第という面もありますが、前回お話ししたとおり、最悪の結果としては、明渡しが命じられ、強制執行という事態も予想されるところです。また、お二人の関係も、だいぶこじれてしまっているように見受けられます。こういう状況を踏まえて、狩田さんとしてはこの裁判をどう解決するのが望ましいとお考えになっていますか」

「裁判官のおっしゃることは、よくわかるんです。でも、もう、私、どうしたらいいのかわからなくなって……」

狩田は、途方に暮れたような表情を浮かべた。

「狩田さんのお気持ちとしては、亡くなったご主人との思い出が詰まった本件建物を明け渡したくないという思いがあるということですね」

「ええ」

「他方で、狩田さんは、前回、強制執行は困るとおっしゃっておられましたね」

工藤の言葉に、狩田がうなずいた。

「そうですよね。無理やり明渡しをさせられると、お店のイメージも傷つき、亡くなったご主人も、さぞかし悲しむのではないでしょうか」[63]

工藤は、さりげなく狩田の亡夫に言及した。

「それは、そうだと思います。主人は、争いごとは好まないタイプでしたから」

「それはそうでしたか。そうであれば、なおのこと、徹底的に争って最悪の

てもらうことを意図しています（第5章V 2⑵参照）。

63　被告の「こだわりポイント」である亡夫を持ち出すことで、被告の感情に訴え掛けています。これも「感情的説得」の一つです（第5章Ⅵ 4 参照）。

第7章 物語で理解する和解の技法〜判事補工藤の和解の行方〜

結末を迎えるよりは、場所は違っても、狩田さんがトカチーノの看板を守って、立派にお店を維持していくほうがよろしいのではないでしょうか。亡くなったご主人も、そのことを一番望んでおられるのではないでしょうか」[64]

狩田がうなずく。

「そうであれば、なおのこと、話合いでの円満解決が一番望ましいのではないでしょうか」

「それはそうですが……」

狩田が視線を落とした。

「ですから、前回もお話ししたとおり、明渡しを前提に和解を考えてみましょうよ」

工藤は単刀直入に切り出した。

「裁判官は、結局、私が出て行けばいい。そうおっしゃるんですね！」[65]

工藤の言葉に、狩田が鋭く反応した。

───しまった、ちょっと誘導が早すぎたか。

「ご気分を害されたのであれば、大変失礼しました。裁判所としては、決して考えを押し付けるつもりはありません。和解は、あくまで双方が納得しなければ成立しませんので。裁判所が申し上げたかったのは、最悪の結果を避けるための次善の策として、明渡しの方向が、一つの選択肢として考えられるのではないか、ということなのです」[66]

工藤の落ち着いた説明に、狩田も冷静さを取り戻しつつあった。

「狩田さんとしては、亡くなったご主人との思い出に非常にこだわられていらっしゃるようなので、そのあたりが和解条項で手当てできればいいんですけどね……。たとえば、トカチーノを別の場所に移転させるにしても、なるべく内装や雰囲気は、今の店の状態を維持するとか」[67]

「確かにそうですね。狩田さん、ちょっと考えてみましょうか」[68]

---

64 再び亡夫を持ち出すことで、任意の明渡しの方向へと誘導する「感情的説得」を試みています（第5章Ⅵ4参照）。

65 明渡し方向での検討を求めること自体は不適切なものではありませんが、気持ちが整理できていない被告にはやや性急な求めであったようです。

66 当事者から反発を受けた場合には、改めるべき点があれば、その点を詫びたうえで撤回・修正しましょう。焦って言い訳や反論を述べると、火に油となり、逆効果となります（第5章Ⅴ4(4)参照）。

67 被告の「こだわりポイント」である亡夫との思い出と任意の明渡しとを両立させるアイデアを提案しています。

68 代理人のこのアシストも、和解協議の進展に一役買っています。

IV　狩田の抵抗

大津が狩田に声を掛けた。狩田はうなずいた。

「今日は、だいぶ時間も経ってしまいました。原告側をお待たせしていることもありますので、今日のところはこの程度ということで、次回までに、今一度和解の方向性について考えてきていただけますか。裁判所としては、現在の心証や、双方のご意向を踏まえると、明渡しの方向で検討するのが望ましいように思うのですが、無理強いするつもりはありませんので、期日間にゆっくり考えてもらえますでしょうか」[69]

「わかりました」

＊　＊　＊　＊　＊

「というわけで、被告には、明渡し方向で検討してもらうよう、改めてお願いしました」

工藤は、大谷と香田を前に、被告とのやり取りについて簡単に説明した。

「狩田さんは、亡くなったご主人との思い出の場所を離れることに、強い抵抗感をおもちのようです。この部分をうまく解消できればいいのですが……」

「被告には困ったものですね。こちらは裁判を長引かせるつもりはありませんので、次回までに明渡し方向での検討結果をいただけないようであれば、和解は打ち切って、判決をいただきたいと思います」

大谷が不機嫌そうに述べた。

「裁判所も、展望のないまま和解協議をだらだらと続けるつもりはありません。次回が一つの山場だろうと思っています」[70]

大谷と香田は黙って工藤の言葉を聞いていた。

■ **ここがポイント** ■

　狩田さんの突然の心変わりに、一度は和解をあきらめかけた工藤裁判官でしたが、渡辺部長の的確なアドバイスに従い、何とか狩田さんの気持ちを再び明渡し方向に向けさせるよう検討を促すことができました。狩田さんは「敗訴判決をもらって明渡しの強制執行をされるのは困る」という思いと、「亡き夫の思い出がつまった本件建物を明け渡したくない」という思いの間

69　なかなか決断できない被告に対し、あえて気持ちの整理のための時間を与えることで、無理なく明渡しの方向へと舵を切り替えてもらうよう働き掛けています（第6章Q1の⑧参照）。

70　先行きが見えないまま和解協議が重ねられることに不満や不安を抱く当事者は少なくありません。和解協議が膠着して進展を見せない場合には、潔く和解を打ち切ることも検討する必要があります。そこで、「漂流型」の和解にはしないことを明確に宣言しています（第5章IV11(1)エ参照）。

439

第7章　物語で理解する和解の技法～判事補工藤の和解の行方～

で気持ちが揺れ動いていました。こうした狩田さんの気持ちをうまくつかんだことが、説得が功を奏した一因といえるでしょう。

Ⅴ　交　渉

「適切な移転先が見つかることを前提に、和解成立から半年後に明け渡す。立退料として、500万円の支払を希望する。以上が、被告のご提案ですね」

5回目の和解協議の期日を迎えた。工藤は、期日間に被告から提案のあった和解案を、双方同席の場で読み上げて確認した。狩田と大津がうなずく。結局、狩田は、再び明渡し方向に気持ちを切り替えたのだ。しかし、その代わりに立退料として500万円を要求してきた。

「それでは、この被告案について、原告の検討結果をお聞きしたいと思いますので、被告側は、いったんご退席をお願いします」

工藤の言葉を受け、狩田と大津が準備手続室から出て行った。

＊＊＊＊＊

「500万円だなんて、とんでもない。そんな金を支払うつもりはありません」

大谷が工藤にそう告げた。

「おまけに、明渡しの時期も遅すぎます。かねてから要望しているように、原告としては、和解成立から3か月後には明渡しをしていただきたいと思っています」

香田が付け加えた。

「そもそも、500万円の根拠は何かあるのですか。本件建物の家賃に照らしても、相当高額な提案のように思われますが」[71]

香田が工藤に尋ねた。

「先日被告代理人から電話でうかがったところ、今のお店を移転させるにあたって、かなり費用が必要だということのようです。本件建物の什器備品はもちろん、内装についても、持っていけるものは持っていきたい、そのために通常よりは費用がかさむということでした。特に、お店をオープンさせる際に特

71　当事者から和解案として一定の金額が示された場合には、反対当事者からその根拠を尋ねられることもありますので、あらかじめ確認しておくとよいでしょう（第5章Ⅳ4(1)ア参照）。

440

注した木製のカウンターは、ぜひ取り外して移転先に再設置したいということでした。カウンターの移設だけでも100万円は必要で、そのほか移転に伴い、しばらくの間は売上が減少することが見込まれるので、それに対する営業補償もしてほしいということです」

「カウンターとか内装を移転させるなんて、そんな話、聞いたことありませんな。どうしてそんなことをする必要があるんですか」

大谷が、あきれたような表情で言った。

「亡くなったご主人との思い出がつまった本件建物の雰囲気を、移転先でもできる限り残したいということのようです。この点は、狩田さん本人がかなりこだわっているところのようです」

「理解できませんね。被告は、死んだご主人をネタに、立退料を吊り上げたいだけなんですよ」

大谷が吐き捨てるように言った。準備手続室の空気が重くなった。

───まずいな。大谷さんはかなり気分を害しているようだ。狩田さんの気持ちをわかってほしい、などと説得しても、到底受け入れそうにないな。

「まあ、何とか被告が明渡しの方向で考えてくれるようになったのは、一歩前進だと思います。問題は、立退料の額、そして明渡しの時期ですよね。大谷さんとしては、100万円までなら出せるけれども、500万円は出せないということなんですね」[72]

工藤は、立退料の額についての大谷の考えを確認した。

「そうです」

「なるほど。そうすると、100万円から500万円の幅の中で、立退料をどう決めていくか。これが今後の和解協議のテーマになりますね」

工藤の言葉に大谷がうなずいた。

「ところで、大谷さんとしては、立退料については、もう100万円からびた一文増額はできないというお気持ちでしょうか。それとも、500万円は無理だけれども、多少の増額なら考えてもいいというお気持ちでしょうか」[73]

工藤が、立退料についての落としどころを探ろうと、大谷に質問を投げ掛け

---

72 ここで「狩田さんは、亡くなったご主人をネタにするような人ではありません」などと反論してしまうと、原告に反発され、和解協議はそれ以上進まなくなってしまうおそれもあるので、正面からの反論はせず、原告に、和解の方向へと目を向けるよう促しています。当事者と無用な議論はしないようにしましょう（第5章III 1(7)参照）。

73 原告の本音を探ろうとしています（第5章IV 4(1)エ参照）。

441

第 7 章　物語で理解する和解の技法〜判事補工藤の和解の行方〜

た。

「まあ、こういう交渉事ですからね。私としても、早く被告が出て行ってくれれば、それに越したことはないわけで、びた一文増額できないとまでは言いませんよ」

「そうですよね。やっぱり被告が早く出て行ってもらったほうが、別の人に本件建物を貸すことができ、強制執行など余計な費用も掛からず、お得ですからね」

工藤の言葉に、大谷は、当然だろうと言わんばかりに大きくうなずいた。

「大谷さんとしては、いくらまでなら払っていいとお考えですか」[74]

大谷は、香田の顔を覗き込んだ。香田がうなずく。

「今日のところは、150万円ならお支払いしようと思っています。でも、明渡しは、和解成立から 3 か月でお願いします。早く次のテナントを見つけて賃料収入を確保したいと思っていますのでね。今の契約の賃料額は、相場よりもだいぶ安くなってしまっているのですよ」

大谷の口から、新たな和解提案がされた。

「ご検討ありがとうございました[75]。まだ隔たりはありますが、被告に伝えて、検討してもらうようにしましょう」

「ぜひよろしくお願いします」

「ところで、被告としては、今のトカチーノというお店を再オープンさせるのにふさわしい移転先を探しているようなのですが、この点、大谷さんとして、心当たりはありますか」

「そういう話でしたら、私のほうでも、知り合いの不動産業者に当たってみますよ。地元で長年営業している、信頼のおける業者です」

「それは被告も助かると思います」

＊　＊　＊　＊　＊

「150万円ですか…」

工藤が原告からの新たな和解提案を伝えたところ、狩田も大津も、渋い顔を見せた。

———まあ、当然だろうな。500万円の希望額の半分にも満たないのだから。

工藤は、そう考えながら、言葉を続けた。

74　さらに突っ込んで、原告の本音を探ろうとしています（第 5 章Ⅳ 4 (1)エ参照）。
75　原告が譲歩の姿勢を示したことを「是認」し、原告の和解意欲をさらに高めようとしています（第 5 章Ⅴ 2 (2)オ参照）。

442

V 交渉

「幸い、原告も増額提案をしてくれましたので、狩田さんも、500万円から更なる譲歩ができないでしょうか」

「約束は致しかねますが、検討してみます。ところで、明渡しの時期について、原告は何と言っていましたか？」

大津が工藤に尋ねた。

「やはり、和解成立から3か月以内の明渡しを強く希望しておられました。これは私の個人的な感触にすぎないのですが、もし、狩田さんが、3か月、あるいはそれよりももっと早く明渡しができるのであれば、原告も立退料をはずんでくれるかもしれません。逆に、狩田さんの希望どおり、半年後に明渡しとなると、原告も、控えめな立退料しか払えないと言ってくる可能性が高いでしょうね。狩田さんとしては、金額と、明渡しの時期、どちらを重視されますか」

「そうですね……、難しい選択ですが、移転工事にかなりの費用がかかることからすると、お金がどうしても必要になります。明渡しの時期については、工事業者とも相談しなければ、何とも言えません」

「それでは、期日間にご検討いただくこととしましょうか。あと、移転先の話ですが、原告のほうでも、知り合いの不動産業者に、いい物件がないか当たってみるということでした。うまく移転先が見つかるといいですね」

「そうなんです。移転先が見つからないことには、出て行きたくても、出て行けませんから」

狩田が心配そうな表情を浮かべた。

───そうだよ。狩田さんにとっては、移転先が見つかることが、明渡しの大前提なんだよな。こればかりは、裁判所が探して回るわけにもいかないから、原告と被告に頑張ってもらうしかないな。

工藤は、そんなことを考えながら、狩田に言葉を掛けた。

「きっと大丈夫ですよ。いい移転先は必ずあるはずです」[76]

工藤の言葉に、狩田も少しほっとしたような表情を浮かべた。

＊ ＊ ＊ ＊ ＊

「被告は、立退料の額や明渡しの時期について、検討してみるということでした」

工藤は、原告側と再び交代してもらい、被告とのやり取りを簡単に説明した。

---

76 このような声掛けも、和解の機運を高めるために効果的です。

443

第7章　物語で理解する和解の技法〜判事補工藤の和解の行方〜

そして、こう付け加えた。

「被告にも譲歩してもらう必要がありますが、一気に150万円まで降りてくるというのは難しいかもしれません。その場合には、原告にももう少し譲歩していただく必要がありますので、その際はよろしくお願いします」[77]

「まあ、和解がまとまるのであれば、150万円から全く譲歩しないというつもりはありませんがね。譲歩にも限度がありますよ」

大谷が釘を刺した。工藤は「わかりました」と短く返答して、被告側を準備手続室に招き入れた。そして、双方同席の下、この日の期日の概要を要約して説明し、期日を終えた。

* * * * *

それから3か月後―――。

「工藤君、どうしたの？　浮かない顔をして」

渡辺が工藤に声を掛けた。裁判官室の自席で椅子にもたれかかりながら、工藤がため息をついた。

「実は、大谷さんと狩田さんの建物明渡しの件なんですが……」

「だいぶ前から和解協議を続けている件よね。いま、どんな状況なの？」

「これまで8回期日が開かれました。何とか狩田さんが建物を明け渡す方向で腹決めをしてくれましたので、立退料と明渡し時期をどうするか、この2点を中心に双方から和解案を出してもらっているところです。立退料は、当初の提案は、原告は100万円、被告は500万円と、かなり隔たりがあったんですけど、協議を重ねた結果、現時点では、原告は200万円、被告は300万円まで歩み寄ってきました。ただ、前回の期日で、双方から、これ以上の歩み寄りはできないと言われてしまいました」

「あともうちょっとね。それで、明渡しの時期についての双方の希望は？」

「原告の大谷さんは、とにかく早く、3か月以内に明け渡してほしいと言っています。一方、被告の狩田さんは、移転の準備を考えると、5か月は欲しいと言っています。被告は、移転先でも、今のお店の雰囲気をできる限り残したいということで、亡くなったご主人が特注したカウンターなど、内装や什器備品の多くを移転先に移設するとのことです。その工事も考えて、5か月の明渡し猶予がほしいということでした。最初は6か月と言っていたんですけど、エ

77　原告にも更なる譲歩が必要となりそうであることを予告し、今後の和解協議で譲歩を引き出すための地ならしをしています（第5章IV 5⑵参照）。

444

事業者と協議して、何とか5か月なら大丈夫だということでした」

「移転先は見つかったの？」

「幸い、原告が物件を見つけてくれました。いまの場所の近所で、家賃もさほど違いがないとのことです。被告も、この物件なら、いまのお店のカウンターも移設できそうだと喜んでいました」

「それはよかったわね。それで、工藤君としては、この先和解をどう進めるつもりなの？」

「そこをいま悩んでいるところでして……。原告も被告も、裁判所から和解案が示されれば検討する、とは言ってくれているんです。ただ、立退料の額も、明渡しの時期も、判決だったらこうなります、ということが言えるような性質のものではないので、どういう和解案を示したらよいのか途方に暮れています」

工藤は再びため息をついた。

「そうか。デッドロックに乗り上げちゃったわけね」

「いっそのこと、もう足して2で割った案を示すしかないのかな、とも思うんです」

「足して2で割るというと、立退料は250万円、明渡し時期は4か月後っていうこと？」

「そうです」

「ここまで双方譲歩を重ねて、これ以上は譲歩できないという状態まできたんだから、足して2で割るというのも一つの選択よね。でも、被告は、移設工事などで5か月は必要だっていうんでしょ？ それを4か月で明け渡してくださいって裁判所から言われても、すんなり、はい、わかりました、とはならないんじゃないかしら？」[78]

渡辺が鋭く指摘した。

「……確かに、それは、そうですね……。うーん、どうしよう……。明日が期日なのに……」

工藤は視線を落とした。

「被告が、お店の移転に最低5か月必要だっていうんだったら、そこは被告

---

78 双方が譲歩できるところまで譲歩した段階では、「足して2で割る」和解案も有効なことが少なくありません（第5章Ⅶ5(1)ア参照）。もっとも、本件の場合、明渡し時期については被告側に絶対に譲れない事情があるので、単純に「足して2で割る」ではうまくいかないと思われます。

445

第7章　物語で理解する和解の技法～判事補工藤の和解の行方～

の希望を入れて5か月の明渡し猶予を認めてみたらどうかしら。代わりに立退料については、原告の希望を入れて200万円にとどめるっていうことも考えられるんじゃないかしら」

渡辺の言葉に、工藤の目が大きく見開いた。

「そうか、そういう折衷案もあり得ますね！」

「いずれにせよ、この段階で裁判所和解案を示しちゃうのもいいけど、立退料の額と明渡しの時期、どちらをどれくらい重要視しているのか、それにもよるわよね。そのあたり、もう少し当事者から感触取りしてみたら？」[79]

> ■ここがポイント■
> 　本件も、ようやく立退料と明渡し時期の二つを軸に、双方から和解条件が提示される段階まできましたが、あと少しのところで、双方の交渉は、デッドロックに乗り上げてしまいました。このような場合には、裁判官から和解案や和解の方向性を示さないと、協議は進展しないでしょう。もっとも、このような段階で和解案を示す場合には、「この和解案を当事者から断られたら、和解を打ち切る」という覚悟をもつ必要があるので、慎重に検討したうえで示す必要があります。そこで、渡辺部長は、立退料の額と明渡しの時期のどちらを重視するのかについて、もう少し当事者から感触取りをしたほうがよいとアドバイスしています。このようなステップを踏むことで、少しでも当事者に受け入れてもらえる可能性の高い和解案を作成することができるでしょう。

VI　和解案

「今回で和解協議の期日は9回目になります。前回は、双方とも、これ以上は譲歩できないが、裁判所から案を示してもらえれば考えるということでしたので、期日間に検討してみましたが、もう少し個別にご相談したいと思ってお

---

[79] 「裁判所から和解案を示してほしい」と言われた場合でも、どのような和解案なら受け入れてもらえそうなのかを慎重に感触取りしたほうがよい場合も少なくありません。裁判所和解案を双方に示してしまうと、当事者から拒絶された場合、和解を打ち切らざるを得なくなってしまうからです。「こだわりポイント」の確認は入念に行っておきましょう（第5章VII 2参照）。

446

ります。まず、被告からお話をうかがいたいと思います」

　期日の冒頭、工藤がそう宣言すると、大谷と香田が準備手続室を後にした。工藤は、狩田と大津に語り掛けた。

　「前回までの状況をおさらいすると、原告は立退料200万円、3か月後の明渡しを希望しているのに対し、被告は立退料300万円、5か月後の明渡しを希望しており、これ以上の歩み寄りが難しいという状況になってしまいました」

　狩田と大津がうなずく。

　「裁判所としても、うまい和解案がないか検討してみましたが、足して2で割るというのも芸がないような気がするのです。そもそも、狩田さんとしては、移転工事の関係で、明渡しは5か月後でないと厳しいということでしたね」

　「そうです。そこは譲れません」

　「そうだとすると、明渡し時期は狩田さんのご希望どおり5か月後にすることを原告に受け入れてもらう。その代わりに、立退料は200万円とすることを狩田さんに受け入れてもらう。こういう考えって、あり得ますでしょうか」

　工藤は狩田に探りを入れた。

　「それは困りますわ。お店を移転するとなると、元の売上を回復するのに最低でも半年は必要でしょうから、その間の営業補償が必要です」

　狩田は、あっさり工藤の提案を拒絶した。

　———やっぱり駄目か。どうしたものかな。とりあえず、原告の意見を聴いてみるか。

＊　＊　＊　＊　＊

　「それはできません。立退料200万円は、当方の希望どおりなので問題ありませんが、明渡し時期は、3か月後でないと困ります。こちらとしては、1日も早く別のテナントに本件建物を貸したいのです」

　工藤の投げ掛けに、大谷はにべもなかった。

　「1日も早く別のテナントに貸したいので、明渡しは3か月後にしてほしいということですね。それでは、逆に、明渡しは3か月後にする代わりに、立退料を200万円より多く支払うことはいかがでしょう」

　「それは絶対に受け入れられません。立退料は200万円から1円も増額するつもりはありません。これは、仮に裁判所から和解案を示されても、同じです」

　———立退料は200万円が上限だということか。少しでも有利な条件で和解するためのポーズかもしれないが、大谷さんの言葉どおりだとすると、裁判所案として200万円を超える和解案を出しても、受け入れてもらえそうにないな。

447

第7章　物語で理解する和解の技法〜判事補工藤の和解の行方〜

そうなると、明渡し時期だけでも被告側の希望どおり5か月後にはできないのだろうか。どうして、大谷さんは3か月後の明渡しにこだわるのだろう。

「ところで、本件建物の次のテナントは、もう決まっているのですか」[80]

　工藤は、大谷に尋ねた。

「何人か引き合いは来ていますが、まだ具体的に話が決まっているわけではありません」

「そうすると、仮に被告が和解成立から3か月後に明け渡したとしても、すぐに次のテナントが入ってくれるとは限らないということですね」

　工藤が、大谷の弱みを突いた。

「まあ、そこはそうですが……」

「でしたら、明渡しが3か月後になるのか、5か月後になるのかは、結果的にはさほど変わらないということになるのかもしれません。ご承知のとおり、被告は、移転工事のために最低5か月は必要だということで、この点は、先ほど被告に確認しても変わらないということでした。そうすると、大谷さんが、どうしても3か月後の明渡しは譲れないというのであれば、和解は難しいでしょう。でも、それで和解をつぶしてしまっていいのでしょうか」

「それは、私も望むところではありません」

「そうですよね。だからこそ、明渡し時期については、被告側に譲って、立退料については、大谷さんの希望どおりの額とする。これが一番いいのではないでしょうか」

「いや、それは違うんじゃないんでしょうか。そもそも、明渡し時期が5か月も先になるのは、被告が内装一式を移設したいと、変な希望を出すからですよ。こちらが、そんな希望に付き合ういわれはありません」

―――やはり大谷さんは手ごわい。すんなりイエスと言ってくれるタイプではないな。この人には、和解したほうが、経済的メリットが大きいということをひたすら強調するしかなさそうだ[81]。

「大谷さんが、そのようにお考えになるのは、ごもっともな面があると思います。だからこそ[82]、裁判所としては、双方が折り合える内容で和解ができな

80　原告が3か月後の明渡しという条件を譲ろうとしないことから、その理由を確認しようとしています。このように、当事者が譲歩しようとしない場合は、その理由を探ることがその後の和解協議のために有益です（第5章IV 4⑴ア参照）。

81　以下、和解を成立させることにはさまざまなメリットがあることを強調する「功利的説得」が続きます（第5章VI 3参照）。

82　ここは「しかし」「ですが」等の逆接の接続詞を使って反論を試みたくなるところですが、

448

いかと考えているのです。ここで和解ができないと、尋問を行うことになりますが、その結果次第では、判決で大谷さんの言い分が認められないということになる可能性もあります。そうなると、今後ずっと狩田さんに貸し続けないといけなくなるわけですが、それでは大谷さんとしてはお困りなわけですよね」[83]

「もちろんですとも。あんな人とは一刻も早く縁を切って、新しいテナントに貸したいのです」

大谷の言葉に工藤が大きくうなずいた。

「仮に判決で大谷さんが勝訴しても、狩田さんは任意に明け渡さない可能性が高く、そうなると立退きの強制執行をしなければならなくなります。そうなってしまうと、時間も費用もその分かかるうえ、その間次のテナントに貸すこともできず、次のテナントからの賃料収入も見込めなくなるわけですから、大谷さんとしては大損ですよね」[84]

「考えたくもありませんな」

「でしたら、明渡し時期を５か月後にすることで和解がまとまるのであれば、それによるマイナスというのは、限られた範囲のものにすぎない。そういう見方もできるのではないでしょうか。５か月間は確実に被告から賃料が入ってくるわけですし。３か月後に明け渡してもらったものの、次のテナントが見つからず空室状態が長く続いてしまうよりは、よっぽどお得だと思うのですが」

「それはそうかもしれませんが、次のテナントの当てはあるのですよ。本件建物は、全然希望者が現れないという不人気物件ではありませんので」

───なかなか納得してくれないな。和解の条件を少し変えて、もっと原告に経済的にメリットがあるような形にしないと難しいかもしれない。

工藤はそう考え、新たな提案を持ち出した。

「それでは、たとえば、こういう内容ではいかがでしょうか。立退料は、大谷さんの希望どおり200万円とする。明渡しは、被告の希望どおり和解成立から５か月後とするものの、明渡しが遅れれば、１か月ごとに違約金を支払う。これなら、万一明渡しが遅延して次のテナントに貸すタイミングが遅れても、

あえて順接の接続詞を使って、角が立たないような反論を試みています（第５章Ⅲ１(7)、Example15参照）。

83　原告の「こだわりポイント」である「１日も早く被告には出て行ってもらいたい」という点を再確認しています。

84　原告のもう一つの「こだわりポイント」である「金銭的に損をしたくない」という点を突いています。

449

第 7 章　物語で理解する和解の技法～判事補工藤の和解の行方～

大谷さんの経済的損失はだいぶカバーできるように思うのですが。もちろん、これは今私が思い付いたアイデアで、被告が了承しているというわけではないのですが」[85]

「うーん、それなら悪い話ではないかもな……。問題は、違約金の額だな」

大谷がつぶやきかけたところで、香田が割って入った。

「裁判所が、そのような方向での和解が望ましいとお考えなのであれば、裁判所からの和解案という形で示していただけないでしょうか。もう、双方ともこれ以上の歩み寄りが難しいという段階にきていますので、原告としても、余り展望のないまま期日を重ねるのは、時間ばかりかかるので、消極です」

───そうか。やっぱり、デッドロックを打開するには、裁判所案を示すしかなさそうだな。

「ご趣旨はよくわかりました。もう一度、被告側から話を聴いて、そのうえで裁判所案を示すかどうか、進行を考えさせてください」[86]

＊＊＊＊＊

「原告は、200万円以上は出せないっていうんですか？」

狩田の声が高くなった。工藤から、原告側とのやり取りの様子を聞かされて、狩田は失望した様子だった。

「ええ。立退料については、たとえ裁判所から言われても200万円以上は出せないということでした。ただ、明渡しの時期については、明渡しを遅延した場合の違約金を支払ってもらうことで、受け入れてもらえるかもしれません。原告は、裁判所から案を示してもらわないと検討できないというスタンスなので、裁判所としては、和解案を示すか、あるいは示さないで和解を打ち切るか、決めなければならないのです」

工藤の言葉に狩田は黙っていた。工藤が続けた。

「先ほどのお話ですと、移転費用だけでなく、店の移転に伴い売上の減少が見込まれるので、その営業補償分も含めて立退料を支払ってほしいということでしたね」

「ええ、そうなんです。もともとトカチーノの収益は、決して多いとはいえず、

85　原告が「今の和解案のほうが判決よりも経済的メリットがある」というだけでは動かないため、和解案を微修正して、より経済的メリットがある和解案を提示しています。このように、「和解の引き出し」を複数用意しておけば、ある和解案が拒絶されても、別の和解案をすぐに提案することができます（第 5 章Ⅶ 4 (3)参照）。

86　思い付いたアイデアをいきなり裁判所和解案として示しても、被告に拒絶されれば意味がないので、被告の感触取りをしてから検討することとしています（第 5 章Ⅶ 2 参照）。

450

高校生と中学生の子を育てていくことを考えると、ここで収入が下がるというのは、とても恐ろしいことなんです」

「お子さんがお二人おられるんでしたよね。高校生と中学生だと、学費やら何やらで、いろいろと物入りでしょう」

工藤の言葉に、狩田がうなずいた。

「お子さんのことも考えると、できるだけ将来の不安がなくなるような解決のほうが望ましいですよね」[87]

「ええ」

「原告が立退料として300万円を出してくれる。明渡しも5か月後でいい。そうなれば、一番望ましい解決ですよね」

「ええ」

「他方で、最悪のシナリオは、和解できずに判決になって、明渡しを命じられてしまう。そうなると、強制執行されてしまいますし、もちろん立退料ももらえません。そうなってしまうと、狩田さんのご一家の生活は、相当厳しいものになるでしょう」

「ええ……」

「そうなると、トカチーノの経営を別の場所で続けることも、難しくなるかもしれません。それでは、せっかく亡くなったご主人と二人三脚でつくり上げたお店なのに、非常にもったいないことではないでしょうか」[88]

「それだけは困りますわ。トカチーノを維持していくことは、主人との約束なんです！」

狩田の声が大きくなった。工藤はうなずいた。

「どうでしょう。そんな最悪のシナリオを避けるために、立退料については、一歩譲って、和解をまとめてみませんか」

「でも……」

「移転すると売上が減るのが心配だということですが、実際に移転して、売上が減るかどうか、減るとしてどれだけ減るのかは、やってみなければわからないことではないですか。将来のわからないことに頭を悩ませるよりは、思い

---

[87] 被告が何気なく話題にした「高校生と中学生の子」を活用して、「感情的説得」を試みています（第5章VI 4参照）。また、この質問以降は、「クローズド・クエスチョン」、それも「はい、そうです」と応じてくるに違いない質問を活用して、会話の流れをうまく作ろうとしています（第5章V 3(2)イ、Example83参照）。

[88] ここでも被告の「こだわりポイント」の一つである亡夫を持ち出して、「感情的説得」を試みています（第5章VI 4参照）。

第7章　物語で理解する和解の技法～判事補工藤の和解の行方～

切って新たな道に踏み出して、一日も早く新しいお店を軌道に乗せることのほうが大切ではないでしょうか」[89]

「……」

「せっかく、移転先も見つかったのですから、このチャンスを逃す手はないですよ。ここで和解できなければ、後で気が変わっても、もう移転先には別のテナントが入ってしまっているかもしれません」[90]

「それは、困ります」

「そうですよね。鉄は熱いうちに打て、といいますしね[91]。原告も、最初は100万円しか出さないと言っていたのに、2倍の200万円まで提示してくれました。ここが潮時ではないでしょうか」[92]

工藤の言葉に、狩田は大津の顔を覗き込んだ。

「大津先生、私、どうしたらいいんでしょうか……」

「裁判官、本人と打合せをしたいので、数分程度中座してよろしいでしょうか」

そう言い残すと、大津は狩田とともに準備手続室を出て行った。数分のはずが、15分ほど経って、ようやく二人は戻ってきた。

「いま本人とも話をしましたが、被告としても、もうできる限りの譲歩をしてきたつもりなので、あとは裁判所から和解案を示していただきたいと思います。そのうえで、和解が成立しないのであれば、致し方ありません」

「うーん、そうですか」

大津の説明に、工藤は低い声でつぶやいた。

「ただ、立退料については、裁判所から案を示されれば、被告としては最大限受け入れる方向で検討したいと思っています」[93]

大津が付け加えた。

───そうか。よし、これでいけるぞ。

89　不安にとらわれてなかなか決断できない当事者に対しては、不安を解消することが有効な説得手段となります（第5章Ⅵ4(2)カ、第6章Q1の①参照）。ここでも、被告が「売上が減るだろう」という心配をして、なかなか決断してくれないため、その心配を解消する方向での説得を試みています。

90　「今しかない」という締切効果を活用した説得です（第5章Ⅵ4(2)コ参照）。

91　さりげなく「ことわざ」を用いて発言に説得力をもたせています（第5章Ⅵ4(2)キ参照）。

92　急かさないようにしつつ、決断をやんわりと促しています（第6章Q1の⑧、Example212参照）。

93　金額がおおむね見えてきた段階で、当事者からこのような言葉をもらえれば、事実上「その金額なら和解する」と言われたのも同然です。

工藤の腹は固まった。

＊＊＊＊＊

「裁判所から和解案をお示ししたいと思います。まず第1に、立退料は200万円とする。第2に、明渡し時期は和解成立から5か月後とする。第3に、明渡しを遅延した場合には1か月当たり月額賃料の2倍の違約金を支払う。以上が、裁判所が双方に提案する和解案です」

原告側と被告側が列席した準備手続室に、工藤の声が響いた。香田と大津は、工藤の言葉を聞きながら、熱心にメモをとっていた。

「この内容で双方受けていただけるのであれば、さらに詳細な和解条件を詰めていくことになりますが、一方または双方が受けられないという場合には、証拠調べ、つまり尋問に向けて手続を進めたいと思っています」

工藤の言葉に、香田と大津がうなずいた。双方とも、2週間で裁判所和解案を受けるかどうか検討し、裁判所に連絡することになった。次回期日は、3週間後に指定された。

■ **ここがポイント** ■

　工藤裁判官は、裁判所和解案を提示するにあたって、双方から具体的な事情、特に明渡し時期に関するニーズを聴取しています。その結果、狩田さんは5か月後の明渡しとすることは譲れないが、大谷さんは必ずしも3か月後の明渡しとしなければならない切迫した事情があるわけではないことがわかりました。他方で、大谷さんは、立退料の増額には強い抵抗感をもっていることもわかりました。併せて、工藤裁判官は、双方に歩み寄りをさらに促すような説得を試みています。裁判所和解案を示すにあたっては、こうした「地ならし」をしておくことが望まれます。

Ⅶ　結　末

「工藤裁判官、うれしいニュースです。大谷さんも、狩田さんも、裁判所和解案を受けると連絡してきました」

前回期日からちょうど2週間後。細川は、裁判官室に入るや否や、明るい声で工藤に告げた。工藤の顔がほころんだ。

453

第7章　物語で理解する和解の技法〜判事補工藤の和解の行方〜

「それはよかった……。これで最大の山場は超えたな」

工藤は安堵の表情を浮かべた。

「和解できそうね。おめでとう！」

渡辺も工藤に声を掛けた。

「ありがとうございます。これも、渡辺部長のご指導のおかげです！」

「いえいえ。私のアドバイスじゃなくて、工藤君の熱意ある説得が当事者を動かしたのよ」

「そんなことはありません。和解手続を主宰する裁判官として、和解の技法はもちろん、心構えまで、渡辺部長には教えていただきました」

「でも、まだ和解が成立したわけじゃないんでしょう？　和解は、成立するまで気を抜いちゃだめよ。和解条項案はもうできたの？」

「これから原告側に作成してもらおうと思います。それを被告側にも見てもらって、付け加えたり、訂正したりするところがあれば、意見を言ってもらって、調整のうえ、できれば次回期日で和解成立にしたいと思います」

工藤は、弾んだ声で答えた。

* * * * *

「えっ？　やっぱり明渡しはできないですって!?」

工藤の大きな声が裁判官室に響いた。工藤は、受話器を固く握りしめながら、大津に再度尋ねた。

「明渡しできなくなったって、それはどういうことでしょうか？　これまで、明渡しの方向で和解協議を重ね、前回期日で裁判所からお示しした和解案についても、双方からお受けするとの連絡をいただいたばかりですよね？」

工藤の声がだんだん厳しくなった。記録を読んでいた渡辺は、何事かと顔を上げて、工藤の顔を見つめる。工藤と大津のやり取りが続く。

「ええ、ええ……。そうなんですか。ええ、ええ……。でも、それはいくら何でもあんまりではないですか。これでは原告も裁判所も、納得しろと言われても、納得できないですよ。ええ……、被告の事情はわかりましたが、これまでの和解協議が全部台無しですよ。……それはわかりますが、期日は明日で、原告からも和解条項案が送られてきているんですよ。それはおわかりですよね？」

工藤が、電話の向こうの大津を責め立てる。長いやり取りの後、工藤は静かに受話器を置いて、深いため息をついた。

「どうしたの？　被告が和解したくないって言ってきたの？」

454

渡辺が、心配そうに工藤に尋ねた。

「そういうことですかね……。いえ、正確に言うと、和解したくなくなったというわけではないんですが……」

「どういうこと？」

「占い師、だそうです」

「え？」

工藤の意外な返答に、渡辺が短く声を上げた。

「狩田さんが、占い師に見てもらったそうです。お店の転居先の運勢を。そうしたら、この方角は運勢が良くないって言われたんだそうです。それで、狩田さんは、すっかり移転する気が失せてしまったそうなんです」

工藤は、また大きなため息をついた。

「ああ、せっかくここまで来たのに……。全部ぶち壊しじゃないか……」

工藤は頭を抱えてつぶやいた。渡辺も、残念そうな表情を浮かべ、工藤の顔を見つめた。裁判官室に、沈黙が広がった。

「……それで、工藤君としては、明日の期日はどうするつもりなの？」

「どうもこうも、和解を打ち切るしかないですよね。狩田さんが移転したくないって言いだしたんですから」

「うーん、最悪、そうするしかないかもしれないわね。でも、あきらめるのはまだ早いと思うの。今の電話での話は、代理人とのやり取りであって、狩田さんから直接お話を聴いたわけではないんでしょ？」[94]

「ええ。被告代理人の大津先生とお話ししただけです」

「だったら、狩田さんから直接、どうして心変わりをしたのか理由をちゃんと聴いてみるといいと思うわ。その理由次第では、また明渡し方向に気持ちを切り替えることもできるかもしれないし」

「まあ、確かにそれはそうですね。でも、大津先生の話では、占い師から運勢が悪いと言われたっていうんですから、裁判所が説得できるレベルを超えていると思うんですが」

「確かに、裁判官は神様でも教祖様でもないから、その占い師の話は間違っていますよ、なんて説得しても、狩田さんは聞く耳をもたないでしょうね。で

---

94 当事者が突然心変わりしたり、事情の変更が生じたりして、和解の成立が難しくなることがありますが、そのような場合でも、簡単にあきらめないことが肝心です（第5章IV11(2)参照）。少なくとも当事者から直接詳しい話を聴かずに和解を打ち切ることは避けたほうがよいでしょう。

第7章　物語で理解する和解の技法～判事補工藤の和解の行方～

も、狩田さんも苦しいんじゃないかしら。工藤君が熱心に説得して、明渡しの
方向で和解することが望ましい解決方法だと思ってくれたところに、占い師の
ご託宣があったわけだからね」

「そうなんですよね。もう、法律がどうだとか、証拠がどうだとかいう話で
はないですから……」

「難しい局面になっちゃったけど、こういう難問を解決する答えは、当事者
がもっていたりするものよ。狩田さんとよくお話ししてみることね」

「……わかりました」

工藤は、力なく答えた。

*　*　*　*　*

「えー、本日は、和解成立の期日となる予定でしたが、昨日、被告代理人か
ら裁判所に、やはり明渡しはできないという連絡があり、急遽原告代理人にも
電話でお伝えしたところです。明渡しができないとなると、和解成立は極めて
厳しいことになりますが、今一度、被告と和解成立に向けたご相談をさせてい
ただきたいと思います」

工藤は静かにそう告げると、原告側に準備手続室から退室してもらった。大
谷と香田の顔には、怒りの表情がありありと浮かんでいた。準備手続室に残っ
た狩田は、工藤と視線を合わせようとしなかった。

───本当は、狩田さんを怒鳴りつけてやりたいところだが、そんなことを
しても和解が壊れるだけだ[95]。ここは、少しでも和解成立に向けたヒントを得
て、狩田さんの心を再度明渡しの方向に向けなければ。

工藤は、そう考えながら、切り出した。

「昨日、大津先生から電話でご連絡をいただきましたが、やっぱり明渡しは
できないということ。どのように考えてそのような結論になったのか、率直な
ところをお聞かせいただけますか」[96]

工藤は、努めて冷静な口調で狩田に尋ねた。

「実は、裁判所からの和解案をお受けすると大津先生に連絡した後、私が古
くからお世話になっている占い師の先生に、トカチーノを移転することをご報
告して、運勢を占ってもらったんです。そうしたら、予想もしなかったことに、

95　当事者が心変わりしたからといって、裁判官が感情的な態度をとることは、和解の芽をつぶ
　　してしまうだけでなく、裁判官の品位にもかかわるので、避けるべきです（第5章Ⅲ1(3)参照）。
96　当事者の意思が大きく変わった場合にも、まずはその理由をきちんと確認することが大切で
　　す（第5章Ⅳ4(1)ア(ア)参照）。

456

占い師の先生からは、移転先の方角が良くない、今は移転を見合わせるべきである、って言われちゃったんです。それで、私、困ってしまって……」

　狩田からは、昨日の大津からの電話と同内容が説明された。

　「そうですか。それは大変でしたね」

　工藤は、憤りを押さえつつ、努めて穏やかな口調で、狩田に声を掛けた。

　「その占い師の先生からは、いつになれば運勢が良くなるという話はなかったんですか？」

　「先生は、今はとにかく運気が良くない、運気が変わるのを待ちなさい、としかおっしゃいませんでした」

　「……」

　──まいったな。これでは、当面は明渡しができないということになりそうだ。

　工藤は途方に暮れた。狩田の横で、大津もうなだれている。

　「狩田さん、もうこれまでに何度もお話ししましたが、和解ができないと、最悪、強制執行で明け渡さざるを得なくなるかもしれないんです。そうなると、ご主人とつくり上げたトカチーノも閉めざるを得なくなるかもしれないんです。それでもいいんでしょうか？」

　工藤の声が高くなった。

　「それは絶対に避けたいという気持ちは変わらないんです。でも、占い師の先生のおっしゃることに背くわけにはいかないんです」

　狩田の返答に、工藤は目の前が暗くなった。

　──これ以上、どうやっても説得できる見込みはなさそうだ。駄目か……。

　工藤は、そう思った次の瞬間、「答えは、当事者がもっていたりするものよ」という、昨日の渡辺の言葉が脳裏に浮かんだ。工藤は、気を取り直して、狩田に尋ねた。

　「それはさぞかしお困りでしょう。悪い運気を避ける良い方法があればいいんですけどね……。占い師の先生は、お店の移転それ自体やめたほうがいいとおっしゃっているわけですか？」

　「いえ、そこまでは……。とにかく方角が良くないとおっしゃっていて……」

　「ひょっとしたら、占い師の先生は、悪い運気を避ける方法もご存知かもしれませんよ。一度、その点もご相談してみたらいかがですか」

　工藤は、ふと思いついたアイデアを狩田にぶつけてみた。

　「そんな方法があるのかしら……。でも、裁判官がそこまでおっしゃるので

したら、占い師の先生に相談してみます」

「ぜひよろしくお願いします」

＊　＊　＊　＊　＊

「狩田さん、明渡ししてもらえるそうですよ！」

細川が裁判官室に飛び込んできた。

「どういうことですか？」

工藤が尋ねた。渡辺も、細川の顔を見つめている。

「大津先生から、いま電話連絡があったんです。狩田さんが、やっぱり明渡しに応じたいということでした」

「占い師の話はどうなったんですかね。大津先生に確認してみるか」

工藤はそうつぶやくと、受話器を取った。

「TK地裁の工藤です。あ、大津先生ですか。先ほど書記官にご連絡いただいたそうですが、狩田さんが明渡しに応じていただけるとのこと」

工藤と大津の会話がしばらく続く。

「へえー、そういうことですか。なんにしても、明渡しに向けてご決断いただいたのは何よりです。ご決断ありがとうございました。それでは、次回期日で和解成立予定ということで、和解条項案を準備しておきます。失礼します」

工藤が受話器を置いた。

「どうなったの？」

渡辺が工藤に尋ねた。

「それが、狩田さんが前回期日の後で、占い師の先生に、悪い運気を避けつつ移転を実現する方法はないのかって、尋ねてみたそうなんです。そうしたところ、まず狩田さんが、運気の良い方角に一度転居して、それからお店を移転先に移転させるという方法なら、直接悪い方角に向かうわけではないので、悪い運気を避けられるって言われたそうなんです」

「へえー、そういうものなのかしらねぇ」

渡辺が目を丸くして、細川と顔を見合わせた。細川も、あっけに取られていた。

「とにかく、これで次回期日に和解成立となりそうです。和解条項案も、原告が以前作成してくれたものをベースに、明渡しの時期を修正するくらいで済みそうです」

工藤の声は弾んでいた。

「それでは、条項案の修正は、私のほうでやっておきます。原告代理人の香

VII 結 末

田先生には、私のほうからご連絡しておきましょうか」

細川が工藤に尋ねた。

「いや、それは私から電話しておきますよ。大津先生からいまうかがった話を正確に伝えておかないと、原告側も狐につままれたような気持ちになるでしょうから」

工藤はそう答えると、早速受話器を手に、香田の事務所の電話番号をプッシュした。

＊　＊　＊　＊　＊

「工藤裁判官、双方お揃いになりました」

期日を迎え、細川が裁判官室の工藤に声を掛けた。

「双方とも、細川さんに手を入れてもらった和解条項案に異存はないということでしたね」

「はい。昨日、その旨の連絡をいただきましたので、今日和解成立見込みです」

細川の言葉に、工藤はうなずいた。渡辺は、細川とともに準備手続室に向かった工藤の背中を見つめていた。

───いつの間に、こんなに成長したんだろう。

渡辺は、心の中で、そうつぶやいた。

＜完＞

● 事項索引 ●

【数字】

1対2の理論　*315*

2分2乗方式　*316*

【アルファベット】

Win–Win の和解　*291*

【あ行】

相づち　*204*

哀悼条項　*333*

頭金　*318*

アンカリング効果　*294*

一部完済後免除型　*68, 319*

一部和解　*295*

訴え提起前の和解　*14*

訴えの取下げ　*73, 327*

促し　*211*

オープン・クエスチョン　*213*

オレンジをめぐる姉妹の争い　*157, 219*

【か行】

会社合併無効の訴え　*23*

会社設立無効の訴え　*23*

会社の組織に関する訴訟　*23*

解除権留保の特約　*67*

確認条項　*40, 42, 59*

過怠約款　*47, 62*

株主総会決議取消しの訴え　*23*

株主総会決議不存在確認の訴え　*23*

株主総会決議無効確認の訴え　*23*

株主代表訴訟　*24*

勧解　*36*

感情的説得　*229, 258*

聴き上手　*201, 204, 212*

期限の利益喪失条項　*62*

期限の利益を喪失した日　*67*

期日指定の申立て　*31, 32*

既判力　*29*

逆接の接続詞　*131, 202*

休止満了　*328*

給付条項　*40, 41, 52*

給付文言　*56, 66*

共同訴訟　*21*

協力型交渉　*291*

繰り返し　*206*

クローズド・クエスチョン　*213*

境界確定訴訟　*25*

形成条項　*40, 42, 60*

傾聴　*153, 201*

係留効果　*294*

ケーキの分配による応用的選択型　*325*

懈怠約款　*47, 62*

現地和解　*27, 115*

現認証明条項　*47*

権利消滅条項　*43*

権利発生条項　*42*

権利変更条項　*42*

権利放棄条項　*43*

合意書　*336*

口外禁止条項　*330*

交互対話方式　*143*

交互面接方式　*142*

交渉中心型　*88, 89*

功利的説得　*229, 242*

効力条項　*40, 41*

互譲　*19*

こだわりポイント　*129*

ことわざ　*268*

個別撃破作戦　*350*

【さ行】

裁定和解　*18*

暫定的な合意　*337*

暫定和解　*337*

自然債務　*337*

自庁調停　*109*

失権条項　*68*

失権約款　*67, 68*

執行関係訴訟　*24*

執行文付与に対する異議の訴え　*24*

執行文付与の訴え　*24*

執行力　*28*

私法行為説　*14*

締切効果　*275*

謝罪条項　*159, 333, 399*

受諾和解　*17*

出頭命令　*16*

受容　*127*

順接の接続詞　*131*

焦点づけ　*223*

承認欲求　*260*

情報のコントロール　*171*

譲歩的要請法　*278*

新株発行無効の訴え　*23*

紳士条項　*48, 330*

人事訴訟　*26*

心証開示　*231, 394*

心証中心型　*88*

心証割合　*100, 298*

真の「欲求」　*219*

請求異議の訴え　*24, 32, 34*

請求の認諾　*329*

請求の放棄　*329*

制限的既判力説　*29*

清算条項　*44*

席上交付　*318*

責任追及等の訴え　*24*

責任不追及条項　*332*

是認　*211*

ゼロゼロ和解　*329*

先給付　*70*

前文　*333*

早期履行増額型　*323*

送達申請　*31*

訴訟行為説　*14*

訴訟終了効　*20, 28, 34*

訴訟終了宣言判決　*32*

訴訟上の和解　*14, 19, 28, 31*

訴訟費用　*21, 45, 401*

訴訟費用の負担条項　*45*

訴訟要件　*26*

即決和解　*14*

【た行】

第三者異議の訴え　*24*

対席対話方式　*143*

対席方式　*142*

足して２で割る　*82, 316*

たとえ話　*237, 268*

段階的合意　*296*

段階的要請法　*108, 277*

担保　*72*

遅延損害金　*66, 317*

調停に代わる決定　*109*

通常共同訴訟　*21*

敵対型交渉　*291*

461

事項索引

ドア・イン・ザ・フェイス作戦　*278*

道義条項　*48, 330*

当事者以外の同席　*148*

当事者本人の同席　*147*

同席方式　*143*

投票型　*357*

特別授権　*22*

特約条項　*47*

トップダウン型　*296, 302*

土俵　*287, 343*

【な行】

なしなし和解　*329*

ニーズ　*219*

任意条項　*40, 48*

念書　*336*

年末効果　*276*

【は行】

配当異議訴訟　*25*

反論　*127*

引換給付　*70*

筆界確定訴訟　*25*

必要的共同訴訟　*21*

秘匿条項　*330*

付款条項　*46*

腹案　*178*

フット・イン・ザ・ドア作戦　*108, 277*

負の感情　*264, 280*

併存説　*14*

別席方式　*143*

弁護士費用　*317*

返報性の原理　*263*

弁論兼和解　*137*

包括的清算条項　*44*

ボトムアップ型　*296, 297*

本件に関し　*44*

【ま行・や行】

末尾3条項　*43*

要約　*208, 223*

四字熟語　*268*

【ら行・わ行】

利害関係人　*20, 46*

リフレーミング　*271*

両性説　*14*

類似例　*237*

論理的説得　*229, 230*

和解勧告　*15, 35*

和解勧告の時期　*92*

和解勧試　*15, 35*

和解期日　*16*

和解規範　*270*

和解消極論　*11*

和解条項　*40*

和解積極論　*11*

和解調書　*21, 28, 30, 31*

和解調書の更正　*31*

和解手続論　*365*

和解に適さない事件　*84*

和解に適する事件　*87*

和解の打ち切り　*196*

和解の試み　*15*

和解のサイン　*107*

和解の特長　*4, 243*

和解判事　*11*

和解費用　*21, 46*

和解無効確認の訴え　*31, 33*

和解メモ　*115*

● 判例索引 ●（年月日順）

大判大 2・6・5 民録19輯411頁	38
大判大 6・9・18民録23輯1342頁	30
大判大14・4・24民集 4 巻195頁	33
大判昭 3・3・7 民集 7 巻98頁	30
大決昭 5・7・19新聞3166号 9 頁	21
大決昭 6・2・20民集10巻77頁	31
大決昭 6・4・22民集10巻380頁	30, 32
大決昭 7・4・19民集11巻681頁	29
大判昭 7・11・25民集11巻2125頁	30, 32
大判昭 8・2・13新聞3520号 9 頁	19
大判昭 8・4・26新聞3558号17頁	30, 32
大判昭10・9・3 民集14巻1886頁	30, 34
大決昭10・11・19判決全集 1 輯24号31頁	58
大判昭12・5・11判決全集 4 輯10号 3 頁	30
大判昭13・8・9 判決全集 5 輯17号13頁	20
大判昭13・12・3 評論27巻民訴357頁	20
大判昭14・8・12民集18巻903頁	30
大判昭16・12・22評論31巻民訴42頁	30, 33
最判昭26・4・13民集 5 巻 5 号242頁	29
東京高判昭26・6・26判タ18号54頁	38
最判昭27・12・25民集 6 巻12号1271頁	57
名古屋高判昭28・3・30下民集 4 巻 3 号452頁	56
最判昭28・9・25民集 7 巻 9 号1005頁	38
名古屋高判昭29・12・11ジュリ74号83頁	49
仙台地判昭30・8・10下民集 6 巻 8 号1611頁	57
最判昭30・11・25裁判集民20号549頁	38
最判昭31・3・30民集10巻 3 号242頁	54, 56
最判昭32・6・7 民集11巻 6 号948頁	53
最大判昭33・3・5 民集12巻 3 号381頁	30
仙台高判昭33・4・8 下民集 9 巻 4 号622頁	21
神戸地決昭33・12・11下民集 9 巻12号2428頁	55
最判昭35・6・14民集14巻 8 号1324頁	56

判例索引

大阪高判昭35・7・14下民集11巻7号1490頁‥‥‥‥‥‥‥‥‥‥‥‥‥‥‥‥ 52, 71

大阪高決昭36・1・20下民集12巻1号43頁‥‥‥‥‥‥‥‥‥‥‥‥‥‥‥‥ 29, 71

最判昭36・5・26民集15巻5号1336頁‥‥‥‥‥‥‥‥‥‥‥‥‥‥‥‥‥ 30, 33

東京高決昭36・9・26下民集12巻9号2379頁‥‥‥‥‥‥‥‥‥‥‥‥‥‥‥ 57

最判昭38・2・21民集17巻1号182頁‥‥‥‥‥‥‥‥‥‥‥‥‥ 22, 30, 33

東京高決昭39・6・15東高民時報15巻6号122頁‥‥‥‥‥‥‥‥‥‥‥‥‥ 58

広島高決昭39・10・5下民集15巻10号2409頁‥‥‥‥‥‥‥‥‥‥‥‥‥‥ 55

東京高決昭39・10・28下民集15巻10号2559頁‥‥‥‥‥‥‥‥‥‥‥‥‥‥ 31

最判昭40・7・20裁判集民79号913頁‥‥‥‥‥‥‥‥‥‥‥‥‥‥‥‥‥‥ 38

札幌地決昭41・8・30判タ195号145頁‥‥‥‥‥‥‥‥‥‥‥‥‥‥‥‥‥ 55

最判昭43・2・15民集22巻2号184頁‥‥‥‥‥‥‥‥‥‥‥‥‥‥‥‥‥‥ 34

最判昭43・3・29裁判集民90号851頁‥‥‥‥‥‥‥‥‥‥‥‥‥‥‥‥‥‥ 44

最判昭44・7・10民集23巻8号1450頁‥‥‥‥‥‥‥‥‥‥‥‥‥‥‥ 30, 51

最判昭45・1・23裁判集民98号43頁‥‥‥‥‥‥‥‥‥‥‥‥‥‥‥‥‥‥ 56

東京地判昭49・5・14下民集25巻5〜8号415頁‥‥‥‥‥‥‥‥‥‥‥‥‥ 29

大阪高判昭51・4・30判タ340号180頁‥‥‥‥‥‥‥‥‥‥‥‥‥‥‥‥‥ 28

最判昭51・12・17民集30巻11号1036頁‥‥‥‥‥‥‥‥‥‥‥‥‥‥‥‥‥ 68

東京高判昭57・7・19判タ479号97頁‥‥‥‥‥‥‥‥‥‥‥‥‥‥‥‥‥‥ 50

東京高判昭60・7・31判時1177号60頁‥‥‥‥‥‥‥‥‥‥‥‥‥‥‥‥‥‥ 45

東京高決昭60・8・27判タ575号70頁‥‥‥‥‥‥‥‥‥‥‥‥‥‥‥‥‥‥ 57

東京高判昭61・1・27判タ610号132頁‥‥‥‥‥‥‥‥‥‥‥‥‥‥‥‥‥ 44

東京高決昭61・2・26判タ612号128頁‥‥‥‥‥‥‥‥‥‥‥‥‥‥‥‥‥ 35

東京地判平7・10・17判タ918号245頁‥‥‥‥‥‥‥‥‥‥‥‥‥‥‥‥‥ 56

最判平12・3・24民集54巻3号1126頁‥‥‥‥‥‥‥‥‥‥‥‥‥‥‥‥‥‥ 22

東京地判平20・8・28判タ1328号114頁‥‥‥‥‥‥‥‥‥‥‥‥‥‥‥‥‥ 33

大分地判平20・9・16判タ1337号150頁‥‥‥‥‥‥‥‥‥‥‥‥‥‥‥‥‥ 45

東京地判平24・5・31判タ1385号158頁‥‥‥‥‥‥‥‥‥‥‥‥‥‥‥‥‥ 33

最決平25・3・28裁判集民243号271頁‥‥‥‥‥‥‥‥‥‥‥‥‥‥‥‥‥ 57

最判平27・9・15裁判集民250号47頁‥‥‥‥‥‥‥‥‥‥‥‥‥‥‥‥‥‥ 44

東京地判平30・2・9判タ1463号176頁‥‥‥‥‥‥‥‥‥‥‥‥‥‥‥‥‥ 45

●著者紹介●

武 藤 貴 明（むとう　たかあき）
東京高等裁判所判事

〔略　歴〕

1998年裁判官に任官。以来、東京、仙台、帯広、旭川、札幌の各地に勤務。
2009年から5年間、最高裁判所調査官（民事）を務める。2022年4月から現職。

〔著　書〕

『争点整理の考え方と実務』（民事法研究会、2021年）

〔主要論文〕

「最高裁民事破棄判決等の実情—平成24年度—（上）、（中）、（下）」判時2188号
3頁、2189号3頁、2191号3頁（いずれも2013年、共著）
「最高裁判所における民事上告審の手続について」判タ1399号50頁（2014年）
「裁判官からみた審理の充実と促進」論究ジュリスト24号14頁（2018年）

和解の考え方と実務

令和 6 年11月20日　第 1 刷発行
令和 7 年 3 月15日　第 2 刷発行

著　者　武藤　貴明
発　行　株式会社　民事法研究会
印　刷　株式会社　太平印刷社

発行所　株式会社　民事法研究会
　　　　〒150−0013　東京都渋谷区恵比寿 3 − 7 −16
　　　　〔営業〕☎03−5798−7257　FAX 03−5798−7258
　　　　〔編集〕☎03−5798−7277　FAX 03−5798−7278
　　　　http://www.minjiho.com/　　info@minjiho.com

ISBN978-4-86556-636-9
組版・デザイン／民事法研究会（Windows11 Pro+InDesign2024+Fontworks etc.）
落丁・乱丁はおとりかえします。

争点整理の基本的な技法と実践方法を体系的に解説！

争点整理の考え方と実務

武藤貴明 著

A5判・378頁・定価 3,960円（本体 3,600円＋税10％）

▶ 2009年から5年間、最高裁判所調査官（民事）を務めた現役裁判官である著者が、自ら積み重ねた経験をもとに、事例紹介やQ＆Aを交えて、争点整理の技法を基本からノウハウまで詳解した実践書！

▶ 争点整理の手続、法規範や技法についての体系的な解説に加え、2つの架空事例を題材に争点整理のケース研究を行い、争点整理を的確に進めるために裁判官に必要な知識、考え方、技法を解説！

▶ 初めて民事訴訟の単独事件を担当する若手裁判官や民事訴訟に携わる弁護士などの法律実務家はもちろん、裁判官が何を考えて争点整理を行っているのかを知りたいと考える司法修習生、法科大学院生、法学部生にもお薦めの書！

本書の主要内容

第1章　争点整理の目的

第2章　争点整理の手続

第3章　争点整理を規律する法規範

第4章　争点整理の技法

第5章　争点整理実践編——ケースでみる争点整理
　第1節　〈ケース1〉争点整理がうまくいかなかった甲裁判官のケース
　　　　　　——理事の不当解任
　第2節　〈ケース2〉争点整理がうまくいった乙裁判官のケース
　　　　　　——取締役の不当解任

発行　民事法研究会

〒150-0013　東京都渋谷区恵比寿 3-7-16
（営業）TEL. 03-5798-7257　FAX. 03-5798-7258
http://www.minjiho.com/　info@minjiho.com

■現役裁判官が実務指針を提示！

和解・調停の手法と実践

摂南大学教授・元大阪高等裁判所部総括判事　田中　敦　編

Ａ5判上製・699頁・定価7,700円（本体 7,000円＋税10％）

▷▷▷▷▷▷▷▷▷▷▷▷▷▷ 本書の特色と狙い ◁◁◁◁◁◁◁◁◁◁◁◁◁◁

▶紛争解決に向けた和解勧試や調停運営の考え方とノウハウを、現役裁判官がそれぞれ専門とする分野について、事件類型別に具体的に解説！　簡易裁判所事件に関する和解・調停にも言及！

▶和解・調停の各制度趣旨に対する理解を深めるとともに、和解・調停において「裁判官が考えていること」がわかる、法律実務家必読の1冊！

❖❖❖❖❖❖❖❖❖❖❖❖❖ 本書の主要内容 ❖❖❖❖❖❖❖❖❖❖❖❖❖

第1編　総　論
　第1章　紛争解決手続としての和解・調停
　第2章　和解手続に関する基本問題
　第3章　民事調停手続に関する基本問題
　第4章　和解の進め方
　第5章　調停の進め方
　第6章　調停に代わる決定
　第7章　和解条項
　第8章　和解の効力
第2編　各　論――和解
　第1章　借地借家関係事件と和解
　第2章　建築関係事件と和解
　第3章　医療関係事件と和解
　第4章　交通事件と和解
　第5章　相続等関係事件と和解
　第6章　集団訴訟事件と和解
　第7章　消費者関係事件と和解
　第8章　会社関係事件と和解
　第9章　労働事件と和解
　第10章　労働災害事件と和解
　第11章　近隣事件と和解
　第12章　保全関係事件と和解
　第13章　執行関係事件と和解
　第14章　倒産事件と和解

　第15章　簡易裁判所事件と和解
第3編　各　論――調停
　第1章　借地借家関係事件と調停
　第2章　建築関係事件と調停
　第3章　地方裁判所における相続等関係事件と調停
　第4章　近隣事件と調停
　第5章　特殊調停事件
　第6章　地方裁判所における調停事件
　第7章　簡易裁判所における調停事件
第4編　座談会
　第1章　和解の実際と今後の展望
　第2章　調停の実際と今後の展望

発行 🖐 民事法研究会

〒150-0013　東京都渋谷区恵比寿3-7-16
（営業）TEL. 03-5798-7257　FAX. 03-5798-7258
http://www.minjiho.com/　info@minjiho.com

最新実務に必携の手引

実務に即対応できる好評実務書！

2020年10月刊 改正民法(債権法)その他の最新の法令に対応した実務を収録して補訂！

書式 和解・民事調停の実務〔全訂八版補訂版〕
── 申立てから手続終了までの書式と理論 ──

簡易・迅速・廉価な紛争解決手続を利用するうえで最低限必要な知識を書式・記載例を一体として解説し、検索性を向上させた実務に至便なロングセラー！ 各書式には記入例と作成上の留意事項が記載されているので、極めて実務の対応が容易！

茗茄政信・近藤 基 著

（Ａ５判・297頁・定価 3,520円(本体 3,200円＋税10%)）

2020年7月刊 多様なケースに対応できるよう豊富な記載例を示しつつ具体的・実践的に解説！

金銭請求事件の和解条項作成マニュアル〔第2版〕

現代社会で頻繁に利用される金銭請求事件の和解調書作成の現場に携わる著者が、その経験を通して多様なケースに的確に対応できる130件にも上る豊富な記載例を示しつつ、具体的・実践的に解説した法律実務家必携の書！

近藤 基 著

（Ａ５判・403頁・定価 4,180円(本体 3,800円＋税10%)）

2024年4月刊 ADR法改正でニーズが高まるADR手続の実際を具体的に解説！

ADRを利用した離婚協議の実務
── 法制度から調停の技法・手続、事例検討まで ──

家族法改正(親権・養育費等)の動きやADR法改正でニーズが高まるADRの手続の実際を、編著者が運営する「家族のためのADRセンター」の運用と事例をもとに、具体的に解説した注目の書！ 実際の手続だけでなく運営上のノウハウ、調停の具体的な進め方を詳説！

小泉道子 編著　入江秀晃・垣内秀介・本多康昭 著

（Ａ５判・328頁・定価 3,520円(本体 3,200円＋税10%)）

2022年9月刊 研修でしか明かしてこなかった"秘伝の調停スキル"を収録！

"当事者に寄り添う"
家事調停委員の基本姿勢と実践技術

"当事者に寄り添う"をキーワードに、家事調停委員に求められる基本姿勢と実践技術を、関連する理論や事例を交えて、調停委員、弁護士、司法書士等の調停にかかわる方々にわかりやすく解説！

飯田邦男 著

（Ａ５判・208頁・定価 2,640円(本体 2,400円＋税10%)）

発行　民事法研究会

〒150-0013　東京都渋谷区恵比寿 3-7-16
(営業) TEL. 03-5798-7257　FAX. 03-5798-7258
http://www.minjiho.com/　info@minjiho.com

最新実務に必携の手引

実務に即対応できる好評実務書！

2024年11月刊 最新の法令等の改正と判例・実務の動向を収録して大幅改訂増補！

詳解　特定商取引法の理論と実務〔第5版〕

通信販売のいわゆる定期購入商法対策、訪問販売等の電磁的記録によるクーリングオフ・通知、ネガティブ・オプションの保管期間の廃止について加筆するとともに、裁判例に加えて都道府県の苦情処理委員会のあっせん事例を紹介し、改正民法の影響も織り込んで改訂！

圓山茂夫　著

（Ａ5判・815頁・定価 8,580円（本体 7,800円＋税10％））

2024年11月刊 網羅的かつ基礎的な情報を概説しつつ、実務的な要素もカバーする入門書！

台湾進出企業の法務・コンプライアンス
──設立・運営から紛争解決手続・撤退まで──

台湾の有澤法律事務所と日本の虎門中央法律事務所の両事務所が長年にわたって蓄積してきた企業向けサービスに関する豊富な経験を融合させ、台湾で投資を行う際によくみられるコンプライアンスに関する問題について詳しく掘り下げて解説！

有澤法律事務所〔台湾〕・虎門中央法律事務所　編

（Ａ5判・379頁・定価 3,960円（本体 3,600円＋税10％））

2024年9月刊 消費者の立場に立った解説で保険法の全体像をつかむ！

消費者のための保険法ガイドブック

保険にかかわる法令・判例・学説を、消費者側の視点から解説するとともに、法律実務家・消費生活相談員による事件対応の指針を明示！　解説する内容について重要だと考えられる判例を豊富に紹介したほか、図表を豊富に用いることで重要事項を視覚的に理解できる！

今川嘉文・内橋一郎　編著

（Ａ5判・379頁・定価 4,290円（本体 3,900円＋税10％））

2024年8月刊 この1冊でメンタルヘルス不調者対応の「出口」が見えてくる！

職場におけるメンタルヘルス不調対策の実務と書式
──未然防止・不調の気付き・休職・復職への対処法──

社員のメンタル不調の気付き、初動対応、休職させるための手続、休職中の賃金・連絡、社会保険料の請求、復職判断やリハビリ勤務など予備知識なしでは厳しいメンタル不調者への対応をわかりやすく解説！　令和5年「心理的負荷による精神障害の認定基準」に準拠！

根本法律事務所　編

（Ａ5判・250頁・定価 2,970円（本体 2,700円＋税10％））

発行　**民事法研究会**

〒150-0013　東京都渋谷区恵比寿3-7-16
（営業）TEL. 03-5798-7257　　FAX. 03-5798-7258
http://www.minjiho.com/　　info@minjiho.com